Class Management

班级管理

第二版

李伟胜◎著

华东师范大学出版社
·上海·

图书在版编目(CIP)数据

班级管理/李伟胜著. —2 版. —上海:华东师范大学出版社,2021

ISBN 978 - 7 - 5760 - 0747 - 3

Ⅰ.①班... Ⅱ.①李... Ⅲ.①班级-管理-师范大学-教材 Ⅳ.①G451.6

中国版本图书馆 CIP 数据核字(2021)第 022261 号

本书是 2018 年上海市哲学社会科学规划教育学一般项目"义务教育均衡发展中的优质资源内生机制研究"(项目批准号:A1813)的研究成果。

班级管理(第二版)

著　　者　李伟胜
责任编辑　李恒平
审读编辑　赵建军
责任校对　王丽平　时东明
装帧设计　卢晓红

出版发行　华东师范大学出版社
社　　址　上海市中山北路 3663 号　邮编 200062
网　　址　www.ecnupress.com.cn
电　　话　021 - 60821666　行政传真 021 - 62572105
客服电话　021 - 62865537　门市(邮购)电话 021 - 62869887
地　　址　上海市中山北路 3663 号华东师范大学校内先锋路口
网　　店　http://hdsdcbs.tmall.com

印　刷　者　常熟高专印刷有限公司
开　　本　787 毫米×1092 毫米　1/16
印　　张　22.75
字　　数　509 千字
版　　次　2021 年 2 月第 2 版
印　　次　2025 年 7 月第 10 次
书　　号　ISBN 978 - 7 - 5760 - 0747 - 3
定　　价　56.00 元

出 版 人　王　焰

一、给学习者的建议

站在学习者的角度,本书期待的是:让学习者的实践智慧得以敞现和提升,成功而高雅地管理一个班级。这就意味着,学习者能掌握从智慧型教师的成功经验中提炼出来的理论主张和实践方法,创造性地解决班级管理中的真实问题,特别是学生面对的真实的发展问题。为此,我们提出几条建议,供学习者在理解和运用本书的主张时参考。

1. 透过具体行为,放眼学生发展的生态系统

班级管理最初就是为了将学生组织起来开展学习活动。由此,将学生个体的言行表现和班级这个教育组织的整体运行协调起来,就是其基本任务。不过,随着教育的发展,人们发现班级管理可以承担更多的教育使命,特别是在培养学生的个体人格和社会性等方面发挥更多教育价值。由此,可以看到承担班级管理工作的教师不同层次的选择。其中,本书特别主张超越勤奋型教师、活力型教师的工作状态,理解并创造智慧型教师达到的专业境界。

在教育实践中,无论是哪个层次的选择,归根结底都需要面对具体学生的具体行为,由此让学生在具体的教育活动中开展人际交往和课程学习。于是,一方面,为了主动促进学生发展,教师会在班级管理工作中将学生的具体行为作为切入点,如按时提交作业、与同学的合理交流、上课认真听讲、参与班级活动时主动贡献智慧;另一方面,学生的一些偶发行为问题会让教师和同学的注意力转移到解决问题的行动之中,直到消除不够好的行为,让班级或学生个体的学习生活恢复常态。

此时,见证一位教师专业实力的关键就是:能否透过点状的具体行为,看到学生个体或群体的发展生态?有的教师的视野长期局限于点状行为,或者是促使学习得更好的行为,或者是尽快消除不良行为,却没有看到这些点状行为其实是透视学生人格系统及其成长生态的"全息点",于是他们疲惫地忙于"有的放矢"地规范学生行为或者"针锋相对"地与不良行为斗争;有的教师的视野有所拓展,能够看到一个点状行为与其他时间、其他人的行为之间的联系,于是可以采用一些巧妙的方法来"由此及彼"地设计教育活动或"借力打力"地开发更多资源来改变学生行为。相比之下,更有智慧的教师拥有更高的能级,能够透视学生点状行为背后的一条成长路径,进而是一个生态系统,甚至是一个立体的发展系统。与此相应,他就能"举一反三"地发现更多教育资源或"借力生力"地开发新的资源,进而采用更高的专业智慧来整合和利用这些资源,用心呵护或恢复学生的发展生态系统。

据此,学习者若能在班级管理实践和研究中透过具体的行为看到学生的发展生态,理解本书介绍的由操作技法、工作措施、教育策略组成的方法系统(见第三章),就可透视班级管理的三大任务(见第四—六章),基本掌握智慧型教师用到的专业素养。若能在此基础上把握一个学期的工作流程(见第七章)和班级发展格局(见第八章),就有可能更快地超越勤奋型教师,进而逐步超越活力型教师。如果能进一步系统掌握本书在"思想篇""任务篇"和"行动

篇"介绍的系统主张,就有望成长为可以主动创生智慧、享受人生的智慧型教师。

2. 透过真实问题,敞开学生高雅的发展空间

从教育专业视角所见的学生行为,其实都昭示着真实的发展问题。只不过,有的教师从完成任务的角度,只看到行为层次的表层问题,甚至因为学生言行已经达到规范而没有看到发展问题;有的教师则从言行中解读出学生的某些想法、愿望,进而辨析出其中蕴含的发展需要,在条件合适时设计一些有针对性的活动(如个别谈话、集体讨论、班级活动),从而及时解决这些发展问题,促进学生进步。与之相比,智慧型教师能够站在班级发展的整体格局中,将具体言行及其中的发展问题置于学生发展生态、班级生活系统中,用"发现美的研究"透视学生不同层次的需要,特别是"自豪的需要",甚至从调皮的或不良的言行背后透视出卑微、温顺中的尊严与期盼,进而为引领学生达到更高发展境界而开发利用生态系统中的各类资源,为学生敞开高雅的发展空间。

从这个角度来看,学习者可以首先关注第二章的内容。我们在此由典型案例切入,辨析学生的发展机制、教师的教育思路及其在解决学生发展问题的过程中的作用。其中,最重要的是理解第二章第三节所阐述的"班级生活中的发展问题",包括"发展问题"的概念性定义、操作性定义和选择发展问题的"三维标准"(发展目标的高度、成长体验的深度、教育活动的长度)。一旦学会分析一个发展问题,特别是发展问题中与学生"自豪的需要"相应的"发展目标的高度",就能比较顺畅地理解发展问题的解决过程。于是,就可从实践操作的角度看到:以发展问题的自主解决为关键标准来衡量班级管理实效,远比迎接外来检查更为真实、可靠、有意思。

在此基础上,系统地掌握班级管理的三大任务(见"任务篇"所涵盖的第四—六章)和推进班级发展的教育行动(见"行动篇"所涵盖的第七—九章)。实际上,方法系统中的每层方法、三大任务中的每一个领域、班级发展中的每一步行动,都是围绕着解决真实的发展问题而展开的。

3. 透过典型案例,辨析智慧型教师的专业选择

本书在汲取智慧型教师宝贵经验基础上提炼出的一套理论主张和实践方法是相互印证的。据此,最好的学习不是了解同行的已有话语或经验,而是展望或策划学习者自己新的思考与行动,并在实践探索中创造性地改进。从学习的角度看,这是研究性的学习方式,更是创造性的学习方式;从工作或教育实践的角度看,这就是"研究性变革实践"[1],即将研究变为教师的一种行为习惯与专业生存方式。在这里,诸多同行倡导的叙事研究、行动研究、实验研究、调查研究等方式,都可以成为学习者主动探究现状、构想未来并据此在变革实践中创造更美未来的具体行动。

如果采用创造性的学习或研究性变革实践的方式,那么在利用本教材时,效率最高的方法也许就是透视典型案例,辨析智慧型教师的选择背后的专业智慧,进而找到逐步理解本书系统主张的切入点。例如,在接受一个班级时就从三大领域布局并稳步推进班级发展,怎么做?用"发现美的眼睛"辨析学生发展需要并据此选择更高境界的发展问题,而不至于持续纠缠于点状的甚至是最基本层次的行为问题,并在师生互动"不良

---

[1]　叶澜:《"新基础教育论"》,教育科学出版社,2006 年版,第 365 页。

循环"中循环往复、难以自拔,怎么想? 再如,运用战略眼光辨析学生发展现状、展望发展目标、设计发展过程,据此根据问题的起始状态、过程状态和目标状态这三个要素而看到不同的"问题空间"(problem space),进而看到问题的复杂程度及其在学生中的代表性,需要怎样思考? 立足对学生发展问题的分析而选择合适的主题并据此带领学生开展班级活动,设计班级一个学期的发展计划或构想一个学段(持续 3 年以上)的战略构想,可以怎样策划? 引导学生通过具体策划和实施一个个主题活动而迈开坚实的步伐、展开豪迈的旅程,如何操作? ……由典型案例入手,可以更为快捷地全面掌握"思想篇"中的一套理论主张,由此透视"任务篇"和"行动篇"中的最高要求,进而更为精到地掌握其中的实践要领,让班级管理的各个领域相互融通,让班级发展的各个阶段前后贯通。

　　据此来看,我们特别推荐学习者参照本书介绍的"方法系统"中的三层方法将典型案例分为三个层次:操作技法层次的案例、工作措施层次的案例(用来完成三大任务:共建班级组织、开展班级活动、同创班级文化)和教育策略层次的案例(用来感悟并运用更为抽象的教育思想和教育思路)。其中,最具有综合性的几个典型案例(见表1),足以让学习者的思考彰显理论高度并展开系统探索,特别值得学习者反复研读、前后对照,以便全面地理解本书阐述的核心观点和系统主张。

序号	名　　称	章节	备注
1	主题班会"主动沟通"	第一章第三节	一个"小活动"
2	主题活动"我沟通,我自豪"	第二章第一节	一个"大项目"
3	学生发展个案"'屈辱地玩'和'自豪地玩'"	第二章第二节	
4	系列主题活动"在'寻找美'的活动中共同进步"	第二章第四节	系列"大项目"
5	主题活动"在成功中享受快乐"	第三章第二节	一个"大项目"
6	系列主题活动"人生规划教育"	第七章第三节	系列"大项目"
7	主题活动"网络,让我们健康成长"	第八章第一节	一个"大项目"
8	班级发展计划研究案例"我们顶呱呱"	第八章第二节	
9	"养浩然正气,做最好自己——高二(8)班班级发展计划"	第八章第二节	

表 1

本书用到的综合性典型案例

注:"网络,让我们健康成长""在成功中享受快乐"和"我沟通,我自豪"是一个初中班级在逐步探索的不同时期先后举行的三个主题活动"大项目",见证着班级发展的三个阶段(详见第八章)。

　　本书追求:这里阐明的理论主张和实践方法,每一位教师都可用,每一个班级都适用——只要他们找到合适的切入点,就可用心开拓出新的班级发展空间。
　　我们期待和学习者一起展开新的探索!

二、给教师教育者的建议
　　站在学习者的角度提出的上述三条建议,也可供将本书作为教材来讲授一门课程的教师教育者参考。具体来说，我不建议只用讲解的方式来从头到尾传授本书系统阐述的知识性内容，而更期待教育者组织学习者立足班级管理的实践需要，将本书的内容作为面对实践场景、解决实践问题的资源系统或参照系统。据此，在组织教学活动时，可以参照上述三条建议，形成三种课程设计思路：

第一种课程设计思路：围绕系列事务的处理来设计课程。从一名教师在班级管理中面对各类具体事务的角度，透过一系列具体的师生"行为"来理解和运用本书的内容。据此，可以"任务篇"为主，以其他部分为辅，兼用各种案例，致力于让学习者完成好班级管理的三大任务。——由此设计的课程更适合培养新手教师。

第二种课程设计思路：围绕发展问题的解决来设计课程。梳理一个班级的学生可能遇到的发展问题，在确保完成三大任务的基础上，努力探索通过组织学生开展主题活动来解决发展问题、实现真实成长。据此，可引导学习者掌握第二章对"教育思路"的论述并了解"任务篇"的基本内容，将重点放在"行动篇"上，在采用一套工作流程的基础上，从策划一个"大项目"入手，建立通过主题活动引领全班发展的整体格局。——由此设计的课程更适合培养有经验的教师，以便他们用更高境界的专业智慧探索开展更有创新智慧的实践。

第三种课程设计思路：围绕"民主型班级"的建设来设计课程。以深度解读典型案例背后的系统方法和教育思路为切入点，辨析班级发展的三层境界，理解建设"民主型班级"所追求的教育目标；进而，将建设"民主型班级"的教育理念化为具体实践——首先完成三大任务(这是基础性的实践)，其次是通过系列主题活动逐步引领学生实现每个学期，乃至一个学段的高境界发展(这是更为先进的实践)。据此，可以"思想篇"为主，以其他部分为辅，并将典型案例作为重点研究对象，将开发类似的典型案例作为更高的学习要求。——由此设计的课程更适合培养成熟的智慧型教师，以便他们在主动探索中创造出具有国际学术高度、彰显中国文化特色的系统经验、典型案例和专业话语(注：这种课程设计思路可参考我开发的"国家级一流本科课程"——"班级管理"①)。

我提出上述建议的前提是："课程"与"教材"不同；相应地，"课程内容"与"教材内容"不同。简而言之，课程设计是针对具体的学习者的真实发展需要而有选择性地使用教材，开发更多课程资源(特别是让学习者通过作业等方式自主开发的各种层次的实践方案或案例)，让课程实施过程成为教育者和学习者共同开创新的专业空间的探索旅程。

最后，我对教师教育者和学习者提出一个更高的专业期待：努力学习和利用研究"复杂系统"的复杂科学的相关研究成果，特别是关于复杂系统的"自组织理论"和"超循环"理论，并尝试据此更新思维方式——超越"简单思维"，学习运用"复杂思维"。② 本书在分析班级生态、将学生个体人格视为开放系统、关注个体与班级之间的互动生成时，都采用了复杂思维和相关理论主张。实际上，我在持续多年的研究中，逐步将研究

① 学习者可在"中国大学慕课"和"学堂在线"官网/App上搜索"班级管理"或"李伟胜"进行在线学习。
② 在这方面，可首先阅读：［美］米歇尔·沃尔德罗普著，陈玲译：《复杂》，生活·读书·新知三联书店1997年版。这本书采用通俗易懂的话语和讲故事的方式介绍了美国圣塔菲研究所在研究复杂系统方面的一系列探索。在此基础上，可逐步了解相关的理论。

中，逐步将研究视野从班级教育拓展到学校管理、区域教育治理，特别受用于这些理论和相应的复杂思维方式；同时，将"班级"纳入"教育系统变革"的研究视野并作为最基础的教育系统，其关键理由也在于此，因为班级、家庭、学校、区域教育系统都可以被视为复杂系统，可用复杂思维探究其中的自组织机制、内生优质教育资源的演化机制。如果学习者和教师教育者能够进一步了解系统科学、复杂科学的相关研究，这会对理解和运用本书的理论主张和实践方法带来极大的助益。而要实现二十大报告提出的教育强国战略目标，践行"立德树人"，是班主任教师队伍建设的具挑战性的工作，需要把上述理论在日常中付诸实践。

　　我们期待着和使用本书的教师教育者和学习者共享新的创造空间！

目录

绪论

自 2009 年开始,中国学生开始每三年一次参加"经济合作与发展组织"(OECD)实施的国际学生评估项目(PISA)并连续取得全球瞩目的成绩[①];由此,各国教育同行不仅把上海等地的基础教育"放在世界教育的坐标系上加以定位"[②],还由此探究中国教育的"秘密",包括调研分析学生、教师和校长的特征[③]。透过诸多相关研究,我们发现中国基础教育系统中还有一个具有重要意义但尚未得到足够关注的方面,这便是中国基础教育中的学生拥有稳定的班级生活。在这样的班级生活中,学生不仅可有持续 3—6 年或更长时间的稳定而有深度交往的同伴群体以及由此而生成的生命意义与学习动力,还可拥有持续关心他们的教师团队,并由此而享有整体设计、纵贯多年的课程内容和全心相知、深度相融的生命历程。据此,很有必要用更为自信的心态,关注外国研究者容易忽视的中国风景和我们因"身在此山中"而"难识庐山真面目"的教育特色。简而言之,这包括稳定的班级生活对于学生的发展价值,更包括中国教师为此所作的专业贡献。

这一关注,可让我们汇聚中国同行的智慧——特别是在改革开放 40 多年以来众多优秀班主任的班级管理实践和相关学者的教育理论研究中逐步生成的专业智慧。这些智慧不仅随着中国的改革开放而逐步融入国际学术视野,而且还因扎根中华大地自强不息的求索而创生出足以自豪地面对国际同行的文化特色。

正是在中国教育与国际学术相交、实践智慧与理论创见相融的交汇点上,本书力图反映中国教育工作者在班级管理领域的创新经验与学术思考,并为更多同行包括国际同行提供一个有价值的参照系,用于开展新的探索和交流。我们期待达到的两个效果是:这里阐明的参照系,每一位教师可采用,每一个班级都适用——只要教师和学生有心在班级生活中开拓出新的发展空间。

一、思考背景:为什么智慧型教师会创造、更会享受

在学校教育领域,学科教学逐步发展成为一个专业活动,其途径之一就是在透视不同的教学活动的基础上聚焦最有成效的教学过程并予以理论分析。类似地,要探索班级管理的专业特征,以便让更多同行理解和认同,辨析不同境界的班级生活,进而由此聚焦更有成效的班级管理,当为一条可行之路。

沿着这个方向,我们首先关注到在多年探索中发现的三种教师工作状态,特别是其中最为优雅的智慧型教师的工作状态——他们会创造,更会享受。这成为我们展开全书的思考背景。这是因为:教师是直接负责教育活动的专业主体,教师的工作状态直接影响着班级中的教育资源开发及其发展成效。

1. 探索中的发现:三个能级的教师

对于直接管理一个班级的教师——班主任,人们(包括班主任自己)最为广泛的期

---

① 张民选:《PISA、TALIS 与上海基础教育发展》,《外国中小学教育》,2019 年第 4 期。PISA 是 The Program for International Student Assessment 的缩写。

② 尹后庆:《见证变革——站在上海基础教育转折点上》,上海教育出版社,2014 年版,第 61 页。

③ 相关的调查研究项目之一是同样由 OECD 组织研发实施的"教师教学国际调查"(Teaching and Learning International Survey,TALIS)。上海初中教师于 2013 年开始参与该项目的调研,连续取得好成绩。可参阅朱小虎、张民选:《教师专业发展的可能路径——基于 TALIS 2013 上海和芬兰的比较分析》,《中国教育学刊》,2017 年第 9 期。

待就是维持好一个班级的基本秩序,处理好来自班级外部和内部的各种事务,确保一群学生顺利完成各门课程的学习。其中,最为人们熟悉的教师形象就是"勤奋型"班主任,其典型特征就是勤劳地处理各种具体事务,即使因此而时感疲惫;在总结其中成效优异的班主任的工作经验时,人们常常说他们对学生充满"爱心",对学生保持足够的"耐心"……

终于,有一天,我们发现:"爱心"和"耐心"其实不是教师的专业素养,而是通用于所有关心人的工作者(如医务工作者、社会工作者)的基本素养。虽然这两个素养非常重要(如同身体健康和言语清晰一样),但它们不足以彰显出教师的专业高度。人人都看得明白的物理意义上的时间付出和生理意义上的精力耗费,其实难以见证专业意义上的教育智慧和生命高度。[①] 于是,我们重点关注那些工作成效更为理想的、工作状态更为优雅的班主任,如同教学研究者重点关注教学水平最高的教师。透过这些班主任的表现,可以看到更值得欣赏和研究的是他们的专业智慧;参照"爱心"和"耐心"的说法,可以将他们的专业智慧表述为"慧心"。[②] 进而,在更为广泛的调研中,我们区分出了不同层次的班主任:勤奋型、活力型、智慧型。

从言行表现来看,他们的区别在于:勤奋型教师往往踏实肯干、勤于事务,而且很多事务都是事必躬亲地布置、落实或直接办理。活力型教师在处理同类事务时会逐步培养班干部或部分学生的能力,用充满活力也相对洒脱的精神状态鼓励他们主动作为。智慧型教师则会全面考虑班级生活的各个领域,逐步培养学生分工负责处理班务的能力,让他们获得更为丰富多样的角色体验和人格修养。与此同时,智慧型教师表现得更为优雅。

从专业能力来看,他们之间最关键的区别不仅表现在管理班级的具体方法上,更表现在教育能力的不同水平上。相比之下,教育能力的差别更难为人们所认识和理解。为此,我们这里用不同的"能级"来描述这一差别,并在班级管理的全局视野中来考察。我们假设这三层教师的能级分别为1、2、3。这一假设的前提是:后两个能级的教师付出的工作时间和体力未必更多,反而有可能更少,但他们开发出更多的教育资源(特别是让学生敞现出来的思想活力、在学生身上培养出来的活动能力),因此其行为表现更为潇洒、其专业气度更为优雅。

参照这一假设,人们比较容易在一件事情(如化解学生间的误会、引导学生通过合作来办好黑板报)或一个领域看到他们用不同水平的方法取得不同境界的工作成效。不过,更为真实的情形是:同一位教师在班级生活全局中实际上是同时面对不同事务或不同领域的——即使他在一个具体的时间段中只能做好一件事,但这件事其实在不同方向产生着教育能量,因为他开发出不同范围的教育资源。用更为形象的方式来说,每一位教师的工作范围不是单线条的,也不是单个领域(一个平面)的,而是立体的。就

---

① 有一种现象(内卷化),也许可用来看穿这类工作格局的局限性。"内卷化"是指一种社会或文化模式在某一发展阶段达到一种确定的形式后,便停滞不前或无法转化为另一种高级模式的现象。参阅刘世定、邱泽奇:《内卷化概念辨析》,《社会学研究》,2004年第5期。

② 坦率地说,如果我们的主流话语系统(包括理论话语和实践主张)还将"爱心"和"耐心"奉为优秀教师的最高品质,这相当于将"牛耕"(与之相应的教师形象是"老黄牛")作为促进经济发展的最有效方式。

班级管理来说,其工作可以分为三个维度:建设班级组织、开展班级活动、建设班级文化,由此构成的一个立体工作格局很像一个"球"。借用地球模型来说,三个层次的教师的能级不同,其工作在三个维度上涉及的范围和相应地开发出的教育资源、产生的教育能量的区别不是一般意义上的线性增强(或"算术级数"的增长),而是复杂的、立体式的增能(或"几何级数"的增长)。

换一种方式来说,他们分别属于 1.0 版、2.0 版和 3.0 版的教师。他们运营着三个不同层次的教育生态系统[①]。它们在体量上的差别类似于玻璃珠、乒乓球和篮球在"体积"上的差别,而不只是半径"长度"上的区别。不过,更重要的区别不仅在"体量"上,更在"质量"上,因为它们在开放民主、内生活力等专业标准上有不同的品质。如果说从一维视角可看到三个能级的区别是 1、2、3 之间的区别,那么在从三维视角所见的立体格局中,这就是 1(1 的三次方)、8(2 的三次方)和 27(3 的三次方)之间的区别。(见图 0-1)[②]

图 0-1

教师的三个能级
示意图

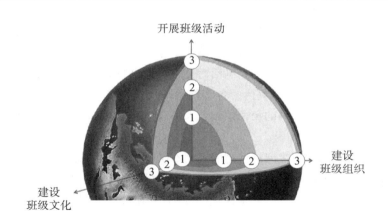

2. 智慧型教师是如何提升能级的

为了更系统地探究智慧型教师的专业特征,我们需要采用更严谨的学术思维来进一步探索。参照教育管理学中的相关理论,可将勤奋型、活力型和智慧型教师的角色分

---

① 这里关注的是教师直接运营的"教育系统"。与此相应,我们在思考相关问题时采用的参照系是研究"复杂系统"的复杂科学的相关研究成果,特别是关于复杂系统的"自组织理论"和"超循环"理论。

② 这一观点受到很多智慧型教师的典型经验的启发。不过,从学术的角度来说,给作者带来直接启发的是经济学家对范围经济(而不是规模经济)的研究。范围经济是通过在同一生产单位中增加产品种类使它们共享成本并由此降低总成本进而提高效率的生产经营方式。相比之下,规模经济指生产单位在初始阶段扩大生产规模而降低平均成本、提高经济效益的生产经营方式(但若生产、管理能力不变,则在规模扩张到一定规模后出现平均成本上升、经济效益下降,此时就是"规模不经济")。相关理论,可参阅张学敏、叶忠:《教育经济学(第 2 版)》,高等教育出版社,2014 年版,第 293—313 页。

　　在我们看来,智慧型教师通过提升能级、用智慧协调完成多项任务类似于范围经济中增加产品种类,因为协调有法而用力不大,贡献更多。相比之下,勤奋型教师的工作方式比较粗放,可有短期的"规模经济"效应(如同时完成更多要求不高的事务、按固定标准同时教更多学生),但在长远视野中会出现"规模不经济"情形(粗放式的工作方式会导致长期成本升高),于是因为难以支付"高成本"(如更多智慧或更多精力)而只能低水平疲于应付,整体工作效益下降。简而言之,智慧型教师能级提升,能者多劳且轻松;勤奋型教师能级未升(不能整合不同工作内容、开发更多资源),忙者多劳且辛苦。

别表述为：（1）具体事务的处理者（handler of the daily affairs）。此时，教师个体是班级管理工作的主要承担者。（2）师生合作的引导者（guider of the teacher-student cooperation）。此时，学生成为班级管理工作的参与者，教师引导学生积极完成各项任务；教师个体不必事必躬亲地忙于事务。（3）教育组织的领导者（leader of an educational organization）。此时，学生融入到精心建设班级这一教育组织的进程之中，和教师一起共同创造更为丰富、高雅的班级生活（包括在各门课程的学习中取得更好的考试成绩），教师个体不仅不必每件事都亲力亲为，而且还鼓励学生用更多创意拓展开放的发展空间，包括超越教师的工作经验。

将拥有最高能级的智慧型教师的角色定位于教育组织的领导者，是因为我们从教育管理、组织管理或企业经营等领域中找到可用的学术参照系。例如，他们更像能透视学生无限可能并善于开发内生教育资源的教育家，而非固守定论定规训练学生或让学生诵读教条墨守成规的教书匠；他们更像成功经营一个经济组织的企业家，而非坚守在流水线旁固定岗位上根据规定流程操作的技术工人。具体来说，为成就这一角色，智慧型教师主要从如下三个方面提升专业能级。

（1）修炼气魄。他们能从提升青少年精神生命质量的高度，用新的教育思想把握班级管理这一教育活动，超越"勤奋型"或"活力型"的教师形象，成为"智慧型"的班主任，乃至成为具有"大家风范"的教育家。究其根源，就是他们活学活用了教育真谛，坚定地守住了自信而乐观的教育学立场①——为了提升班级生活的品质并由此培育学生的健全人格，他们用开放而有主见的眼光"拿来"各方面的资源，用"发现美的眼睛"关注学生生命和班级生活中生生不息、不断敞现的生命活力，用开阔的心胸包容、接纳、开发、利用这种生命活力带来的教育资源。相比于其他教师，他们的专业智慧不仅境界更高，而且还被灵活运用于立体化的工作格局中。他们从"建设学生组织"的整体视野培养班级内各个岗位的负责人，不仅让学生自觉、高效地合力处理班级事务，还让他们主动策划和实施班级活动、共同创生充满创意的班级文化。类似地，无论从哪件事务或哪个维度切入班级管理，都有可能产生立体化的系统生态效应。

（2）创生智慧。智慧型教师会运用新的班级教育思想，整体把握班级管理的更高追求和方法系统，超越"散点型"或"平面型"的工作思路，创建并用好"立体型"的系统格局。更为重要的是：他们逐步修炼而成的教育智慧切中了领导一个组织的关键：通过民主的交往活动激活组织文化并由此敞现成员活力。这种智慧，不仅真切地体现了教育学的学理，还与管理学、组织行为学、经济学、心理学、文化学等学科在研究组织发展或企业管理时的诸多理论见解相通。例如，从组织的管理者角度来看，"管理的任务就是将各种人汇集到一个'命运共同体'中，所以在管理中就深深地镶嵌着文化的因素"。这是管理学大师德鲁克在界定"什么是管理"时明确指出的原则之一。② 类似地，在组

---

① 关于教育学立场中的班级管理研究，可参阅如下两篇论文：李伟胜：《教育学研究立场三层次析》，载于叶澜主编：《立场》（"生命·实践"教育学论丛第二辑），广西师范大学出版社，2008年版，第136—162页；李伟胜：《从生命实践的角度建构教育理论——班级教育理论研究带来的启示》，载于叶澜主编：《命脉》（"生命·实践"教育学论丛第四辑），广西师范大学出版社，2009年版，第92—103页。
② ［美］德鲁克：《组织的管理》，上海财经大学出版社，2003年版，第20页。

织行为学中,"管理者(managers)通过别人来完成工作。他们作决策,分配资源,指导别人的行为以达到工作目标。管理者在组织(organization)中完成他们的工作"。① 在此过程中,可以用作达成组织目标的"自变量"有三个层次:个体水平、群体水平、组织系统水平。② 虽然这些论述最初是针对企业这类组织的,但它们确实可为我们理解班级这类相对微观的教育组织带来启发。

(3)享受人生。智慧型教师在与学生的真诚交往和共同创造中,促进学生发展,成就教育事业,创造性地享受教育人生,超越"事务型"或"奉献型"的工作状态,甚至超越"活力型"的工作状态,进入"享受型"的工作境界——享受自己和学生一起创造的充满诗意的教育人生。他们的一个超越常人之处就在于领悟到教育真谛:其一,做一个"人"就意味着拥有"人格"并享受做人的自由、快乐和尊严。每个人都应该在融入社会、善尽社会责任的过程中主动拓展发展空间,享受实现自主发展的尊严和豪情,而非满足于卑微地完成别人规定的任务乃至成为完成任务的工具,更不会停留于麻木地管束学生、督促学生以达到别人规定的各项指标。只有主动发展的个体才能敞现人格应有的活力,用更好的素养为社会作出更多更好的贡献。其二,教育的使命在于成就人的美好生命,进而由此成就更美好的社会生活。据此,一个严谨的逻辑结论就是:教师不仅应培养学生充满自主尊严的健全人格,还应率先学会创造并享受幸福人生——特别是通过"教育"这个充满理性、智慧、创意和尊严的事业来创造并享受教育生活。也许,这才是"身正为师、学高为范"这类表述方式最关键的本义。③

总之,这些智慧型教师超越了传统的教师形象,不再错用"红烛"来自喻也不再误用"悲情"来烘托神圣感,而是追求用"豪情"来见证创造性的教育工作带来的享受——与学生一起享受民主交往带来的高境界班级生活,如同享受亲情或家庭伦理带来的幸福的家庭生活。在为成就更好的明天而培育生命活力的同时,他们也在为成就美好的今天而敞现师生的生命活力。他们付出的时间和体力未必更多,因为他们以"爱心"和"耐心"为基础,但更为强调运用"慧心"来激发学生活力、培养学生能力,并由此而开发利用更多且更有价值的教育资源,特别是教师创造的专业智慧和班级内生的学生活力——这是只有达到一定专业高度的同行才能看得懂并善于开发的专业资源。这就是"智慧型"班主任提升"能级"并由此创造出优雅的工作状态、享受创造性的教育生活的关键因素。

历经30年余年扎根学校教育改革的学术探索,我们逐步找到班级管理的更高境

---

① [美]斯蒂芬·P. 罗宾斯:《组织行为学(第10版)》,中国人民大学出版社,2005年版,第5页。
② [美]斯蒂芬·P. 罗宾斯:《组织行为学(第10版)》,中国人民大学出版社,2005年版,第24页。
③ 很多人认为班级管理、班级建设或班主任工作属于德育这一工作领域(不过本书认为应该超越这一视野)。即使就德育而言,早有学者明确提出:德育具有"个体享用性"的功能,这是德育过程之逻辑必然,它植根于德育本质之中,因为道德的发展与完善是内在于人的一种精神需要,而德育是满足这种需要的一个主要途径。这包括通过道德行为"助人为乐",还包括通过修炼德性来创造并享用美好生活,进而由此进入审美的人生境界。虽然也有学者对此提出了不同的看法,但是,毫无疑问的是:有德性的人应该是幸福的人(包括在作出艰苦努力、付出巨大代价时感受到的奉献的幸福),而不应该是悲苦的人。相关探讨可参阅如下文章:鲁洁:《试论德育之个体享用功能》,《教育研究》,1994年第2期;鲁洁:《再议论德育之享用功能》,《教育研究》,1995年第6期;刘尧:《德育有多少功能——与鲁洁教授商榷》,《教育研究与实验》,1994年第4期;李道仁:《德育的功能在于育德——评鲁洁教授的德育功能观》,《教育研究与实验》,1995年第4期。

界,辨析其中的专业智慧,进而形成一套专业的话语系统。在此过程中,最为关键的研究资源就来自这些智慧型教师主动创造而形成的典型经验。在本书中,我们就以此为参照点,逐步探讨和阐述这套理论话语和相应的实践方略。

二、写作目的:通过民主交往敞现学生活力

把正大光明的事情做得理直气壮、充满豪情和诗意,让师生在班级生活中共创共享一段神清气爽、其乐无穷的快意人生,这是本书的学术追求。为了达成这样的愿望,作为班级这一教育组织的领导者,智慧型教师就应通过班级拓展出开阔的发展空间,利用班级中的师生交往和生生交往而持续开发教育资源,从而让每一位学生都有可能获得更好的发展,特别是人格发展。据此,本书的写作目的很明确:让更多教师掌握班级管理中的教育智慧,用以提升学生的生命质量。这一目的,具体体现在如下相互支撑的两个方面——培育学生人格,建设班级生态。(更详细的阐述,见本书第二章。)

1. 在班级生活中培育学生个体人格

教育是致力于培养人的事业,因此,讲求教育实效,就需要思考从"抽象的人"向"具体个人"转换,由此在对"人"的认识上实现一系列的变化:"要承认人的生命是在具体个人中存活、生长、发展的;每一个具体个人都是不可分割的有机整体;个体生命是以整体的方式存活在环境中,并在与环境一日不可中断的相互作用和相互构成中生存与发展;具体个人的生命价值只有在各种生命经历中,通过主观努力、奋斗、反思、学习和不断超越自我,才能创建和实现。离开了对具体个人生命经历的关注和提升,就很难认识个人的成长与发展;具体个人是既有唯一性、独特性,又在其中体现着人之普遍性、共通性的个人,是个性与群性具体统一的个人……"[1]进而,还需要教育实践中关注每个参与教育活动的具体的个体,包括教师个体和学生个体。其中,如果说学科教学侧重于培养学生的认知系统,班级管理则更多地关注培养学生的人格系统,更有必要关注学生个体在班级中的人格发展。

在此,参照智慧型班主任的经验,需要用"互动生成"的复杂思维方式,将"个体"与"班级"看作相互支持、相互成全的两方,而非用简单思维方式将它们看作相互对立的因素,人为地将教育思路局限于只能在对立的两极中选择一方的狭隘格局(如传统思维中硬生生地造出相互对立的"集体主义"与"个人主义"等概念并在班级教育中过分强调一方而忽视另一方,包括为了培养学生"个性"而忽视了班级"群体"的文化特征)。

采用这样的思维方式,就可在班级生活之中辨析学生个体人格可能达到的发展状态。这与心理学家对"人格"的界定是一致的,即人格(personality)是"一个人在社会情境中所表现的独特的动作、思维和情感方式的一套社会性行动倾向",它"既指一个人在社会情境中所特有的行为模式,也指这些活动对别人的影响"。[2]"人格是一个复杂的开放系统(open system)",它具有整体性、稳定性、独特性及社会性等基本特性。[3]

---

[1] 叶澜:《教育创新呼唤"具体个人"意识》,《中国社会科学》,2003 年第 1 期。
[2] 李伯黍、燕国材主编:《教育心理学》,华东师范大学出版社,1993 年版,第 466 页。
[3] 黄希庭:《人格心理学》,浙江教育出版社,2002 年版,第 7—8 页。

据此,鉴于学生在同伴交往中的表现更为稳定、更能体现常态的社会性,可将班级生活表述为班级中的生生交往格局,并在此格局中考查学生个体人格的基本状态。具体来说,在三个能级的教师的班级管理过程中,班级中相对稳定的生生交往格局和个体在其中更为常见的人格状态,也有三种情形。在这里,我们先从学生个体人格状态的视角来予以考察。

(1)自立。在勤奋型班主任的努力下,班级生态进入一种基本规范的平衡格局,学生个体在其中可以保持自立的人格状态,安心学习。他会根据教师的教导,服从管理、循规蹈矩,在踏踏实实的班级生活中自觉安排好自己的学习生活,包括与其他同学的交往。

(2)自主。在活力型班主任的工作格局中,班级生态进入更有活力的平衡状态,学生个体可在其中保持自主的人格状态,舒心成长。他有更为明显的自主意识和更强的自信心,能在教师敞开的发展空间表达自己的意愿和设想——包括班干部等各种岗位负责人的选择,班级活动的设计和实施,班级文化环境的创设。在此过程中,他能和其他同学相互合作,融入小组或其他群体,进而融入班级这个教育组织之中。

(3)自豪。在智慧型班主任的工作格局中,班级生态进入民主交往带来的充满生机活力的平衡状态,学生个体在其中可展现出自豪的人格状态,开心生活。在包括学习在内的班级生活中,他可更为自信、更为主动。这包括主动谋划自己和老师同学的交往格局,还包括在相互尊重、相互支持的民主交往中主动探索新的发展空间,并为解决更高境界的发展问题而开发凝聚资源、开展活动。在此过程中,他们团结起来,在实现更好发展的过程中体验生命成长带来的自豪感。

显然,参照上述分析,本书追求的当然是努力让学生达到"自豪"的状态。为此,就需要考虑到学生个体所在的班级、管理班级的教师。

2. 以学生活力为基础建设班级生态

区分学生在班级生活中的上述三种人格状态的关键不仅在于个体特征的描述,更在于个体参与的班级生态系统,特别是生生交往的格局。

这样的交往格局,可通过图0-2来说明。(1)固化的交往格局。学生个体在其中感到踏实、安心,在落实教师的安排时学会自立。(2)开放的交往格局。学生个体保持开放的心态,在其中有机会主动参与班级生活,可以通过团队合作(特别是班委)在班级制度建设与班级活动中发挥更为积极的作用,由此学会自主。(3)灵活的交往格局。[1] 班级内部的各种岗位和群体(包括小组和非正式群体)都可以用来敞现学生个体活力,进而通过不同形式、不同层次、不同领域的民主交往而创生出新的思想活力与活动能力,学生在由此从个体内部、群体内部和班级内部创生活力的过程中学会创造并享受自豪的人格体验。——与这三种交往格局对应的班级生态,我们将在后文中分别用"规范运作""稳健运行"和"内生活力"来描述分析。

---

[1] 第三种交往格局的示意图,参阅了复杂科学中的"超循环"理论的相关学术观点和示意图。"超循环"理论是研究复杂系统演化规律的复杂科学中的一门学科,其基本主张是:超循环系统是通过循环联系把多个自催化或自复制单元相互连接起来的系统。在这种系统中,每一个复制单元既能指导自己的复制,又能对下一个中间物的产生提供催化帮助。可参阅吴彤:《自组织方法论研究》,清华大学出版社,2001年版,第五章。

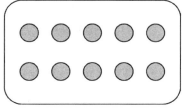
（1）固化的交往格局（个体"自立"）

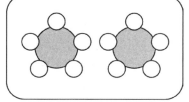
（2）开放的交往格局（个体"自主"）

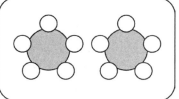
（3）灵活的交往格局（个体"自豪"）

图 0-2

三种交往格局

　　如此看来,培育学生人格与建设班级生态其实就是一件事情的两个方面;换个角度来说,可以说是班级管理的双层目标(见第一章)。据此,三种人格状态和三种交往格局其实就在三种水平的班级生态之中。将学生个体人格的三种状态和相应的班级生态(规范运作、稳健运行、内生活力)综合起来考虑,能让每个班级立足现实追求更好的发展成效。只不过,相比之下,更值得追求的就是智慧型班主任带领学生达到的境界:着力培养每一个孩子充满尊严和豪情的人格,让他们在主动拓展新的发展空间的过程中焕发生命活力。其中,确认班级管理的教育专业品质,在班级教育中开发出促进学生精神生命发展的新空间,切实承担起更为崇高的专业使命,就是一个重要的着力点。这,就是智慧型教师致力于建设更好班级时所应该努力的方向。

三、核心观点：班级管理是更具专业品质的教育活动

　　同时实现培育学生人格和建设班级生态这两个目的,需要有足够的专业智慧,以便通过班级管理开发足够丰富的教育资源;否则,仅靠班主任一个人的勤奋和耐心是难以敞现学生活力、创生更多资源,也难以实现上述目标的。这就值得用一本教材来阐明班级管理这一专业活动的基本内容。

　　为了阐明教师从事的教育工作是专业活动,人们曾作过很多努力。例如,联合国1966 年发表的一份划时代文件《关于教师地位的建议》就强调"教育工作应被视为一种专业"①。更多人关注到:社会学将专业(profession,也称专门职业)与职业(occupation,

①　UNESCO, ILO. *Recommendation Concerning the Status of Teachers*. UNESCO, ILO. 1966.

也称普通职业)予以区分时的观点——专业需要"按照一定的专业标准进行活动,从而解决人生和社会问题"[①];一些专业组织和学者都认为专业具有"完善的专业理论"和"成熟的专业技能","把服务和研究融为一体"[②]。据此,可以确认教师职业是一种专业。

在探索过程中,有研究者看到:教师职业所依据的专业知识具有"双重的学科基础",即"教师任教科目的学科知识"和"教育的学科知识"(所谓的"学术性与师范性"之争就与此直接相关)。[③] 有学者注意到美国卡内基促进教学基金会前主席欧内斯特·波依尔(Ernest L. Boyer)的观点,即将"教学的学术水平"与"发现的学术水平""综合的学术水平""运用的学术水平"并列,且"最好的教学不仅传授知识,同时也改造和扩展知识"[④];进而,在此基础上提出:首先,教育工作的最本质任务是"培养人的多方面的主动发展能力",而不仅仅是局部的"教书"之事;其次,就"教书"而言,所教知识的已知性不等于"教育活动的非创造性";再次,"教什么"和"如何教"是两种不同类型的知识,掌握了知识并不等于就能教好知识。据此,教学过程应是师生"一起探索、发现知识的过程",由此发挥"培养学生创造新文化的能力"的功能,而不仅仅是"传递已有文化的功能"(与此相应,"学术性与师范性"之争可以结束,因为师范性就是教师专业性的同义语)。[⑤]

如果说上述探索让我们更为确信学校中最常见的教育活动——学科教学的专业品质,那么,相比之下,不以"学科知识"为教育内容的班级管理的专业品质就更高了,因为它需要教师创造性地理解、掌握并开发新的专业智慧,以便让这一专业活动在班级生态系统中融通内外资源,生成具有专业品质的教育内容和教育方式。具体来说,可以见证班级管理专业品质的主要标志有三个方面:意境明朗的教育思想、格局明晰的教育任务、节奏明快的教育行动。

(一) 班级管理内蕴着意境明朗的教育思想

教育是人类主动创造出来的事业,学校是社会主动创造出来的教育系统,这样充满希望的人类事业和人为系统,必然会寄托着人们对美好未来的期待。从专业的角度,以智慧型教师主动创造达成的工作境界为参照,可以更清晰地看到本书倡导建设的"民主型班级"更为高雅的教育目标、更有活力的教育思路、更为系统的教育方法,由此彰显出一套意境明朗的教育思想,让师生可据此展望清澈透明、充满生机的希望空间。

1. "民主型班级"追求的教育目标是"在班级建设中培育人格"

这一教育目标,可从两方面来辨析。首先,作为一种独具专业品质的教育活动,班级管理更为关注培养学生的精神生命。只有以培养学生精神生命为基础,它才有可能更好地发挥其他功能,如服务于学科教学、培养学生的社会性与个性、开展心理健康教育。[⑥] 与各门学科的教学活动相比,班级管理的目标可以更鲜明、更直接地指向"育

---

① 刘捷:《专业化:挑战21世纪的教师》,教育科学出版社,2002年版,第50页。
② 教育部师范教育司组织编写:《教师专业化的理论与实践(修订版)》,人民教育出版社,2003年版,第33—38页。
③ 教育部师范教育司组织编写:《教师专业化的理论与实践(修订版)》,人民教育出版社,2003年版,第39、42页。
④ [美]欧内斯特·波依尔:《学术水平反思》,转引自国家教育发展研究中心编:《发达国家教育改革的动向和趋势》第五集,人民教育出版社,1994年版,第23、30—32页。
⑤ 叶澜:《一个真实的假问题——"师范性"与"学术性"之争的辨析》,《高等师范教育研究》,1999年第2期。
⑥ 类似的观点,可参阅班华等著:《发展性班级教育系统》,南京师范大学出版社,2000年版,第62—65页。

人",尤其是培养个体追求主动发展的人格,即"发展学生自我意识与成长需要,增强他们的内在力量"。[①]　其次,班级管理对学生人格的培养是通过班级建设来实现的。相比于学科教学或其他德育活动,它更有可能改变学生传统地位和角色、提升学生发展需求与能力,让学生学会自主策划个体和群体的发展,设计和实施班级活动,在与老师、同学的积极互动中学会自主反思和改善自己的精神生活质量,追求成长为一个具有高尚品质和内在尊严的主体。因此,它确实能发挥不同于学科教学的独特的教育作用。实际上,除了拥有更直接的育人目标、更开阔的育人空间,班级管理还可以形成更有效的教育机制和更独特的教育价值,即通过更丰富、更有成效的人际交往促进每一位学生的精神生命成长。简言之,同时实现培育学生人格、建设班级生态这两个目的,就是班级管理的"双层教育目标"。

2."民主型班级"采用的教育思路是"师生交往激活生生交往"

这一思路有两个层次的表现。(1)第一层次:将"生生交往"作为日常化的促进学生个体人格发展的生态系统,将其作为班级建设的重点。生生交往不仅体现在班级制度、班级文化等领域中,更落实于引领学生主动解决真实发展问题的班级活动之中。在生生交往中,最为重要的就是让学生精神生命得到"敞现—辨析—选择—生成"的过程。也可以说,这就是学生个体人格通过群体交往而得以成长的机制。它既有别于以学习人类文化知识为主的教学活动机制,也有别于其他学科所关注的发展机制(如社会学所关注的社会化机制),更有别于思想灌输或处理琐碎事务的模式。[②]　(2)第二层次:教师主动利用"师生交往"来激活生生交往,进而通过"生生交往"激活每个个体的生命。在这里,教师既不推卸责任,又不过度尽责,更不因过度作为而遮蔽学生的自主交往空间和自主发展机会;教师需用更高的专业智慧恰如其分地善尽专业责任,用师生交往激活生生交往进而促进个体自主,而不是越过生生交往直接促进每个个体的自主发展。这两个层次的作用结合起来,就构成班级管理的教育思路。其中,"敞现—辨析—选择—生成"的发展机制是教育思路的思考线索——学生个体的人格在班级生活中相互"敞现",在真诚的交往中"辨析"和"选择"精神生活内容,并在此过程中获得主动发展的动力和能力,"生成"更高品质的精神生命。简言之,这就是师生一起探索成长的"交往共生"的过程。

3."民主型班级"可用的教育方法是"一套方法系统"

这是从许多优秀班主任成功经验中提炼而形成的、由三层方法(策略、措施、技法)组成的立体方法系统[③]。在这里,班级管理的各种教育方法被区分为相互贯通的三个层次:(1)策略。这是对学生个体和班级整体发展起着定向、原则作用的班级教育方法,它们直接体现创建新型班级的思想。我们尝试着提出四项策略:敞开空间、鼓励探索、欣赏主见、激活智慧。它们是对教育思路中的核心线索的具体展开,因而具有明显的可操作性;不过,相比于后面两层方法(措施、技法),这些策略超越具体的事务处理,

① 叶澜:《"新基础教育"论》,教育科学出版社,2006年版,第297页。
② 李伟胜:《班级管理新探索:建设新型班级》,天津教育出版社,2006年版,第135页。本书第二章将有更全面的阐述。
③ 本书第三、四、五、六章对这三层方法有更全面、深入的阐述。

具有更广泛的适用性。同时,它也更充分地体现着创建民主型班级的思想。(2)措施。将班级管理中的各项具体事务整合为"三大任务",并将其表述为任务层面的"三条措施",即共建班级组织、开展班级活动、同创班级文化。它们在策略之下,将班级教育思想进一步落实到日常工作之中。至此,较为抽象的教育思路、更为灵动的教育策略就化繁为简地凝聚在简洁明了的三个领域的系统措施之中了。(3)技法。这是处理各种具体事务时所采用的方法,例如班级计划的制订、一次班会的具体策划和实施、图书角的管理,也指许多成功的技巧(如不同的"班主任兵法")。这些处理具体事务的方法已被整理成与班级管理流程对应的一套操作技法。显然,在这一方法系统中,居于"中位"的三条措施最为关键:它们居于策略之下,将班级教育思想简洁而有效地落实到日常工作之中;但它们又居于技法之上,可以融合各种更为具体的做法,使之形成一种整体格局,而不至于让班主任继续用琐碎的技法忙碌于繁琐的事务之中。

有了上述教育目标、教育思路和教育方法,教师可以充满期待、更充满信心,因为前景明确、思路清晰、章法有度,自成方圆;学生可以追求高雅、更可以享受创生智慧的过程,因为目标明确、路径清晰、资源充足——他们可以在教师带领下主动开发利用各种教育资源,特别是生生交往中生生不息地内生而来的智慧资源。简言之,智慧型教师可据此把班级管理这件正大光明的事情做得理直气壮、生动活泼。将上述教育目标、教育思路和教育方法融为一体,就是意境明朗的教育思想。

(二)班级管理承担着格局明晰的教育任务

一旦开始真诚而执着地将班级管理看作具有独特专业品质的教育活动,我们就将目光投向身在教改实践最前沿、也最能享受教育的智慧型教师主动创造出来的专业智慧;同时,我们也尝试在理论研究视野中搜寻可用以辨析班级管理工作格局的专业参照系。其中,管理学、社会学、文化学中让一个专业组织为社会作出专业贡献的理论主张,就启发我们更清楚地梳理班级管理承担的三大教育任务:共建班级组织、开展班级活动、同创班级文化(对应着前述的三条措施)。

班级管理的第一大任务是共建班级组织,由此深度开发群体交往空间,让班级发挥教育功能。这可从两方面来看。(1)班级可以通过个体之间协作而产生超越个体的社会作用。从组织参与者角度来看,组织是人们寻求合作的一个自然的结果;人们为了突破个人在"资源和能力"上的限制,追求更好或更高的目标,会自然而然地选择合作的途径,建立协同关系。当这种协同关系有了"共同的目标"和"社会性协调规则"时,协同关系就逐渐稳定下来,转变为稳定的协同体系,这就是"正式组织"。[①]——美国著名管理学家巴纳德在其开创组织管理理论的成名作中的这些见解,启发人们看出组织之超出个人局限、放大个人能量的社会功能。据此,可以进一步看到:无论是组织的管理者还是组织中的其他成员,都可以超越个人能力空间而在组织中开发出新的探索空间——就智慧型教师所承担的"教育组织的领导者"而言,这就是带领学生在班级中创造性地

---

① C.I.巴纳德:《经理人员的职能》,中国社会科学出版社,1997年版,第65—66页。需注意:管理学视角所见的"组织"是与"个人"相对的;而社会学视角所见的"社会组织"则不同,后者区分出"初级群体"与"次级群体",并将后者称为"社会组织"。当然,两个视角的观点也有相通之处。

开拓新的发展空间。(2)班级的首要功能是让班级成员通过群体交往实现发展。每个班级是促进其成员发展的"自功能性组织",即有可能持续内生教育资源、深度影响学生发展的教育组织。班级中的各种规范、角色、人际关系等,都可用来持续、深度地影响学生人格发展①(有的学者将它们称为"隐性课程",但我们在本书中主张将它们转变为"显性课程")。将这两方面结合起来,就是引领学生在长期共同参与班级组织建设的过程中深度开发教育资源,主动设计持续一个学期以上并可能影响一生的班级生活,敞开更为辽阔的发展空间。

班级管理的第二大任务是开展班级活动,有效解决真实的发展问题,培养学生主动发展的能力。这一任务可从两个层面理解。(1)班级活动中的发展主体是学生。这就意味着,虽然师生都需参与班级活动,但学生应是活动的直接受益者。同时,班级管理中的学生发展更多的是通过主动参与设计和实施班级活动而实现的(这不同于学科教学中通过理解和掌握已有的文化知识实现发展);这就要求学生应尽可能充分地主动开展活动,而不能满足于被要求参与活动或接受说教,更非在"被活动"中成为外来活动的操控对象或道具。据此,班级活动应该针对学生真实的发展问题,让学生和同学、老师合作探究问题的表现、成因和解决问题的思路并尝试在班级生活中解决问题;在这些过程中,学生就有机会从不同方面主动搜集、整理相关资源,同时通过个体思考和群体合作来开发新的思考和行动方案。这样,学生才有可能真正参与活动,并获得真实的发展。(2)班级活动的专业化设计需要教师的专业智慧。学生固然有很多潜力可以开发,但他们毕竟还在成长过程中,需要教师运用更先进的教育智慧来指导和帮助。其中,最需要教师着力的就是立足对学生的长期而深入的了解,敏锐地发现具有代表性的发展问题,进而组织学生提炼活动主题、设计活动方案、开发教育资源、组织实施活动、及时总结反馈,同时培养学生自主开展活动的能力;在此基础上,着眼于在长期的班级生活中促进学生的长远发展,在班级发展计划中主动策划系列化的班级主题活动,并相机组织学生分阶段具体设计和实施一个个活动项目。将学生和教师这两个层次的作用融通起来,就可在"民主型班级"中运用教师的专业智慧指导学生主动开展更高品质的班级活动,彰显更多活力,实现真实发展。

班级管理的第三大任务是同创班级文化,敞现学生的自主生命活力。对此,我们可从三个层面逐步探讨。(1)从文化学的视野来看,每个社会成员都受到人类社会或群体的文化的影响,其中就包括组织文化对组织成员的作用。此时,应该看到:人是文化的主体,人创造了文化,并通过文化发展和完善自己。正如文化哲学家皮尔森所说:"文化已不再是某种人把它作为命运而'经历'的事物——至少已不再是他曾经历过的那种程

---

① 有学者从社会学的角度指出:一般来讲,其他社会组织(如工厂或医院)的生存目标指向组织外部,衡量它们生存目标实现与否也不以组织成员(如工人或医生)的自身发展状况为依据,而是以组织之外的某种变化为标准,它们所履行的首先是与组织成员自身发展无关的功能;据此,它们可被称为"他功能性组织"。相比之下,班级的建立首先是为了班级成员——学生的自身发展,而不仅仅是为了实现某些外指向性的目标(如提高教学效率、便于学校管理);班级中的各种规范、角色、人际关系等,都是学生面对的隐性课程。这就说明,班级组织的生存目标不是指向组织之外,而是指向组织之内;班级组织的生存目标具有"内指向性",它所具有的首先是与其成员的自身发展有关的功能。据此,班级是一种"自功能性组织"。参阅吴康宁:《教育社会学》,人民教育出版社,1998年版,第277—278页。

度。实际上,人正在努力控制文化所调动的力量。"①(2)从学校文化建设的角度来看,作为文化主体的学校成员可以将学校文化作为一种教育资源予以主动开发、创生和利用,而不只是被动地单向接受其影响。在此过程中,学校文化可让学校成员在相互交往以及他们和文化的互动中,主动开拓更为广阔的发展空间。这是因为,"文化即在满足人类的需要当中,创造了新的需要。这恐怕就是文化最大创造力与人类进步的关键,文化把人类提高于禽兽之上,并不是由于给人类以其所能有的东西,而是指示给他看其所能奋斗追求的目标"②。这与本书倡导的让班级管理适应学生"自豪的需要"的理念是内在相通的。(3)在班级文化中,上述观点依然适用,不过需从建设"民主型班级"的角度作更具体的探讨。作为班级生活中的发展主体,每一位学生都有资格参与文化建设,这包括提炼鲜明的发展主题、营造舒心的成长环境、拓展开阔的交往空间(包括延伸到学校、家庭、社会的交往空间)。在所有这些方面,学生作为文化主体的主动性、创造性应该得到充分的培养、开发与利用,让学生的自主生命活力得到敞现,进而在班级生活中得到更多滋养。

站在智慧型教师的角度,共建班级组织、开展班级活动、同创班级文化这三大任务相互支撑、相互融通,它们所代表的工作领域共同构成了建设"民主型班级"的明晰格局。若能用专业智慧将这三大任务完成好,就可让班级发展的整体格局达到更为理想的境界。

(三)班级管理展开着节奏明快的教育行动

作为独具专业品质的教育活动,班级管理需落实为具体的教育行动。在将各种具体事务的处理办法整理成一套方法系统的同时,我们也尝试将班级管理中的具体行动梳理清楚。此时,有两方面的研究给我们带来了直接启发。其一,特级教师魏书生、李镇西关注班级发展史的教育经验。魏书生通过让学生持续近10年编辑《班级日报》③把班级日常生活纳入一种长程的历史视野,李镇西当班主任的"保留节目"之一就是在班级组建伊始就开启"班史"的书写、在毕业之前组织学生编撰班级史册④。其二,华东师范大学叶澜教授领衔的"新基础教育"研究中的班级建设研究项目。经过长期探索,立足学生发展需要开展系列主题活动的构想逐步形成,包括横向的年度系列、纵向的年级系列,用以满足和提升学生发展需要、引领学生实现可持续的主动发展。⑤ 这些探索见证了从学生生命成长历史的角度来开发班级教育资源的专业价值。据此,可通过主动开展系列活动来展开一个班级节奏明快的行动历程。其中,"节奏"指的是从时间角度在日常化的班级生活中主动策划实施阶段性的主题活动,以凸显每个阶段的发展主题,进而形成一个学期的主题旋律和持续几个学期的生命乐章;"明快"指的是班级生活充满希望、敞现活力、彰显学生生命豪情的情感色彩。具体来说,这种节奏明快的教育行

---

① [荷]C. A. 冯·皮尔森:《文化战略》,中国社会科学出版社,1992年版,第3页。
② [英]马凌诺斯基:《文化论》,华夏出版社,2002年版,第100页。
③ 魏书生:《班主任工作漫谈(第4版)》,漓江出版社,2005年版,第126—135页。
④ 李镇西:《做最好的班主任(修订本)》,文化艺术出版社,2010年版,第16—19页。
⑤ 叶澜:《"新基础教育"论》,教育科学出版社,2006年版,第320页;李家成:《"新基础教育"学生发展与教育指导纲要》,广西师范大学出版社,2009年版,第77—79页。

动体现在如下三个方面。

其一，持续一个学期的操作技法——逐步展开一套工作流程。本书主张教师在班级管理中要超越操作技法，这就意味着要将每一个技法都用出更高境界，而其具体方式之一就是将其融为一体。我们从一位班主任接手一个班级之后所做工作的角度，纵向整理了班级管理的基本流程，从而使前后相继的各种具体技法也有自身的系统性。这一流程也就是班级管理这一教育活动得以展开的基本过程，它可大致区分为五个环节：策划、组织、实施、反馈、改进，进而下分二十个具体事项，整理出六十个操作技法。这将进一步证明：以一个学期（乃至多年）为时间单位，以学生精神生活质量的逐步提升为教育主线，以学生的精神生活内容为教育内容，以各项具体事务和活动的处理为教育途径……这样长时间、大场面、复杂因素的整体策划所需的专业智慧，绝对不亚于任何学科一节课、一个单元、一个学期的教学所需的教学能力。

其二，立足每个学期的行动路径——主动开展系列主题活动。在本书中，班级层面的系列活动具体分为两个层次：（1）一个"大项目"中的系列"小活动"。① 这在形式上相当于学科教学中的一个"单元"中的多节"课"组成的系列。不过，与学科教学相比，班级活动中的每个"大项目"敞开了独具专业品质的成长空间：其活动主题主要源自师生对本阶段学生发展需要的理解和由此提炼出的班级发展主题，其活动内容主要源自师生为适应学生发展需要而主动整合的教育资源，其活动方式主要是师生主动设计的资源呈现方式、人际交往方式、问题探究方式。由此，每个"大项目"就是通过一系列"小活动"来展开自主探究、实现主动成长的过程。（2）一个学期的系列"大项目"。这在形式上相当于一门课程在每学期展开的系列"单元"，但它又有自己的独特之处：系列"大项目"至少需立足学生在较长时间段（如一个学期或更长时段）的发展需要和班级生活的整体格局，将教师运用专业智慧对班级生活的主动设计（如同立足一个学段设计每个学期的课程教学）和学生在每个阶段的真实发展中不断涌现的新资源（包括新的困惑或问题）结合，让学生在每个学期的成长展开为生命灵动的进步旅程。由此，确立一个学期中各个阶段的发展重点和活动主题，将其展开为班级发展的"主题旋律"；在据此展开的班级生活三大领域中，以"班级活动"为主线，"组织建设"和"班级文化"为之提供基础性的支持平台和开放性的拓展平台（这相当于将系列化的班级主题活动开发成一门"学生成长课程"。事实上，有些学校就是这样将其作为一门校本课程或综合实践活动领域中的一门特色课程来开发的）。

其三，放眼长期发展的行动进阶——"自觉探索三段发展历程"。学生发展历程和教育活动过程都充满复杂性，因此，学生发展不能依赖教师单方面"确定单一问题——寻找单一原因——制定单项校规——刚性执行规则"的线性管理过程来促成；相比之

---

① 本书采用"大项目"与"小活动"这一对概念来描述班级主题活动的结构，采用了多个参照系，其一是管理学中的"项目管理"中的"项目"（project）与项目之中的"任务"这个分析框架。其二是"项目化式学习"（Project-based Learning）和"项目化教学"（Project Method of Teaching）；其中，项目之中的活动可被称为"子项目"或"任务"。其三是学科教学中的"单元"与单元内的"每节课"。此外，美国进步主义教育家克伯屈（W. H. Kilpatrick）受到杜威（John Dewey）"从做中学"的思想启发于 1918 年创立"设计教学法"（Project Method）也给我们带来了启发。鉴于班级管理的教育专业特征，学生开展活动不同于完成"任务"，且不同于一般意义上的上课。因此采用了现在这个表述方式。

下,本书更加关注和利用的是在开放自主的空间中引领学生主动探索成长之旅。这样的发展历程,不能一蹴而就,而需立足学生的长远发展来整体策划、逐步展开。为此,以诸多智慧型教师所教班级的发展案例为基础,可以描绘出一个班级自觉探索发展的三个阶段:(1)自发尝试期。其主要特征是:直面真实问题,乐于尝试交往共生。(2)自觉行动期。其主要特征是:深化成长体验,自觉运用交往共生。(3)主动创造期。其主要特征是:主动创造智慧,善于利用交往共生。以此为参照,可以看到每个阶段都有相应的班级管理举措,由此形成一种推进班级发展的内在机制,分阶段逐步落实前面所说的班级管理思路与方法系统,有序促进班级发展水平的提升,稳步提高学生精神生活质量。于是,我们就不仅可以在每一天、每一周、每个学期看到学生充满朝气的成长之旅,还能在更长的时间段、乃至更为遥远的未来看到他们在班级生活中共同奏响一个乐章又一个乐章的生命交响曲,让节奏明快的教育行动生出具有专业内涵的教育艺术之美。①

至此,可以清楚地看到:意境明朗的教育思想、格局明晰的教育任务、节奏明快的教育行动,可以系统地见证班级管理的专业品质——这三个方面的具体表现,正是本书逐步展开论述的内容。

最后需要说明的是:在上述这三个主要部分之外,本书还附录了一些实用工具,如用以组织学生自主策划班级管理、设计班级活动的方案模板,用以调研学生参与班级主题活动实效的调查问卷……这些工具,已经在多年实践研究的过程中应用于一些实验班,并由此而得到检验和改善。将它们附录于本书之中,就是为了让更多教师在具体实施班级管理时有更具操作性的备用工具,切实有效地建设"民主型班级"。

如果我们既能领略到智慧型教师修炼而成的专业智慧,又能全面理解班级管理的专业品质,还能具体运用各种可操作的具体方法和工具,那么,用一个专业人士的智慧,在班级管理这个专业领域中带领学生一起探索,必将成就一段充满豪情与诗意的教育人生。

---

① 从更为理想、乐观的期待来看,我们特别建议每位教师至少听懂一部交响曲(如贝多芬的《命运交响曲》),尽量辨清其中的主题旋律是如何凸显出来,它与音乐中的其他部分的关系是怎样的。这会让我们对教育活动、特别是系列化的教育活动内在的专业美感有更真切的体会。

思想篇

本书从教育学立场出发，运用教育管理学的理论来透视班级管理，其学术前提就是：班级管理是具有更高专业品质的教育活动。这就意味着，要站在教育学立场来透视班级管理的专业特征。据此，第一部分——"思想篇"旨在说明班级管理用到的教育思想（educational thoughts）。

这里所说的教育思想固然应该与学科教学等其他专业活动相通，但更应该结合这一独特的育人领域而得到深化。在"思想篇"中，我们逐步阐明班级管理的教育目标、教育思路和方法系统，以便让教师由此掌握班级管理的一套理论主张。

（1）在理解班级管理的教育目标（educational goal）时，本书提出的是一个"双层目标"模型。具体来说，这就是在"建设班级"的同时"培育人格"——在建设民主型班级的同时培育每位学生的人格系统。

（2）与教育目标的内涵相应，在辨析班级管理的教育思路时，就要辨明民主交往怎样让个体人格在班级成长，还需辨明如何通过民主交往让班级发展。据此，理解班级管理教育思路（educational approach）的关键就是以学生个体通过群体交往得以成长的发展机制为基础，辨析教师可以利用这种发展机制的教育思路。需特别注意的是：无论是学生的发展机制还是教师的教育思路，都是立足真实的教育问题的解决过程而展开的；换言之，第二章所说的教育思路是贯通理论与实践的关键部分。

（3）将班级管理中用到的教育策略、工作措施和操作技法这三个层次的方法构成的方法系统（system of methods），这是班级管理的教育思想中最具有操作性的部分。由此，教师可在班级管理领域中形成更为系统的工作格局，用有效的专业智慧来掌握专业主动权，真正做到"我的地盘我做主"。

第一章

教育目标：在班级建设中培育人格

章前导语

在学习本章前，请你思考：如果学校安排你担任一个班级的班主任，学校期待你让这个班级达到什么样的发展状态？其中，什么状态能够让老师和学生安心地教和学？什么状态能够让老师和学生每天都期待来到这个班级？什么状态让老师和学生向往跃跃欲试地做点很有意思的事情？为什么？

学习目标——通过本章的学习,你能够:

- 透过典型案例,区分班级发展的三层境界;
- 结合案例,辨析班级发展的双层目标;
- 分析案例中的班级是如何通过民主交往同时实现双层目标的;
- 理解班级发展的双层目标为什么可以化为三个领域的具体目标。

本章内容导引

- 辨析目标的参照系——班级发展的三层境界
  一、班级发展三层境界的主要表现
  二、同一班级不同境界的案例分析
  三、班级发展三层境界的内涵界定
    1. 班级
    2. 班级发展境界
    3. 处于不同境界的班级的基本特征
- 教育目标的双层内涵——在建设班级的同时培育人格
  一、以学科教学为参照,辨析班级管理的专业地位
  二、班级管理的双层教育目标:"建设班级·培育人格"
    1. 从专业的视角融通班级管理的双层目标
    2. 在复杂的教育场景中自觉追求教育目标
- 教育目标的现实表现——在班级生活中实现民主交往
  一、民主交往可以同时实现个体发展和班级发展
    1. 群体交往是学生个体发展的基本途径
    2. 民主交往可同时实现班级管理的双层目标
  二、建设"民主型班级"的三个具体目标
    1. 在组织建设中敞开交往空间
    2. 在班级活动中凸显生命旋律
    3. 在文化建设中敞现成长气息

··

　　在学校教育历史上,班级先后发挥了不同层次的作用(如作为教学组织形式发挥工具价值、为促进个体社会化而发挥本体价值),而不仅仅是在同一层次发挥不同功能[①];在学校教育现实中,"班级管理"(或班主任工作)呈现出不同的工作境界,而非一种固定的情形。这就意味着:在从事或研究班级管理时,必须辨析其中的不同情形,理解其中的专业门道,进而作出明智的专业选择。经过持续三十余年的研究,我们认为:很有必

[①] 参阅李伟胜:《从生命实践的角度建构教育理论——班级教育理论研究带来的启示》,载叶澜主编:《命脉》("生命·实践"教育学论丛第四辑),广西师范大学出版社,2009年版,第92—103页。

要超越以往将班级管理看作"附属事务"或"专门工作"的情形，自觉选择将其看作"专业活动"；相应地，班级发展应该超越"管制型班级""自主型班级"的境界，致力于建设"民主型班级"。

为此，我们首先需要阐明专业化的班级管理应有的教育目标（educational goal）——在建设"民主型班级"的同时培育每位学生的"人格系统"。换言之，通过民主的交往方式，让每个学生在参与建设班级的过程中养成更为健全的人格系统。

在本章中，为了阐明班级管理的上述教育目标，我们首先区分出班级发展的三层境界，进而辨析"民主型班级"追求的教育目标和班主任可以在实践中直接达成的工作目标。

第一节　辨析目标的参照系——班级发展的三层境界

立足当今教育改革发展的已有经验和未来趋势，辨析班级管理的教育目标，一个可行的思考策略就是透视现实场景中的班级管理的不同境界，为进一步探讨教育目标的具体内涵提供参照。

一、班级发展三层境界的主要表现

我们知道，中小学班级管理工作头绪很多，班主任也因此给人留下忙碌的印象。一般来说，在开始管理一个班级之时，每一位班主任都会有许多常规工作需要处理：选拔班干部、建立班委会，编排值日表，维持班级秩序，组织和实施多种班级活动，根据上级要求布置安全教育、开展德育活动……

就在许多班主任平面罗列这些工作项目并忙于应对之时，有些班主任却能很快地从中整理出工作体系，区分出不同的工作领域、工作重点，有条有理、按部就班地开展班级管理工作。此时，班级进入有序状态，班主任也形成了清晰而稳定的工作思路。

这是我们进一步提高班级管理专业品质的基础——班级建立日常规范，形成基本秩序，教师形成清晰而稳定的常规工作思路。在此基础上，可以大致区分出三个层次的班级发展境界。尽管从师生行为表现来看它们都差不多，但"外行看热闹，内行看门道"，只要用心琢磨，就可清楚地看出它们之间的区别。[①]

第一层境界：维持班级常规，确保学习秩序。这是最基本的境界。班级不陷入混乱，才能继续存在下去，并在此基础上发挥更多样、更高级的作用。就这一境界的班级而言，学生的发展特征是"规规矩矩"。当然，在此境界中，有的班级会着力营造更为认真的学习氛围，培养班级凝聚力。从班级秩序主要源自教师管控的角度来看，这一层次的班级可称为"管制型班级"。

第二层境界：学会自主活动，培养综合能力。达到这一境界的班级，不仅有良好的秩序、学习氛围和班级凝聚力,更在此基础上培养学生自主活动的能力。学生可组织承担的班级活动有:管理班级事务、组织实施班会、开展小组活动,等等。学生在这一境界的发展特征是"做事能干",许多事务性的工作都不必班主任亲自费心操劳,因为学生(主要是班干部)能自己处理好这些事情。从班级生活让学生更为自主的角度,这一境界的班级可称为"自主型班级"。

第三层境界:探索民主交往,培育高尚人格。如果说前两层境界分别关注"完成规定的学习任务""开展自主的班级活动",那么第三层境界在此基础上更为关注"创造共生的精神家园"。在这里,比学习知识、培养能力更为重要的是人格成长,而优良人格的养成显然离不开优良的成长生态及其中的群体交往;对于班级来说,这种旨在培养高尚人格的交往就是日常化的"民主交往",即在相互欣赏、相互激励的氛围中创造一个共同成长的文化生态——"共生的精神家园"。这样的班级通过民主交往而营造一个精神家园,让每一位学生的人格尊严得以体现并不断生成新的生命体验,可被称为"民主型班级"。

以这三层发展境界为参照,我们可以更清晰地理解班级管理或班级生活中的许多现象,探索新的努力方向。此时,班级管理就开始生成不亚于学科教学的专业品质,见证学校教育中一个独特的、具有中国特色的专业领域。

补充材料 1-1

从"手机管理"的不同选择看三个层次的班级

在班级管理中,教师常遇到一些具体的问题。例如,"学生带手机进学校,可以不可以? 为什么?""如果学生把手机带到学校了,班主任该怎么办? 为什么?"这些问题看似很具体,甚至有时候看起来微不足道,但就学校教育的现实而言,对此类问题的不同理解和应对举措已经产生迥然不同的效果。从研究的角度来看,透过这些认识、举措和效果,可以辨析出三种水平的班级。

第一种选择:教师严格禁止,认真检查。作为具体事务的处理者,"勤奋型班主任"会尽力跟学生讲明道理,以便学生理解禁止带手机进校园的目的——确保学习生活的基本秩序,以免学生分心;同时,教师也会通过班干部、小组长等来落实相应的具体规则,以便督促、检查,确保令行禁止。此时,"班级管理"更多地属于学科教学之外的附属事务——无需教师资格证也可处理(似乎"爱心"和"耐心"更重要),其作用在于维持正常的学习秩序。与之相应的班级就是"管制型班级"。在这里,班级规范运作,学生规规矩矩。

第二种选择:班内自主探讨,自觉疏导,师生共同探索如何面对手机这类新事物。作为师生合作的引导者,"活力型班主任"会组织学生一起探讨相关的问题,包括学生可能提出的"我们应该享有通讯权、财产权"等问题。他们一起探究:学生在学校最应该享有的权利是什么权? ——学习权! 老师呢? ——教育权! 那么,其他的权利与学习权、教育权是什么关系呢? ……由此,把道理想透,让学生理性而充满尊严地理解学校生活中需要的行为规范,积极参与相关的规章制度的讨论、制定,自觉辨析和选择具体的行为规范,进而自觉遵守。于是,充满活力的师生交往促成学生在思想上更加活跃、在行动上更加自主。此时,"班级管理"成为可与"学科教学"并列的一项专门工作,共同服务于学生的成长。与之相应的班级就是"自主型班级"。在这里，班级稳健运行，学生做事能干。

第三种选择：合作精选主题，敞开空间，以"管好手机"为切入点来见证个人尊严和班级活力。作为教育组织的领导者，"智慧型班主任"会与学生充分协商，鼓励同学们一起考虑班级发展现状，引导他们选择一个与"管理手机"相关的教育主题（如"做一个自豪的手机主人"），用以促进每一位同学思考如何在类似的行为规范问题上见证自己确实"长大了"——不仅更聪明、更会讲道理，而且更自觉、更潇洒地用好手机（包括自主选择不带手机进校园），让凝聚高科技智慧的手机见证拥有高智商高情商的人品，让班级成为最有活力、也因此而最有豪情的团队……于是，班级活动成为民主交往的过程，学生就有可能在处理这类发展问题的过程中主动养成充满尊严与豪情的高尚人格，同学们在相互启发和相互支持中共同进步。这样的班级就是"民主型班级"，因为其中的日常交往都能让学生相互欣赏、鼓励或充满希望地相互督促；在这里，班级内生活力，学生民主交往。

二、同一班级不同境界的案例分析

一批"准班主任"——师范大学的一群学生，正在学习班级管理的理论知识与实践策略。他们完成的第一份作业就是："在你从小学到现在的多年生活中，你感觉最好的班级是哪个班级？请你对它进行描述，并以班级管理的上述不同境界为参照系，作一简要分析。"

下面是其中的一份代表作。我们可以从中看到班级管理的一些典型情形，进而体会符合时代需求，更符合学生成长需要的班级管理目标。

案例 1-1

我心目中最好的班级[①]

细细想来，我已在学校中度过了将近十四个年头。小学、初中、高中、大学，都给了我很多美好的回忆，也让我度过了快乐的十四年。在这其中，如果真要我选出心目中最好的班级的话，那肯定非小学那个班莫属了。

我小学六年都是在同一个班里。其实，这也可以算两个班，虽然同学都没换，班主任却有两位，每三年一位。这两位班主任的风格是完全不同的。虽然如此，我却觉得，正是因为这两位班主任相继带我们班，我们班才成为了最好的班级。

一到三年级时的班主任是一位很严厉的女老师。她经验比较丰富，而且在学校也小有名声（一半是因为她的严厉）。当时大家年龄都小，基本就是唯老师之命是从，再加上老师的严厉，我们个个都对班主任有点畏惧。不过，也正

---

① 作者：华东师范大学数学系学生郑弘。2008 年 3 月 20 日。

是因为班主任的严厉,我们班级的班风非常好,基本没有人调皮捣蛋,因为大家都知道后果会很严重,一般情况是罚抄100遍课文,通常会抄到半夜。当然,在严厉的同时,这位班主任也还是有些和蔼可亲的,因为她的年纪就和我们的妈妈差不多大,她还是会经常关心我们的,比如当我们生病或者家里有事时。

四到六年级时的班主任是一位刚从大学毕业的年轻男教师。他就像我们的大哥哥一样,也像一个朋友一样陪着我们。他的管理模式是很宽松的,基本属于寓教于乐。我们和他的感情也就很深。他组织了很多很多活动。比如,他组织了一个雏鹰小队,这个小队每星期都会去大街上义务劳动或者去敬老院慰问老人等,很好地培养了我们的爱心和责任心。他还组织了一次大型的主题班会,我们大家一起参与策划和排练等,在全校同学面前演出,这大大锻炼了我们的胆量和表演能力,也提高了我们班在学校的知名度。他还多次组织出游活动,加强了我们的集体感。总之,大家在认真学习之余玩得很快乐,同时我们班整体成绩也有了大幅度的提高。

虽然表面上对比下来,后来的班主任与我们的关系更好,但是,如果没有前面那位班主任的严厉,没有我们先前形成的严谨的良好班风,可能我们不会在参加那么多活动的同时仍不断地提高学习成绩,我们班级也不会在我们那所小学享有盛名!现在,我们那些小学同学仍然保持着密切的联系,也会组织些聚会,当然也会邀请班主任参加。能够在小学里遇上这么好的一个班级,这么好的老师,我真的很幸运!

我认为,一到三年级时,我们班级有如下特点:(1)班主任对我们严格规范,班级里形成了良好的秩序。(2)我们对班主任言听计从,形成的师生关系就是管理者与服从者之间的关系。(3)班主任对待学生,确实是以学习成绩为标准区别对待。四到六年级时,我们班的特点是:(1)班主任很注重我们个体的发展,帮助我们形成了良好的品格。(2)我们每个人在班级里都是主角,对这个班级都有一种责任感。个人的荣誉与班级的荣誉完全连在了一起。(3)班主任给我们提供了很多认识自我的机会,也带领着我们发现生活中的美。

虽然我的小学班级已经达到较高境界了,但在某些方面还是可以做得更好的:(1)在班级管理方式上,四到六年级的班主任还是需要向一到三年级时的班主任学习,特别是强化纪律方面。应该在学生中建立一点威信,否则,真有特别调皮捣蛋的学生的话,就无法管理好了。虽然老师与学生成为朋友更便于沟通,但也容易使学生忘却尊敬师长的道德规范,在以后的学习生涯中可能会给其他老师留下不好的印象。(2)在班干部选拔机制上,不应该只用学习成绩来衡量,而应通过选举来决定哪些同学做班干部。成绩好并不一定就能当好班干部。班主任也应该采取轮换班干部的措施,每个月或每学期选举一次,而并不是固定几个人一干到底,除非犯了严重错误才撤职。这样让每个同学都有机会来管理一下班级事务,更能加强大家的班级集体荣誉感,也能使大家了解究竟哪些同学才真正有能力当好班干部。(3)班主任需要和学生加强沟通交流,这是对一到三年级的班主任来说的。同学们都畏惧她,所以根本不敢接近她,只有班干部有班级事务要与她商量时才接近她。我建议可以采取交换日记的方法。一到三年级时年龄很小,大人很难猜测那时小孩的心理,所以可以通过看他们写的日记来了解他们,并及时发现问题解决问题。当老师帮学生解决了一个棘手的问题时,师生的距离也就会进一步缩小了。

这里所描述的情形,在中小学是比较常见的。在许多教师的工作经验介绍、许多学生所写的作文或回忆中,都能找到类似的描述。因此,对上述情形作进一步的分析,可启发我们进一步理解上述三层境界的班级和相应的班级管理格局。

1. 同一个班级在不同阶段处于不同境界

这个班级前一阶段(一到三年级)大致处于第一层境界,班级管理以"维持班级秩序"为主要目标;后一阶段(四到六年级)大致处于第二层境界,班级管理以让学生"学会自主活动"为主要目标。同一个班级,因为班主任的不同,也就有了不同的发展情形。这说明,班主任对于中小学班级有着重要影响,而班主任自身的班级管理思想和思路就是产生这种重要影响的关键因素。

2. 提升班级管理的境界,有丰富的可用资源

就前一阶段的情形来看,让班级形成良好的秩序,可以用到纪律、教师威信等教育资源。就后一阶段的情形来看,让学生学会自主活动,可用的资源有师生沟通、班级活动,尤其是学生对班级活动策划和实施的积极参与过程。

这位"准班主任"很辩证地看到,这个班级之所以能达到令人满意的状态,与前后两位班主任前后相继的努力是分不开的。因此,该班最后能达到第二层境界,是以早已达到第一层境界为基础的。这说明,更高境界的追求,可以包容、超越而不是放弃相对基础的追求。但是,若满足于已有状态,则难以达到更高境界,因为更多的教育资源可能被闲置,甚至根本就没有进入班主任的视野。人们熟知著名雕塑家罗丹说过的一句话——"世界上并不缺乏美,缺乏的是发现美的眼睛";类似的,班级中并不缺乏教育资源,缺乏的是发现资源的眼光。

3. 由三层境界形成的参照系,并不是绝对的标尺

在案例中,作者提出,后一位班主任需要向前一位班主任学习如何强化班级纪律,尽管后一阶段的班级已经达到了第二层境界。这说明:不能机械理解班级发展三层境界之间的关系。一方面,它们之间并非截然相异的;另一方面,在现实中,很难在一个具体的班级与某层境界之间画等号。也就是说,由这三层境界组成的参照系,并非绝对的标尺,而只能成为一个相对有效的参照系统。至于如何运用这个参照系,就取决于运用者自己对具体班级的各个领域、各个阶段的发展情形的用心观察、辨析和感悟。

因此,以图 1-1 中间列所示的方式来让现实中的班级"一一对应""对号入座"的思考方式是不可取的;更可取的是右列所示的对具体班级进行具体分析的思考方式。

4. 更高的境界,值得追求

这个案例也表明:这个班级其实还有很大的发展空间。也就是说,假设班主任和学生还能有更好的班级管理思想和思路,这个班级其实可以达到更高境界的发展状态。例如,轮换班干部,"这样让每个同学都有机会来管理一下班级事务,更能加强大家的班级集体荣誉感,也能使大家了解究竟哪些同学才真正有能力当好班干部"。

实际上,如果能够看到更高境界的情形,并且用心追求更高境界的目标,还有许多教育资源可以被发现、被利用——这正是我们希望做到的。因此,我们在后面将逐步介绍更高境界的目标、更多可用的教育资源。

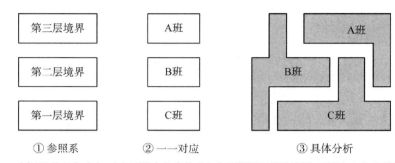

图1-1

班级管理三层
境界示意图

注:在"一一对应"的处理方式中,我们可能会以为某班各方面都属于某层境界,而不存在其他境界的情形;而在"具体分析"的处理方式中,我们则会发现一个具体的班级很可能主要方面处于某一境界,但在其他方面处于其他境界。

三、班级发展三层境界的内涵界定

在初步理解班级发展的三层境界之后,我们就可从理论上对"班级发展境界"的内涵作更清晰的界定,以便更为准确地把握建设"民主型班级"的系统主张。

为此,我们首先界定"班级"的内涵,进而再辨析其发展境界的意义。

1. 班级

班级是由师生共同组成,并以学生为主要发展主体的教育性组织。其中,从师生通过交往而共同成长,并且共同创造一段有意义的生命历程来看,教师的发展与学生的发展是相互促进的两个方面。不过,教师的发展是以促进学生发展为目的,并通过促进学生发展的过程而实现的。

从实践视角来看,可给班级再下一个操作性的定义,即:班级是师生通过正式的组织方式和各种正式与非正式的活动方式进行持续、密切而直接的人际交往的基本群体。这就意味着可从具体的"人员组织方式"和"班级活动方式"来见证一个班级的存在,通过班级中的"人际交往"的形式、内容和性质来理解一个班级的发展境界。

需要特别说明的是:我们看待班级时选择的是教育学视角,关注其中蕴藏的可以主动改变的因素和可以开发的教育资源;这不像社会学或文化学中常见的将"群体"与"组织"截然区分开来的做法。因此,我们既可从学校教育全局的角度将班级看作"教育性组织",也可从师生交往的角度将其视为"基本群体",两者都没有将"组织"和"群体"看作有固定内涵、有明确界限的两个概念,而是看作两个参照系,用来透视班级中蕴藏的"变量"(如"组织规范"和"群体互动方式"),以便发现并开发其中的教育资源。

2. 班级发展境界

"发展境界"指的是发展主体通过自觉努力而主动创生的意义世界。它不仅体现了主体所理解、掌握和利用的各种外来文化资源,也体现了主体自身的自主意识和能力等内在精神素养,更体现了主体自觉选择和行动的实践成果。

与此相应,"班级发展境界"指的就是师生通过自觉开展的教育活动而在班级中创生的精神生活世界。它呈现着班级成员在一定阶段中的发展状态。这样的发展境界,一方面沟通了班级成员生命成长历程中的过去、现在和未来,另一方面也沟通了班级成员面对的不同层次的交往关系——个人、小组、班级、学校、社会、人类……

这样看来,班级发展的不同境界,其实就是师生共同进入的不同层次的"精神生活世界"或"意义世界"。一个班级中的生活是否有意义、有什么样的意义,归根结底取决于生活于班级中的学生和教师如何创造班级生活内容,而这往往就体现为他们如何开发和利用班级中蕴藏的各种教育资源,如行为规范、不同岗位的职责要求、班级活动的成长价值、班级环境的育人功能……

3. 处于不同境界的班级的基本特征

为了更清晰地理解上述三层境界的班级形态,可用一组概念来描述其基本特征(见表1-1)。

班级形态	总体特征	具体特征		
		共建班级组织	开展班级活动	同创班级文化
管制型班级	建立规范,控制秩序	教师设岗定责,学生尽职尽责	根据学校部署,及时完成任务	班级环境整洁,学生言行规范
自主型班级	自主活动,培养能力	师生协商设岗,学生主动担责	适应学生需要,适时开展活动	班级氛围和谐,学生彰显个性
民主型班级	民主交往,培育人格	按需设立岗位,民主参与管理	引领学生需要,开展主题活动	发展主题鲜明,学生敞现活力

表1-1

三层境界的班级特征

在这里,我们站在学生的立场,首先从他们的生存方式(特别是交往方式)的角度来描述班级的总体特征,然后从班级生活的三个领域来分析其具体特征。其中,"共建班级组织"指的是选择班级组织中的各种角色(特别是他们在规划和创造班级生活内容方面的作用)、协调相互关系以开发班级组织功能的过程,"开展班级活动"指的是策划和实施各种活动、特别是主题活动的过程,"同创班级文化"指的是共同参与营造更为舒心的班级文化环境的过程。

有了这样的参照系,我们可以对三层境界中的班级形态作进一步的界定。

(1)管制型班级,指的是以严格管理学生、维持学习生活秩序为最高目标的班级形态。在这样的班级中,教师往往不大会考虑从"班级管理"中开发教育资源,而主要考虑应对班级中各项具体、甚至是琐碎的事务的"班务处理";相应地,班级管理本身被当作维持教学秩序和学校工作秩序的手段。即使班级管理被纳入学校德育系统,班主任被当作德育工作者,相关的德育活动也主要限于完成上级布置的"德育"事务,或以"行为规范教育"为名纠正学生的问题行为。当然,在这一层次的班级中,有的教师会同时兼顾到"学风"或学习方法、学习习惯,因为学生在校生活的主要内容毕竟是各门课程的学习;有的教师还注意到培养班级凝聚力、团结精神或集体主义精神,因为在一个"教育性组织"或"基本群体"中,班级成员的归属感、认同感和相互支持的体验有利于建立更好的班级秩序。

(2)自主型班级。这主要是指让学生逐步自主管理班级事务,同时培养学生自主能力的班级形态。目前,这种班级形态受到极大关注,在许多地方属于班级教育改革中正努力追求达到的理想状态(不过,在本书中,我们仍力图超越这种班级形态,建设更能体现新的教育思想的民主型班级)。在日本,也有人提出建设"班级共同体"(classroom community),培养学生对班级的归属感和自我管理班级事务的能力。据此建立的班级,大致相当于这里所说的"自主型班级",即学生自主管理并自主完成各项班级事务和活动的班级形态。①

(3)民主型班级。这种班级强调让每一位学生都充分敞现自己的精神世界,以平等的身份民主地参与班级事务,让学生相互欣赏、鼓励或充满希望地相互督促,由此共同创造一个精神家园、提升生命意义。② 这是本书倡导建立的新型班级,也是一些同行在多年改革实践中已经建立起来的班级形态。这种形态的班级的专业使命已经超越了传授知识、培养技能,更为关注敞现学生内心的生命活力,尤其是通过同伴之间的交往来激活充满尊严的成长体验,培育充满自信和豪情的人格。

第二节　教育目标的双层内涵——在建设班级的同时培育人格

"班级管理"可选的专业之路就在于超越"管制型班级""自主型班级",建设"民主型班级"。走在这条专业之路上,班级管理应该同时实现两层目标:其一,培养学生个体的"人格系统";其二,将整个班级建设成"民主型班级"。将两层目标融为一体,这就是班级管理的教育目标——通过民主交往培育人格。

在理解这里的双层目标时,最大的突破就是超越常见的两极对立并简单择一的思维方式,这包括"个体服从于集体"、过分强调通过班级建设培养集体主义精神的主张,也包括为了培养"个性"而忽视班级整体发展的误区。实现这种思维方式上的突破,关键就在于通过民主交往可以同时实现个体人格系统的培育和民主型班级的建设。③

一、以学科教学为参照,辨析班级管理的专业地位

班级管理的专业性并非不证自明的现实情形,因为同样从事"班级管理",不同的老师可有不同选择,只有自觉地作出专业选择并努力创造其专业品质,班级管理才有可能彰显出专业内涵、表现为专业行为。为此,在辨析了不同发展境界的班级形态的基础上,还需就"班级管理"之专业品质作出进一步的思考和选择。此时,以已被确认属于专业活动的"学科教学"作为参照,当为一个可行的研究策略。

---

① 参阅 Shimahara, N. K. (ed.). *Politics of classroom life: classroom management in international perspective*. New York: Garland Press, 1998. pp.215 – 238. 另外,日本学者佐藤学倡导创建的"学习共同体"则是另一概念,用以描述一种学校改革愿景,即学校不仅是儿童相互学习成长,而且是教师也相互学习成长,家长和市民也相互学习的共同体。(参阅佐藤学著,钟启泉译:《学校的挑战:创建学习共同体》,华东师范大学出版社 2010 年版)这与本书主张建设的班级有相通之处(就理想的班级学习生活而言),但不相同。

② 我们注意到一些优秀班主任在这方面积累了丰富的经验,并从中得到不少启发。例如,魏书生就对"班级要实现民主化"作了如下解释:a. 班主任要为学生服务;b. 建立互助的师生关系;c. 发展学生自然的人性;d. 决策过程注重商量、对话和集体表决。见魏书生:《建设民主、科学的班集体》,《人民教育》2007 年第 21 期。

③ 实现这个关键突破时,我们力图采用与"简单思维"相对的"复杂思维"。后者是人们在研究"复杂系统"、建立复杂科学中生成的。"绪论"对此已有说明。

我们可从一个常见的学生发展问题入手来展开新的探讨。设想在一个班级中逐步出现了"亲子沟通"问题——多名学生跟父母出现沟通障碍,甚至出现冲突,导致他们的日常学习生活出现问题(包括出现心理困惑、情绪不稳定、成绩下降或离家出走)。此时,可以考虑一个专业问题——"这是教师的事吗?"面对这一问题,不同的教师会有不同的回答,作出不同的选择,也就表现出他们在理解"班级管理"(班主任工作)的专业性时的不同观点。对诸多相关案例的比较分析表明:教师可有三个层次的对策。这也代表着班级管理和班级发展的三层境界(参阅图1-2)。以此为参照,教师可以更自觉地选择专业化的班级管理。

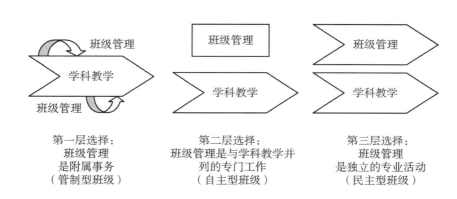

图 1-2

班级管理的三层选择

第一层选择:
班级管理
是附属事务
(管制型班级)

第二层选择:
班级管理是与学科教学并列的专门工作
(自主型班级)

第三层选择:
班级管理
是独立的专业活动
(民主型班级)

1. 班级管理是"附属事务"

在第一层选择中,教师从常规管理的视野来看待"亲子沟通"问题:只要它不影响班级生活的正常秩序,就不用管它;纵然出现问题,只要将其控制在正常范围之内即可。此时,班级管理往往被视作"附属事务",而不是"专门工作",更不是"专业活动",因为学生的主要发展领域、教师的主要专业领域是更为重要的"学科教学"。这种选择的班级更像"管制型班级"。

有意思的是:这层选择不仅仅体现在实践中,也体现在理论阐述之中。例如,在我国一些通行的"教育学"教材中,对于"(班)集体建设"之外的班主任工作内容,延续着在苏联教育学中就已提出的将班级管理作为"附加的任务"[①]的做法,将缺乏学理论证的诸多内容罗列在专门论述班主任工作的章节之中,这只能证明这一领域的理论研究还处于比较贫乏的状态。与此相应的:许多教师培训(包括国家级班主任培训)一再重复甚至长期延续看似丰富、实际上难免平庸的格局:平面罗列多方面内容,却缺乏整合;告知实践经验和师德要求,却缺乏论证;理论介绍满足于应然规定,却缺乏学理;实践策略似有创新,但缺乏系统整理[②]。

2. 班级管理是"专门工作"

在第二层选择中,班主任将"亲子沟通"问题开发为工作资源,用来培养学生自主活

---

① [苏联]凯洛夫编,沈颖等译:《教育学》,人民教育出版社,1953年版,第459页。
② 曲文弘:《对当前班主任培训工作若干问题的思考》,《当代教育科学》,2007年第13期。

动的能力,选择相关的内容组织学生开展"孝敬父母""感恩教育"等班级活动。此时,班级管理被看作与"学科教学"并列的专门工作(往往被视作"德育工作"),而不仅仅是服务于"学科教学"的附属事务;尽管如此,班级管理尚未成为独立的专业活动。在这层选择中,班级表现为"自主型班级"。

与实践视角的这一选择相应,在理论阐述中,常见两种情形:(1)教育学理论研究者用貌似正规的话语来表述不够严谨的观点。例如,一本"教育学"教材在论述班主任的地位与作用时,认为班主任是"班级学生的教育者和实施班级工作计划的保证","班集体的组织者和学生班级活动的指导者","联系家庭的纽带和各种社会教育影响的协调者"。其岗位职责是"抓好思想品德教育,指导班队(团)工作";"重视学习指导,全面提高学生学业质量";"关心身心健康,奠定学生发展基础";"组织劳动实践,指导学生课余生活";"抓规范重践行,主持班级日常管理";"树立开放意识,有效做好家长工作"。——所有这些工作要求都围绕着"班主任"而提出,但它们之间的逻辑关系、它们能否证明班级管理的专业品质,尚未得到充分的关注。(2)实践工作者用貌似新潮的话语来描述不够系统的经验。例如,将别的学科或领域的一些主张或现成结论(如"多元智能理论""新课程理念""企业管理理论""军事兵法""建构主义")直接借用过来,或者结合具体实例展开较为系统的阐述(但主要不是论证),由此形成一些工作思路、研究论文或者专著(如明确提出"班级管理企业化");如果仔细辨析这些借用过来的主张或结论与班级教育的联系和区别,就会发现其中的内容尚缺更为系统的表述、内在依据也缺乏更为严谨的论证。

当然,相比于把班级管理当作"附属事务",第二层的选择将其作为"专门工作",这有利于明确班主任的专业地位、提出更高层次的要求。例如,2006年6月,《教育部关于进一步加强中小学班主任工作的意见》提出:"做班主任和授课一样都是中小学的主业","中小学班主任工作是学校教育中极其重要的育人工作,既是一门科学,也是一门艺术"。2009年8月,教育部在《中小学班主任工作规定》中强调:"教师担任班主任期间应将班主任工作作为主业",确认"班主任是中小学日常思想道德教育和学生管理工作的主要实施者,是中小学生健康成长的引领者,班主任要努力成为中小学生的人生导师"。尽管如此,因为在专业品质、专业工作思路等方面缺乏明确的定位,相关的工作要求、培训内容尚难根本改变平面罗列各项要求、缺乏清晰学理论证、缺乏自觉的专业追求等情形。显然,若要与时俱进地作出更高境界的探索,还需超越"专门工作"这一定位,将班级管理作为一项"专业活动"——其专业品质不亚于学科教学的教育活动。

3. 班级管理是"专业活动"

在这一层次的选择中,教师将"亲子沟通"问题用于培养学生健全人格、提升学生生命质量的教育资源,在与学生充分沟通并用心体会学生发展需要的基础上,带领学生选择恰当的主题开展班级活动,体会生命成长历程中的智慧与尊严(包括作为现代公民民主参与社会生活的智慧与志气),并将其纳入班级发展的整体格局和长远规划之中。此时,班级管理不仅敞开了不亚于"学科教学"的教育领域,甚至可以将学生在各门学科中的学习经验纳入到学生生命发展、班级长远发展的整体格局之中。在这样的班级中,每一位学生都有可能通过民主交往的方式参与班级生活。在本书中,这一层选择就是致力于建设"民主型班级"。

值得关注的两个研究项目
——将班级管理作为专业活动

与上述实践选择相应的、立足于实践改革的理论研究,至少有两个项目值得关注。它们已经清晰地敞开了一条充满希望的道路:让班主任从事的"班级管理"工作成为专业性的教育活动。

1. 班华教授提出的"发展性班级教育系统"

首先,该研究明确提出"是为促进学生发展而研究班级和班级教育的",将"育人的目的性"作为班级的首要特点,认为班级本身是"教育性"组织,其目的就在"育人"(其内容主要是"精神关怀")。[1]

其次,研究者认为:班主任开展教育或直接的教育过程是"文化—心理过程"、师生互动过程,这是班主任教育劳动(不同于人们通常所称的"班主任工作")的主要涵义;它的唯一的、直接的、内在的目的就是育人,就是为了学生的成长发展。

再次,研究者提出:班级实现"育人"的途径是"班级教育系统",即班主任实施素质教育的特殊操作系统[2]。它可分成三个系列:班级教育目标计划系列、目标计划实施系列(包括班集体建设、班级活动、班级文化、班级管理、班级教育合力这五个方面)、受教育者发展评价系列。特别值得关注的是:研究者明确提出从"教育论"的角度(不是"教学论"的角度)来确立班主任工作的性质,即以"育人"为目的的班级教育[3];因此,其研究意义决不限于班级教育本身,它对认识、研究整个教育都具有一定理论价值。[4]

2. 叶澜教授领衔的"新基础教育"的"班级建设"研究

这是明确提出创立"生命·实践"教育学派的学者们的研究领域之一。

首先,这一研究确认:"班级建设"作为一个完整的词、一个复合性概念,指的是与"课堂教学"相并列、以"班级发展"为直接目标的实践领域[5]。

其次,这一研究认为"班级建设"的深层目标是"发展学生自我意识与成长需要,增强他们的内在力量"[6],它的主要功能是促进个体社会性和个性的健康、主动发展,它的实践过程也就是学生的成长过程。这使得它有别于强调制约性的管理与控制、将集体利益凌驾于个体之上的"班集体建设"。同时,在更有可能改变学生传统地位和角色、提升学生发展需求与能力这两方面,它发挥着不同于"课堂教学"的作用[7]。可见,它在育人目标上有了清晰的选择,即以班级发展为直接目标,以促进个体主动发展为核心价值取向。

---

[1] 班华等著:《发展性班级教育系统》,南京师范大学出版社,2000年版,第62—65页。
[2] 班华等著:《发展性班级教育系统》,南京师范大学出版社,2000年版,第68页。
[3] 班华等著:《发展性班级教育系统》,南京师范大学出版社,2000年版,第73—74页。
[4] 班华等著:《发展性班级教育系统》,南京师范大学出版社,2000年版,第85页。
[5] 叶澜:《"新基础教育论"》,教育科学出版社,2006年版,第295页。
[6] 叶澜:《"新基础教育论"》,教育科学出版社,2006年版,第305页。
[7] 叶澜:《"新基础教育论"》,教育科学出版社,2006年版,第297页。

> 再次，这一研究区分出"班级建设"的两大部分：一方面提升日常的社会性生活质量，另一方面开展成系列的专题性班级活动。具体而言，班级建设的任务主要有组织制度建设、文化建设、系列班级活动[①]；其中，以学生成长需要为主线的班级活动的系列策划与实际开展，是主要内容[②]。这使得相关的理论分析与系统的实践探索相得益彰、互相支持。

就这一层选择而言，班主任从事的"班级管理"就很需要建立专业标准——这当然要以明确其教育目标为前提，但还需要在教育思路、教育方法、教育行动（尤其是班级活动）等方面有自觉、清晰而系统的专业要求和学理论证。与之相应，班主任的日常工作和自主研究（包括由专业机构组织的研修活动）就需要有更为清晰的系统内容，如研究全班学生的发展现状和成长需要，据此带领学生选择一个学期（一个月、一个学年、一个学段）的发展主题，围绕主题整合各种资源、共同策划和实施主题活动，进而全面提升班级生活品质，让每一个学生的健全人格得以发展。这样的工作格局及其理论依据，就可以全方位地媲美"学科教学"的专业品质，从而见证"班级管理"作为一项教育活动独有的专业空间。

以上面所说的这三层选择为参照，我们倡导超越"管制型班级""自主型班级"的情形，自觉追求建设"民主型班级"，因为这是中国学校在现阶段可以选择的"班级管理"专业之路，由此而敞开的专业化的教育领域将让学生获得新的发展资源、成长空间，从而让一代新人得以实现符合这个时代需要的新发展，主动养成彰显生命豪情与智慧的新人格。

在这里，班级管理被当作具有独立专业地位的"教育活动"（专业活动），而不是学科教学之外的"附属事务"，也不仅仅是与学科教学并列的"专门工作"。本书所说的具有独特专业品质的"班级管理"，指的就是这样的选择。换言之，在本书中，着眼于建设"民主型班级"的班级管理被视为可媲美于学科教学的专业活动；相比之下，满足于建设"管制型班级"或"自主型班级"的班级管理，其专业品质还需要进一步提升。

据此，在本书中，我们对班级管理的教育性质、教育目标、教育思路、教育方法和教育行动的探讨，都是在着眼于建设"民主型班级"这一层面展开的。

二、班级管理的双层教育目标："建设班级·培育人格"

从教师的角度来看，班级管理首先是针对"班级"的管理；不过，从学生的角度来看，班级生活中实现的是每一名学生个体的发展。因此，在从专业的角度来辨析班级管理的教育目标时，教师的工作视野应该涵盖学生的发展格局。据此，班级管理的教育目标就是同时实现班级建设和人格培育。在这里，班级管理的直接工作目标（即表层教育目标）就是建设"民主型班级"，而其深层教育目标就是通过班级生活中日常化的民主交往

[①] 叶澜：《"新基础教育论"》，教育科学出版社，2006年版，第296页。
[②] 叶澜主编：《"新基础教育"发展性研究报告集》，中国轻工业出版社，2004年版，第193页。

培育每一位学生的"人格系统"。

　　此处所说的"表层目标"和"深层目标",也可以被看作是针对"班级"和班级内每一位学生"个体"的教育目标;此时,用"互动生成"的复杂思维方式,将"个体"与"班级"的联系看作相互支持、相互成全的关系,可让我们更好地同时把握并实现这双层目标。为了更清楚地理解双层目标及其相互关系,我们还需要作进一步的探讨。

　　1. 从专业的视角融通班级管理的双层目标

　　(1) 参照学科教学辨析双层目标

　　就学科教学承担的"教书育人"这一教育使命而言,"'教书'与'育人'不是两件事,而是一件事的不同方面。……在教学中,教师实际上通过'教书'实现'育人'"①。换言之,学科教学同时实现着两个教育目标(而不仅仅是教学目标),它们之间相互嵌套、相互印证(映射),而不因有不同表述而相互脱离。具体来说,每一节课、每一个单元、每一个学期中需要达成的"表层目标"是培养学生的认知系统;同时,在培养"认知系统"的过程之中以"认知系统"为基础达成"深层目标"——培养学生的人格系统②,而不是脱离具体的知识学习过程来单独履行"育人"使命。换言之,"教书"和"育人"这两个目标是同时实现的。③

　　与学科教学承担的教育使命是"教书育人"相比,作为"专业活动"(而不仅仅是"专门工作"或"附属事务")的班级管理承担的教育使命就是"交往育人"。在这里,"表层目标"(直接的工作目标)就是引导学生建设班级——建立可让每一个学生享有尊严、释放活力且有归属感的"同伴群体"(如本书倡导的"民主型班级");同时,在建设班级、实现班级整体发展的过程中,每一位学生的"人格系统"得以在群体交往中敞现和生成——这就是班级管理可以实现的"深层目标"(见图 1-3)。换言之,"交往"(建设班级生态)

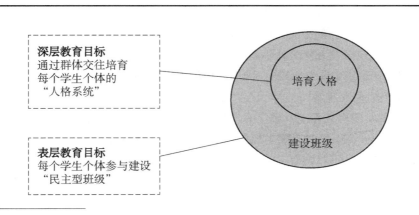

图 1-3

班级管理的双层
教育目标

深层教育目标
通过群体交往培育
每个学生个体的
"人格系统"

表层教育目标
每个学生个体参与建设
"民主型班级"

培育人格

建设班级

① 叶澜:《"新基础教育论"》,教育科学出版社,2006 年版,第 250 页。

② 认知系统和人格系统(以及后文所说的"认知发展"和"人格发展")的区分是相对的。这一区分便于教师更好地理解日常实践中不同领域所侧重的教育目标。给我们选择这一对概念提供直接启发的是自我心理学研究者在"自我经验"中区分出来的两种程序(信息系统):一种用于自我系统的保持(与自我相关的信息系统),另一种储存着一般意义上的知识信息(对自我无直接意义的信息系统)。参阅李晓文:《学生自我发展之心理学探究》,教育科学出版社,2001 年版,第 213 页。

③ 这方面的论证,可参阅叶澜教授对于"新教学价值观的三重结构"的论述。见叶澜:《"新基础教育论"》,教育科学出版社,2006 年版,第 249—258 页。

和"育人"(培育人格系统)这两个目标是同时实现的——班级生态服务于培养学生的人格,而学生的人格则通过班级建设来进一步培育,两者相互滋养,相互玉成。

(2)立足学生发展格局融通班级管理的双层目标

学生个体在班级中的发展格局有两方面的表现。一方面,学生在班级中的言行往往就是其"人格系统"的外在表现(这也正是德育工作者特别关注学生行为规范的原因所在)。另一方面,学生的"人格系统"得以养成的一个重要文化生态就是班级生活;其中,每一位学生个体都在班级生活场景中自我调节其日常化的言行(这就是人的发展可能性得以敞现和生成的具体形式),并由此改善自己的行为习惯,同时培育着自己的"人格系统",滋养着自己的精神生命。

在这里,我们又找到作为"专业活动"的班级管理区别于作为"附属事务"或"专门工作"的班级管理的一个重要分水岭。后二者可能在诸多琐碎事务(尤其是在出现比较大的麻烦时想起的事务)之中偶尔想起"育人"任务,或者在完成上级规定的任务时抽象地宣扬"育人"宗旨,或者在考虑增强学生学习动力或转化差生时想到"人格系统"可以发挥的辅助作用;相比之下,作为专业活动的班级管理将"育人"作为工作宗旨、深层目标,并为此而同时将建设班级作为工作任务、表层目标。

经过上述探讨,就可看到:在作为"专业活动"的班级管理中,教师应同时致力于培育每个学生的"人格系统"和引导学生建设优质的"同伴群体"(民主型班级)。就这两层目标之间的关系来说,整个班级的品质既取决于、又影响着每一个学生个体的人格发展状态;班级中的教育生态既是由每个班级成员共同参与创造的,同时也让每个班级成员在其中深受影响。这是因为,班级的生活品质、发展境界实际上就是由生生互动和师生互动而形成的——其中最具有标志性的就是生生之间的同伴交往的状态。班级成员由此一起创造着并不断更新着一幅复杂场景(需用超越"简单思维"的"复杂思维"才能看见并看懂)——如果把每一位个体看作一个攀登者,而把他所参与的班级生活视为一个橡皮场景;在这样一个橡皮场景中攀登制高点,则"每攀登一次,整个橡皮的场景就会变一次形"[①],每一个攀登者随之处于新的位置和关系之中。显然,这样的"橡皮场景"或"生态系统",就是我们前面所说的"班级发展境界",即师生共同进入的不同层次的"精神生活世界"或"意义世界"。

对于力图实现班级管理专业化的教师来说,可以参照本书所描述的"民主型班级"这一发展境界的特征,同时追求实现培育学生个体"人格系统"和建设"民主型班级"这两层目标,使两者之间形成相互融通的关系。也就是说,将"通过激活每位学生的人格系统来建设班级"和"通过提升班级发展境界来培育每位学生的人格系统"这两方面的努力相互融通、同时进行,而不是将其割裂。其中,"培育人格系统"是透过"建设民主型班级"这一直接的、表层的目标而实现的更为聚焦、更为深层的教育目标。在这里,学生每一天的言行表现、行为规范、具体活动的开展情况、一个阶段的心理状态,成为班主任眼前所见、脑中所想的工作内容(也是"班级建设"的具体展开);不过,更需要教师透过这些工作内容而自觉关注的是学生的"人格系统"的发展状态,让班级生活内容最终指

---

① [美]米歇尔·沃尔德罗普著,陈玲译:《复杂》,生活·读书·新知三联书店,1997年版,第362页。

向"育人"目标。

2. 在复杂的教育场景中自觉追求教育目标

在与"学科教学"相比理解专业化的班级管理的教育目标之后,还有必要将视线投向真实而复杂的学校教育变革场景,从中看到专业化的班级管理的独特价值,并自觉坚守这块独特的专业领地,追求实现更高的教育目标。

这份专业自觉之所以值得强调,是因为:许多教育工作者了解到来自不同领域的话语(如军事学、社会学、心理学的观点)、源于不同国度的教育经验(如美国中学的"选课走班"制度)时,他们也许会为新的理念和实践而感到兴奋,但也会因此对学校教育自身已有的话语系统、本国已有的教育经验产生怀疑,进而产生一些思想和行为上的困惑,甚至作出有明显逻辑漏洞的新探索。例如,包括新课程改革在内的诸多教改举措都强调要促进每一位学生的自主发展,为他们提供更合适的教育资源、更为个性化的学习空间。现在看来,需要透过一些具有创新意义的行动,辨析其中较为复杂的专业门道,否则就有可能沉醉于创新之举而忽视一些逻辑漏洞。具体来说,在更充分地开发课程的教育价值,包括通过提供多样性的可选择课程而让学生得到更具有个别性(individuality,常被人等同于 personality,即个性)的教育服务的过程中,也出现了一些值得商榷的大胆选择,如在采用"选课走班"制时取消稳定的班级建制和班主任这一工作岗位。

这类举措往往将常见的承担整体性教育功能的"稳定班级"片面命名为"行政班",并将其作为需要超越甚至放弃的传统情形;其实,这里存在明显的逻辑漏洞。诚然,对传统班级形态之弊端的分析,如同我们对"管制型班级"之弊端的分析,确实很有道理、很有针对性;不过,如果因此就取消稳定班级和班主任岗位,则有"把孩子和洗澡水一起泼掉"的嫌疑,其思维方式略显简单,并因此而类似于"因为传统家庭束缚了年轻人的个性,所以干脆取消家庭""因为现代网络带来了新的困惑,所以干脆拒绝网络"这样的主张。如果换一种思维方式,用类似于"建立新型家庭""建立民主的亲子关系""探索建立合理的网络使用方式"的做法,保留稳定的班级建制和班主任岗位,但大力推进班级管理改革、建设"民主型班级",也许更适合大多数学校和大多数中小学生,尤其是很需要有稳定的交往对象和深度的交往关系的小学生和初中生①。——此时,针对前述的传统班级形态的弊端,从个体与群体的关系角度提出新的创见,尝试超越"管制型班级"、进而超越"自主型班级"的发展境界,着力建设"民主型班级",至少不失为一条可行的专业之道。在这里,至少应该注意到:不能因一个角度的改革创新之举而忽视其他可能的探索,要更全面地关注班级的教育价值。

从更开阔的时代背景和国际视野来看,我们还可以自信地说:有些国家或地区采用与"走班制"配套的"教学班",没有稳定的班级建制、也无需专门设立班主任岗位,这并不等于中国已有的稳定班级和相应的"班级管理"工作,"班主任"岗位就没有存在价

---

① 实际上,用"选课走班"制中的"教学班"取代"行政班",由此带来的最大挑战是学生的归属感问题(见李希贵:《面向个体的教育》,教育科学出版社,2014 年版,第 17 页;李希贵:《后行政班时代的教育追求》,《中国教育报》,2013 年 9 月 11 日,第 5 版)。这其实见证学生在深度交往方面的需要。有人以为学生在"教学班"或"社团"中形成的"团队意识"可以取代在"行政班"中形成的"归属感",这种观点在学术上显然也值得商榷。

值。打个比方,芭蕾舞很美,并不等于现代舞就不美;这里的思维逻辑并不复杂,关键在于是否有专业自觉和自信。如果从专业角度进一步探究,就会看到:学生在班级(包括所谓的"行政班"和"教学班")可以有持续很长时间的、深度的、面对面的日常交往,而这种密切的深度交往带来的教育价值是各门学科的认知活动难以简单取代的,如同个体在家庭中获得的亲情是其他的交往体验难以简单取代的①。不过,这种"可以有"的教育资源和发展空间并不天然地"真的有";它若能产生并发挥作用,必定需要教师带领学生主动地发现、开发和利用。也许,恰好在这里,我们可以看到学校教育中一个独特的育人空间和专业领域,而且是富有中国特色的教育领域。②

我国许多优秀班主任的经验表明:民主型班级选择的培育每位学生的"人格系统"这一深层教育目标是从具体的学生个体的立场来考虑的,因为这是教育最终得以落实的具体对象。③从班级或学校的角度看,只有让每一位学生都得到更好的发展,我们才能谈到班级的发展、学校的发展;从学生个体的角度看,民主型班级能让每一位学生都充分展现自己并形成主动发展的动力和能力,使班级成为提升个体生命质量、充满生命活力的精神家园。这就是说,每一个学生群体和班级整体都能成为学生个体的心灵之家,成为拓展精神世界、提升生命质量的团队,甚至是陪伴他们一辈子、让他们保有生命活力的文化生态系统④。

在此,需要特别说明的是:若要如此理解并在班级管理实践中作出具有国际学术高度的新探索,很有必要超越"简单思维",采用"复杂思维"⑤,借助具有中国文化特征的思维方式(如整体思维、生成思维、关系思维);否则,仅仅用常见的形式逻辑思维、仿照他人经验的类比思维、"手段—目的"视角的工具性思维,是难以整体把握班级管理的双层目标的。

由此,就可以理解:为什么我们在持续研究中特别关注一线班主任的实践智慧——他们成功地解决中国学校、中国班级中的学生发展问题(尤其是体现中国社会和

---

① 在这方面,应该审慎地关注:中国学校(及其中的班级)承担的文化使命也许不同于西方的学校(及其中的班级)。笔者曾于 2010 年 5 月专门考察过美国一个拥有 17 000 人常住人口的城镇,亲自到访该地所有的教堂(共 32 个)和中小学幼儿园(共 12 所),由此看到那里的文化生态显然不同于中国。据此,也许应该思考:"如果我们不能复制美国的教堂,凭什么认为可以复制美国的课堂?"——显然,我们在这里所说的"教堂"和"课堂"不是建筑技术或认知信息层面的概念。

② 在中国大陆和加拿大有数十年大、中学教学及办学经验的加拿大博雅教育学会会长沈乾若博士在《六十年亲历之中西教育》中指出:中国与西方教育属于从理念到实践都有很大差别的两个体系。"当今东、西方教育的相遇,撞击乃至渗透互补,是教育发展的千载良机。人们有理由期待一个更为科学合理的基础教育体系的诞生。成功的关键在于扬长弃短,在两极之间找到平衡,任何一方都切忌'将孩子和洗澡水一起泼掉',滑向另一个极端。"(见 http://www.boyaquest.org/wp/archives/2398,2015 年 11 月 7 日)

　　这种观点也是本书作者所赞同的。从本书所论的"班级管理"的角度来看,其中还有两段论述值得注意:"学分制固然给了学生主动权,尤其是给了精英学生自由成长的空间,但由于无法组织固定班级,造成学生管理的极端松散。""十几岁的青少年同样需要集体生活,需要一个归属和亲密的伙伴。中国人都深有体会,步入社会之后最为怀念的,往往是中学时代的班级生活与同窗好友。将班级制延伸至中学,至少初中,是西方扭转其教育颓势的必要举措。"

③ 叶澜:《教育创新呼唤"具体个人"意识》,《中国社会科学》,2003 年第 1 期。

④ 就此而言,对于中国人来说有着特殊的精神文化意义的是:在同一个班级长时间持续、密切的交往而生成的"老同学"之间的友情,通过"天地君(国)亲师"等说法表达的对教师恩情的尊敬,如同我们在家庭中参与创造并享有的亲情,很值得我们珍惜和进一步研究。这样的精神文化因素所发挥的作用,也许可以类比许多西方人信仰的宗教和常去的教会的文化意义。换言之,我们的"课堂""班级""学校""家庭"所具有的独特文化价值,可在当今更为开阔的国际文化视野和教育研究视野中得到新的、充满自信的关注。

⑤ 超越"简单思维"的"复杂思维"是人们在研究"复杂系统"、建立复杂科学中生成的。"绪论"已对此有说明。

家庭文化背景的发展问题），往往就融会贯通了各种教育思想、心理学理论、具体的工作方法和来自各个途径的思想资源（包括"兵法"或"企业管理方法"）；在真心为学生成长提供专业支持的过程中，他们往往全心投入到整体性地体会学生发展需要、综合性地运用各种教育资源，从而产生了具有内生性、生态性的教育成效。由此形成的许多本土教育案例（例如中国班主任对学生进行的感恩教育、亲子沟通教育、爱国教育、传统文化教育），其实就整体性地蕴含着带有中国文化底色的思维方式及其思想成果，甚至难以用西方理论话语或实践经验来作出到位的解释。因此，我们特别建议教育工作者用心体会这样的思维方式和工作方式，睁开"发现美的眼睛"，看到班级管理中独特的"教育之美"。

透过如此开阔而复杂的视野，就可带着自主创生的专业自觉和专业自信，更为精到地整体把握并主动追求班级管理的双层目标——在建设"民主型班级"的同时培育每位学生个体的"人格系统"。

第三节　教育目标的现实表现——在班级生活中实现民主交往

目标是人们为自己的自主行为选择的预期实现的成果；实现目标，就是通过自主行为而让预期成果成为现实。因此，研究者或实践工作者倾向于通过清晰地描述预期成果、尤其是发展主体的行为表现来说明教育目标。例如，美国学者布卢姆（B. S. Bloom）等人在开创性地研究教育目标分类学时，就考虑到："所有教育目标在以行为方式陈述时，都能从学生的行为中寻找到其对应点。这样，这些行为就可以观察和加以描述了，所描述的事物也就可以分类了。"由此，"分类学给教育者带来的主要反应之一就是从关注教师行为转变为关注学生从这些行为中学到的东西。这种转变的结果之一就是，有必要从学生外显的行为中对其预定的学习结果作出界定"。[①]

参照这样的选择，我们也可对班级管理的教育目标作更具体的描述。不过，在尝试从"学生外显的行为"来描述班级管理的双层教育目标时，有必要作出两个独特的新选择：其一，这里的"学生"不仅指个体，也指群体。这显然不同于布卢姆等人主要立足于"教学"活动时所选的学生个体的视角（因此有人干脆将其视为"教学目标分类学"）。其二，这里的"表现"不仅是个体的言行等具体的行为表现，而且指围绕班级生活中的某些发展问题、某些活动项目而展开的群体性的综合性的行为系统。

据此，在描述班级管理的教育目标的现实表现时，需要首先聚焦融通双层目标（沟通个体和班级整体）的学生行为方式，这就是"民主的交往方式"；进而，还要站在一线班主任——作为从事班级管理的专业人士的实践立场上，描述其直接工作目标（即班级管理的表层教育目标）所涉及的"民主型班级"呈现的可观测的三大领域（共建班级组织、开展班级活动、同创班级文化）中的现实表现。

一、民主交往可以同时实现个体发展和班级发展

经过对班级管理的双层教育目标的探讨，可以看到：学生个体与班级集体不再是

[①] B. S. 布卢姆："第一章　教育目标分类学编制与运用的回顾"。载于 L. W. 安德森，L. A. 索斯尼克主编：《布卢姆教育目标分类学——40 年的回顾》，华东师范大学出版社，1998 年版，第 3 页，第 6—7 页。

相互对立的两极,而是相互成全的两种精神生命体。首先,从班级的存在价值来说,班级是为学生个体的精神生命的真实成长而存在的,而不是反过来,学生个体仅仅是为成为集体成员(或社会化)而存在的。班级应该成为学生得以和他人(老师和同学)相互敞开心扉,共同拓展视野,不断提升精神品位的场所,成为为学生提供的更为开阔、更为高尚的心理空间。其次,从学生个体的发展方式来看,每一位学生应该在与他人交往的过程中不断丰富自己精神生命的内涵,拓展自己的生存空间,在参与建设民主型班级的过程中提升自己的人格修养,让"小我"变成"大我";由此,学会真诚面对不同人的思想和行为,学会承担对他人、对社会,乃至对整个世界的一份责任,而不是躲在狭隘的个人世界里孤芳自赏或者独自承担痛苦,也不是怀着"他人即地狱"的心态自私地追求个人享受而不顾对他人的尊重,更不是在多元复杂的社会生活中迷失自我、放逐心灵。

综合起来看,民主的交往方式是同时实现建设"民主型班级"和培育每位学生"人格系统"这个双层目标的教育之道。

1. 群体交往是学生个体发展的基本途径

诸多研究表明:学生在班级中参与的高品质交往不仅可以养育其"人格系统",而且还能培养其高水平的"认知系统"。心理学家们的多方面研究已经证明:学生个体的"认知系统"的生成有赖于他在教学活动中与同学、教师的互动过程;其中,与同伴开展的"群体交往活动"具有独特的价值。在这方面,至少有四个方面的研究都提供了有力的证据。

(1)学习活动中的"集体思维"可有效提升个体思维品质。"个人总是在同群体进行交流中不断发展认识的,这是人生存的一个特性。""学习集体中的相互作用是内外一致的集体思维……个人思维应放在集体思维中来考虑。……具体地说,集体思维包含着相互确认、相互补充、相互启发、相互对峙。"通过集体思维,"认知系统"得以在个体头脑中生成并系统化,进而影响着看待事物的方法,以至于确立人生观——这就是集体思维本来应有的教育力量。[1] 简单来说,在一个具体的群体中倾听、表达、交流是个体展现其生命特征的存在方式,参与高品质的群体交往、融入高质量的集体思维是促进个体形成高水平的思维方式和高质量的认知成果的关键途径(看似独自思考、阅读或解题的过程,其实是与思考对象、其他的思考者或读者、出题者"对话"或"交往",只不过其表现方式并不那么外显)。

(2)在同伴中的地位对于学生个体学习具有重要价值。奥苏伯尔(D. P. Ausubel)在提出"有意义言语学习理论"时指出:"一般称之为学校情境中的成就动机,至少应包括三方面的内驱力决定成分,即认知内驱力(cognitive drive)、自我提高的内驱力(ego-enhancement drive)以及附属内驱力(affiliative drive)。"认知内驱力是一种要求掌握知识、系统阐述问题并解决问题的需要,自我提高的内驱力是个体因自己的胜任能力或工作能力而在同伴中赢得相应地位的需要,附属内驱力是个体为了赢得长者(如家长、教师等)的赞许或认可而表现出来的把工作做好的一种需要。其中,值得注意的是:自我

---

[1] 参阅高文主编:《现代教学的模式化研究》,山东教育出版社,1998年版,第347—350页。

提高的内驱力"这种需要从儿童入学开始,日益显得重要,成为成就动机的主要组成部分"。①

（3）集体活动是个体发展不可缺少的关键因素。提出"最近发展区"理论的维果茨基揭示了两条规律。其一,人所特有的被中介的心理机能不是从内部自发产生的,它们只能产生于人们的协同活动和人与人的交往之中。人的个体活动是由集体活动派生的;集体活动或外部活动与"外部心理过程"相联,个体活动或内部活动则与"内部心理过程"相联。其二,人所特有的新的心理过程结构最初必须在人的外部活动中形成,随后才可能转移至内部,成为人的内部心理过程的结构。这种从外部心理过程向内部心理过程的转化,实质上就是"内化"过程。② 据此,维果茨基提出了儿童文化发展的一般发生法则:"在儿童的发展中,所有的高级心理机能都两次登台:第一次是作为集体活动、社会活动,即作为心理间的机能,第二次是作为个体活动,作为儿童的内部思维方式,作为内部心理机能。"③

（4）个体的意义感受源于亲自投入的群体活动中的生活情节。心理学家图尔文（E. Tulving）在研究人所特有的"意义感受"时指出:意义感受源自个体与主观体验有关的特殊记忆系统——情节记忆（episodic memory）④。"情节记忆反映的是主体与记忆对象之间的密切关系,不仅记住了过去经历的事实,而且融合着主体的感受。"进一步来看,"意义感从何而来? ……主要产生于自己投入群体活动的生活情节。在我们作为主体投入群体生活情境时,会真切地感受生活情境中的具体过程,会对其中的直观生动深有感触,由此引发的主体情绪与意义感受密切相关。……如果平静度日或仅仅旁观,就大大减少了引发情绪体验的机会。因此,情节记忆的形成,很大程度上依据身置情境和情境内容的充实,以此发展深刻的主体意义系统"。⑤

由不同心理学家从不同角度展开的上述研究,都超越了思考学生发展时的传统格局（传统的格局局限于"个体"及其"认知发展"）,触及了促进个体生命全面发展、人的生存方式（而不仅仅是认知方式）的关键因素:群体交往或群体活动。正是在这个关键因素中,学生的思维得以激活,而不是陷入固化;个体的学习有了更强劲的新动力,而不只是为了认知任务;高级的心理机能得以发展,而不至于停留于孤独的更低层次的心理活动;人类特有的意义感得以生成,从而超越平庸苍白的生存状态……有了这种关键因素,进而由此开发出充满生命活力的发展资源,则学生的发展融通了"认知系统"和"人

---

① 参阅邵瑞珍:《教育心理学(修订本)》,上海教育出版社,1997 年版,第 297—301 页。
② 这里转述的两条规律,见杜殿坤、高文:《〈维果茨基教育论著选〉序》,第 3—4 页,载于余震球选译:《维果茨基教育论著选》,人民教育出版社,1994 年版。
③ 余震球选译:《维果茨基教育论著选》,人民教育出版社,1994 年版,第 403 页。
④ 前文区分"认知系统"和"人格系统"的依据之一是自我心理学研究者在"自我经验"中区分出来的两种信息系统:与自我相关的信息系统和对自我无直接意义的信息系统。在研究长时记忆的心理学理论中,前者属于"情节记忆"（episodic memory）,是一种自传式的主观记忆(可能是人类独有的);后者属于"语义记忆"（semantic memory,又称"字义记忆"）,是对一般知识的事实和概念的了解,通过语言、文字、数字、算法等抽象性的了解而形成。特别值得注意的是:情节记忆的运作建立在语义记忆的基础上。这一观点由加拿大认知心理学家图尔文（Endel Tulving）最早提出。参阅 Tulving, E.（1983）. Elements of episodic memory. New York: Oxford University Press. P. 127. 李晓文:《学生自我发展之心理学探究》,教育科学出版社,2001 年版,第 213—216 页。
⑤ 李晓文:《学生自我发展之心理学探究》,教育科学出版社,2001 年版,第 215—216 页。

格系统",学生的在校生活由此生成个体性的、深刻的意义感,课程内容(包括他们在交往中创生的内容)得到更深刻的个性化理解,相应的教育活动(教学活动)就是优质的、有效的、高境界的。若没有这种关键因素,学生的生命发展(包括学习活动)必然会留有缺憾,甚至是具有长远影响的重大缺憾——缺乏群体活动、缺乏"情节记忆"、缺乏意义感受、缺乏"自我提高的内驱力",也就难以真正实现"有意义的学习",同时也会导致学生在学习过程中"没了自我";此时,"他没有过去,也没有未来,只是机械地维持着生理的运转"①,或者疲惫地忙于条件反射式的认知学习。

于是,在探索学校教育中的学生发展时,我们可以有更充分的理由往前探索,超越仅从知识学习、课程改革或教育内容更新的狭隘视野,进入到通过群体交往而激活的生命发展的开阔空间。其中,班级生活(包括对各门学科的学习)中的交往对学生个体发展的价值是整体性的,它包括促进个体"认知系统"的发展,更包括促进学生"人格系统"的发展,而且这两方面的发展是相互交融的。将这两方面的情形整合起来,一个可信的结论就是:学生参与的群体交往(尤其是与同伴开展的长期的、面对面的、日常化的深度交往)对于个体的整体发展具有独特的价值。

2. 民主交往可同时实现班级管理的双层目标

群体交往对于学生发展具有独特价值,但这种价值并非天然就存在,因为它是在学生参与群体互动的过程中产生的。这就意味着,如果个体没有主动投入到群体交往、或者个体投入的交往活动品质不够高,那就如同进入了低档次的课堂,是难以充分开发出群体交往的教育价值的;与之相对,如果能用先进的教育思想,激励个体主动投入高品质的群体活动,群体交往的教育价值就可以得到有效开发。这正是专业化的班级管理致力于建设"民主型班级"所追求的教育效果。在这里,"民主"是班级生活中日常化的群体交往方式的特征;通过班级之中的民主交往,建设"民主型班级"和培育每位学生的"人格系统"这两层目标得以同时实现。

这就有必要界定"民主交往"或民主的交往方式的涵义。此时,我们关注到的一些优秀教师乐意采用"民主""科学""法治"等词语来描述他们的工作特征;其中,他们对于"民主"的理解也各有自己的侧重点。例如,魏书生强调"决策过程民主""民主表决""民主讨论班规班法""班费收支账目定期向同学们公布"和"解决学生的学习积极性、主动性问题,解决教师为学生服务、同学生齐心协力搞教改的问题""抑制教师自我中心""和学生多讨论、多商量"②。再如,李镇西关注"民主"之中蕴含的平等、自由、法治、宽容、妥协等精神内涵,强调通过"法治"管理让学生在民主生活中学会民主,并认为法治的基本原则和精神核心是"法律至上"和"法律面前人人平等"③;他通过自己的实践证明班级"法治"管理有助于培养中国的现代公民,这包括通过班干部和其他岗位工作的轮换来培养每一位学生的能力,也包括对学生进行民主精神启蒙的实践教育④。随着研究的深入,我们感到这方面的探索还可以进一步推进,例如超越对口号式话语的

---

① 李晓文:《学生自我发展之心理学探究》,教育科学出版社,2001 年版,第 215 页。
② 魏书生:《班主任工作漫谈(第 4 版)》,漓江出版社,2005 年版,第 321,331,320,351,362—364 页。
③ 李镇西:《民主与教育——一个中学教师对民主教育的思考》,漓江出版社,2007 年版,第 45 页。
④ 李镇西:《民主与教育——一个中学教师对民主教育的思考》,漓江出版社,2007 年版,第 97—99 页。

热情引用①,超越对政治学概念的直接引用,辨析"民主"的教育学涵义。

补充材料
1-3

理解"民主"内涵时需要超越的五种情形

1. 程序式民主。虽有民主的形式(如投票选举班干部),但缺乏实质性的内涵,如投票之前、之中、之后缺乏有主见的辨析和思考。

2. 垂范式民主。有教师的示范(跟学生民主协商班级事务或共同制定班规),但缺乏学生的自主探索,包括超越教师规定内容的新探索。

3. 个案式民主。有民主式的个别交流,特别是教师和蔼可亲、善解人意地跟学生个人交流,但缺乏学生自己的群体交往,从而导致"班"主任的作用简化为对学生"个体"的关怀、进而淡化了对"班级"的教育。

4. 认知式民主。能喊出民主口号、引用标准化的民主话语或教科书定义,但缺乏民主行动,尤其是深入到日常化的真实生活内容和成长历程的民主行动。

5. 工具式民主。把民主当作处理事务的一种工具(如用投票表决的方式来决定班务,包括推选优秀学生或"三好学生"②),但缺乏育人价值,尚未充分考虑到通过民主的生活方式来让每个学生享受到做人的创造感、意义感、尊严感。

资料来源:李伟胜:《班主任工作的教育思路》,华东师范大学出版社 2013 年版,第 36—37 页。

由此,我们关注到西方政治学领域中对"民主"的探索历程和多元视角,尤其关注超越传统民主形式的协商民主③和社群主义④等方面的论述。经过反复对比,我们认为:超越从政治学视角对"民主"的理解,从教育学立场⑤尤其是从班级管理的教育专业特性的角度来理解"民主"的内涵,是可行的。这就需要运用新的智慧,超越形式化、工具

---

① 按照英国分析教育哲学家谢弗勒(Israel Scheffler)的分析,教育语言主要由三种形式构成:教育术语、教育口号、教育隐喻。其中,教育口号一般是非系统化的,在表述方式上也不严谨;由于它通俗易懂,常被人们不假思索地加以接受和传诵。还有学者专门对"教育口号"进行了研究,指出它具有简约性、情绪化(因此而易使人不由自主地受到情绪上的感染)、导向性、明显的价值倾向性等特点。它容易吸引人、感染人、打动人——但也很有可能因此而掩盖了理性思考方面的缺陷,甚至导致盲目相信口号而不深入思考其中的理性依据、实践逻辑和现实成效。这是因为教育口号往往将教育术语的含义情绪化、表面化了,它不重视词语含义的清晰程度。可参阅郑金洲:《"教育口号"辨析》,《教育研究与实验》,1998 年第 3 期。

② 其实,"三好学生"之类的荣誉称号究竟应该是"推选"还是"评选",或者究竟应该是"评"还是"选",至今仍缺乏足够充分的专业研究和结论。这在某种程度上反映了我国中小学教育(特别是说起来崇高、做起来热闹的德育)尚未进入更高的理性水平,因此也难以真正代表"最先进的文化",倒有可能还麻木地沉醉于"落后的文化"。

③ 可参阅[澳]何包钢:《协商民主:理论、方法和实践》,中国社会科学出版社,2008 年版;陈家刚:《协商民主》,上海三联书店,2004 年版。

④ 参阅俞可平:《社群主义》,中国社会科学出版社,1998 年版。

⑤ 关于"教育学立场",可参阅李伟胜:《教育学研究立场三层次析》;叶澜:《当代中国教育学研究"学科立场"的寻问与探究》。两文均载于叶澜主编:《立场》("生命·实践"教育学论丛第二辑),广西师范大学出版社,2008 年版。该书还有一些相关文章也可提供一些参考。

式或个案式地利用民主的外在标志(如投票表决、平等交流),将其看作是一种群体生活方式的特征。在这方面,美国教育哲学家杜威(John Dewey)对民主的"社会生活方式"的定义可给我们带来一些启发。他认为,"民主主义不仅是一种政府的形式,它首先是一种联合生活的方式,是一种共同交流经验的方式"。[①] 对此,可有两个衡量标准:"一个团体的利益被全体成员共同参与到什么程度;一个团体与其他团体的相互影响,充分和自由到什么程度。"[②]胡适把这两项标准意译为:"(一)一个社会的利益须由这个社会的分子共同享受;(二)个人与个人,团体与团体之间,须有圆满的、自由的交互影响。"[③]与此类似,我们可以通过描述学生的群体行为特征来阐述"民主"的教育学意义,进而清楚地把握沟通个体和班级整体"民主的交往方式",将其同时视为个体行为方式和群体活动方式。

具体来说,可将班级生活中的"民主的交往方式"界定为:每一位同学自由而平等地与同伴一起共探成长之路、共创精神家园的交往方式。这具体表现为学生个体可深度融入班级生活的三种方式:自主表达发展需要,合作解决成长问题,共创共享生命智慧(这对应于下文所说的建设"民主型班级"的具体目标所针对的三个领域:组织建设、班级活动、文化建设)。个体融入班级生活的这三种方式是相互连通,每一种方式其实都蕴含了其他两种方式;类似地,班级生活的三个领域之间也是相互融通的。

于是,可以看到:民主的交往方式可以持续而深度地融入常态化的班级生活之中,让民主成为同学们在班级中的一种生活方式、话语方式、"呼吸"方式,而不仅仅是一次性或临时性的投票决定班规、推举班委等行动或行为。一些优秀班主任的经验和一些学生创造的典型案例表明:这是真正激活每一个学生内心生命豪情和思想智慧的根本之道(不能因为他们是未成年人就忽视他们的高雅智慧),也是最能体现教育真谛的建设班级的专业之道。这说明:在教育学立场所见的民主的交往方式可以成为凸显班级管理的专业品质的一个着力点,用于同时实现班级管理的双层教育目标——在建设"民主型班级"的同时培育每位学生个体的"人格系统"。

下面,我们结合一个典型案例来对此作进一步的分析。

案例 1-2

一次主题班会——"主动沟通"

有一位初中班主任看到:学生正处在心理"断乳期",他们渴望获得精神上独立自主的地位,但是,他们的自我意识尚未成熟,相对缺乏独立的策略,因而他们就像被父母拴住的风筝,激烈抗争。进入初二下学期后,该班学生在与家长沟通方面发生问题的人数呈上升趋势,甚至导致夜不回家、在外游荡的偶

[①] 杜威著,王承绪译:《民主主义与教育》,人民教育出版社,1990年版,第92页。
[②] 杜威著,王承绪译:《民主主义与教育》,人民教育出版社,1990年版,第105页。此处译文遗漏了第二点内容,我们对照《杜威教育论著选》(赵祥麟等译,华东师范大学出版社,1981年版)第167页补上。
[③] 《胡适文存》,第1集卷二,第144页。转引自褚洪启:《杜威教育思想引论》,湖南教育出版社,1997年版,第47页。

发现象,严重影响了学生的健康发展。针对上述情况,班主任组织该班同学及部分家长在 2006 年 5 月召开了"父母是你特别的朋友"主题班会,取得了非常好的效果。这次班会的策划、实施与反思过程,让学生领悟到:亲子间的冲突不是因为父母变了,也不是因为自己变坏了,而是因为自己正在长大。班会也让学生与家长增进了互相了解,尝试着用换位思考的方法来接纳对方。

在此基础上,该班在 6 月初又举行了一次以"主动沟通"为题的班会。这次班会旨在通过回顾前面开展过的一系列班级活动,反思平时与父母交往的典型事例,引导学生自主探索避免或缓解亲子冲突、让亲子交往更加和谐的策略。同学们关注到:一方面,要与亲人多进行积极有效的沟通;另一方面,自己的言行要更为成熟,而不能停留于幼稚状态。在进一步的辨析中,同学们感悟到:在自己的发展进程中,要主动承担更多的责任,而不是麻木地被动接受父母的关爱。

在活动之前,全班一起做了如下准备工作:(1)每位同学完成"父母是你特别的朋友"主题班会后的书面感想,并从中评选优秀作品进行全班的交流。(2)成立本次班会策划小组。(3)组织全班同学收看"十四岁生日仪式"和"父母是你特别的朋友"班会的录像,在回顾体验的同时,增强集体荣誉感。(4)以小组为单位开展调查:我和父母有过哪些争执和分歧?(5)发放相关的学习资料。

在活动结束后,班主任又及时组织学生进行反思,巩固形成的成果。其中,就包括将连续开展的亲子沟通落实到具体的行动计划之中,并在持续的关注中不断督促、鼓励孩子主动与父母沟通,主动承担自主发展的责任,让父母放心。[①]

在这样的班级中,学生不仅能在技能方面学会主动策划、组织、实施各类活动,更能在生存方式上学会主动反思、调整自己的思想,学会主动与他人沟通、共创更美好的未来,从而展现并培养自己的生命活力。

以"主动沟通"班会为例,"民主的交往方式"可以具体表现在三个方面。

其一,从日常生活中主动敞现"自豪的需要"。人们已经熟知:教师应该走进学生的内心、发现学生的真实想法、主动开发更多教育资源;与之相比,"民主型班级"所追求的发展境界更强调"敞现",而不仅仅是"发现"或"开发"。换言之,要创造一种让学生放心的氛围,自觉、主动而又有分寸、有智慧地敞开自己的心灵。在此基础上,"民主型班级"还要超越对"自立的需要"(如纠正错误、不让父母担心)的纠结、对"自主的需要"(保持良好习惯、让家长放心)的满足,进而敞开学生充满希望和尊严的"自豪的需要"(在主动沟通中让父母开心)。此时,"民主的交往方式"就可以渗透到学生的思想和言行之中,让他们期待在群体活动中创造尊严、享受尊严。

其二,自觉辨析交往中的责任、智慧与尊严。相比于充满柔情地、实际上也是居高临下地激发孩子的感恩之心、教导孩子要孝敬家长、提出言行规范让孩子执行等常见的

① 该案例的原作者是上海市曹杨第二中学附属学校缪红。主要内容载于陆桂英主编:《建设民主集体,共创阳光人生》,华东师范大学出版社,2007 年版,第 117—119 页。

教育方式,"主动沟通"这一班会更关注让学生自主体悟、相互激发孝敬之心,理解家长的关心,理性地面对自己在成长中必然会遇到的困惑(包括让父母也困惑的新动态),并在此基础上彰显青春活力、主动承担与家长实现良性互动的责任。在此过程中,每一位同学都不是靠个人孤独地摸索,而是和同伴、老师一起自觉辨析、相互交流,从而坦然地、充满希望地向前开拓,共同辨析和创造新的生命智慧、生命尊严。

其三,最重要的是:在主动探索的历程中体验交往共生。如果说政治学意义上的"民主"往往带有工具意义或外在价值,用来解决一些事务问题,那么教育学意义上的"民主"更多地具有本体意义或内在价值,即"民主的交往方式"本身就让交往者都享受到生命成长的希望和尊严。换言之,在民主型班级中,民主的交往方式不仅是滋养个体精神生命的途径,它本身就是充满希望和尊严的精神生命(包括群体精神生活)的组成部分。就"主动沟通"这一班会来说,这一交往方式更具体地落实在相互贯通的三类交往之中:亲子交往彰显现代气息,生生交往敞开无限空间,师生交往充满新的教育智慧;它们都是让学生充满尊严与豪情的精神生活的有机组成部分。

二、建设"民主型班级"的三个具体目标

班级管理的双层教育目标,是我们期待班级生活可以实现的教育价值的整体表达。其中,培育学生"人格系统"这个深层目标与建设"民主型班级"这个表层目标融为一体且可同时实现。当我们进入到班级生活的现实场景,班主任必须将建设"民主型班级"作为直接的工作目标,并且辨清其中的具体领域和学生在各领域的行为表现;只有通过这些具体领域的真实行动实现建设"民主型班级"这一表层目标,才有可能同时实现培育学生"人格系统"这一深层目标。

根据多年的研究,我们认为:建设"民主型班级"的具体工作领域有三个:共建班级组织、开展班级活动、同创班级文化;相应地,建设"民主型班级"这一表层目标就展开为三个具体的工作目标,它们体现了学生个体通过民主的交往方式深度融入班级生活的三种方式:自主表达发展需要,合作解决成长问题,共创共享生命智慧。与此相应的就是建设"民主型班级"时的三个具体目标:在组织建设中敞开交往空间,在班级活动中凸显生命旋律,在文化建设中敞现生命气息。换言之,前述的"双层目标"在三大领域中都得以实现,只不过在不同领域中有不同的实现方式。(见图1-4)

图 1-4

建设"民主型班级"的三个具体目标

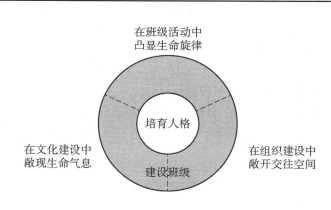

需要说明的是：班级管理的这三个工作领域之间并非截然分开的。一方面，学生在班级生活中的具体发展问题往往同时涉及这三个领域，只不过因为问题性质、涉及的人员、具体的内容等方面不同而侧重于某个领域；另一方面，任何一个领域中的内容，都有可能在其他阶段转化为另一个领域中的内容，例如本属于"组织建设"领域的"改选班干部"，很有可能成为某个月的班级活动主题，从而进入到"班级活动"领域。相对区分这三个领域，是为了便于在工作中把握班级发展的总体格局并在不同方面有所侧重；与此同时，还需要用智慧理解它们之间相互关联、相互转化的关系，以便巧妙地开发和利用教育资源，共同成就学生的发展。——至于在这三个领域可以有哪些教育行动，将在第四、五、六章进一步阐述；三个领域之间如何融通，将在第七章中进一步探讨。

1. 在组织建设中敞开交往空间

共建班级组织，这是所有班主任成功实施班级管理的最基本的领域，因为它直接决定着班级生活秩序，决定着学生在其中能否满足安全与归属等基本需要。不过，正如我们在前面区分班级发展三层境界和班级管理的三种定位时已经表明的，作为"专业活动"（而不仅仅是"附属事务"或"专门工作"）的班级管理致力于建设"民主型班级"，会着意开发班级组织建设中的教育价值，以适应学生更高层次的发展需要。

班级是社会为了培养人而专门组建的一种教育性组织。为了让这一组织得以运行，班级成员需要有共同认可的组织目标、组织规范（包括学习规范和生活规范）和组织机构，其中包括：班级生活的规章制度，为了实现共同目标而设立的班委会中的"管理类岗位"和班级生活中的"服务类岗位"（针对这些岗位提出的要求就属于班级规章制度的有机组成部分）。

就在如此描述班级组织建设领域的具体情形时，应该特别关注班级这个教育性组织不同于其他社会组织的一个重要特征——班级组织建设所指向的组织目标，更多的不是指向"组织外部"，而是指向"组织内部"，即为了班级成员——学生的自身发展，而不仅仅是为了实现某些外指向性的目标，如提高教学效率、便于学校管理（这些外指向性的目标实际上也是围绕着学生自身发展这个内指向性目标、即我们前述的班级管理的"深层目标"而展开的）。这是因为，青少年学生的发展不可能在个体独处的空间里完成，而必须借助于群体生活环境；另一方面，班级这个教育性组织实际上就是学生发展（包括学习各门课程）的重要中介乃至直接对象，班级中的各种规范、角色、人际关系等，都是学生面对的隐性课程。这就说明，班级组织的生存目标具有"内指向性"，它所具有的首先是与其成员的自身发展有关的功能；据此可证：班级是一种"自功能性组织"，而其得以发挥这类功能的资源正是班级组织建设中的规范、角色、人际关系。[1]

据此，为了让班级在更高境界上服务于学生的发展，班级的组织建设必须超越"维持秩序"和"让学生自主活动"等要求，进一步致力于在班级生活中敞开更为开阔的交往空间，让学生能够在这里自由自主地表达自己的发展需要，相互激活并释放自己的生命豪情和智慧。据此，建设"民主型班级"的第一个具体目标就是：在组织建设中，通过共同制定班级发展目标、建设班级生活规范，开发各类岗位的育人功能，让每一位学生得

---

[1] 吴康宁：《教育社会学》，人民教育出版社，1998 年版，第 277—278 页。

以通过多样化的、持续的角色体验来感悟班级中自由而开阔的交往氛围,通过主动参与民主交往而逐步丰富并深化人格体验,使之充满尊严、豪情和智慧。简言之,就是组织建设敞开交往空间,让学生得以自由自主地表达自己发自内心的发展需要(而不仅仅是适应外来要求)。

案例 1-3

值日班长工作制的完善①

本学期在初二(1)班实行了值日班长工作制。在值日班长日记中,班长们普遍反映比较累。其原因有两方面:一方面是由于责任心和荣誉感,事事亲力亲为;另一方面则是同学之间缺少合作的精神,无形之中增加了值日班长工作的压力。班主任把这些苦恼倾诉给学生们,引起学生们的深深反思。在日后的值日生工作中,学生们逐渐把教室视为自己的家,在"人人为我,我为人人"的思想驱动下,值日班长的工作走上了一个新的台阶。

在推行"值日班长工作制"的同时,还出现了新问题:班干部究竟怎样履行工作职责?在日常的教育教学中,班主任发现班干部的工作常常与值日班长的工作发生重叠,于是,班干部常常无所事事,这样的现状也使她有些措手不及,一时也想不出更好的解决方法。

经过进一步的思考,班主任总结出:班干部不一定是成绩最出色的,但他必须有为同学服务和参与班级活动的热情,在班级群体中有引领示范的作用。良好的班集体更需要班干部主动管理班级。根据这一原则,同学们民主选举班干部,然后根据被选出学生自身的特点给他们安排合适的班级工作岗位,让他们定期接受同学们的民主评议并进行自评。同时,班主任鼓励他们大胆地开展工作,给每位班干部配发工作记录本,以便及时记录工作情况和感想等。每逢班委开会,他们携带各自的工作记录本,交流工作经验,提出遇到的问题,商议解决问题的办法,陈述工作中的收获,记载最新的工作任务部署。这种做法对班干部的能力培养和思想教育的效果是相当显著的。

2. 在班级活动中凸显生命旋律

班级活动、特别是班级主题活动,是最能敞开学生主动发展空间的教育领域。不过,在我国的中小学中,班级开展的主题活动较为常见的是两种情形:其一,"跟随潮流",这包括跟随节日、其他班级、上级安排、社会风尚;其二,"就事论事",针对班级生活现象或具体问题直接展开教育活动。在这两种情形中,也许活动不少,内容常新,但没有透过学生表现提炼出更有价值的教育主题,一次活动难有深度、前后活动缺乏连贯性,活动的教育影响力不够。② 究其根本,这些活动的主题体现的不是学生自己的发展需要,而是学生之外的成人意志或社会要求。与此不同,"民主型班级"的活动主题与内

---

① 资料来源:参与课题研究的实验班班主任缪红老师(上海市曹杨第二中学附属学校)所写的班级管理研究报告,2005 年。
② 参阅袁文娟:《不同类型班主任策划组织班队活动分析》,《班主任》,2008 年第 3 期。

第一章　　**47**

容不再是单方面地由上级或教师预先安排，班级活动更不是为了完成上级布置的任务或说教而组织，而是将社会要求、学校要求与学生真实的生活内容结合起来，着眼于学生个体和集体的发展需要，在全体班级成员共同参与讨论的基础上对班级活动的内容进行选择或创造。在此基础上，还会利用各种形式，发动全体成员出谋划策，完善班级活动方案，共同实施活动，使之成为展现才能、拓展视野、提升品位的平台，使学生的生命活力充分敞现出来。

据此，建设"民主型班级"的第二个具体目标就是：在主题活动中，努力彰显学生积极向上、充满生命豪情的发展需要（而不仅仅是纠正错误、举止规范等层次的教育要求）①，从学生自己的、真实的班级生活（而不仅仅是上级号召和成人要求）之中提炼出对学生有真切生命意义的活动主题，进而开发出有针对性的活动内容、设计有效的活动形式，切实解决源自他们生命成长历程的发展问题（即学生面临的需要自主完成的发展任务）；由此，让每一个主题活动成为学生班级生活中的一个"乐章"，表达学生生命成长的内在"节律"。简言之，就是主题活动凸显生命"旋律"——每一段生命的成长都以合作解决真实的发展问题为标志，释放出学生的生命豪情与智慧。

在这里，一些班主任的创造给我们带来了开展班级主题活动的新构想：首先，不必孤立地举行主题班会，而是将主题班会和前期的策划与准备、后续的总结与延伸等开发成系列"小活动"，并将它们整合成班级活动的一个"大项目"；其次，着眼于一个学期或学年的班级整体发展，开发系列"大项目"，由此激发学生通过一个又一个"大项目"来踏上一级又一级成长阶梯，最后实现一个学期、一个学年、一个学段的整体发展。这就是我们现在倡导的通过"两层系列活动"促进学生整体发展的新思路②。下面，我们可从一位教师对自己所教班级持续三年的发展格局的整体规划中进一步体会这种新思路，感受学生发展的"生命旋律"。

案例 1-4

高中三年主题活动的系统策划③

班级建设有自身的特殊性。学科教学有纲有本（教材），但班级建设却是有纲无本。所以，有些班主任将每周一节的班会变为纪律教育课、事务安排课或干脆就是自习课，这样做很难有好的教育效果；有些班主任也会时不时地上

---

① 为了把握班级生活中的学生发展需要，我们区分了三个层次的发展需要——自立的需要、自主的需要、自豪的需要。我们主张：超越对"自立的需要"（因发展低于正常标准而引起的弥补缺陷或消除麻烦等需要，如纠正违纪行为、克服心理障碍）和"自主的需要"（按照正常标准维持正常状态的需要，如维护环境整洁、保持学习兴趣）的关注，敞开由"自豪的需要"（超越常规标准的更高境界的追求，如在正常交往之上进一步提高交往质量、在学习状态正常的基础上优化学习方法等）代表的希望空间。进一步的阐述，见本书第二章。
② 在以往的研究中，我们将这两个层次的系列活动表述为"系列大班会"和"系列小班会"。参阅李伟胜：《班级管理》，华东师范大学出版社，2010年版，第9页，第97—100页。在后来的研究中，我们认为采用"系列大项目"和"系列小活动"更为合理，因为并非所有的活动都是"班会"。
③ 这是广东省佛山市第二中学的邓碧兰老师在参加2009年"佛山市名班主任培养对象研修班"时提交的研修作品之一。

主题班会,但往往是想到什么就上什么,主题与主题的关联性和系统性不够强,这样也难以让主题班会的教育效果达到最佳。

要使教育效果更好,高中三年应按年级特点确定大的教育目标,每个年级再针对这个目标结合学生生活、思想、心理的实际情况有针对性地构思出主题,使主题活动更具计划性和针对性。

我每接手一个高一新班首先会围绕"人生规划"这个主题开展活动。这个主题并不是单单为高一这一年确定,而是为整个高中阶段、乃至整个人生而确定。很多西方国家的孩子十一二岁就开始接受人生规划教育,就开始考虑自己的人生目标,并围绕这个目标选择每个阶段的努力方向,但我们的孩子就缺少这样的机会。有些学生因为没有目标,认为考上高中了,该好好地放松放松,放松到高三才意识到要考上好大学,但一切都晚了。也有些学生,勤勤恳恳读了三年,高考也考到了好成绩,但却不知自己适合读什么专业,应该选择什么大学。这些都与我们的教育缺了人生规划教育有关。所以,有必要在进入高中时就开展"人生规划"教育。

通过人生规划教育,启动"定位"工作后,整个高一阶段以"适应"为主题开展活动,使学生更快适应从初中到高中的转折,包括开展与青春期心理和学习心理有关的主题活动,帮助学生点燃知识之海的航标灯。鉴于现在的学生自我为中心的意识越来越强,学校和班级的规章制度甚至是国家的法律在他们的意识中就是一些文字,他们常常有意无意违反纪律甚至走上违法犯罪道路,所以高一阶段还应把"遵纪守法"这个主题融入其中,开展一系列的活动。

高二围绕"提升"这个主题,开展与情感调控和人际适应有关的主题活动,使学生在良好的人际关系氛围中正视自己的成败与得失,学会如何利用和释放压力、学会控制情绪、学会选择等。

高三是每一个学生人生中非常重要的一个阶段。其重要性不仅在于它决定了一个学生能不能读大学、读什么大学,还在于整个高三的备考过程考验着每个学生的意志、毅力、心理承受能力、面对困难和挑战的应对能力等等。整个高三阶段都围绕一个主题来开展活动,这个主题就是"快乐高三",目的是培养学生任何时候都应保持一个乐观的心态。围绕这个主题,可以具体开展"我的高三我做主""青春飞扬""分享"等系列活动。其中,"我的高三我做主"主要包括征集班级励志口号、教室宿舍全新布置、班级事务和各项常规活动最优方案制定等;"青春飞扬"主要有成人仪式和百日冲刺两个大型活动;"分享"主要有学习方法、学习心得、学习过程中出现各种心理问题的交流和讨论,这个部分涉及的内容很大一部分是高二教育主题的实际应用和新的延伸。

3. 在文化建设中敞现生命气息

文化,不仅是一群人共享的一种生活观念及其外显的标识,更是他们日常化的生活方式、尤其是交往方式。因此,在班级管理中,文化建设是最具有日常性的教育领域。正因为其最具有"日常性",这一领域也最易被人们忽视,尤其是在忙于应对各种常规检查、德育任务(以"活动"为名的德育任务其实未必都是真正的"教育活动")等事务之时;

但是,换个角度,这一领域貌似最易受到人们重视,因为任何热闹的宣传都需要借助黑板报等载体来表达,于是许多学校都对"班级文化建设"予以高度重视,甚至就以之作为"班级管理"的代名词。

民主型班级对"文化建设"这一领域的重视不是出于外在的功利目的,而是出于内在的教育价值,因为学生在班级生活中开展的民主交往过程会生成许多外显的信息,需要通过各种文化作品或交往氛围来表达;同时,在表达这种不断生成的交往体验的过程中,民主的交往方式也得以展开、反思和更新。因此,它与"组织建设"和"主题活动"一起融成了整体性的班级生活。

在从教育活动的专业视角来考虑班级文化建设时,特别需要超越的就是"管制型班级"中常见的让学生服从或迎合统一标准、成人意志、外来要求的情形。在这种情形中,同学们在选择班歌班徽等班级文化标识时也许会想到彰显班级特色、展示充满朝气的形象,但在其他方面(尤其是布置班级环境时)往往习惯于机械执行上级的规定,紧扣"标准化"的主题,搜集"正统化"的资源,呈现出千班一面(甚至是千校一面)的文化形象,难以表达符合学生年龄特征、表达同学们富有特色的成长愿望的独特的文化内涵。归根结底,学生的生命活力没有得到充分的激活和表达。

与此不同,"民主型班级"中的文化建设需要站在学生立场,致力于彰显学生的生命活力。一方面,让每一位学生释放出自主成长、主动探索的生命豪情;另一方面,让整个班级生发出交往共生、充满生机的文化生态。——这就是建设"民主型班级"的第三个具体目标。简言之,就是文化建设充满生命气息,尤其是充分表达出学生在班级生活中共创共享的生命智慧。

案例 1-5

在五彩斑斓的环境布置中促进孩子的成长①

1. 人人参与,择优录取

明确了每一组的任务和要求后,我们又开展了教室设计的比赛,发动每个学生设计布置方案。我和几个班干部组成一个"临时董事会",举行了一次招聘仪式。每一个人都可以根据自己的爱好和自身特长,和其他人进行优化组合,然后前来应聘。当然还必须谈一谈,如果你被聘用了,你准备如何布置这一栏目的内容。"临时董事会"根据大家的计划、方案,择优录取,并颁发上岗证书。同学们都争先恐后地报名参加,生怕错过锻炼自己和展示才能的机会。结果,被聘的同学神采飞扬,异常高兴;而没有被聘用的同学虽然很失望,但并没有灰心。他们有的摩拳擦掌,准备下一次的招聘会。

我们班有个孩子,虽然学习成绩并不是名列前茅,但他的绘画才能却是全班公认的。在这一次的招聘会上,他大展身手,成了"最抢手的人"。也正因为这一次的招聘会,让全班同学对他刮目相看,也使他树立起了"我能行,我很棒"

---

① 摘自范向华等:《创设五彩斑斓的教室文化》,载于杨小微、李家成主编:《"新基础教育"发展性研究专题论文·案例集(上)——学校管理·班级建设》,中国轻工业出版社,2004年版,第213页。引用时稍作修改。

的自信心。从此,他的学习劲头更足了,学习状态也有了天翻地覆的变化,成绩显著提高。

这个活动既调动了大家的参与积极性,让全体学生都觉得"自己是班级的主人",集思广益,取得了较好的设计方案,又让那些有一技之长的同学有了施展才华的天地,增强了自信心。

2.精心加工,保质保量

这是布置教室的一道最重要的工序。布置前,我和几个被聘小组又分别召开了讨论会,根据每一个栏目的布置要求,对原来的方案又进行修改、加工,然后才开始正式"施工"。因为事先有了详细的布置方案,又经过层层筛选,所以同学们特别珍惜这一张宝贵的上岗证。布置时,每一个人都是那么认真,那么投入。黑板报的排版设计别出心裁,富有新意,版面图文并茂,那一行行抄写更是一丝不苟,工整清楚;那学习园地里,一份份优秀作业"跃然纸上";争章园地里,那一枚枚徽章熠熠生辉。整个教室环境,格调活泼,形式新颖,张贴有序,整洁美观。

至此,可以看到:通过民主的交往方式来促成每个学生个体主动参与班级建设,可以让班级管理的双层教育目标得以同时实现;进而,从班级管理实践的角度来说,双层目标的实现可以落实在共建班级组织、开展班级活动和同创班级文化这三大领域之中,从而化为三个领域的具体目标:在组织建设中敞开交往空间,在班级活动中凸显生命旋律,在文化建设中敞现生命气息。

本章小结

理解班级管理的教育目标,可分三步推进。首先,在教育实践中辨析出三种境界的班级发展状态,进而聚焦分析智慧型教师带领学生建设的"民主型班级"的基本特征;其次,在"民主型班级"中辨析出双层教育目标:在建设班级的同时培育人格,并领会其中通过交往共生的方式促成个体与班级同时发展的关键机制;最后,理解双层目标可在三个领域中化为三个具体目标:在组织建设中敞开交往空间,在班级活动中凸显生命旋律,在文化建设中敞现生命气息。

关键术语

管制型班级 自主型班级 民主型班级 民主交往 双层目标 班级生活的三大领域

思考与练习

1. 撰写《感觉最好的班级》。

(1)在你从小学到现在的多年生活中,你感觉最好的班级是哪个班级?

(2)请你描述班级生活中的一个(一些)典型事例。

（3）根据这个事例和其他可以补充的内容，你认为这个班级的发展达到了我们这门课程所说的三层境界中的哪层境界？

（4）列出你认为这个班处于这层境界的理由。至少写出三条理由。

2. 在班级内与同学们交流。

（1）小组内交流各位同学所写的《感觉最好的班级》，推选出一份最佳作品，并列出三条以上的推选理由。

（2）将各小组推选的《感觉最好的班级》放在班级网页或公共邮箱中，让全班同学进一步讨论。希望每位同学对两篇以上的同学佳作进行评议。

3. 下面是一名学生对一个班级的描述。请你根据这段描述，思考如下问题。

（1）这个班级大致处于第几层境界？为什么？

（2）如果这个班级要发展得更好，还可以从哪些方面努力？如果能把你的想法转化为一个行动方案，那就更好了。

> 也许是因为张老师比较年轻，能更好地理解学生的思想、行为、情感等，他对我们班级的管理采取"抓住中心，任其发挥"的策略，具体说来，就是只要原则性问题没有什么偏差，学生的道德品质不存在什么问题，其余的一些小问题他都"可以商量"。

> 举一个最典型的例子：在语文课上的一次讨论中，有两个学生都不同意张老师的一个观点。一个学生轻声地私下说了一句轻蔑老师的话，没有几个同学听见；而另一个同学，为了一个观点跟张老师争论得面红耳赤，甚至激动得都"吵"到了讲台上，下面的同学一阵哄乱。就这两个同学的这两种行为，得到了截然不同的两种处理，张老师严厉地批评了那个轻蔑老师的同学，让其写检查反省，却只稍微说了那个争得面红耳赤的同学。他说："轻蔑老师是道德问题，一定要及时纠正，决不允许！另外一个同学影响到了课堂秩序，也不应该，但其出发点没什么问题，只要今后稍加注意即可。"我想如果碰到其他的老师，处理此事的方式就有可能会截然相反。

> 那件事情之后，班级同学的思维更活跃了，而且是那种乐于与老师交流的活跃。我们班级的黑板报、班级活动、在征文活动中的表现等也十分出色，想来这与张老师平时对我们的管理方式也有着一定的联系。[1]

4. 请你为一个促进学生个性化发展的班级教育方案选择目标。

注：每个学生都有自己的个性化的心理特征或兴趣爱好。例如，有的学生喜欢某位娱乐明星，有的学生特别喜欢某门课程但对另一门课程却很害怕……请自主选择一个类似的例子，探讨一下：为了合理引导每个学生在遵守规范的基础上有更好的个性化发展，在选择班级管理目标（或具体的活动目标）时，应该怎样考虑？请描述其内容并说明理由。

---

① 作者：华东师范大学教育管理学系学生王玲。2008 年。

问题探究

学科教学的"教书育人"就蕴含着双层教育目标;相比之下,班级管理可以追求的双层教育目标与它有什么相通之处,有什么独特之处? 请结合具体事例(如教学课例和班级活动案例)来探讨。

第二章

教育思路：师生交往激活生生交往

章前导语

在开始本章的学习之前,请你设想学生在班级遇到的一个发展问题(如行为规范怎样更优雅、怎样让学生觉得某次活动有收获、怎样让亲子交往更顺畅),最好能够有具体的人和事。然后,设想一下：这个发展问题可以怎样解决——该怎样努力才能从起始状态达到最后的理想状态? 最后,建议你和伙伴们在小组内交流一下,看看大家想到的内容有什么相同之处和不同之处。

学习目标——通过本章的学习,你能够:

● 结合典型案例,辨析一名学生通过群体交往得到发展的过程(发展机制的四个环节);
● 透视典型案例,辨析一名教师带领学生通过群体交往解决发展问题的过程(教育思路的四个环节);
● 在典型事例中辨析出一个发展问题的基本结构(发展基础、发展过程、发展目标);
● 站在学生立场,理解一个典型案例中的三层发展需要(自立的需要、自主的需要、自豪的需要)。

本章内容导引

● 教育思路的思考前提——区分学生发展机制和教师主导作用
一、引导学生合作解决发展问题的活动案例
二、活动案例中的教育思路:教师相机点拨,学生主动交往
　　1. 着眼"自豪的需要",选择更高境界的发展问题
　　2. 关注"群体交往",将其作为独特的班级教育资源
　　3. 善于"因势利导",用好教师的专业智慧
● 教育思路的内在依据——学生在群体交往中的发展机制
一、针对学生个体的教育案例:"'屈辱地玩'和'自豪地玩'"
二、通过案例看"学生在群体交往中的发展机制"
　　1. 发展的微观生态:同伴群体
　　2. 发展的关键主体:学生个体
　　3. 发展机制的展开过程:解决问题
● 教育思路的展开过程——在交往中逐步解决发展问题
一、教育思路的核心内涵:师生交往激发学生交往共生
二、教育思路的实践平台:班级生活中的发展问题
　　1. "发展问题"在班级管理中的专业定位
　　2. "发展问题"的概念性定义和操作性定义
　　3. 选择"发展问题"的三维标准
三、教育思路的逐步展开:解决发展问题的四个环节
　　1. 敞现:敞开心扉,袒露真实思想
　　2. 辨析:澄清认识,辨明不同价值
　　3. 选择:解决问题,作出新的抉择
　　4. 生成:生发活力,感悟生命智慧
● 教育思路的具体运用——为解决发展问题而开展活动
一、案例分享:在复杂场景中精心选择发展问题
二、理论透视:运用教育思路解决发展问题时的具体创造
　　1. 同一项活动可用来同时解决不同发展问题

2. 一个发展问题可分成更为具体的发展问题

3. 一个发展问题可能需在不同阶段多次运用教育思路

··

　　班级管理如何实现"在建设班级的同时培育人格"的教育目标？我们已经看到一个探索方向——通过民主交往同时实现个体发展和班级发展。沿着这个方向，可以看到许多教师的成功经验。

　　这些经验表明：教师都很关注每一个学生的精神生命，但是他们的关注方式大概有三种情形。（1）以爱心和耐心呵护某些特别的学生个体；至于其他学生，只要能适应班级生活、正常学习就行。（2）辛勤地关注班级中的每一个学生，努力让每一个学生都得到老师个性化的关照和指导。（3）在班级生态中关照每一个学生，让他们舒心成长。相比之下，最值得欣赏的是第三种选择，因为老师不是把每一个学生看作孤立的个体，而是看作与其他同学交往共生的生命，也就是与同伴共同创造一个最亲密的"生态系统"并在其中获得更为自由主动的发展。这种选择，正是建设"民主型班级"所需的教育思路，也是从智慧型教师的经验中生成并得到检验的、体现先进教育思想的教育思路（educational approach）。

　　简单地说，这种教育思路中有两个关键概念：其一是"（学生的）发展机制"，即作为发展主体的学生在班级中通过群体交往而实现个体发展的机制；其二是"（教师的）教育思路"，即作为教育者的教师、特别是班主任利用"学生的发展机制"来促进学生发展（见图 2-1）。从管理学的角度来说，这相当于将组织运行与组织管理区分为两个性质不同的概念："组织运行是指组织自身的运动过程"，而"组织管理是指组织领导对组织运行过程的操纵过程"；这两个过程在实际上是合一的，但性质却不相同。[①] 这说明：从理论上来看，在教育思路中区分出这两个层次的概念是可行的。

　　我们可以通过下图来更清晰地理解这两个概念。

图 2-1

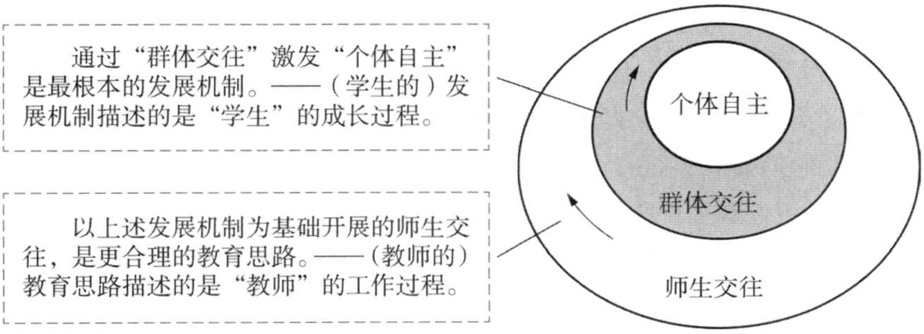

班级管理的教育
思路示意图

　　通过"群体交往"激发"个体自主"是最根本的发展机制。——（学生的）发展机制描述的是"学生"的成长过程。

　　以上述发展机制为基础开展的师生交往，是更合理的教育思路。——（教师的）教育思路描述的是"教师"的工作过程。

图中文字：个体自主 / 群体交往 / 师生交往

────────────────

① 吴增基等：《现代社会学（第六版）》，上海人民出版社，2018 年版，第 155 页。

在以两个内圈为代表的"(学生的)发展机制"中,发挥主要作用的不是教师,而是学生个体和学生群体。参照第一章中辨析班级管理的双层目标时所用的图1-3,我们可以更清楚地理解这种发展机制,即同时实现"建设班级"和"培育人格"这双层教育目标的过程,其实就是致力于建设"民主型班级"、开发利用班级中的民主交往的教育价值,使之服务于每一位个体的自主发展。与此相应,教师在班级管理中直接实现表层目标(建设民主型班级)就是在激活"群体交往",进而利用"群体交往"来促进"个体自主"。由此,这三层圆圈组合在一起,就可以成为一个思考模型,用来表示班级管理的教育思路。

教育思路(educational approach)这个概念看似比较抽象,但我们在本书中尝试为它提供可化为实践行为的操作性定义。它是将教育思想化为班级管理实践时具有操作性的关键概念——对于全书来说,教育思路中展现的实践线索越清晰,我们就越有可能沿着专业之路合理运用系统方法、有效开展系列活动,一步一步地实现班级管理的教育目标,脚踏实地地促进学生主动发展。因此,我们在本章中将首先结合一个典型案例来阐明辨析教育思路的思考前提(区分"学生发展机制"和"教师主导作用"),进而辨析教育思路的内在依据(学生个体在群体交往中的发展机制)、展开过程(学生在交往中解决发展问题的四个环节——"敞现—辨析—选择—生成"),最后又回归到班级管理的实践场景之中探讨如何结合学生发展问题灵活运用这一教育思路。

第一节 教育思路的思考前提
——区分学生发展机制和教师主导作用

为了辨清班级管理的教育思路,我们在此选择一个常见的发展问题(亲子沟通)和与此相关的活动案例,分析其中蕴含的两层因素——学生自己的发展机制和教师发挥的主导作用(即图2-1中的两个箭头)。区分出这两层因素,是看懂图中的三层圆圈、辨明教育思路的逻辑前提。

一、引导学生合作解决发展问题的活动案例

"我沟通,我自豪"是由一个初二班级的学生在5—6月份举行的一项班级主题活动。[①] 这个主题活动"大项目"包含一系列"小活动",其中居于核心的、处于高潮部分的是一场以"主动沟通"为题的主题班会(见案例1-2)。

这个班级在进入初二后,有多位同学先后出现与家长沟通不畅,甚至发生争执的情形。综合考虑到他们在初中阶段面临着自我意识正在形成、需要通过多方面的交往形成自我认同等阶段性的发展特征,班主任由此特别关注这些现象中的亲子沟通问题。

对此,除了针对个别情况及时协调亲子沟通、解决具体问题之外,教师带领学生将学校的安排和自己的设想结合,先后开展了两项主题活动——"十四岁,我们正在长大"(以现场举行的"踏上青春新旅程"主题班会为核心)和"理解父母,我心舒畅"(以"父母

[①] 该班班主任为上海市曹杨二中附属学校的缪红老师。参阅陆桂英:《建设民主集体,共创阳光人生》,华东师范大学出版社,2007年版,第117—119页。

是你特别的朋友"主题班会为核心)。这些活动有效地促进亲子互相理解、换位思考。在此基础上,大家决定:顺势推进,学会"主动沟通",开展新的主题活动——"我沟通,我自豪"(以"主动沟通"主题班会为核心)。在6月7日举行主题班会之前,大家一起开展了四个"小活动",作为班会的准备活动:(1)撰写前面活动中的感受或相关成长故事;(2)全班同学收看"十四岁生日仪式"及"父母是你特别的朋友"主题班会录像,在回顾体验的同时,增强集体荣誉感;(3)以小组为单位开展调查:我和父母有过哪些争执和分歧;(4)分组策划主题班会"主动沟通",并在先后形成三个版本的方案的过程中分工筹备。

在对第3版活动方案作了一些调整之后,现场举行的主题班会"主动沟通"分成四个环节(参阅案例2-3)。

(1)回顾成长的感受。播放十四岁生日仪式的录像剪辑,鼓励同学在回味录像记录的内容时继续思考:十四周岁意味着什么?在简要讨论后,播放前一次班会"父母是你特别的朋友"的视频片段,激发学生此前的情感体验、激活已有的思想认识,交流上次班会获得的成长感受。

(2)主动面对成长的烦恼。分两段播放一个"身边的小故事"的录像(月考成绩不好引发的亲子争执及其解决过程),让大家思考:引起争执的原因在哪里?如果你身边的同学遇到这样的事情,你会怎样做?在接受大家帮助的同时,自己该如何主动解决问题?更值得探索的"成长的烦恼"是:如何见证自己作为初中生正在长大?在讨论中,大家达成共识:从初中生的角度来看,我们应学会主动沟通,这才是化解冲突的关键。

(3)感悟自己的责任。主持人组织了一项现场调查:在学习安排、亲子沟通等方面,"你有'小孩子气'行为吗?"看到回答几个题目之后的统计结果,同学们感悟到:你表现得越小孩子气,你的父母越把你"拴劳"。要想让自己在家中享受到更多的自由、更充分的尊严,就要证明自己正在"长大",让家长放心。随后,请一位同学讲解主动改变自己、实现有效沟通的事例(即下文中的"'屈辱地玩'和'自豪地玩'"),进而让大家讨论:在亲子沟通中实现双赢,我们可以有哪些对策?同学们提出一个个办法,让大家进一步领悟到:通过积极主动的沟通实现双赢,确实是化解亲子冲突、促进家庭和谐的好办法。

(4)享受成长的光荣。在师生互动中,同学们感悟到:主动承担成长责任,不仅能促进自我发展,还能回报父母和社会,创造初中阶段更主动、更成功、更自豪的学习生活。

最后,教师因势利导,在同学们通过主题班会获得丰富、深刻的体验和认识之后,引导同学们开展两个后续的"小活动":(1)落实"我们怎样与父母沟通——给同龄人的建议",将其转化为个人的行动计划;(2)在周记中记录新的感受和成长故事,在班级内分享更多成长快乐。

可以看到:在"主动沟通"这一班会之前、之后的系列活动就构成一个整体,即本书倡导的班级活动"大项目"(见表2-1)。相比于作为一个"小活动"的主题班会,一个"大项目"更为充分地体现了教师引领学生拓展视野、提升能力的教育智慧;从更长时段来看,这个"大项目"与此前的两个"大项目"一起,构成了该班为解决"亲子沟通"问题而主动策划和实施的系列"大项目"(见表2-2)。

表 2-1	前期"小活动"	核心"小活动"	后期"小活动"
主题活动"大项目""我沟通,我自豪"中的系列"小活动"	1. 写出以往的活动感受或成长故事。 2. 收看前期活动的录像。 3. 组内调查:我和家长的争执或分歧。 4. 分组策划新的班会,合理分工,准备班会。	5. 主题班会"主动沟通" (1) 回顾成长的感受; (2) 面对成长的烦恼; (3) 感悟成长的责任; (4) 享受成长的光荣。	6. 实施"亲子沟通"行动计划。 7. 记录新的体会和故事,分享交流。

表 2-2	序号	大项目 1	大项目 2	大项目 3
解决"亲子沟通"问题的系列"大项目"中的系列"小活动"	主题	十四岁,我们正在长大	理解父母,我心舒畅	我沟通,我自豪
	系列"小活动"	1. 请家长给孩子写信; 2. 学生写成长故事; 3. 搜集见证成长的资料(如不同年龄的照片); 4. 策划准备班会; 5. 参加全年级一起举行的"十四岁生日仪式"; 6. 举行主题班会"踏上青春新旅程"; 7. 撰写活动体会。	1. 调研家长对孩子的期待; 2. 调研同学对家长的看法; 3. 小组交流后提交有代表性的作品; 4. 策划准备班会; 5. 举行主题班会"父母是你特别的朋友"; 6. 实施"亲子沟通"行动计划; 7. 记录交流新的体会和故事。	1. 写活动感受或成长故事; 2. 收看前期活动录像; 3. 调查亲子交往状况; 4. 分组策划准备班会; 5. 举行主题班会"主动沟通"; 6. 实施"亲子沟通"行动计划; 7. 记录交流新的体会和故事。

二、活动案例中的教育思路:教师相机点拨,学生主动交往

以"主动沟通"主题班会为核心的这个"大项目"——"我沟通,我自豪",是这个班级在持续三个学期探索建设"民主型班级"的基础上开展的一次代表该班当时新的发展水平的主题活动。这次活动中用到的教育思路有如下特征。

1. 着眼"自豪的需要",选择更高境界的发展问题

为了让教育活动目的更明确、成效更理想,有必要引导学生通过主动解决"发展问题"来实现自主发展。这是因为:"发展问题"可以成为凝聚学生智慧、激发学生活力、汇集教育资源的一个教育平台,而解决"发展问题"的过程可以成为学生自主探索、主动交往的生命历程。

就这个案例而言,教师引导学生主动解决的发展问题是:

在理解父母的深情关怀和自己的青春朝气的基础上,通过自觉探索新的亲子

交往之道而掌握发展的主动权,在父母的期待中享受成长的光荣。

　　显然,这里所说的"发展问题"不仅包括弥补缺陷、改正错误等"(不够好的)发展问题",也包括鼓励上进、追求高尚等"(更好的)发展问题"。这就需要理解学生的发展现状、潜在的发展资源、应有的发展目标等因素。其中最值得倡导的是:用更专业的方式尊重和凸显学生的主体地位,敞现学生真实的、充满成长气息的发展需要(而不仅仅是等着教师去发现或开发),从而让学生在选择发展问题时更有志气,也更有智慧。智慧型教师的经验启示我们:要从学生看起来很平常的日常交往中看到并看透发展问题,可以特别关注如下三个方面。

　　首先,学生是发展主体。本次活动将已经遇到或可能遇到"亲子沟通"问题的学生作为理解并尝试解决问题、进而获得发展的主体。在这里,每一位学生个体都是主体——只不过,这不仅是开展"个别教育"的对象,更是通过个体、小组和班级三个层面的合作而开展集体教育的主体。这说明教师在前期了解的基础上,对这一发展问题在全班中的代表性有了基本的判断,所以才在"一个都不少"的前提下让每位学生参与班级层面的集体教育活动。据此,为学生敞开了更大的参与空间。其中,针对"亲子沟通"问题和可选的活动主题,教师考虑到:这个班级的学生有哪些真切而独特的体验?在选择班会主题、辨析发展问题时,学生可否有更大的自主空间和自主选择权?例如,除了从家长那里了解信息,还可让学生自己通过讨论、写作文或周记来提供信息;在呈现相关信息之后,除了教师事先充分研究、并据此组织班会过程,还可让学生参与班会的策划和实施。

　　其次,学生的真实体验是教育价值的生长点。既然是结合这个班级开展的主题活动(而不是通用于所有班级的机械宣传或说教),那么最重要的、也是最有活力的教育资源就是学生的真实成长体验。为此,在考虑班会立意和主题时,不仅考虑到"现阶段的孩子都是独生子女",也不仅考虑到"处于叛逆期的初中生"的感觉,而且还考虑到"这个班级的学生"的更为具体、真切的成长状态和发展需要,而不仅仅是亲子沟通方面的行为表现;再如,在选择活动内容、开展现场互动时,可以超越通用于所有中小学生的情形,更多地关注这个班级的学生独特而真实的成长体验……

　　再次,适应学生"自豪的需要",可选更高境界的发展问题。如果说"改正自己的缺点,不让家长担心"属于"自立的需要",而"做好自己的事(包括力所能及地做家务和关心父母),让家长放心"属于"自主的需要",那么,"主动面对并积极解决'成长的烦恼',让家长开心"就属于"自豪的需要"(参阅表2-3)。"我沟通,我自豪"重点关注的正是"自豪的需要",并由此涵盖、超越(而不是满足于)前两个层次的需要。在这里,主动承担责任、"让自己更成熟更自豪"的问题不仅源自学生真实的生活内容,而且敞开了更能彰显学生生命活力的希望空间;这样的希望空间,更需学生主动探索、自觉感受成长带来的"尊严感",而不是接受教师或家长关爱时的"感恩心情"和听话、孝顺并被别人表扬时的"光荣感"或"虚荣感"。究其根源,就在于教师敞开了新的希望视野:在选择发展问题时重点关注"自豪的需要"(让家长开心);这就不仅是以关注"自立的需要"和"自主的需要"(不让家长担心、让家长放心)为基础、包含了前两层发展需要,而且还有新的要求。

表 2-3	需要层次	内　　涵
	自豪	通过主动努力,体验赢得自由的自豪感
三层发展需要 ——以"亲子沟通" 为例	自主	自觉完成任务,体会得到信任的尊严感
	自立	服从父母安排,消除撒谎带来的屈辱感

　　于是,就能看到:教育就是用来敞现、并致力于创生更好的发展可能性,因此,有必要用心关注、敞开并激发"自豪的需要",因为这一层次的发展需要才是充满活力与尊严的人最应追求的;在此基础上,在致力于解决学生的发展问题时,才会超越"就事论事"的点状行为或"就事导人"的临时行为,关注"成事育人"的战略格局,让教育落实为学生自己主动解决真实问题的行动过程,进而延伸到学生的日常生活(包括班级生活和家庭生活)之中,致力于解决初中生面临的成长问题——通过创生新的智慧来承担主动交往的新责任。进而,就能在更长远的视野中通过解决一个个发展问题的系列活动来培育追求并实现更高发展目标的人,包括更有志气和智慧的新型教师。

　　2. 关注"群体交往",将其作为独特的班级教育资源

　　毫无疑问,适应"自豪的需要"而选择的高境界发展问题更为复杂,需要发展主体通过自己的努力主动解决,而不可能靠别人替他解决;同时,它也需要主体立足自己的发展生态主动开发解决问题所需的各种资源(包括各种有智慧的行动方案和相应的物资条件和人员支持),而不可能依靠机械执行行为规范来解决。此时,不仅可从管理学的视角看到"组织超出个人局限、放大个人能量的社会功能",更可以从教育学的视角看到"个人通过主动交往而开发组织资源的发展机制"。具体来说,通过主动参与民主交往(包括生生交往和师生交往),每个学生都可获得支持、相互启发,由此拓展出更为开阔、更为自由的发展空间,实现更为主动、更为自豪的发展。

　　从教师的实践立场来看,其直接工作对象是"班级",而不是"学生个体";进而,站在"班级"这个生态系统中来看,对每个学生的真切关怀离不开"班级"这个教育性组织。据此可见:"班级"这个组织创造的关键资源是学生之间的群体交往;相比之下,教师"个人"对学生个体的单独关怀、学生"个体"的孤独探索,都不是"班级"创造的资源,而是"个体"创造的资源。其实,几乎所有成功的班级教育案例都从不同角度证明:学生在解决发展问题的过程中得以成长的"发展机制"在于自主探索和主动交往(在群体交往格局中的个体"自主"探索不同于游离于群体之外的个体"孤独"探索)。若无这种发展机制,无论教师的爱心多么饱满,无论现场的独白多么感人,无论学生的行为多么新奇,都有可能只是豪华而空洞的形式;有了这种发展机制,其他的教育资源才有可能切中根本并发挥更好的教育作用。

　　在本案例中,在个体、常规小组、策划小组和全班同学、教师、家长之间形成了充满活力的沟通机制和相互激发机制。在这种格局中,"我沟通,我自豪"中的学生"发展机制"最大的特点就在于充分开发群体交往的价值——个体发展融入群体交往,共创尊严;同时,在交往之中生成资源,生生不息。在这一过程中,彰显出生命活力的学生(而

不仅仅是温顺地或泪流满面地接受关怀教导的"乖学生""乖孩子")不再等着全能的"上帝"或教师、家长来了解和掌握全部信息,然后把确定的建议或规定颁布给学生去执行,而是在更为高明的教师的指点下,主动掌握这些信息和行为规范的知情权、辨析权、选择权、创造权。在我们看来,这才是教育学意义上更为彻底的"民主"的真实体现。

这启发我们关注、开发并用好班级创造的关键资源——群体交往。为此,可以逐步考虑如下三个方面。

首先,关注学生个体的自主体验和感悟,因为这是自主发展机制的关键因素。沿着这个方向,可以考虑:一方面,与个别教育相比,整个班级在一起开展的班级活动(包括现场举行的"班会")有什么独到之处?可否拓展出更多生生交往空间、采用更为多样的群体互动形式?另一方面,除了在班会上让每一位学生受到教育,在班会之前、之后还有哪些可以拓展的教育空间?也许,我们不仅应关注班会现场中的个体自主和群体互动,还应着力开发班会之前的交往空间和班会之后的交往资源,如让学生广泛、深入地参与班会主题的选择、发展问题的辨析、活动资源的开发、活动形式的设计、活动过程的策划与反思……如果上述设想能够得到更充分地落实,我们可以期待学生的发展机制从"个体"自主成长拓展为"群体"交往共生;相应地,教师充满爱心和智慧的教导就可超越教师和每位学生"个体"的个别对话,而拓展为个别性的对话和群体性的交流相互映衬的格局。其中,"群体交往"的价值更为关键、也更值得开发,因为学生之间的群体交往具有师生交往难以取代的价值。

其次,学生个体在更为平等的群体交往中可以生成更为自主、更有智慧的情感和认识,得到更为丰富、更为真切的成长体验。可以期待:一方面,让学生个体得到更为具体的关注,以激活具体、真实的成长体验,让教育价值从他们每个人的"心"中生发而出,而不只是接受他人的影响。另一方面,让群体互动发挥实质性的作用。例如,针对具体的问题开展更有实质意义的小组讨论,让学生在小组中相互激活思想、生成新的想法、达成新的共识、形成行动方案……当然,群体互动不仅应体现在小组层次,还应体现在整个班级层面(如各组提出不同的想法并展开辩论)。

再次,在群体互动中深化生命体验、实现共同成长。一方面,从学生个体的角度关注生命的真实成长历程,从学生个体的角度提出新的"亲子交往"问题,并把它放在"个体生命成长历程"的视野之中来考虑(而不是就事论事地考虑当下的言行反应)。另一方面,个体真实的发展并不是孤独地成长,而是在班级中与同伴和老师一起共同成长。这就具体落实为从情感体验、价值体验等角度让学生通过群体交往探索生命智慧、共创生命尊严,从而让其发展从相对单薄的认知收获、行为规范训练拓展为包含知识、情感、意志和行为在内的整体发展,从相对被动的适应外来要求的卑微境界提升到主动探索创造的自豪境界。

总之,在班级管理(尤其是班级主题活动)之中,通过"群体交往"来激活每一位学生个体,是一个关键的发展机制;"群体交往"是班级创造的关键资源,值得教师用心开发和利用。

3. 善于"因势利导",用好教师的专业智慧

若要在开发利用"群体交往"这种独特的教育资源的同时发挥专业引领作用,而不

是在此之外用教师个体的博大爱心、睿智语言、活泼言行、多样资料来遮蔽这种资源,就需看到"群体交往"之中蕴藏的教育"大势"并"因势利导""顺势而为"。

在"我沟通,我自豪"这一主题活动中,可以明显看到这种新格局。在这里,教师在理解自己的主导作用时有了更开阔的视野、更灵活的思维,让学生个体自主和群体交往成为教育活动的核心因素,而让教师与学生的交往成为适时推动群体交往、进而推进个体自主的外围因素;这就是"因势利导""顺势而为"。在这样的班级活动中,教师的专业智慧被用来敞开学生的探索空间,激活学生的主动交往,从而让学生的生命活力得以不断敞现、激发、生成。其实,这就是我们在"绪论"中所说的教师提升能级的关键所在。由此实现的因势利导让教师的能级提升到更高境界,让班级管理更像高境界的"无为而治""文化治理",而不仅仅是就班级事务开展的就事论事的"法治",更不仅仅是为让学生服从纪律而施行强势的"人治"。

其中,教师的主导作用更多地不是表现为教师在班会中的言行,而是站得更高、看得更远,放手让学生自主探索,并在必要时予以"点拨",而不是替代学生的探索;与此相应,学生的自主探索更为充分、更为主动、更有成效。他们不满足于教师充满爱心的教导,虽然这种教导有时候是很有必要的;他们也不满足于教师提供的参与空间,虽然这些空间可以让他们多角度、多层次参与;相比之下,他们更为主动地探索通过群体交往、相互激发生命热情和智慧,自主解决自己的发展问题,由此获得更有活力、更为豪迈的生命成长历程。这就是我们期待"民主型班级"表现出来的专业特征之一。此时,教师已经从"千手观音"式的"牵手"教育者、有着"神化"和"圣华"倾向的无私奉献者和巧言说教者,转变为"放手让学生自己手牵手"的"放手"教育者,因为这可以用有限却充满智慧的工作敞开无限且充满活力的希望空间——属于学生和教师的生命空间。

实际上,透过对教师的"主导作用"与学生的"发展机制"的辨析,还可进一步看到:不同的教育案例、不同的教育思路涉及选择班级管理的教育功能时的不同取向。归根结底,如果更深入地思考"民主"的教育学意义(而不仅仅是政治学、管理学意义),我们就应鼓励孩子们通过自主探索和相互交往来主动创造属于他们的新生活,而不是满足于倾听充满爱心和智慧的长辈的慈祥教导和精心引领。毕竟,"教是为了不教",教师和父母今天与孩子"牵手"、对孩子"关心"正是为了让每一位学生和他人(特别是他的伙伴)"手牵手""心连心";然后,我们就能真正做到逐步"放手""放心"。

于是,可以得出这样的结论:站在学生的角度,学生的正常发展归根结底是自主成长,而激发每个个体自主成长的参照系,不仅来自成年人,更来自同伴,特别是在一起生活若干年的同班同学。因此,很有必要区分教师的作用和学生的作用(其中包括个体的自主作用和群体的交往作用),也就是区分教师采用的"教育思路"和学生自己的"发展机制",并协调好这两个因素。总之,体现专业追求的班级管理的"教育思路"应该着眼于利用并催化学生"发展机制",而不是用教师的主导作用替代学生的自主发展。

第二节　教育思路的内在依据——学生在群体交往中的发展机制

促进学生发展、但不是代替学生发展,这是所有教育活动应该发挥的作用;班级管理当然也不能例外。但在实际中,依然常见一些教师以告知自己的想法或宣告权威的规范来替代学生的自主思考、探索和行动;这实际上就在忽视学生的自主发展机制,自以为"我说了""他们听了",就等于"他们懂了""他们会做了""他们就成为我们喜欢的好学生了"。事实证明,这样的教育思路过于天真、简单,有着明显的逻辑缺陷。

为了弥补这样的缺陷,确有必要站在学生的立场上,认真辨析学生的自主发展机制。在"民主型班级"中,这样的自主发展机制又与班级生活中持续、密切而深入的群体交往直接相关。这与我们在第一章中从教育学视角理解"民主"这个关键词的意义是一脉相承的。

这就是说,在从教师的立场进一步辨析"教师的教育思路"之前,需要先从学生的立场理清"学生的发展机制",并将其作为理解"教师的教育思路"的内在依据和思考线索。这是本书辨析"教育思路"的内涵和展开过程的前提。

下面,我们先来了解一个与上述"我沟通,我自豪"的主题活动直接相关的、针对学生个体的教育案例,然后透过这个案例来辨析值得关注并有效利用的"学生在群体交往中的发展机制"。

一、针对学生个体的教育案例:"'屈辱地玩'和'自豪地玩'"

案例 2-1

"屈辱地玩"和"自豪地玩"[①]

王同学是一个表面看起来非常文静、聪慧的男孩,与同学交往得很不错,有很好的人缘。但是,他与父母的交往却出现了不和谐的情形。他时常不及时告知家长自己的去处,也不尝试和父母沟通,而是采用说谎的方式编造各种理由,换来与同学在一起玩耍的时间,而且常常在外玩耍六七个小时也不回家。在大多数情况下,都是他主动邀请同学一起玩。结果,本来很正常的同学间的交往,却由于他的说谎等原因,变得复杂化。

类似的事情一次次发生。每一次事情发生过后,他都有"深刻"的反省、"坦诚"的表态、"坚定"的决心。但是,随后他又会变换不同的方式,发生同样的问题。

他性格较为内向,不大善于表达。在多次与他当面谈心之后,我发现与他面谈起不了很好的作用。不过,我发现,他的文笔很好,因此我常常让他采用书面的形式反思自己的行为。这样做,确实在一段时间内产生了很好的效果。在同学、家长及老师的帮助下,他下定决心痛改了毫无节制地进网吧打游戏的恶习,这就是一个很好的证明。可惜,过了一段时间,同类的问题又出现了,从而宣告了这种方式的失效。最严重时,他在短期内两次不回家,彻夜在外游荡或进网吧玩游戏。

我反思了一下处理这一系列事情的经过。我发现:王同学好像是一只被

① 作者:上海市曹杨第二中学附属学校缪红。载于陆桂英主编:《建设民主集体,共创阳光人生》,华东师范大学出版社,2007年版,第97—100页。引用时稍作修改。

囚禁的小鸟,想尽一切方法要飞出鸟笼,有时不惜用撒谎的方式。他也很在意自己的面子,包括在同学面前的形象。我想,可不可以从中找到促进他更好发展的契机?在与课题组成员商量的同时,我也在尽力运用创建民主型班级的基本思想,看看可以从哪些方面入手。经过一段时间的探索,我终于理清了三个方面的工作思路。

1. 协调家庭教育力量,营造积极的精神氛围

我想,孩子出现了这类问题行为,家长是不是在教育中有不妥当之处呢?俗话说:家丑不可外扬。但是,王同学的母亲把很多事情都告知周围亲友。对此,王同学曾表示过不满。于是,我建议家长:是否能换一种彼此尊重的口吻,多一些鼓励,少一些唠叨。他母亲首先答应采纳我的建议进行尝试。

不过,亲子交往显然需要双方都有积极的行动。到了5月份,我们班举办"父母是你特别的朋友"主题班会时,通过一系列的策划、准备、实施和反思,同学们领悟到:亲子间的冲突不是因为父母变心了,也不是因为自己变坏了,而是因为自己正在长大。具体到王同学这里,他为自己出生在一个平凡而朴实的家庭感到自豪,并为时时感受到家庭的温暖而感到快乐。同时,他也坦诚地剖析了自己身上的缺点,并把这些缺点的成因归结为自己没有责任心。追根溯源,造成他没有责任心的原因可能是幼年时的经历:那时父母工作忙,他和爷爷奶奶生活了七年,而爷爷奶奶过于宠爱他。不过,在进一步的反思中,我们还发现,这与他自己对亲人的关心缺乏体会,更不知道如何珍惜和回报有一定关系。

这次班会希望让学生与家长互相增进了解,也尝试用换位思考的方法互相接纳,共同形成教育合力。在班会现场,我们特地安排了王同学与他的母亲参与互动环节。由于他与母亲共同的努力,这一互动环节为班会和围绕这次班会开展的一系列活动增添了亮色。同时,他们之间的关系也有了明显的改善。

2. 利用教师的专业智慧,让他辨析"有尊严"的生活境界

就在筹备"父母是你特别的朋友"主题班会的过程中,我们不仅创造机会让王同学反思,让他与父母相互交流,更注意依据建设民主型班级的指导思想,引导他辨析不同境界的日常生存状况。

在一个周末,我约请他和存在类似问题的几名学生,与他们的父母一起对话。同时,我还邀请课题组指导老师一同参与。在交流中,我们首先让学生们敞开心扉,主动袒露自己的心迹。在被问及自己所理解的理想的生活状态时,他说:"我就想无忧无虑地玩。"针对这一天真的想法,我们在讨论中发表了多种看法。我们一方面肯定他这种追求有一定的合理性,另一方面也逐渐澄清了一种观点——他所理解的"无忧无虑地玩",其实存在两种情形,它们代表了两种生活境界。

第一种境界:"虚伪的快乐"和"屈辱地玩"。为什么要逃避父母,放肆地玩?其实,正是因为自己没有做好应做的事情,即完成好学习任务,包括按时完成作业、不断改进学习方法、提高学习水平;同时,也是因为自己不会勇敢地面对现实,与父母坦诚地沟通,所以,遇到问题就采用"鸵鸟政策"。在这种状况下,他看起来是在"无忧无虑地玩",其实是带着一分害怕,逃避"阳光地带",躲在幽暗的角落,孤独地享受着一时的麻醉,但并不拥有真正的快乐。这时,他就是在"屈辱地玩",他所享受的也是"虚伪的快乐"。

第二种境界:"真实的快乐"和"自豪地玩"。如果能主动承担自己作为一个小小男子汉的责任,自觉地完成学习任务,让父母和老师放心,那他就能享受到真正的自由。(他的父母当场表示:"儿子,你如果能这样,你想怎么玩就怎么玩!"这句话让大家都开心地笑了起来。)即使暂时遇到一些问题,甚至发生一些冲突,大家也会以充分的信任为基础,大度地解决,而不是一味逃避。此时,他就进入了"阳光地带",因为他自己拥有了"阳光心态",父母也有了"阳光心情",他是在"自豪地玩",他所享受的也是"真实的快乐"。

于是,原先模糊的生活状态,就这样被我们用专业的教育智慧敞现出来。随后,两种状态、两种选择也就摆在他的面前。他当场表示,愿意选择第二种状态。——此后,需要我们共同做到的,就是如何协调各方面的因素,帮助他形成稳定的活动方式了。这既包括前面说到的协调家庭教育力量,也包括后面要说到的开发班级教育力量。

3. 向内开发班级教育力量,培育良好的成长环境

在一系列班级活动,包括前述的班会筹备和实施活动中,我们不仅为王同学提供多种自我反思、自我教育的机会,而且还注意将他个人的成长与班级整体的发展协调起来,让个人的成长与班级的发展形成相互支持的局面。

在筹备"父母是你特别的朋友"主题班会时,同学们在周记中反思了与父母的交往。其中,王同学写了这样一段话:"每当我出去玩,而没有跟家里说一声时,我总想打电话;但一想,他们一定不会同意我出去玩,于是只好不打。可每次发生这种事情以后,我又是无比地后悔,所以非常地矛盾,不知是告诉父母好,还是不告诉好。"虽然整篇反思还是留有草草了事的痕迹,但因为与前两次相比暴露出了自己真实的想法,因此,这篇反思勉强过关。尽管我没有要求他进一步修改,但还是提出了一些建议。

随后,让我惊喜的情形出现了。在进一步策划这次班会时,我翻看了学生们新写的体会,竟然意外地看到了王同学主动写的新体会。很明显,这篇体会是在我提出建议后重新写的。如前所言,他反思了自己的发展状况,并将自己的缺点归结为"缺乏责任心"。此后,在与同学们共同筹备和开展班会活动时,在与母亲展开互动时,他都有许多令人欣喜的表现,因为,他已经开始履行我们达成的新"协议":为轻松愉快地与父母交往而努力!他知道:在做任何事情时,他自己的主动努力都可以起到很大作用。他需要学会与父母进行有效的沟通,更需要有远大的目标、高尚的追求、切实的行动,放弃"屈辱地玩",实现"自豪地玩",并在进一步的学业成功中体会这种"自豪"。

进入九年级后,根据学习能力及兴趣爱好,我有意识地在班级中组建了五人学习小组,王同学也在其中。这个五人小组每周五有固定的碰头会,反思学习的情况,商议今后努力的目标,每一位同学在周一会根据会议内容及自己的实际情况写出书面材料。包括我在内,所有的任课教师都在教育教学中为他们搭建展示的平台,课题组专家在百忙中为这些同学及他们的家长召开座谈会,为他们今后的持续发展出谋划策。

后来,他不仅没再犯以前的错误,而且还向团组织递交了入团申请书。在日常的学习生活中,他默默为班级做着力所能及的事,自己的各科成绩也名列前茅,同时与父母的关系有了很大的改善。后来,他光荣地加入了团组织。

二、通过案例看"学生在群体交往中的发展机制"

在一些著作或期刊上,经常看到与上述案例类似的针对个别学生的教育案例。可惜的是,大部分案例实际上是在描述"教师个体"与"学生个体"之间的交往,甚至表现出比较明显的"个人崇拜"的迹象,因为它们似乎过于凸显"伟大、神圣、热情、充满睿智的教师个体"的形象。当然,为了表明"教师个体"在与时俱进地更新思想观念和教育方法,其中可能用到一些新的教育话语、心理学理论,也可能采用"民主"这类标签来说明教师个体对学生个体态度和蔼、充满爱心、话语温柔、神态可亲等平等的互动方式。但是,正如有的学者在分析中国传统儒家时所看到的——"有很好的爱民、惠民、养民、为民父母的传统"却"并没有一个让人民自己来统治的传统"①,我们也许会看到许多教师个体也在延续类似的情形:率先垂范自以为是、实则有可能似是而非的"民主"生活方式,充分表达了对学生的全身心关爱和晓之以理的教育方法,却缺乏一个"让学生通过主动交往来实现自主发展"的机制。

相比之下,"'屈辱地玩'和'自豪地玩'"这一案例(后来又作为学生成长故事融入新的主题活动"我沟通,我自豪"之中)就呈现出不同的情形,可以代表智慧型教师诸多成功经验中的关键因素。在这里,我们着重从学生的角度来辨析其中呈现出来的"学生在群体交往中的发展机制",因为教师的专业智慧恰好在于关注、开发和利用这种学生自主发展机制,而不是用过多的教师干预机制来取代学生的自主发展机制。

1. 发展的微观生态:同伴群体

站在学生的角度,就会清醒地看到:同伴或同学之间的友好交往,这是对每一位学生个体具有直接、持续、深入影响力的教育资源。这是因为:每个生命的成长都离不开其生态环境,而对于一个具有鲜活的精神生命的学生个体来说,最直接的、能让他融入最深的生态环境的就是同伴群体,而不仅仅是与成年人建立的交往系统。否则,一个孩子跟同伴交流不通畅,却只喜欢跟成年人一起交往,这种看起来"早熟"的表现也许恰好是心理缺陷的标志。相应地,如果教师看不到同伴交往对每个孩子的重要价值,却执迷于通过施展成年人的爱心与耐心来直接影响每个学生个体,这种貌似民主的言行也许恰好见证着教育思想上的关键漏洞。

在弥补上述思想漏洞方面,上述案例"'屈辱地玩'和'自豪地玩'"可以给我们更多启发,例如,无论是对家庭教育力量的开发,还是对教师专业智慧的运用,都离不开一个关键的因素:学生个体参与的群体交往。具体来说,学生参与的群体交往、特别是同伴交往,体现在如下几个方面。

首先,从学生个体的角度来看,他需要同伴交往。在出现亲子交往障碍时,这名学生采用说谎等方式编造理由,其目的是"玩",但他不是孤独地玩,而是和同学一起玩,包括主动邀请同学一起玩。同时,"他也很在意自己的面子,包括在同学面前的形象"。于是,要解决"贪玩""撒谎"等行为问题,也许根本就在于改善孩子和同伴的交往,而不是

---

① 从政治学的角度来看,有学者指出:"传统的儒家并没有一个让人民统治的传统。它有很好的爱民、惠民、养民、为民父母的传统,但它并没有一个让人民自己来统治的传统。"黄万盛,李泽厚等:《儒学第三期的三十年》,《开放时代》,2008 年第 1 期。本段引文在第 51 页。

就事论事、更不仅仅是让孩子作出言语上的承诺和接受行为上的管束。沿着这个方向，在这个案例中，"协调家庭教育力量"这一努力与另外两个方面的努力（发动多个同伴一起探讨、发动全班一起开展主题活动）联系起来，这让学生个体在群体中得以放心地敞开自己的心路历程、更为平等地表达自己的想法并探索新的方向；与此同时，他和同伴一起探索之后形成的新的想法、新的计划，也更容易得到同学们的认可。从后续发展的过程来看，这些探索和认可实际上已经转化为一种无形的自我期待、相互鼓励，融入到更高品质的同伴关系、班级文化之中，从而让新的想法更为明智、可信，新的计划更为合理、可靠，进而从转变一时的思想观念、言行表现延伸为更新长期的思维方式、交往方式和行为方式。——这，其实才是教育最应该着力的根本之处！只有抓住这种根本性的、融入学生成长生态之中的关键因素，家长和教师的关爱与教导才能起到真实的、长久的、更为理想的效果。

其次，从家长的角度来看，孩子所在的群体（而不仅仅家长个体）是影响孩子的重要因素。前面的亲子沟通出现问题，原因之一就是将孩子的"家丑"外扬给周围亲友，导致孩子不满。究其根源，其实就在于家长不仅忽视了对孩子生态环境（周围亲友，特别是同龄伙伴）的精心维护，反而使其变得不利于孩子成长，导致孩子出现逆反心理。针对这一情形，教师在协调家庭教育力量时，首先就着眼于让家长尊重、鼓励孩子，包括不要随意地在亲友中诉说孩子的不良表现。在此基础上，最值得欣赏的是，教师关注到这名学生所在的班级并充分开发其中的教育资源。在这个案例中，教师安排这名学生与他的母亲参加主题班会"父母是你特别的朋友"中的互动环节，让亲子互相理解、用换位思考的方法来接纳对方，由此共同为班级系列活动增添了亮色。在这一安排背后，就是发动同学们一起面对亲子沟通问题，从而让王同学得以和大家一起坦然、理性、全面地理解爸爸妈妈和自己。例如，他为自己的家庭感到自豪，并为时时感受到家庭的温暖而感到快乐；同时，他也坦诚地剖析了自己身上的缺点，并把这些缺点的成因归结为自己没有责任心。在此基础上，从自己的生命成长历程中追根溯源，进而反思到这与"他自己对亲人的关心缺乏体会，更不知道如何珍惜和回报"有一定关系。相比于依靠教师权威说教或苦心劝告来解决问题的常见做法，这里利用班级这个成长生态来激发学生和家长敞现爱心和智慧，真诚探索如何相互理解和沟通，显然更能彰显教育智慧及其魅力。

最后，站在教师的角度，关注并开发学生同伴交往的教育价值，恰恰是更高教育智慧的体现。一方面，在关注学生个别问题之独特性的同时，着眼于班级整体的发展，将其与同学们在这个年龄段都可能遇到的发展问题联系起来，从个体事例中拓展出群体交往空间和班级教育空间；另一方面，利用由此拓展、生成的教育资源（包括在同伴群体中放心讨论成长问题的自由氛围）来激发同学们展开更多探索，进而让这名学生更透彻地理解自己遇到的发展问题，从根本上解决它，从而获得更高品质的发展。无论是把亲子互动的活动融入主题班会之中，还是组织几位有类似问题的学生一起座谈和组建"五人学习小组"，教师都不是仅凭自己个人的力量来影响孤独的学生个体，而是把教师的影响融入学生同伴交往之中；无论是和学生一起辨析"不同境界的玩"，还是把这名学生先后写出的周记和出现的变化放在整个班级发展的背景之中来考察、欣赏、开发、利用，教师都不是单独地把爱心和耐心施与这名学生一个人，而是运用专业智慧，把这名学生还给他所在的最直接的成长生态——他的同伴、他的班级。

这个案例表明：教师的智慧、家长的关怀都是非常重要的教育资源，但站在学生的角度来看，还应该发现班级中内生的更关键的资源——同伴交往。当然，不必刻意地把师生交往、亲子交往和学生之间的同伴交往分隔开来，因为在正常的成长环境中，这些交往都属于学生个体投入的人际交往；如果它们都像上述案例所呈现的那样汇集到一个班级之中，它们就可共同构成每一位学生个体参与的广义的"群体交往"——相比之下，学生与同伴之间的交往就属于狭义的"群体交往"。

据此，我们可以确认：班级管理具有不亚于学科教学的专业品质，因为它是直接通过人的交往来育人，而不是间接地通过学习知识来育人（或通过"教书"来育人）。更具体地说，班级管理应该通过日常化的民主交往方式来培养学生健全的"人格系统"，而不仅仅是学科教学重点培养的"认知系统"。相应地，在把班级管理作为专业的教育活动时，特别是在致力于建设"民主型班级"时，应该将学生参与的群体交往视为最独特的、最直接的教育资源。能否善加开发和利用这种资源，见证着一位教师是否拥有与时俱进的新的教育思想和体现教育真谛的工作方法。

2. 发展的关键主体：学生个体

既然学生参与的群体交往是班级管理最重要的教育资源，我们就要开发和利用这种资源、进而用好其他教育资源。为此，需要进一步理清教育活动得以展开、学生得以逐步成长的内在机制。此时，应将"交往活动中的学生个体"作为发展主体，由此出发来辨析学生在班级中获得真实发展的内在过程。

一旦确认了这个关键主体，就可在探讨发展问题的表现及其解决方式、探索班级管理促进学生发展的主要路径时，有更为清晰的参照点。现在，我们就从两方面来审视这个发展主体。

（1）个体的重要性：学生个体的发展是班级管理教育价值的最终体现

社会发展的趋势之一就是创造适应学生个性发展的教育。无论是在常态稳定的班级还是采用"走班制"的"教学班"之中，就个体与班级整体的关系而言，班级整体的发展最终是为了促进班级中的每名学生个体的发展，"而不能倒过来说，个人的发展是为了群体的发展"。[1] 明确这个前提，才有可能将真正人性化、个性化的教育落实到每一位学生身上。[2]

诚然，学生个体的发展与班级整体的发展是同一过程的两个方面，它们之间互为因果；而且，从更长远的发展来看，个体成熟的标志之一就是"小我"变为"大我"，即理解和融入人类文化。不过，无论是从抽象的理论视角，还是从具体的实践角度，都有必要突出学生个体作为"具体个人"的角色，并防止有意或无意地用"抽象的人"替代"具体个人"，从而造成对每一个具体的学生个体的忽视。应该看到，"具体个人的生命价值只有在各种生命经历中，通过主观努力、奋斗、反思、学习和不断超越自我，才能创建和实现，

---

[1] 叶澜：《"新基础教育"论》，教育科学出版社，2006 年版，第 296 页。
[2] 当然，换一个视角，例如从人生意义的角度来说，也许有的人会选择"个人的发展是为了他人、家庭、某个组织、国家、人类的发展"。不过，我们这里探讨的是如何从育人的角度将班级管理的教育价值落实到关键之处，不必在此延伸到其他视角。

离开了对具体个人生命经历的关注和提升,就很难认识个人的成长与发展……"①

　　以上述思考为参照,就可从案例"'屈辱地玩'和'自豪地玩'"中看出三个层次的选择(见图2-2)。第一层选择是:关注到王同学的个体发展,并为之积极想办法,这是每个教师都可以做到的。第二层选择是:在关注"这一个"学生的基础上,关注到更多学生个体,乃至全班每一位学生,这是更有责任感、更有专业能力的教师可以做到的。例如,用饱满的热情、无限的爱心来了解和研究每一位学生的发展情形,用充足的智慧、感人的口才来针对每一位学生的实际情况提供教导或建议。不过,在上面两层选择之上,也许还应考虑到:每一位学生个体得到的关怀,究竟源自于谁? 每个个体获得的发展,究竟是怎样发生的? 于是,可以看到:除了源自教师个体对每一位个体的关怀,还可以开发同学之间的相互关怀,甚至以此为基础开发和利用教师个体与群体、家长个体与群体更具教育智慧的关怀;除了让学生接受教师的感召、指点和建议、要求之外,还可以让学生和同伴一起来探索和辨析发展问题中涉及的多方面因素(而不只是听从教师的分析),进而聚焦到自己作为当代青少年应该主动掌握命运的自主意识和能力(而不仅仅是单向地理解、服从或关心家长),最终达到共同开发面对发展问题的生命智慧、掌握生命发展的主动权。这就是第三层次的选择。

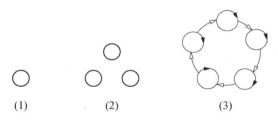

图 2-2

关注学生个体
的三层选择

　　　　　　　　(1)　　　　　(2)　　　　　　(3)

注:(1)关注一名个体;(2)关注更多个体;(3)关注交往中的个体。

　　在第三层次的选择中,也许无需教师费尽心机地搜集并公开每一个学生个体的具体信息(包括孩子可能不想公开的个人信息②),就可以激发出每一位学生自己内心中的"阳光",汇聚成充满"阳光"的班级文化空间,照亮每一位学生个体的内心,更照亮他们心外的广阔天地。——这,正是案例"'屈辱地玩'和'自豪地玩'"所作的选择,也是"民主型班级"倡导的选择。这样,才能真正做到让学生"一个都不少"地融入充满活力的成长生态和发展机制。

　　(2) 个体的存在方式:在融入班级生活的过程中成长

　　学生个体都是作为发展主体参与班级生活和学校生活的。在这里,因为与其他同

---

① 叶澜:《教育创新呼唤"具体个人"意识》,《中国社会科学》,2003 年第 1 期。
② 在日趋开放、民主和法治的当代社会中,无论是在班级中还是在其他公开场合(包括亲友之间),如果需要公开某位学生的信息,包括从传统视角认为值得表扬的好的行为表现和学生也许会觉得不够好的信息,应该事先和当事人达成默契。若用于在正式的群体或组织(如班级)中交流,则更应该与他们事先沟通好,并且取得他们真心的、而不是被迫的同意,以示对他们的尊重。否则,我们宣称的"爱心""人性化""民主"就有明显的逻辑漏洞或伦理缺陷。

学一起组成班级，他们在相同的时间、空间一起参与相同的教育活动，包括一起参与班级管理，每一位个体都不是孤独的个体主体。实际上，班级中的学生个体都需要通过群体交往来发挥主体作用、实现自主发展。

进而，在班级生活中，要看到学生个体并非只有一个，而是有一群；换言之，在从班级生活的整体视野考虑学生发展时，要根据不同阶段的班级发展状态来考察和判断不同学生个体的实际情况，包括"个体"的数量、不同个体的组织方式、相应的教育方式。对于有特殊情况或特别发展需要的学生个体，可通过个别教育的方式来促进其发展，这时的关键途径是师生交往和小范围的同伴交往，如解决两名学生之间的争执；对于有同类行为表现和发展需要的多名学生，可根据平时了解到的信息来判断这些情形在班级中是否有足够的代表性（如同抽样技术中抽取的样本对总体的代表性），包括是否代表了更多同学未来的发展需要，然后决定是开展小群体或小组层面的同伴互助教育还是开展班级层面的集体活动。无论怎样选择，相关的教育活动归根结底要落实为个体的自主发展，而其主要的方式就是融入班级生活，包括同伴交往和师生交往。

因此，关注个体，归根结底就是关注他与哪些人交往、怎样交往、交往的成效如何、如何让他的交往产生更好的教育价值……据此，通过班级管理这一教育活动来促进学生发展，可能需要新的思维策略，即：在教育目标上，着眼于每一个具体的学生个体的成长；在工作思路上，着眼于学生的交往，特别是群体内的交互影响。

在案例"'屈辱地玩'和'自豪地玩'"中，就可看到以充满活力的交往为主要内容的班级生活。在这里，关注到每一位学生个体，以"个体"作为思考教育活动的原点，这不是将其看作"孤独"的个体，而是将其看作"交往之中"的个体。于是，充满活力的个体与充满民主气息的群体（包括各个小组、临时的对话伙伴、整个班级）成为相互玉成、不可或缺的两个因素。如果没有每一位学生的真心敞现和投入，这一名"王同学"参与的各种同伴互动（包括在一起玩耍）就缺乏活力，更缺乏魅力。相应地，如果同伴之间的互动、同学们和老师之间的交流不够民主、不够通畅，那么，每个学生在群体活动中得到的自主探索空间就会被压缩，或者被自以为充满爱心的老师分隔成点状的"教师个体与一个学生的单独对话时间（空间、内容）"和"教师个体与另一个学生的单独对话时间（空间、内容）"，而难以成为打通学生之间的沟通渠道、允许每一位学生和同伴一起探索更为开阔、更为自由的空间。反之，如果每一位学生个体都能在民主的交往氛围中放飞真心、主动探索（包括主动面对成长的问题或困惑），并且坦诚地相互沟通，致力于共同解决属于他们自己的发展问题，那么，每一位个体都在用心参与交往活动，每一次交往活动都在敞开交往空间，让每一位个体"心连心""手牵手"，从而让个体的成长和班级的发展相互促进。这样，班级的整体发展就兼顾到了"个体主体"和"个体主动参与的交往生态"。

于是，通过转换思维方式，我们可以明确而理智地选择"交往活动中的个体"作为思考发展机制（和将要进一步分析的教育思路）的逻辑原点。这个逻辑原点将"关心每一个学生的成长"和"通过集体进行教育"有机结合起来了，而不是将"个体"与"群体（集体）"简单地对立起来并在两者中机械地选择一个方面。

3. 发展机制的展开过程：解决问题

在将"交往活动中的学生个体"作为发展主体之后，我们就可沿着学生个体参与交往活动时获得真实成长的过程来辨析其发展机制了。下面，我们就辨析"王同学"在案例"'屈辱地玩'和'自豪地玩'"中解决一个具体问题、获得一段真实成长的内在机制。在此基础上，我们就可以获得更为清晰的理性认识。

在案例"'屈辱地玩'和'自豪地玩'"中，与前面讨论的主题班会'主动沟通'类似，师生在理解王同学面临的发展问题时可有三个层次的选择（见表 2-4）。第一层次的发展问题是"不要因为贪玩而影响学习"，这主要体现了消除不良习惯、恢复正常状态的"自立的需要"，力争做到"不让家长和老师担心"；第二层次的发展问题是"理解并达到父母的要求"，这主要体现了保持正常状态的"自主的需要"，努力做到"让老师和家长放心"；第三层次的发展问题是在结合具体事例促成亲子沟通的过程中"培养学生的责任感和尊严感"，这主要体现了超越常规要求、激活学生内心，向往更高生命境界的"自豪的需要"，努力做到"让老师和家长开心"。显然，就上述案例的真实情形来说，教师、学生和家长选择的是第三层次的发展问题，由此涵盖了前两个层次的发展问题和相应的发展需要。

选择层次	针对的发展问题	追求的发展境界	体现的发展需要
第3层	培养学生的责任感和尊严感	超越常规要求、激活学生内心，向往更高生命境界，努力做到"让老师和家长开心"	自豪的需要
第2层	理解并达到父母的要求	保持正常状态的，努力做到"让老师和家长放心"	自主的需要
第1层	不要因为贪玩而影响学习	消除不良习惯、恢复正常状态，力争做到"不让家长和老师担心"	自立的需要

表 2-4

理解王同学发展问题时的三层选择

在第三层次的选择中，教师努力开发群体交往的教育价值，并在此基础上发挥亲子交往、师生交往的教育功能。在此过程中，王同学的解决发展问题的成长过程大致有如下四个环节。

（1）逐步探索，进入敞开的交往空间。让学生获得真实成长的第一步是敞开学生的心扉、敞现真实的生活内容。在这方面，教师发现王同学当面谈心时"不善于表达"，但"他的文笔很好"，于是就"让他采用书面的形式反思自己的行为"。在遇到新的反复后，教师又用心琢磨并发现：王同学"像是一只被囚禁的小鸟，想尽一切方法要飞出鸟笼"；此后，在王同学面前就敞开了一个新的空间：促成亲子双方相互沟通、合力调整交往方式，而不能仅仅是针对他一个人提出要求。与此同时，老师还发现："他也很在意自己的面子，包括在同学面前的形象"，并由此为学生敞开了一个开阔的群体交往空间，用以激活这个孩子的心。

（2）坦诚沟通，主动辨析成长状态。在本案例中，王同学的真实成长就发生在一系列班级"小活动"之中。借助同学们共同策划、筹备、实施和反思活动的过程，在合作成事、坦诚交往的氛围中,学生个体的自主成长之路也就逐步敞开,自主的意识被一步步激活,自主的能力被一次次激发。于是,王同学用平和的心态坦然辨析自己的不足及其原因(缺乏责任心),进而从自己的成长历程中找到一个症结——幼年时"和爷爷奶奶生活了七年,而爷爷奶奶过于宠爱";紧接着,"对亲人的关心缺乏体会,更不知道如何珍惜和回报"的问题也被他自己坦诚地敞现出来。随后,通过班会中特别安排他和母亲互动的环节而激发亲子一起感悟并表现相互关心、回报亲情的愿望(而不是静听老师宣讲的教条),这让学生的自觉发展思路越来越清晰。更重要的是,通过教师组织的几位同学一起跟父母对话,王同学追求的"无忧无虑地玩"的理想状态得以敞现,两种生活境界(其一是"虚伪的快乐"和"屈辱地玩",其二是"真实的快乐"和"自豪地玩")也得以辨析清楚;于是,"原先模糊的生活状态"被澄清,从而在王同学此时的"最近发展区"内生成了一个激发他辨析自己成长状态的参照系。

(3) 激活思考,自觉选择发展方向。随着两种发展状态敞现在王同学的面前,"他当场表示,愿意选择第二种状态"。这样的自觉选择,也就成为他对自己许下的一个诺言,成为他和同学、家长、老师一起达成的"心灵契约";就在他作出这个选择时,一种责任意识也就同时生成了。以此为新的契机、新的生长点,后面的成长历程就是通过他自己的主动作为来担起这种责任,持续创造让自己自豪的新业绩,用新的表现来见证自己创造的尊严感。

(4) 持续交往,逐步生成生命智慧。王同学结合具体问题作出新的选择之后,再度融入他和同学、老师、家长的交往过程之中,而不是孤独地成长或仅仅和老师单独交往——这是这个案例与许多同类案例的又一个关键区别。在这个过程中,他的同伴、家长和老师也同步感受、支持、参与他的成长历程,共同创造让大家开心的新生活、新天地。在筹备"父母是你特别的朋友"这个主题班会时,他和同学们都在周记中反思与父母的交往情形。他最初的周记"留有草草了事的痕迹",后来才写出新的体会,特别是考虑到了自己的"责任心"。他在此过程中的持续思考和同学们一起开展的筹备活动是融为一体的;显然,他与同伴、老师的持续交往确实起到了营造积极氛围、激活其思想的作用。在主题班会正式举行时,他和母亲的现场互动,已经将他在此前生成的体会融入到新的行为之中了,包括由此开始履行新的"协议"——"为轻松愉快地与父母交往而努力!"于是,他就真正开始主动承担交往责任、自觉追求愉快而有成效的交往效果,进而确立新目标、形成新追求——放弃"屈辱地玩",实现"自豪地玩",并在进一步的学业成功中体会这种"自豪"。

通过上述分析,可以看到:案例之中的"王同学"主动参与群体交往并由此解决发展问题的成长过程可以理解为"敞现—辨析—选择—生成"这四个环节①,这便于我们更清晰地把握学生个体在交往之中逐步发展的具体机制。在把握这种发展机制时,虽然我们强调以"学生个体"作为辨析学生的发展机制和教师的教育思路的逻辑原点,但

---

① 这里所说的发展机制,我们在前期研究中提出的表述方式是"敞现—交流—辨析—提升"(见李伟胜:《班级管理》,华东师范大学出版社,2010年版,第48—55页);实际上,最后一个环节并不一定就是层次上的跃升,它更应该被看作是更多思考(包括更多价值的发展问题)的生成。因此,我们现在的表述方式调整为"敞现—交流—辨析—生成"。

这是"交往活动中的学生个体",而不是孤独存在的个体,也不只是和教师进行个别交往、只在家中独自面对父母的个体。相应地,在辨析学生个体的发展机制时,应该特别关注他在最直接的生态——同伴群体中的成长过程,并以此为核心来看他在班级中如何通过跟同学、老师、家长的交往一步步实现主动发展。

第三节　教育思路的展开过程——在交往中逐步解决发展问题

上一节从学生个体的视角辨析"学生的发展机制",将其理解为四个环节,这为进一步从教师的视角辨析"教师的教育思路"提供了内在依据和思考线索。实际上,学生的"发展机制"与教师的"教育思路"本来就融合于师生共同参与的教育活动之中。现在,我们先从师生交往的角度理解教育思路的核心内涵,由此凸显其独特之处;在此基础上,从实践中选取有价值的"发展问题",将其作为实践平台,将解决发展问题的过程看作运用教育思路的过程。这样,就可辨清教育思路得以展开的四个环节。

一、教育思路的核心内涵：师生交往激发学生交往共生

群体交往是班级特有的教育资源,这不仅是考虑学生的发展机制时应重点关注的,也是考虑教师的教育思路时应首先关注的。即使仅仅从"班主任"这个身份的字面意思来看,也可知他面对的不应该是一个个孤立的学生个体,而是整个班级,即由所有学生个体和教师共同组成的教育性组织;因此,教师最主要的工作,不应该是直接针对每一个个体,而是直接面对班级这个群体。

从班级管理具有不亚于学科教学的专业性这个角度来看,教师应该致力于通过班级中日常化的民主交往方式来养成每个学生更为健全的"人格系统",培育符合时代需要、能够适应中国社会转型需要的生命活力。在这样的专业活动中,教师的教育思路应更多地直接作用于学生的"群体交往";与此同时,对学生个体的关注更多的是通过"群体交往"来体现的,并最终让学生个体在群体交往的生态系统中成长,而不是在这个生态系统之外亦步亦趋地紧跟教师。如此理解"教育思路"和"发展机制"可以表示为本章开始时的示意图(图2-1)。

在图中,学生的"发展机制"就体现在两个内圈所代表的"个体自主"和"群体交往";其中,激发每一名学生"个体自主"的最直接的力量是"群体交往",而不是教师与学生个体直接进行的"单独的师生交往"。相比之下,教师对学生的直接影响主要是通过"师生交往"来推进"群体交往";在"师生交往"之中,教师与学生个体的单独交往或针对个别学生进行的单独教育固然有其必要性,但这是常态化的主要途径(通过推进"群体交往"而促进"个体自主")之外的补充,属于出现特殊情况或特别需要时的特例。——将这三层圈整合起来看,就是视野更开阔、智慧更先进的"教育思路";在这里,两个箭头所代表的两个层次的激发作用各有其功能,不可相互替代。概而言之,通过师生交往激发学生交往共生,这是"民主型班级"的教育思路的核心内涵。

二、教育思路的实践平台：班级生活中的发展问题

站在教师的实践立场上看，对教育思路的上述理论分析还显得比较抽象；一旦结合具体的实际场景，看到它是如何被用来解决发展问题的，就可更为清晰、具体地理解并掌握运用这一教育思路。换言之，在班级生活中生成的学生发展问题就是教育思路得以发挥作用的实践平台。

(一)"发展问题"在班级管理中的专业定位

从理论的角度来看，在班级管理中解决具体的发展问题，与在学科教学中解决具体的学习问题，它们是促进学生发展的两个途径。班级管理中的"发展问题"与学科教学中的"学习问题"的逻辑结构有相似之处。在学科教学中，每节课、每个单元等教学单位有相应的教学任务，它所对应的"学习问题"是由学生已有的认知基础、可能的学习过程和预期达到的认知目标来界定的。与此类似，在班级管理中，每个活动都承担着教育任务，它所对应的"发展问题"是由学生的发展基础、成长过程(活动过程)和预期的发展目标来界定的。因此，如果参照学科教学来理解班级管理的专业品质，将"学习问题"作为理解"发展问题"的一个参照系，这是一个可行的思考策略。据此，我们可以在对比中得到更多发现。

从学科教学活动与班级教育活动的操作流程上来看，两者对"学习问题"或"发展问题"的专业定位有关键区别。在学科教学中，设计并开展教学活动的操作流程是：(1)参照学科知识系统(结合具体班级的学情)，确定教学单位(如一节课或一个单元)；(2)辨析其中的"学习问题"；(3)具体设计解决学习问题的学习过程。——在这里，"学习问题"是依据教学单位的确定而确定的。与此不同，班级管理中的操作流程是：(1)从班级的真实生活中透过学生行为表现来审视并选择"发展问题"(包括其中的发展主体及其发展基础、发展目标和可能的发展过程)；(2)据此区分或选择活动单位(是"小活动"还是"大项目"、每个活动的时间长度和需要的资源系统)；(3)具体设计解决发展问题的活动过程。——在这里，"发展问题"的选择是确定活动单位、进而设计教育活动的起点。

为什么会出现上述区别？也许，关键在于：在学科教学中，学习问题侧重认知系统的发展；所以，学习问题可以随着一节课、一个单元等教学单位的确定而得以界定，而这些教学单位的确定又可预先将已被编入教材的学科知识系统的逻辑结构作为直接依据。相比之下，班级管理中的发展问题侧重人格系统的发展，是在具体的个体生命和群体交往中不断涌现和生成的。在每个班级、针对每次活动选择"发展问题"，都需要有新的思考和判断，而难以照搬已有的案例或经验(无论是自己的经验还是别人的经验)；与此相应，每次确定活动单位(如全班讨论的时间长度)和具体的活动内容与方式，都需要创造性地设计。

这就是说，对班级管理中的发展问题的敏感、关注、判断和选择面临着变动不居的复杂局面；只有运用独具专业品质的教育智慧才能看到、看懂、看准并据此作出合理的专业判断与选择，进而据此确定活动单位、设计教育活动，并在具体的教育活动中运用教育思路促进学生发展。换言之，理解并选择"发展问题"是策划实施具体的班级活动的前提；尚未选定"发展问题"就开始策划实施的教育活动其实都缺乏应有的针对性，也难以从专业上评价其实效性。因此，我们需要具体探讨如何界定和选择"发展问题"，以

便更好地聚焦"发展问题",为后面利用这个实践平台展开教育思路作好铺垫。

(二)"发展问题"的概念性定义和操作性定义

1. 发展问题的概念性定义

学生是发展主体;据此,班级管理中的"发展问题"是属于班级成员的,而不是孤立地存在的个人或抽象地存在的群体的。教师关注发展问题时,不仅要从学生个体或单个小组或小群体的角度来考虑,更应将他们放在"班级"这个教育性组织的整体发展格局中考虑;以"学生个体"作为发展主体,也同时强调他们是"班级生活中的个体"。——至于具体的发展问题聚焦哪个学生个体、哪类学生个体或者所有的班级成员,可以根据当时班级生活的实际情况来判断和选择。例如,根据不同阶段的班级发展状态来理解不同学生个体的实际情况,考虑在具体的发展问题中重点关注的"个体"的数量、不同个体的组织方式,进而考虑具体的教育形式是个别教育、小群体互助教育还是全班一起开展的集体教育。

确认了学生是发展主体这一前提,并对"发展问题"中的发展主体作了上述探讨,我们就可进一步探讨发展问题的概念性定义。

首先,从内涵上看,发展问题是学生的发展基础(现实状态)和发展目标(理想状态)之间的差距。例如,就前述的以"亲子沟通"为主题的活动案例和学生成长案例而言,教师引导学生主动解决的发展问题是:"在理解父母的深情关怀和自己的青春朝气的基础上,通过自觉探索新的亲子交往之道而掌握发展的主动权,在父母的期待中享受成长的光荣。"在此,这一内涵也可通过表格来说明,以便将其与后面的操作性定义贯通起来。(见表2-5)

发展基础 (现实状态)	发展过程 (现实与理想之间的差距)	发展目标 (理想状态)	
1. 理解父母的深情关怀; 2. 看到自己新的生活内容; 3. 理解亲子间的差异并打算理性面对。	自觉探索新的亲子交往之道。	1. 在新生活中掌握主动权; 2. 在父母的期待中享受成长的光荣。	**表2-5** 发展问题的界定 ——以主题活动 "我沟通,我自豪" 为例

可以看到:如何看懂学生的发展基础(现实状态),如何理解学生的发展目标(理想状态),其实就在考验着每位教师的专业智慧。此时,当然可以利用相关的心理学、教育学知识或工具(如通过观察、访谈或问卷调查、作品分析等研究方法了解学生);不过,相比之下,要更好地迎接这种考验,还需要真正把握教育真谛,并且善于用心(而不仅仅是用灵活的头脑、感人的言辞、新颖的技法)来体会学生的发展状态,选择教育理想,并将其融入本班学生真实而具体的生命历程之中。

其次,从外延上看,发展问题包括了与上述内涵相对应的各类具体表现。在学科教学中,每节课或每个单元的"学习问题"可将逻辑清晰的学科知识系统作为参照;与此不同,班级管理中的"发展问题"需要师生灵活地观察了解班级生活内容并据此判断学生发展的现实状态(发展基础),更需要用充满希望的眼光展望学生发展的理想状态(发展目标),还需要用教育的眼光来理解现实状态与理想状态之间的差距(发展过程)。这样,班级管理中具体的发展问题该如何界定,在更大程度上就取决于师生的主观因素,特别是理解学生需要、判断发展可能性的生命智慧。就前述的案例而言,不同班级的师生就可能因为所见所想所期待的不同而看到或选择不同的发展问题;如果将其纳入到对不同层次的发展需要(及相应的个体人格状态)和不同境界的班级生态构成的更开阔的学术视野,就可以看到更为多样的发展问题(见表2-6)——它们构成了与"亲子沟通"相关的发展问题的外延。

表2-6

与"亲子沟通"相关的发展问题(例举)

需要层次＼班级生态	规范运作（管制型班级）	稳健运行（自主型班级）	内生活力（民主型班级）
自豪	向往着为家长争光;做家长的好孩子。	表达对家长的爱;欣赏家长的爱心。	在家长的期待中享受光荣;一起创造和美家庭;**让家长开心。**
自主	帮家长做家务;同情家长的辛苦。	**让爸妈放心;**自己的事情自己做。	主动设计家庭新生活;安排好自己的学习生活。
自立	减轻家长的负担;**不让家长担心。**	礼貌交往;合理表达情绪。	用真情和家长交往;尊重家长的想法。

在多年研究所见的大量案例中,我们发现:面对同样的行为表现,可以看到不同的发展基础、选择不同的发展目标、设计不同的发展过程(活动过程),其中最为关键的依据就是如何理解学生的发展需要和班级的发展生态。例如,无论在哪种班级,如果看不到学生"自豪的需要",就难以找到更高境界的"发展问题";再如,"管制型班级"几乎难以敞现学生"自豪的需要",而"民主型班级"则努力用"自豪的需要"和相应的高境界发展问题来包容并协调其他需要和发展问题。

以上述分析为参照,就可更精准地理解:表2-5中表述的发展问题实际上是一系列可能的发展问题当中的一个;具体到案例中的这个班级的教师和学生来说,他们对这个阶段"亲子沟通"领域的发展问题的判断和选择,归根结底就取决于他们对发展基础、发展目标和发展过程的理解和选择。在用"发现美的眼睛"去观察学生的发展状态时,教师并不是用挑剔的眼光,甚至是居高临下的姿态来指责学生、发布号召或制定规则,而是用充满希望的眼光去理解学生、欣赏学生;于是,在看到"问题"时,也就看到了新的希望、敞开了新的发展空间,因为教师发现了学生还可以发展得更好的新的可能性。

2. 发展问题的操作性定义

在前文中,我们将班级教育活动与学科教学活动的操作流程作了比较:班级教育活动的操作流程是界定发展问题、选择活动单位、设计活动过程,而学科教学活动的操作流程是确定教学单位、辨析学习问题、设计学习过程。这就是说,在班级教育中,界定发展问题是确定活动单位,进而设计教育活动的起点;因此,对发展问题的理解必然要化为活动方案。实际上,针对发展问题设计解决问题的活动方案,也就是对发展问题下

"操作性定义"。①

　　进一步来看,相比于学科教学可事先确定学习问题的情形,班级管理中的发展问题难以在事先就清晰地界定好,因为它实际上是师生在理解班级生活、构想班级活动的过程中动态地辨析、选择或设计的。据此,可以说,在班级管理中,发展问题的界定与相应的教育活动的策划可能是同时推进,甚至是反复循环多次之后才能确定的。这就意味着:设计活动方案的过程确实是给发展问题下操作性定义的过程。

　　于是,就前述的以"亲子沟通"为主题的班级活动的发展问题而言,在明确所有学生都是发展主体(活动主体)、辨明他们的发展基础和发展目标之后,就可据此给发展问题下操作性定义(见表2-7)。其中,每一个"小活动"的具体策划者、组织者、参与者、评价者,都属于通过参与群体活动(群体交往)而参与探究解决问题的发展主体——在具体的活动细节中,每个个体的参与情况不同;但在这些细节汇成一个个"小活动",进而汇成一个"大项目"的时候,他们都作为班级成员而凝成了一个生命共同体、一个生态系统;个体与班级成为互相支持、相互融通的两个生命体(参照第一章的表述)。

发展基础 (现实状态)	发展过程 (现实与理想之间的差距)	发展目标 (理想状态)	表 2-7
1. 理解父母的深情关怀; 2. 看到自己的青春朝气带来新的生活内容; 3. 理解亲子之间存在着差异并需要理性面对。	1. 写活动感受或成长故事; 2. 收看前期活动录像; 3. 调查亲子交往状况; 4. 分组策划准备班会; 5. 举行主题班会"主动沟通"; 6. 实施"亲子沟通"行动计划; 7. 记录交流新的体会和故事。	1. 在新的生活中掌握发展的主动权; 2. 在父母的期待中享受成长的光荣。	主题活动"我沟通,我自豪"中的发展问题(操作性定义)

　　经过上述探讨,我们可以将概念性定义和操作性定义结合起来,对"发展问题"作如下界定②:

　　　　发展问题是主体现有发展状态与预期发展目标之间需要消除的差距,包括需要克服的障碍和需要拓展的空间。

　　　　从班级管理的实践操作的角度来说,发展问题就是发展主体立足现状选择发展目标,由此策划并实施一项或一系列活动以见证成长、逐步实现发展目标的努力空间或任务领域。

---

① 操作性定义,是根据可观察、可测量、可操作的特征来界定概念含义的方法。这就是从具体的行为、特征、指标上对概念的操作进行描述,将抽象的概念转换成可观测,可检验的行动项目。

② 在尝试界定"发展问题"这个概念时,我们从信息加工心理学家对"问题"的分析中得到了一些启发。例如,他们区分了问题的客观方面和主观方面。问题的客观方面称课题范围(task domain,一译"任务领域"),指问题的客观陈述。问题的主观方面是解题者对问题客观陈述的理解,称问题空间(problem space)。问题空间由三个成分构成:①任务的起始状态,即任务的给定条件;②任务的目标状态,即任务最终要达到的目标;③任务的中间状态,即任务从起始状态向目标状态转化的若干可能解答途径(每一解答途径又由若干步骤构成)。因此,可以把问题定义为:"给定信息和目标之间有某些障碍需要被克服的刺激情境。"参阅邵瑞珍主编:《教育心理学(修订本)》,上海教育出版社,1991年版,第126页。

从教育学的学理意义上来说,发展问题是生命历程中出现的新的不确定因素或新的发展可能性;面对这种新的不确定因素或发展可能性,主体需要作出选择,而这种选择归根结底还是表现为发展主体的自主而有成效的活动。(当然,麻木不仁、随波逐流地放弃主动抉择,也属于一种选择,因为拥有正常人格的人都会自觉意识到自己的行为意义;由此而表现出来的"无所谓"或"放任自流"也属于主体的活动,虽然这种活动的品质不够理想,难以彰显出发展主体应有的智慧与尊严。)简单来说,"发展问题"就意味着发展空间,见证这种发展空间的存在及其价值需要以"成事"(开展活动)为外显标志;与此同时,主动完成的"成事"过程实际上也就是发展主体"成人"(生命发展)的过程。

(三) 选择"发展问题"的三维标准

班级管理中的发展问题的界定与相应的教育活动的策划同时推进,两者的汇聚之处就是理解并适应学生发展需要、为此策划并组织实施教育活动。从界定发展问题的角度来说,这就意味着要透过复杂多变的班级生活表象,用专业智慧去衡量看到的现象并作出判断,进而为策划具体的教育活动而作出选择。只有这样,我们才能合理地运用教育思路,组织并实施适应学生发展需要的班级教育活动,建构班级管理的整体格局。

通过研究一些智慧型教师的工作经验和典型案例,我们发现:在从班级生活中选择"发展问题"时,如果充分考虑到三个维度的标准(发展目标的高度、成长体验的深度、教育活动的长度),可以更为准确地把握学生新的发展需要并据此引领学生主动展开一段充满豪情的成长之旅。

1. 发展目标的高度:适应学生"自豪的需要"

着力建设民主型班级,当然会在学生发展上追求更高的目标。发展目标的高度同时体现在两个方面:学生个体人格发展达到"自豪"境界,超越"自立"和"自主";班级整体生态达到"内生活力"境界,超越"规范运作"和"稳健运行"状态。同时,实现这样的目标最重要的途径就是开展促进学生民主交往的班级主题活动,而要设计好活动就需在选择发展问题时有更高的立意。

此时,怎样为发展问题中的"发展目标"提供见证高度的参照系呢?对于这一难题,我们可分三步来探究。

(1)从实践经验中辨析不同境界的问题

诸多教师的经验表明:教师主要是从具体的学生行为表现入手来考虑并选择发展问题的。不过,同样的言行表现,可从不同角度理解,由此得出不同结论。例如,面对学生的课间喧闹,有人看到"规范很差,纪律不好"的问题,有人看到"行为合格,但不够文明"的问题,有人看到"充满活力,但活动水平不高"的问题。也就是说,面对同样的学生表现,可看到不同性质的发展问题。那么,这三层境界的问题,究竟哪一个更符合本班的实际?

显然,简单"跟风""应景"或"就事论事"的教师往往用简单的思维遮蔽了这方面的探索;执着地奉献"爱心"和"耐心"的教师往往用重复性的勤奋代替了创造性的思考;真正用"慧心"爱学生的教师,在此会用更有专业智慧的眼光来审视并作出更为合理的判断。也就是说,从"学生表现"中看到哪些"发展问题",其实就是考验教师能否发现学生不同的发展需要。

人的自主行动受到自主的需要引导,因此,有必要透过问题辨析学生的需要,以便让新的教育活动满足、引领并提升这些需要。此时,对于教师来说,我们自身"发现美的眼睛"取决于自己的价值取向、专业素养(例如是否能读懂学生的真实需要,包括连他们自己都未必能清楚意识到并表达出来的需要)。如果拥有专业的"发现教育美的眼睛",我们就会透过"发展问题"辨析学生更高的"发展需要",用它见证发展目标的高度,进而带领学生拓展出更好的发展空间。

(2)从理论探索中区分不同境界的需要

从理论的视角来看,学生的发展需要不应被简单地等同于学生外显的"要求""愿望"或"缺点",而应被看作学生在生命成长过程中更为积极的内在需要。从教育学的专业视角来看,学生的发展需要中的"成长""积极"和"内在"这三个关键特征是不能忽视的。[①] 据此,我们主张:超越对"自立的需要"(因发展低于正常标准而引起的弥补缺陷或消除麻烦等需要,如纠正违纪行为、克服心理障碍)和"自主的需要"(按照正常标准维持正常状态的需要,如维护环境整洁、保持学习兴趣)的关注,敞开由"自豪的需要"(超越常规标准的更高境界的追求,如在正常交往之上进一步提高交往质量、在学习状态正常的基础上优化学习方法等)代表的希望空间。[②] 以此为参照,我们可以看到前述案例中的师生选择发展问题时是如何透视学生发展需要并自觉选择追求更高发展境界的。(见表2-8)

需要层次	特征	内涵	表现(举例)
自豪	在常态之上追求更自豪的精神生活	超越"正常"标准,追求更高发展境界的需要	在通畅的沟通基础上提高家庭生活质量;在群体交往活跃的基础上提高交往质量;在动力充足的基础上优化学习方法;主动挑战自我和提高合作成效。
自主	基于常态,稳步发展	按照"正常"标准维持正常状态的需要	按正常标准处理亲子沟通和自己的学业;参与维持班级秩序、保障正常学习;保持学习兴趣、追求更好成绩;维护心理健康、保持心理弹性。
自立	消除不良状态,保持自立	由低于"正常"标准的发展状态引起的弥补缺陷、消除麻烦、改正错误的需要	改变贪玩且不完成作业的情形,按时做作业;纠正违反纪律的现象,遵守纪律;改变学习动力不足的状况,认真学习;克服人际交往障碍,正常交往。

表2-8

教育学视角的三层发展需要

[①] 参阅李晓文:《三探学生的"成长需要"》,《基础教育》,2006年第3期。

[②] 此处参阅了心理学家马斯洛(Abraham Harold Maslow)提出的"需要层次理论"。在将人的需要区分为五个层次(生理需要、安全需要、社交需要、尊重需要和自我实现需要)的基础上,他将"自我实现的需要"称为"成长性需要",其他四个则是"缺失性需要"。后来,他还曾提出"存在性需要""超越性动机"等概念。[参阅郭永玉:《马斯洛晚年的超越性人格理论的形成与影响》,《华东师范大学学报(教育科学版)》,2002年第2期。]——我们这里的思考,是从教育学的角度审视学生的发展需要;我们从马斯洛理论中获得了启发,但我们有了自己的选择,而不是直接应用马斯洛从心理学角度提出的理论。(在这方面,心理学家科尔伯格(Lawrence Kohlberg)曾错误地将其发现的"道德认知发展阶段"理论作为道德教育理论应用于学校教育之中,这个教训提醒我们要对跨学科的借鉴与启发保持一份专业上的自觉。)

（3）在班级生态中透视三层境界的实践场景

以上述三层发展需要为参照系,就可发现理解实践场景时的三层选择。

在第一层次的选择中,"发展问题"意味着需让学生走出由"缺点"或"障碍"形成的麻烦地带。像这样去选择发展问题,基本上就属于"找麻烦"、然后"消除麻烦",其价值取向是针对学生"自立的需要"而弥补缺憾、消除麻烦、力争达到合格。

在第二层次的选择中,发展问题是让学生在达到合格要求之时继续保持下去,如在每周的班会中检查一下同学们的行为规范、学习表现,在防止出现不良现象的基础上鼓励同学们继续保持良好的纪律、认真的学习态度、文明的言行举止。这种选择关注的是"自主的需要",其中蕴含的价值取向是防止出现不规范的情形、维持正常的班级秩序和学习状态。此时,对于超越合格状态之上的更高发展境界,还没有主动关注和开拓。

与上述两种选择相比,第三层次的选择会关注学生达到合格要求之上的追求更高生命质量的"自豪的需要",因为这是敞现更好的发展可能性、实现更理想的目标而需要拓展的希望空间。此时,可关注到表2-8中所列的在群体交往已很活跃的基础上如何提高交往质量等更高境界的"发展问题",用以适应并引领学生的"自豪的需要"。此时,不一定要忽视前面两层发展需要和相应的发展问题,而是在兼顾它们的同时又不拘泥于它们,在追求更高境界的发展的过程中同时包容并解决前面两层境界的发展问题。这恰如一个主动养生健体和创造幸福生活的人,他不必忽视、也不必纠结于每天吃药治病(因为在精神愉悦时身体会更健康、生病的概率会降低);他不必忽视充足的睡眠,但也不必为保持健康而全天静卧于床,放弃充满活力与尊严的学习或工作。

总之,在面对整个班级的学生时,要透过他们的行为表现,看到不同层次的发展需要。从建设"民主型班级"的角度来看,应确立这样的标准:在兼顾"自立的需要""自主的需要"和"自豪的需要"的同时,重点关注"自豪的需要",并以这种更高境界的发展需要包容、引领其他两个层次的发展需要。简言之,在考虑发展问题的教育价值时,应突出强调适应并引领学生的"自豪的需要",用它见证发展目标的高度。

2. 成长体验的深度:激活学生的智慧与尊严

班级管理关注的发展问题应被用来策划实施活动,以便在活动中解决问题、促进学生发展。这就意味着,无论是选择发展问题还是开展教育活动,都需要关注学生真实的生命体验;否则,缺乏丰富、真切而深刻的生命体验,问题就缺乏发展价值,活动就缺少教育意义,很可能沦为"非教育"的机械说教与模仿或"反教育"的麻木接受与被塑造。因此,对于民主型班级来说,选择发展问题时必然要充分考虑学生的深层次成长体验,特别关注能否激活学生的智慧与尊严,[①]让学生在内生活力的班级中学会创造自豪的生命历程。

对此,我们可以分三步来作更深入的探究。

---

① 对这一观点的最直接的证明就是反证法:相比于激活学生智慧与尊严的好问题,凡是让学生变得"没脑子"也"没尊严"、或者无需用脑思考也无需主动创造尊严并释放豪情的发展问题(只需把别人的表扬、赞美或同情当作光荣或虚荣的标志),肯定都不是体现"真教育"专业特征的"好问题",甚至是"伪教育"的"假问题"或"反教育"的"坏问题"。

（1）关注成长体验的真切程度，特别是学生人格体验中以自立、自主为基础的自豪感

每个主体的生存和发展都是通过与外界的相互作用而实现的；这种相互作用就包括保持人格系统与外部环境之间的动态平衡，特别是在与周围人群的密切交往之中保持相互协调的状态，进而在参与更多社会生活时保持合理的相互沟通状态。

其中，"自我有一种向上的、需要得到尊重和认可的本能性需求"①，这是人格正常成长的基础（否则会让人格不正常）；进而，这种本能需求会被具有自主意识的自我用来对自己所经历的事件"赋值"；于是，"原本中性的事件被赋予了不同强度的正性或负性的含义，对人产生了引力、推力或威胁力"②。这一过程同时带来两方面的效果：一方面，这让"我"遇到的事件产生对"我"而言的意义感；另一方面，这让"我"有了存在感，进而由此产生了被认可的价值感、尊严感。如果这里的"事件"就是"我"自主选择或主动策划并自觉促成的，那么这种意义感会让"我"有更为明确、更为强烈的尊严感。③ ——这不仅是"自我"得以产生和确认的关键机制，也是让"人格"实现社会化的关键机制。

据此，必须正视：只有让学生亲身体验到自主选择、主动创造而带来的意义感和存在感，包括学科学习在内的教育活动才是体现教育真谛、符合道德真义的；这样的教育活动，才可能实现更高境界的教育目标：培养学生充满尊严的健全人格。

（2）关注成长体验的深刻程度

对于拥有生命活力与尊严的人来说，发展问题应该是促成主体自觉投入其中并主动探索生命意义的发展空间。它本来就应表现为一种需要主体置身其中、用心探索的生命奥秘，而不是可以置身事外、视之为与己无关，因而可以冷静乃至冷漠应对的麻烦，也不是可用一种标准答案来应付的客观问题④。

简言之，发展问题不是客观问题或有标准答案的认知问题，而是需要主体自觉探索的生命意义问题、是可由主体主动创造其内容的生命空间问题。据此，就应站在学生的立场上辨析他们面对问题、解决问题时的真实而有足够深度的生命体验⑤（而不仅仅是

---

① 参阅李晓文：《小学思想品德课改革研究报告》，载于叶澜主编：《新基础教育探索性研究报告集》，上海三联书店，1997 年版。

② 李晓文：《学生自我发展之心理学探究》，教育科学出版社，2001 年版，第 215 页。

③ 从反面来看：若无主体自己的亲身感受（特别是充满兴趣、信心、成就感和自豪感的体验），所学的认知信息、背诵的教条口号有可能导致人格异化或心理分裂，甚至学得越多，考得越好，异化和分裂的程度越深、越危险，乃至出现了"空心病"或更麻烦的心理障碍、人格异常。糟糕的是：这种情形往往被外在的认知成就、考试成绩或虚荣称号所掩盖，因而常常被人忽视。

④ 法国存在主义哲学家马塞尔（Gabrie Marcel）对"问题"（problem）和"秘密"（mystery）的区分可以启发我们作更多思考。在他看来，问题是能够被完全客观化并能用客观的方式解决的，这是因为面对问题的人能够完全与问题分离，并能够从外部看问题。问题有客观的解决方法，事情相对清晰。秘密就有所不同。秘密使人卷入其中，人不能为了客观地看秘密而跳出秘密之外。他就置身在情境之中，没有逃脱的可能性，也没有清晰的解决方法。参阅：[美]肖恩·加拉格尔著，张光陆译：《解释学与教育》，华东师范大学出版社，2009 年版，第 124 页。

⑤ 在这方面，源自精神分析理论的"深度心理学"[Depth Psychology，有人将其视为分析心理学（Analyticl Psychology）的同义词]对人的无意识、包括"集体无意识"等方面的研究（参阅尹立：《意识、个体无意识与集体无意识——分析心理学心灵结构简述》，社会科学研究，2002 年第 2 期），给我们带来了一些启发。不过，正如我们一再强调的：心理学理论可为教育学的研究提供参照，但需警惕将心理学理论直接当作教育学原理来应用。

浅表化的情绪体验,更不是人云亦云的、未必真实的套话表达的"情感")。

不过,中小学生毕竟是未成年人,他们的心智成熟度不一。因此,有些发展问题是他们自己清醒地意识到的,但有些发展问题他们却未必有清醒的认识。就某个具体问题而言,有些相关因素是他们能自己观察、感悟到的,有些则需要教师主动运用专业素养(特别是明显不同于学科教学能力的专业智慧)来启发他们去了解和思考。在这方面,教师运用更高的专业智慧,透过学生的言行表象,透视他们深层次的心理状态,进而促进他们敞现更为深刻而独特的体验、更为丰富而有创意的思想,就有可能看懂、激活、开发并利用学生的深度体验。

(3)关注成长体验的激活程度

心理学家已经确认:每个人都有两种记忆——语义记忆(semantic memory)和情节记忆(episodic memory)。语义记忆是人对一般知识和规律的记忆,与特殊的地点、时间无关;它表现为对单词、符号、公式、规则、概念和词的认知信息的记忆。相比之下,情节记忆是人根据时空关系对某个事件的记忆,它与个人的亲身经历密不可分,如想起自己参与过的一个会谈、一项活动或曾去过的地方。在这里,个体不仅记住了过去经历的事实,而且融入了自己的切身感受。[1]

进而,人们看到:正是通过参与群体活动时的情节记忆让个体获得了交往体验,让"得到尊重和认可"的需求得到满足或忽视、拒绝;更具体地说,个体人格体验源自他投入群体活动的时候带着爱恨喜忧的情感体验的生活情节——特别是在清醒的自觉状态下对遇到、参与或预测、策划的群体活动或交往过程的情节记忆。[2] 换言之,没有情感体验,就没有生活情节;没有生活情节,就缺乏生活意义(包括活动意义)。

于是,可以看到:从学生的立场来看,人格发展的内在机制是个体在投入群体活动时获得了生命的意义感和自我的存在感,而这又根源于他亲身经历的情感体验和与之相应的情节记忆。[3] 进而,就能看到:只有深度参与群体活动的设计和实施,才有可能让每个学生个体深度卷入群体交往之中,让更深刻的生命体验得以激活、敞现,进而在群体交往活动中得到充分的交流、辨析和提升。

总之,"民主型班级"致力于解决的是以真实、深度的生命体验为根源的发展问题,特别是从学生的真实生活中生成的、体现"自豪的需要"的问题;即使是从社会生活、学校整体部署的教育活动中选择的教育问题,也一定要与学生的真实生活建立有机的内在联系,能让学生敞开真实的心灵并在交往中实现真实的成长。

3.教育活动的长度:主动创造的一段成长历程

在班级管理中,选择发展问题与设计教育活动这两者之间有着互相促进,甚至是同时推进的情形,这不同于学科教学中参照教材中的学科知识体系确定好一节课或一个

---

[1] Tulving, E. (1983). Elements of episodic memory. New York: Oxford University Press. P. 127.
[2] 李晓文:《学生自我发展之心理学探究》,教育科学出版社,2001年版,第215页。
[3] 从反面来说,"情节记忆的丧失导致了意义感的丧失,他已有的生活没有有意义的事件,他现在的生活也没有意义。因为他不会产生意义的感触,再有趣的事情都不会令他激动。……意义感的丧失,也导致了自我的逝去。……无所爱,无所恨,无所喜,无所忧。他既不需要争取有所获,也不必退避所厌和所怕。……他没有过去,也没有未来,只是机械地维持着生理的运转"。参阅李晓文:《小学思想品德课改革研究报告》,载于叶澜主编:《新基础教育探索性研究报告集》,上海三联书店,1997年版。

单元的学习问题（教学任务）然后设计教学活动的情形。因此,教师立足班级生活选择发展问题时,一个重要的思考维度就是与这个发展问题相对应的教育活动的长度——是用 10 分钟左右就展开的一次师生谈话或学生"十分钟班会""主题报告会",还是用40—45 分钟举行的一次主题班会;是持续 1 周以上的一个主题活动"大项目"（包括一系列"小活动"）,还是持续更长时间的系列"大项目"? 显然,这里的"活动长度"不仅仅指活动进程持续的时间长度,更指学生在其中感受到的成长历程的连续程度。所以,换个说法,这里要考虑的就是:如果通过解决"一个"发展问题来促进学生经历"一段"成长历程,那么,怎样衡量这段成长历程,并据此判断所选的发展问题是否合适?

透过诸多成功的教育案例,可以看到:此时可以重点考虑三个方面。

（1）学生参与度

作为发展主体,学生通过解决发展问题来获得成长。因此,旨在解决发展问题的班级活动当然就离不开学生的参与了。正如前文在论及发展问题中的发展主体时就已阐明的:具体的发展问题和相应的教育活动中重点关注的那些学生应尽量充分地参与问题解决。如果重点考虑少数几名学生的发展（如纠正几位学生的不良习惯、促进几位学生在学习竞赛中力争获奖）,那么相应的发展问题就涉及较少的班级成员,教育活动可能主要是个别教育或小群体教育;一旦重点考虑到更多学生、乃至全班学生的发展（如前述的让全班学生掌握亲子沟通的主动权、享受成长的光荣）,那么相应的发展问题和教育活动的参与面就更广了。

如果同时考虑到需要达成的教育目标的高度,其中适应"自豪的需要"的发展问题与教育活动就还要考虑到学生的参与深度,而不仅仅是参与人数的比例,这就需从前述的体验深度等方面作更全面的考虑。

（2）问题空间的复杂度

发展问题是发展主体立足现有基础、经历一段发展过程来追求实现发展目标时需要完成的任务。在这里,发展基础（现实状态）、发展过程（过程状态）和发展目标（理想状态）这三个要素共同构成了一个问题空间。

这种理解,受到认知心理学家的启发。他们将解题者面临的学习问题（认知任务）的起始状态（给定条件）、中间状态（若干可能的解题途径,每一解答途径又由若干步骤构成）和目标状态（最终目标）视为一个问题空间（problem space）。进而,他们将问题空间区分为四种类型:①三个要素都清晰的问题空间;②三个要素都清晰但部分解题途径曲折的问题空间;③起点清晰、且有备选解题途径但目标不清晰的问题空间;④起点明确但其他两个要素不清晰的问题空间。其中,前两类问题可以归为结构良好的问题（well-structured problem,也称定义明确的问题,well-defined problem）,后两类可以归为结构不良的问题（ill-structured problem,也称定义不明确的问题,ill-defined problem）。[①]

类似地,我们可尝试在班级管理领域的发展问题中找到两类情形作为参照。

第一种情形是相对简单的问题。许多人熟悉且痴迷的是单方面主体"确定单一问

---

① 邵瑞珍主编:《教育心理学（修订本）》,上海教育出版社,1991 年版,第 126—128 页。

题—寻找单一原因—制定单项对策—刚性执行规则"的线性教育过程,如针对学生上课玩手机、课间有喧闹等行为表现采取期待"一招制胜""震慑全班"且"永不再犯"的简单对策。如此选择发展问题固然有时是合理的,但更有可能是用简单思维在复杂生态中机械描绘出一幅粗线条的"简笔画",貌似"结构良好",实则"将复杂问题简单化"或"避重就轻"地掩盖了真实的问题。

第二种情形是相对复杂的问题。在真实的班级生活中,特别是用更先进的教育理念、追求更高境界发展目标的班级中,更值得探索的是与发动学生和相关主体一起"辨析问题表现—共探问题成因—共商解决思路—齐心解决问题"的更为复杂的交往共生的发展过程。如此选择的发展问题显然更为复杂,因为它不仅涉及每位个体的人格系统(而不仅仅是认知系统)的发展,还涉及个体所在的班级生态系统及更大的社会系统中远比认知学习更为多样、更为复杂的文化生活。

毫无疑问,尽管班级管理中的发展问题有很多不同表现,但以这两类情形为参照,至少可以把"问题空间的复杂度"作为考虑活动长度、并据此选择问题的一个重要参照点,而不至于因为过于简单化地处理问题而放弃更高境界的发展空间,将本可展开的生命探索之旅压缩为狭窄的机械塑造过程,也不会因为过度复杂化地看待问题而让班级教育活动过于繁琐,因而难以取得更为简洁有效的效果。

(3) 与班级运行过程的关联度

班级管理与学科教学都是促进学生发展的教育途径,是班级生活的组成部分。因此,从班级管理的角度来选择学生发展问题时,必然要将其放在班级这个教育组织的运行过程之中来考虑,关注它与班级运行中的各个部分之间的关联度。班级运行过程有其自身的独特性,班级管理需要对班级运行过程予以关注和引导,但不是简单地取代后者;从更一般的意义来说,"组织运行是指组织自身的运作过程",这与组织管理不同。①

在班级运行过程中,学科学习是基础性的内容,因为它是学生聚集在一个班级的首要原因;学科学习也是决定班级运行节奏的首要原因,学生就是因此而在每个学期经历着不同阶段,并以此为基础以学年和学段为单位的发展过程。如果说学科学习并非班级运行过程中的唯一内容,这是几乎所有人都会同意的;但是,如果要说学科学习未必是班级运行过程中最能彰显学生活力的主旋律(尽管它极大地决定着班级运行的节奏),这就肯定不是所有人都赞同的,因为真实的情形多种多样、思考的角度也各不相同。

不过,一旦我们超越学科教学的视野,关注到更多智慧型班主任的工作经验和成功案例,我们就能发现班级这个组织中蕴藏着很多有待开发的教育资源,包括各种岗位上的成长体验、班级活动中的自主空间;进而,就能看到班级可以敞开个体人格发展和群体交往共生的新空间,包括通过各种德育活动、管理活动而融入学校生活、社会生活的新空间,而不仅仅是通过各门课程掌握人类文化知识的学习空间。在这些不同的空间和时间纳入、生成、敞现的班级生活内容,可以成为激活学生个体、促进群体交往的教育资源,进而融入班级生活进程,汇成最能激荡学生心灵、舒展生命豪情的内生于班级运

---

① 吴增基等:《现代社会学(第六版)》,上海人民出版社,2018年版,第 155 页。

行进程的响亮的主旋律,甚至成为让学生终身怀念、见证高雅并感染他人、影响社会的一曲高歌。

一旦用专业智慧感悟到这种高雅境界的教育之美,在考虑如何选择班级管理视野中的发展问题时就会有一个值得景仰的制高点。据此,应考虑班级运行过程中不同阶段的各种活动,如开学时建立班级生活秩序、迎接新年、临近儿童节或青年节时需开展一些主题活动,每门学科需要结合各单元的学习组织单元测试、每个学期会有期中期末考试,社会各界、特别是教育主管部门会根据社会发展需要而对学校生活、进而对班级生活提出一些要求或建议,学校也会根据学校发展规划而在不同阶段安排运动会或体育节、读书节、艺术节、社团节等活动,年级层面也会有一些特色化的、适合各学段发展需要的活动安排……所有这些班级生活内容融合在一起,构成了班级运行过程中不可缺少的部分;如果能着眼于学生"自豪的需要",就会从中看到更为开阔的发展空间和更为丰富的教育资源。据此,在具体选择某个发展问题时,就应充分考虑其解决过程与班级运行过程中各个方面的关联程度,以便在融入班级生活历程的过程中充分借助、开发其他教育资源,形成合力,整体推动学生个体和班级整体实现更高境界的发展。

显然,在以"教育活动的长度"为参照辨析发展问题的思考单位、界定"一个"发展问题时,不能忘了前面已经探讨过的"发展目标的高度"和"生命体验的深度"这两个标准。其中,特别要注意的是:发展问题的根本价值在于敞开并生成学生发展的多种可能性,因此,在辨析并选择发展问题时,最根本的要求就在于考虑学生对自身发展可能性的自觉意识和主动把握。如此说来,我们可以将这里所说的"发展问题的思考单位"进一步明确为:它是可供学生自主选择的一段成长历程;在这个历程中,学生可以主动面对发展问题敞开的多种发展可能性,并在群体交往的过程中主动辨析和选择,进而在新的进程中展开新的生命活动,在"成事"的同时实现"成人"。

总之,面对班级中的学生发展状况,特别需要教师用心观察和理解,并根据不同阶段、不同人、不同发展内容的实际情况作出灵活的、体现教育专业智慧的具体选择,而不是参照一个固定的标准作出机械的选择(如在体力劳动层次重复表达教师的爱心或延续枯燥说教思路的谆谆教导)。换言之,要结合"这一个班级的学生"在"这一个时刻"的实际情况,用心选择合适的发展问题;即使是通用于别的班级、年级的发展问题,也应该有"这一个班级"在"这一个时刻"的独特内涵和表现。否则,说我们"真心爱孩子",说我们"用心教育学生",就可能是一厢情愿的想象或套话,而不是真实的情形。为了确实做到真心爱每个班级的每个学生,并且用教师的专业智慧去爱他们,特别是利用学生的自主发展机制来激活他们的生命,在选择发展问题时,就应该参照这里探讨的三维标准,作出明智的思考和判断。

于是,对于同一类行为表现和相应的教育活动,可以从不同视角看到不同的"发展问题"。例如,在班级中探讨"追星"现象,既有可能是促使一名学生思想变化、改变学业成绩下降趋势的"发展问题",也有可能是促使一组非正式群体转变行为方式、提高交往品质的"发展问题",还有可能是改善班级整体的文化氛围、让学生在开阔的视野中优化自我意识的"发展问题"。

同理,一个大的"发展问题",也许会在不同的发展阶段、不同发展领域表现为多个小的"发展问题"。例如让一个班级改变麻木服从成人安排的被动发展状态、学会自主策划班级主题活动,这个很大的"发展问题"可能需要持续一个学期、开展一系列的"大项目"活动才能逐步解决。其中,每次活动都有可能解决一个小的"发展问题",乃至每次活动的每个环节解决一个更小的"发展问题"。此外,也许在前面一个阶段解决的一名学生的一个比较大的"发展问题"(如案例"'屈辱地玩'和'自豪地玩'"中解决的学生个体的亲子沟通问题),最后在解决全班同学一个更大的"发展问题"时成为一个小的"发展问题"。——需要说明的是:辨析"发展问题"时的这种复杂思维方式和多层多段辨析活动结构的意识,还会被用于分析更多的具体案例(见本章第四节)。这就是说,在具体的班级生活中选择发展问题时,需要教师用专业智慧来研究、判断和灵活抉择,而不像学科教学为每个单元和每个课时选择教学任务那样有知识结构这类相对稳定的外显标准。

三、教育思路的逐步展开:解决发展问题的四个环节

我们在前文中辨析了教育思路的核心内涵(通过师生交往激发学生交往共生),并将"发展问题"作为运用教育思路的实践平台;在此基础上,就可接着辨清教育思路得以展开的过程,也就是运用教育思路解决发展问题时经历的"敞现—辨析—选择—生成"这四个环节。

这样的教育思路,最初是从一些智慧型教师的案例中辨析出来的。[①] 后来,随着新的研究、特别是在国际化学术视野中的新探索,我们关注到课程、教学这些专业领域中的一些成果。例如,世界知名的课程论研究者派纳在其倡导的"存在体验课程"理论中主张:"我们从不同于学科的源泉着手工作。我们从自身内部着手工作。"[②]据此,他强调学生作为"具体存在的个体"的生活经验,将"文本的和自传性的分析"作为教育方法并将其称为"自传法"或"传记法",进而将其表述为理解生活经验的四个环节——"回归—进步—分析—综合"(regressive—progressive—analytical—synthetical)。再如,同样主张倡导自传法的其他学者(包括在德育研究领域享有盛名的"关怀理论"的提出者诺丁斯)强调:"我们在解释性的或创造意义的共同体中生活和成长;故事帮助我们在世界里发现我们的位置。"[③]这些学者认为课程是学习者寻找教育经验的过程,并据此"彻底抛弃了以学科内容为中心的传统课程观"。[④] 虽然这些理论仍有待完善,但它们足以启发我们看到学生经验、特别是与他人交往共生的过程具有关键的教育意义,需要从专业的角度、学术的视野予以重视;同时,这些理论主张让我们更加确信本书对教育思路的分析是有足够专业依据的。

[①] 在持续研究的过程中,我们曾经将这里说到的四个环节表述为"敞现—交流—辨析—提升(生成)"。参阅李伟胜:《班级管理》,华东师范大学出版社,2010 年版,第 48—55 页。现在,我们觉得在激发学生主动解决发展问题的过程中,"交流"与"辨析"往往是同时进行的;另外,对新的想法或行动方案的"选择"具有关键作用。因此,现在更换为本处的表述方式。

[②] Pinar, W. (1972). Working from within. Educational Leadership, 29(4), 329 - 331. 另见于[美]威廉·F. 派纳等:《理解课程(下)》,教育科学出版社,2003 年版,第 540 页。

[③] [美]威廉·F. 派纳等:《理解课程(下)》,教育科学出版社,2003 年版,第 571 页。

[④] 张华:《经验课程论》,上海教育出版社,2000 年版,第 139—140 页。

从专业的角度来说,理清了运用教育思路解决发展问题的过程,就能更清晰地看到:班级管理的教育思路不仅具有不亚于学科教学的专业内涵,而且可以展开为不亚于"教学模式"诸步骤或教学过程诸环节的清晰路径,且可应用于班级管理实践之中。

此时,在辨析教育思路的核心内涵的基础之后,在即将具体分析教育思路的展开过程之前,还需要从思考策略上逐层"踏上"思想上的"三级台阶"(见补充材料2-1)。

补充材料
2-1

理解教育思路的"三级台阶"

"第一级台阶"是看清发展问题的实质——发展主体对自身发展可能性的自主探索。在致力于培养学生人格系统的教育活动中,学生的发展问题更多地表现为一种生命奥秘,涉及每个发展主体对生命意义、内容和生活方式等方面的理解,而其核心就是对自我的理解。

"第二级台阶"是凸显发展主体不可剥夺的主动权。对自身发展可能性的这种探索历程,没有固化的预定目标或固定的终点,也难以像学科教学那样有预先就选定的知识内容作为外在的、相对清晰的参照系,否则就会让未成年人的发展变成"被发展"或"沿着成年人规定的道路发展",进而有可能压抑学生的自主活力。此时,我们必须把自主探索、理解、辨析、选择、生成发展可能性的主动权还给每个学生,因为那本来就是学生的,而且是其他任何人都无法替代的。

"第三级台阶"是让每个学生通过群体交往敞开辽阔的探索空间。作为班级建设切入点的发展问题应该为班级成员交往共生敞开探索空间,这就是每个学生个体都可以通过群体交往主动拓展的辽阔的成长空间。

资料来源:李伟胜:《班主任工作的教育思路》,华东师范大学出版社2013年版,第84—85页。

在逐层"踏上三级台阶"之时,"发展问题"就成为一个具有更高的思想高度的实践平台;此时,就可以站得更高、在更为开阔的视野中理清教育思路得以展开的具体过程;这是一个发展问题的解决过程,也是教师运用教育思路(通过师生交往激发学生交往共生)引导学生探索生命奥秘的过程。

经过反复辨别,我们发现:这一过程与前文所述的个体在交往之中逐步成长的"发展机制"都可以表述为"敞现—辨析—选择—生成"这四个环节,因为它们是内在相通的;只不过,在结合具体的案例、具体的问题来分析时,随着选择的视角不同(如个体或群体,个人的发展问题、小群体的发展问题或整个班级的发展问题),我们会看到不同的具体内容和具体成效。

这里就对"教育思路"中的四个基本环节作进一步的理解。

1. 敞现:敞开心扉,袒露真实思想

"敞现",就是针对需要解决的发展问题,充分敞开每一位班级成员的真实想法和背后的依据,特别是自己在学习生活中产生的真切的成长体验。

在这一环节,需要同时兼顾两个方面:一方面,敞现自己,即每一位班级成员(包括教师)都是发展主体,大家都可以通过讲述故事、撰写体会、参与讨论、现场交流等方式表达自己的真实观点和成长体验。另一方面,敞现他人,即在民主的交往过程中关注、欣赏、理解其他人的观察和感受,让更多的信息敞现出来。在这个过程中,每一位学生个体都应得到尊重和关注,都应有表达的机会。当然,这并不意味着每个人都必须得到同样长的发言时间、采用同样的表达方式,因为充分的民主交往、特别是群体交往可以提供多种形式的机会让每个人敞现自己、倾听他人(这是前文阐述"群体交往"对每一个"学生个体"的教育价值时已经辨析过的)。

必须说明:通过"敞现"环节来促成班级成员共同解决发展问题,其前提条件是在日常化的师生交往、生生交往中建立和维护一种坦诚的交往关系,而不满足于规范行为表现、只关注学业成绩、维持班级秩序等境界的教育要求。显然,这样的前提条件难以临时创造,而需要在日常化的班级发展的整体格局(以系列主题活动为主线、融通组织建设和文化建设)之中逐步生成。

2. 辨析:澄清认识,辨明不同价值

"辨析",即通过对不同观点或体验的交流、欣赏、评价,辨别各种观点或体验的异同及相互联系,鉴别处理发展问题的不同思路和方法,由此辨明不同的价值取向。这既包括对各种经验的内容比较,还包括对这些经验的形成方式的辨析,即对经验的形成过程,尤其是当事人真实的心路历程的辨析。此外,特别值得关注的一个重要方面就是主体对自己的发展需要的辨析,即以"自立的需要""自主的需要"和"自豪的需要"为参照,自觉理解并追求更高境界的发展。①

当然,"辨析"的前提是在"敞现"的同时进行思想的交流。这就意味着在互相欣赏的同时互相评价,让每个人的视域得以拓展,从而让"小我"通过互动逐步融入"大世界"、成长为"大我"。此时,针对具体的发展问题而敞开的成长体验、生命智慧就在交流中成为班级成员共有的精神财富、教育资源,更为丰富的发展可能性也就为全体学生昭示着更为开阔的发展空间。在这样的群体交往中,每位个体的生命热情和生活智慧更有可能被具体的交往活动所激发,因为每个人的生命尊严和智慧不是孤独个体在孤芳自赏或顾影自怜中封闭地形成的,而是在跟外界打交道的过程中得以彰显和生发的。其中,通过与最亲密的伙伴和老师、父母的交往而多维度地反思自我、彰显潜能,包括受到其他人的启发采用类比、联想、推测、憧憬等方式,检视自己已有的发展情形,敞开新的发展可能性,乃至让自己的精神世界进入内容更丰富、品质更高雅的发展状态,这是班级建设最有可能为学生提供的成长机遇,也是真正的教育最应该让学生获得的生命体验。

---

① 在理解"辨析"这一环节时,可以参考美国纽约大学教育学院教授拉思斯(Louis Raths,也译为瑞斯、雷斯、拉斯)提出的"价值澄清法"。这一方法旨在协助青少年察觉自己和他人的价值、确立活动的目的,使他们具备批判思考能力。"价值澄清法的主要任务不是认同和传授'正确的'价值观,其目的是帮助学生澄清他们的价值陈述与行为。"[L. E. Raths, M. Harmin, S. B. Simon. *Values and Teaching:Working with Values in the Classroom* (2nd Edition). Columbus, Ohio:Merrill,1978. P12]在具体运用价值澄清法时,教师需首先了解学生过去的经验,帮助他们澄清他们的思想,表达出自己的看法,然后组织他们自己进行评价和反省。一般采用谈话法、书面答卷和讨论这几种形式;其中,当学生在讨论中发表看法时,教师不作评断。讨论的技术性方法有角色扮演、假想偶发事件、拐弯抹角的讨论等,讨论的步骤有选择讨论主题、鼓励学生经过思考再发言、活用讨论方式、帮助学生总结学习经验等。可参阅路易思•拉思斯:《价值与教学》,浙江教育出版社,2003 年版。

诸多成功案例表明:"辨析"可以带来的教育效果主要体现在两个方面——这正是班级管理同时实现双层教育目标的关键环节。一方面,从学生个体的角度来看,带有深刻生命体验的辨析过程有可能激发并培育生命自觉意识,让每一位学生更清醒地感悟到自己的发展现状和面临的发展可能性,并以此为基础形成更强的自主能力,合理地辨析、选择和利用多样化的精神营养,更自觉地把握丰富的发展可能性。——由此,培育学生个体的"人格系统"这一深层教育目标就有了切实的实现途径。另一方面,从整个班级的角度来看,深入的辨析有可能为每个学生提供更为清晰、更高境界的生命发展参照系;更重要的是,这种参照系不是由成年人一厢情愿地赐予的一个固定的、理想化的、用以诱导学生钻进去的现成世界,而是在学生群体自主交往中相互激发、共同创立并持续更新的一个"意义之网"和可能世界。看到了这个"意义之网",并在日趋清晰的自主意识指导下参与其建构,这正是让每个学生精神生命品质得以提升的有效机制。——由此,建设"民主型班级"这一表层教育目标也有了实现途径,而且可以切实做到超越"管制型班级"和"自主型班级",让班级内生活力。

3. 选择:解决问题,作出新的抉择

"选择",就是针对具体的发展问题,在充分辨析不同思路和不同处理办法的基础上,选择解决问题的"行动方案"和相应的思想观念、思维方法。

经过"敞现"和"辨析",解决一个发展问题的多种可能路径已经呈现在主体面前(而非在教师过于强势的主导之下只有唯一的路径)。这就意味着发展主体对多种发展可能性已有比较全面而清晰的自我认识(而不是仅仅由一个高明的老师去把握和明示)。此时,不同路径涉及的发展因素、主体体验,不同路径导向的前景与后果、相应的价值效果,都让发展主体充分体悟、鉴别。以此为基础,就可让发展主体接着进行自觉而明智的"选择"。

实际上,"敞现"与"辨析"的目的就是为了解决发展问题,即缩短"主体现有发展状态与预期发展目标之间需要消除的差距";为此,就需要在这个"差距"之中作出实质性的努力。与此相应,解决发展问题的显性标志就是为了缩短,乃至消除这个差距而"选择"具体的行动方案。同时,主体为了实现主动发展而采取的行动都是有目标、有依据的,因此,与选择行动方案相应的就是对相关思想观念、发展需要、思维方式、活动方式、活动内容等因素的选择。

在"民主型班级"的班级活动中,这种"选择"体现在两个层面:(1)就每一个"大项目"来说,它是为了解决一个重要的学生发展问题而实施的;其中,在尝试解决问题时最明显的"选择"就是逐步形成其中最关键的"小活动"(主题班会)的方案并据此举行班会。(2)就一次主题班会而言,在班会过程中经历了"敞现""辨析"之后,同学们可以针对班会力图解决的更具体的发展问题形成新的认识和行动计划。

当然,除了从班级整体发展的角度、从这两个层面来考虑,还可以从不同角度看到不同的"发展问题",形成不同的"选择"。例如,在一个主题班会之中包含了一名学生的个人发展问题或一个小组的群体发展问题,作为发展主体的这名学生"个体"和这个"小组"就有可能作出各自的"选择",形成符合各自需要的解决发展问题的新思路或新计划。(另见本章第四节)

　　一些智慧型教师带领学生创造的典型案例表明：只有在前面的"敞现""辨析"环节中着力激发主体内在的生命尊严和生命智慧,才能在"选择"环节通过主动选择更合适的行动方案并逐步落实来切实激发他们的生命豪情,从而彰显他们的生命尊严与智慧。

　　4. 生成：生发活力,感悟生命智慧

　　"生成",就是在解决发展问题的过程中让学生形成超越具体知识或固定方法的生命智慧。也就是说,每个学生可由此生成更为灵活的思维、更有活力的思想、更加充分的自信,整个班级可以生成更为和谐民主的成长氛围、更能彰显豪情的新希望。

　　许多班级的实践案例和学生发展表明,在真诚沟通、深入辨析的基础上,在主动探讨如何选择解决发展问题的具体方法和行动方案的过程中,每个学生就更有可能在面对具体问题时获得更高品质的发展,这包括：真切地理解更丰富的信息,生成更成熟的认识和体验,并将其融入到新的充满活力的发展历程之中。此时,更高品质的教育经验得以在两个层次上生成。

　　(1) 在"成事"即解决问题的层次,作出更明智的选择,学生形成更开阔的视野、更灵活的思路。无论最后选择的行动方案与他们在交流和辨析之前的思路是否相同,他们的教育经验都有机会经受多元观点和体验的交互检验、补充、完善,而不是只在一个视角、一种思路、一个声音中被训导并逐渐失去思想活力。经过多元视角的审视和辨析、选择,学生所得的经验实际上已经超越了传统教育意义上的认知,因为它已经吸收了群体交往中的体验；这包括对原有认识的反思、检验并相互倾听、共同完善,还包括由此获得的自主自信、相互欣赏的人格体验。

　　(2) 在"成人"即交往共生的层次,学生通过参与解决具体问题的过程,感悟到更高层次的发展之道、交往之道,特别是自主发展的意识和能力。这将指导他主动探索其他发展问题的解决之道,包括现在尚存的其他发展问题和将来可能遇到的发展问题；由此,他将拥有主动发现、把握和开拓新的发展可能性的真正本领。显然,学校教育不可能穷尽学生的所有发展问题,因此最好的教育就应该是激发学生生成自主发展之道,而不是在教师或已有事例后面鹦鹉学舌、亦步亦趋。在这方面,班级教育活动的独特作用是一般意义上的学科教学或灌输式德育无法取代的。

　　参照这两个层次的"生成",可以看到不同水平的教师会有不同的抉择,因而会为学生敞开不同境界的发展空间。"勤奋型教师"只看到就事论事的琐碎事务,在勤奋的忙碌中放弃了更高追求,因此难以看到有价值的、特别是体现学生"自豪的需要"的发展问题,也就难以让学生获得上述的"解决问题"层次的发展内容；更为专业的"活力型教师",因为对教育真谛有了更深的体会,会抓住班级生活中出现的重要的发展问题,带领学生主动探索,从而让学生获得上述"成事"层次的发展空间。相比之下,一些致力于提升学生精神生命质量的"智慧型教师",会同时关注"成事"和"成人"这两个层次的发展空间,努力创造机会,不仅解决发展问题,而且让学生在民主交往中共同创生新的成长经验和生命智慧。

　　把"教育思路"的这四个环节与前面论述的"发展机制"的展开线索(特别是其中结合案例"'屈辱地玩'和'自豪地玩'"所作的具体分析)予以比较,就会发现两者确实是内在相通的。这是因为教师的"教育思路"本来就是围绕学生的"发展机制"而展开的。也就是说,教师的教育思路最显性的部分是教师直接参与的"师生交往"。其中,教师激活"个体自主"的途径包括直接跟个体进行个别交往,但更重要的途径应该是通过"群体交往"激活"个体自主"。(换言之,教师直接针对每一位个体开展的师生交往或个别教育,这固然重要,但应被纳入更大的格局——通过群体交往解决个体发展问题;这就好比在学科教学中针对个别学生补课,这固然有价值,但应纳入班级教学系统这个大格局中。)这是许多成功经验见证的、最能反映时代需要的教育思路,也是"智慧型教师"应该采用的教育思路。

在这种新的教育思路中,教师和学生之间心意相通,因而可以将"(教师的)教育思路"和"(学生的)发展机制"贯通起来。这样的教育思路可让教师用更高的专业智慧、特别是教师面对整个班级(而不是一个个孤独的学生个体)时的专业智慧,激活班级中的群体交往,让同学们学会"手牵手""心连心"(包括和老师"手牵手""心连心"),在交往中共同创生更辽阔的希望空间。归根结底,班级管理致力于培养的"人格系统"具有自身的独特性,它无法传授(把一个楷模的人格魅力宣扬复述一万遍并不等于可让一个新人的人格也同样伟大、拥有同样的人格),而只能培养,因为每个人的人格系统有自身的生成之道;进一步来看,每个学生的人格系统的自主生成,更主要的是通过与同伴交往来共同生成的。因此,能够把握教育真谛的"智慧型教师"当然会选择具有独特专业品质的教育思路。

第四节　教育思路的具体运用——为解决发展问题而开展活动

与侧重培养学生"认知系统"的学科教学不同,侧重培养学生"人格系统"的班级管理将交往活动作为最重要的教育途径;其中,运用"师生交往"激活"群体交往",进而促成"个体自主"是最能凸显班级管理专业特性的教育思路。理清这一思路,当然需要运用超越传统视野的一些创造性思考(包括超越"简单思维"的"复杂思维");相比之下,将这种教育思路具体运用于日常化的班级管理日常场景,更需创造性的思维,并将其应用于日常实践之中。这些创造性的思考和实践,恰好见证着"智慧型教师"的专业高度。

前文已经阐明:专业的教育思路需要展开为"发展问题"的解决过程。为此,在结合具体场景创造性运用教育思路时,固然需要关注各种细节,但更要透过各种细节选择合适的"发展问题"作为策划和实施教育活动的思考单位;否则,要么拘泥于琐碎事务的处理而难以理清教育思路,要么流于粗浅或空泛的教育思想而难以将教育思路落实为教育活动。

为了更深入地探讨这一创造性工作的策略,下面首先分享一个见证教育思路的典型案例,然后据此具体分析教师是如何创造性运用教育思路的。

一、案例分享:在复杂场景中精心选择发展问题

在真实场景中选择发展问题,需综合考虑多方面因素,以便理解学生发展需要及其在班级生活全局中的定位。下面这个小学四年级的班级活动案例,可在这方面带来具体的启发。

1. 活动案例："在'寻找美'的活动中共同进步"

案例 2-2

在"寻找美"的活动中共同进步①

随着学生年龄的增长，我们班级里出现了由学生自发形成的各类小群体。这些小群体的出现，给班级建设带来了一些问题。

问题之一：由于班级中女生选择朋友时比较注重对方的个性、学习成绩等，把交朋友作为促使自己进步的途径。因此，班级女生的小群体划分为三类：一类是成绩比较好的，另一类是成绩中等的，第三类是成绩排在班级末尾的。这样的小群体的出现，对个人与班集体的发展都是十分不利的。第一类积极性的群体虽然成绩很突出，但她们平时不愿意与其他群体接触，造成平时活动的形式和谈论的话题比较单一，主要集中在学习层面上，思维越来越狭窄。这样将不利于她们的综合发展。而第二类中间层的群体对集体活动有偏好，感兴趣就关注，不感兴趣就不关注，这使得她们在有些方面得不到进一步的发展。第三类群体，她们在班级中受到忽视和排斥，造成她们对集体活动产生抗拒心理，她们关注与讨论的话题都是些娱乐性的电视节目、玩具等，慢慢地成为消极应对集体活动的群体。

问题之二：由于班级中男生选择朋友时注重兴趣爱好、朋友的品行，所以男生小群体之中那些原本学习成绩很差的同学，在一个正直、聪明的小头领的引导下，学习成绩越来越好，同时活动形式和话题的多元化也促使整个群体成员的思路越来越开阔。但是，由于男生都会排斥行为表现不够好的同学，对诸如说谎、推卸责任的行为往往采取不理睬或疏远的方式，因此班级出现了两个男生没有一个朋友的现象。如果不去解决这样的问题，班级就会出现另一种消极性的男生小群体。

班级中的学生对好学生的认识比较片面，认为成绩好的、纪律好的学生就是好学生，造成交往出现片面性，把一些成绩差的同学排斥在外。所以我想通过开展"寻找美"的活动，让学生认识到每个学生都有精彩的一面，引导他们打破原来的群体，构建新型的小群体。

（1）认识美——让学生懂得每个群体的成员都有精彩的一面

我让学生在双休日外出寻找美。在周一的班会课上，有的带来了美丽的鲜花、有的带来了大海的图片、有的带来了雄伟的山峰的照片、有的放了一首动听的音乐、有的带来城市变化的美丽景色……

我告诉大家：我也找到了美，然后展示了两份字迹都很难看的作业，但第二份与第一份字迹相比有所进步。当时，学生很是惊讶，认为老师弄错了。我告诉大家，这两份作业是同一位学生写的，大家突然明白了"进步也是一种美"，并向那位同学报以热烈的掌声。

在讨论中，学生们渐渐明白"美"有很多种：景色好看是美的，动物可爱是美的，音乐动听是美的，进步也是美的……美在处处，处处有美，美就在我们的

---

① 摘自上海市闵行区华坪小学陆敏：《创设多元、多群、多向互动和谐的班级非正式群体》，载于李家成等：《"新基础教育"学生发展与教育指导纲要》，广西师范大学出版社，2009 年版，第 201—205 页。

生活中,美就在我们的班级中,美就在我们每个人的身上,就看我们有没有用眼睛去发现。

（2）发现美——让学生了解群体之外同学们的精彩一面

接着,我们开展了"寻找身边的美"的活动。班会课上,学生们都交流了各自好朋友身上的"美":成绩好是美的,劳动好是美的,动手能力强是美的,动作快是美的,乐于帮助同学是美的,善解人意是美的……几个男生小群体还探讨朋友的"美"促使他们的进步,和动作快的同学在一起促使自己的速度快,在成绩好的同学帮助下可以使自己的成绩进步,知识面广的同学可以让自己增长许多知识……

交流活动让学生不但了解到自己群体内的成员的优点,还发现了每个群体之外同学们的精彩;例如,由于男生小群体不排斥学习成绩差的同学,在互相"美"的影响下,这些同学学习进步了,思维也发展了,于是,那些原本自我感觉很好的女生小群体开始陷入反思之中。

（3）展示美——让学生在群体之外有更多的朋友

我们召开了主题班会"更美的是……",结合各个小群体中不同的兴趣爱好,通过让各个不同群体互相交流,让各个小群体发现对方的精彩之处,加强班级中各个非正式群体之间的沟通。在主题班会上,有的小群体表演了他们喜欢的流行歌曲的联唱,有的小群体介绍了他们喜欢阅读的书目……

在交流的过程中,学生们发现:自己不熟悉的群体,原来也有许多令人佩服的地方。他们开始慢慢地用欣赏的目光注视对方,表示愿意与对方交往。他们体悟到每个同学都有值得交往的"美",开始尝试着与另一些学生进行交往……有个成绩较差的女生由于体育特别好,竟然有三位成绩好的女生主动去和她交朋友。

就这样,群体之间开始互相交往,打破了原有的三类群体（成绩比较好的、成绩中等的、成绩排在班级末尾的）明显的界限,学生从自发地择友提升为自主地交友。班级小群体的结构发生了改变,出现了不同的类型,有兴趣组合型、取长补短型、异性互补型……

（4）创造美——让学生在群体的交往中共同成长

我们还通过系列活动,把非正式的小群体成员的互相交往,提升到对他人、对集体的热爱与责任上,促进班级整体的进步。

首先开展了"什么是好朋友"的调查活动。有的是采访五年级的学生——在与朋友的交往中,你最欣赏哪种行为? 有的是采访本班同学——在与好朋友的相处中,你最不欣赏什么行为?

然后通过主题班会"我们都是好朋友"进行交流。在交流讨论中,学生懂得了好朋友的真正含义:当朋友有困难会主动地帮助,当朋友有缺点会真诚地指出,当朋友碰到挫折会热情地鼓励,当朋友有优点会虚心学习……

主题班会后,一些男生主动去找那两个行为表现不够好的男生,真诚地指出他们存在的问题,希望他们能改正,并表示愿意和他们重新成为好朋友。这两个男生感动得哭了,表示一定会改正缺点的。

然后,同学们主动提出,开展"送一份礼物给好朋友"的活动,即指出朋友身上一个不够美的地方,让其更美。那天中午教室里十分热闹,学生们都收到了一封短信,每个收到礼物的同学,又都制订了一份"让自己更美"的计划,回赠

> 对方,如:每天跑步、读英语、记日记等,并邀请好朋友做自己的后援团,共同实现计划。
>
> 学期结束时,我们还召开了主题班会"夸夸我的好朋友",汇报了好朋友进步的情况。
>
> 这样,通过一系列的活动,慢慢地促使各个小群体在互相交往中共同进步。

班主任陆老师说:"在上述努力中,我们班级的小群体发生了很大的变化。各类小群体的结构不再是单一的,而是呈多元化状态的;各类小群体的目标与班级的目标达成了一致,各类小群体的成员向优质化方向发展。"这就见证了:发展问题的解决过程确实是学生获得真实发展的过程。

2. 案例分析:透视复杂场景,选择教育主题,梳理教育主线

人的有意识的活动都是有意图的,人类用心设计的教育活动就更应该有专业目的。就班级管理而言,这就意味着:教师带领学生在班级生活中开展的一切有意识的活动都应该有教育意义,用好教育资源。大家所熟知的"让教室的每面墙壁说话"、一位校长提出的"空气养人"的理念①,都见证着专业人士可以有意识地看到并开发丰富的教育资源,并通过教育活动加以利用。

要将这种可能性化为现实性,就需要教师的创造性思考、设计和组织。其中,从班级管理的角度来看最为复杂的情形是:班级生活中有多元主体,每个学生都有自己的成长经历和新的愿望,每个正式群体或非正式群体都有可能通过交往而生成新的生活内容,于是,班级日常生活中就出现了延绵不断、生生不息的生命历程和交往经历。简言之,学校就是个不断生成各种故事,甚至"没事找事"或主动创造新生活的地方,班级就更是这种情形最为集中之处;要么是学生的生活出现新的内容带来新的事情,要么是教师主动发现某种动向并为此策划组织活动,要么是接受学校、社会或家长的影响而采取某种行动……

主体多元,且每个人都是接受社会各方面影响的开放系统,这会让班级生活呈现复杂的局面;因此,教师要有意识引领学生发展,就需要保持清醒的专业自觉。其中,就运用教育思路开展教育活动来说,最需用心琢磨的就是在复杂场景中聚焦本阶段、本班级最关键的发展问题。与此相关的"发展问题"的概念含义和选择标准,上一节已有系统阐述;现在,可以结合典型案例来看看:一位教师可以怎样行动,才能逐步做好一系列的专业判断和选择——在复杂的班级生活中发现值得关注的现象、透视其中蕴含的教育问题和潜在的教育资源,进而在此基础上提炼出本阶段的班级生活主旋律,用发展主题来表述这种主旋律,最后围绕发展主题、辨析发展问题、策划主题活动,通过主题活动解决发展问题、促进学生发展。

就上述案例来说,陆老师看到了两个"问题":其一是女生分成三类小群体对学生个人与班级发展的不利影响,其二是男生形成了一个积极性的小群体和一个消极性的

---

① 钮小桦:《"空气养人":我的办学理念》,《中小学管理》,2009 年第 3 期。

小群体。实际上,这类现象在许多班级都会出现,但并不是每个教师都会把它们当作需重点解决的"问题";在许多老师那里,它们有可能被当作"小事情"或"正常班级生活中的偶然现象"来处理,只要不影响班级正常秩序就不必关注,更不必采取什么教育举措。不过,陆老师的选择有所不同。

显然,陆老师看到的这两个问题分别是从"女生"和"男生"的角度提出的,但它们同时都与"班级"的整体发展直接联系在一起。这就将学生发展纳入"班级"整体视野,因为教师的直接工作对象就是"班级"(或者说"班主任"就是负责一个"班"的"主任")。于是,转换一下视角,就可将这两个问题汇集在一起,从班级整体发展的角度将其表述为一个发展问题:"促使各个小群体在互相交往中共同进步。"这正是陆老师带领学生着力解决的发展问题。为此,他们一起开展了"寻找美"的系列活动(参阅表2-9)。

问题描述 问题类型	发展基础 (现实状态)	发展过程 (现实与理想间的差距)	发展目标 (理想状态)
1 女生 群体发展	三类小群体分化,不利于发展	……	群体内外合理交往共生
2 男生 群体发展	积极性群体和消极性群体分离	……	同学之间相互包容
3 班级 整体发展	各类小群体分化	"寻找美"系列"活动项目" 1. 认识美——让学生懂得每个群体的成员都有精彩的一面; 2. 发现美——让学生了解群体之外同学们的精彩一面; 3. 展示美——让学生在群体之外有更多的朋友; 4. 创造美——让学生在群体的交往中共同成长。	在互相交往中共同进步

表2-9

三个可能的"发展问题"

对比三个可能的"发展问题",就可发现:教师在理解学生发展状态时的视角、视野和所见的发展需要的境界,都影响着对具体的问题空间(通过发展基础、发展过程、发展目标这三个要素来描述)的选择;进而,在不同的问题空间中,教师发现或开发的教育资源及其利用方式也就不同。相应地,学生进入的发展空间就不同。换言之,教师的专业格局在相当大的程度上决定着学生的发展格局。就本案例而言,教师最后的选择就敞开了全班同学更为开阔的发展空间;于是,更为丰富、更高品质的教育资源就可在此被发现或开发,前后相继的系列"活动项目"就可逐步展开,进而将每一段充满生命活力的"乐章"前后相融、汇成一部豪迈的"生命交响曲"。

二、理论透视:运用教育思路解决发展问题时的具体创造

上述案例让我们看到:教师要针对具体的问题采用具体的行动,包括组织学生开展一次又一次教育活动。此时,需注意到:只有在开展具体的活动、解决具体问题的同时自

觉运用整体性的教育思路,才有可能把一件件"小事"做出"大气魄"。在从理论上理清教育思路之后,现在就可结合案例来看看如何在具体场景中创造性地运用教育思路。

上一节提到,在辨析班级管理中的教育思路时,应以发展问题的解决过程为单位。这要求我们结合学生发展的实际(包括每个学生、每类学生的实际),创造性选择"发展问题",并在解决每个发展问题时自觉运用体现教育真谛的教育思路;在此基础上,不能把教育思路直接等同于技法层次的"操作模式"或"工作程序",而要根据不同发展问题的实际情况灵活运用(而不是机械套用)教育思路——这里再一次见证:需要采用超越"简单思维"的"复杂思维",才能透视更为复杂的教育场景。① 就上述案例来说,至少可得到如下三个方面的启示。

1. 同一项活动可用来同时解决不同发展问题

对于同一项活动,可以从不同视角看到其中蕴含的多种"发展问题"。这里说的视角,既包括不同的发展主体的视角,也包括同一类主体面临的不同发展可能性的视角。当然,实际上,这两方面的视角往往是结合在一起的。

上面的案例表明:从整体上来看,前后开展的各项主题活动(系列"活动项目")汇集起来就是"寻找美"这一持续一个学期的教育活动。从这个学期来看,这一持续开展的教育活动致力于解决班级层面的"促使各个小群体在互相交往中共同进步"这一发展问题。如果从某一个小群体的角度来看,也许他们可以自主探索解决"在保持已有友谊的同时创造更多的美"这个发展问题。类似地,如果从学生个体、特别是需要重点关注的有独特发展需要的学生个体的角度,也许又可以看到"(男生)利用自己正直、聪明的特点帮助暂时显得比较孤独的同学","摆脱孤独、结交好朋友"等更为具体的发展问题。

从不同视角可以看到不同的发展问题,这就意味着同一项活动有可能同时存在多个展开"敞现—辨析—选择—生成"教育思路的角度;就每一个角度来说,这一教育过程都可能是成立的(见图2-3)。

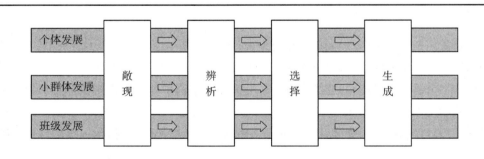

图 2-3

同一活动中不同角度的教育过程

2. 一个发展问题可分成更为具体的发展问题

在班级管理中,同一个"发展问题",因为涉及的因素较多、延续时间较长,有可能分成不同的小的"发展问题"。于是,在一个长期的"敞现—辨析—选择—生成"过程中,又存在较短期的"敞现—辨析—选择—生成"过程。例如,在一个班级一个学期的整体发

---

① "复杂思维"是人们在研究"复杂系统"、建立复杂科学中生成的。"绪论"已对此有说明。

展过程中,为了建设班级文化,会在较大的范围中考虑到更丰富的因素,构成一个较长的"敞现—辨析—选择—生成"的教育过程。其中,在"敞现"这个大环节(或其他大环节)中的一次主题班会,或解决一个学生思想问题的活动,甚至是一次谈话,都有可能出现不同规模、不同层次的"敞现—辨析—选择—生成"的教育过程。这可用图2-4来表示。①

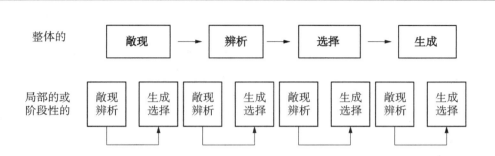

图 2-4

不同层次(规模、阶段)的教育过程

在上述案例中,持续一个学期"寻找美"的教育活动包括先后实施的几个"活动项目"("认识美"—"发现美"—"展示美"—"创造美"),就是为了解决"促使各个小群体在互相交往中共同进步"这一班级层面的整体发展问题;稍加辨析,就可看到在几个"活动项目"之间贯穿着一个总体的教育思路。若再进一步看:持续一个学期的这个总的教育思路是否可以见证前面所说的"敞现—辨析—选择—生成"这四个环节的逐步展开呢? 或许,"认识美"—"发现美"—"展示美"—"创造美"与这四个环节有某种对应关系? 显然,这里所说的对应,很难被机械地理解为某个活动与某个环节之间的"一一对应";换言之,这里说到的教育思路的四个环节,可以作为理解问题解决过程的参照,但需要灵活运用,而不能机械套用。

如果把眼光投向每一个阶段实施的"活动项目",也许还会发现每个"活动项目"都选择了一个更为具体的"发展问题",并且也展开了"敞现—辨析—选择—生成"这样四个环节。例如,"展示美——让学生在群体之外有更多的朋友",大致相当于整个学期的总的教育思路之中的"选择"这一环节。在这一"活动项目"中,要解决的具体问题是"走出已有的小群体并与更多同学交往"。在这个"活动项目"中,可以看到:首先,主题班会"更美的是"及相关的交往活动提供了沟通机会,用来"敞现"不同小群体自认为更美的交往内容;其次,在敞现更多资源的同时,同学们开始在相互欣赏中"辨析"、体悟每个同学值得交往的美;再次,他们作出了新的"选择",用欣赏的目光看更多同学并表达交往愿望,开始了群体之间的新交往,从而打破了原来的三类小群体的明显界限;最后,每个学生都"生成"了发现美的眼光和主动交往的能力,小群体也"生成"了新的交往格局、整个班级也"生成"了更高境界的文化氛围。在此基础上,就可顺势开展后续的"创造美——让学生在群体的交往中共同成长"的活动了。

实际上,在每一步解决不同发展问题的过程中,如果更自觉地参照这种"敞现—辨

---

① 形成这一示意图的灵感,源自杨小微教授提出的学校运行机制示意图,可参阅杨小微、李伟胜、徐冬青:《"新基础教育"学校领导与管理改革指导纲要》,广西师范大学出版社,2009年版,第58页。

析—选择—生成"的教育思路和相应的学生发展机制,就有可能让班级建设中的教育活动产生更明显的教育价值,特别是让同学们通过"群体交往"激发每一位同学"个体自主"的教育价值。于是,班级建设也就因此而具备了更鲜明的专业特征——不亚于学科教学的专业品质。

　　3. 一个发展问题可能需在不同阶段多次运用教育思路

　　同一个"发展问题",也许会在不同的发展阶段经历多次的"敞现—辨析—选择—生成"过程。这既有可能是同一层次的教育活动的反复进行,因为有些发展问题可能需要多次努力,包括从不同角度(但属于同一层次)作出的努力才能解决;这也有可能是不同层次的教育活动的依次进行,犹如"螺旋上升",在每一个"螺旋"中都存在着不同的"敞现—辨析—选择—生成"的教育过程。很多学生、班级的发展历程都见证着这样的过程,甚至还有在同一个层次上反复多次、经历多次循环的情形。上述两种情形可通过下面两幅图来说明(见图 2 - 5)。

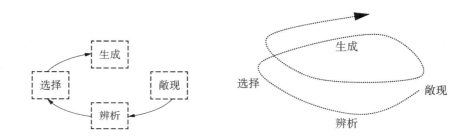

图 2 - 5(左)

同一层次的多段教育过程

图 2 - 5(右)

"螺旋上升"的多段教育过程

　　就上述案例来说,每个"活动项目"其实都属于"寻找美"的活动;只不过,在不同的阶段,"寻找美"所针对的具体问题、找到的内容、交流的方式等都各有侧重点。因此,就"寻找美"进而解决"促使各个小群体在互相交往中共同进步"这一整体性的发展问题来说,至少可以看到"敞现—辨析—选择—生成"的四次循环带来的"螺旋式"上升。当然,从整个学期来看,也许在其中某个阶段,需要在同一层次、针对不同学生或不同的具体问题,反复运用"敞现—辨析—选择—生成"这一教育思路进行多次教育。——只要掌握了教育思路的精髓,就可以灵活运用它,而不必机械地套用或在行动中"刻舟求剑"似的寻找对应的环节。

　　上面这三点启示,虽然难以涵盖创造性运用教育思路的所有具体场景,但足以让我们看到:一个拥有博大胸怀且充满教育智慧的"智慧型教师",就像一部交响曲的作曲家、一个乐队的指挥,同时关注着每一个班级成员、小群体、整个班级的发展,让不同角度的发展问题都得到关注和解决,由此生成不同"响度"、不同"节奏"、不同"速度"的乐句或乐章,让不同的学生可以奏响属于自己的"生命旋律"或"青春之歌",并让不同主体在班级中的发展汇集成一部充满自豪的"交响曲"。在这样壮丽的事业天地中,教师需要结合班级生活中的各种具体场景作出创造性的选择(而不是简单地搬用已有的现成经验)。这既需要具体而灵活地运用教育思路,同时又需要超越琐碎的事务处理,将其融入学生发展的整体格局;这就是说,教师的教育思路应该同时兼顾具体创造和宏大气魄这两方面的风景。

....

本章小结

"民主型班级"采用的教育思路是"师生交往激活生生交往"。对此,首先需要看到"生生交往"是学生个体人格的发展机制,且可展开为让学生精神生命得到"敞现—辨析—选择—生成"的过程。其次,可以看到教师主动利用"师生交往"来激活生生交往,进而通过"生生交往"激活每个个体的生命。这同样可以用"敞现—辨析—选择—生成"来描述,只不过其具体的内容已有不同。在理解上述发展机制、教育思路时,一个关键的思考平台,即教育思路的实践平台,就是班级生活中的发展问题。因此,透彻理解本书阐述的发展问题,是理解建设"民主型班级"的教育思路的关键。

关键术语

发展机制　教育思路　发展问题　发展需要　敞现　辨析　选择　生成

思考与练习

1. 以"敞现—辨析—选择—生成"这一教育思路为参照,在你所写的"感觉最好的班级"中选择1—2个典型事例,辨析其中的教育过程。

2. 结合下面所附的案例(见案例2-3)和本章第三节对主题活动教育过程的分析,选择其中一个部分,辨析其中的教育过程,看看有没有这四个环节。然后,可以进行小组讨论,形成小组意见。最后,全班交流,完善你们的观点。

（注：你可能会发现有必要自己补充一些内容,以填补案例未呈现的内容。）

"主动沟通"主题班会主要过程

**案例 2-3
主题班会**

一、导入,班会开始

二、活动交流

（一）回顾成长感受

1. 播放十四岁生日仪式的录像剪辑。

2. 思考：十四周岁意味着什么？

（有责任心,有明确的生活学习目标,有调节心理变化的能力,有尊严地学习和生活,能学会为家庭分担责任等）

3. 播放"父母是你特别的朋友"主题班会的录像剪辑。

4. 学生分享感受。

5. 小结,过渡进入下一个部分。

（二）主动面对成长的烦恼

1. 身边的小故事（录像）。

（1）片段一

月考后在得知英语和数学成绩后,及时告诉父母,但却引来了他们之间的争执。

从学生角度讨论：引起争执的原因在哪里？如果你身边的同学遇到这样的事情你会怎样做？

（2）片段二

第二天,这位同学来上学。同学们了解这一情况后,给予他真诚的问候和关心,其中有一位同学的家长更是上门主动找这位同学家长谈心。

（体现出学生与学生之间、家长与家长之间的沟通）

2. 小组讨论。

同学和家长的关心只能起到外因的作用,这位同学今后应怎样做才能避免再次发生这样的事？

3. 提炼感悟。

指责对指责,会引发吵架;沉默抗拒,会引发冷战。青春期的心理是变化莫测的,时不时的,你会惹点事情让你的父母头痛劳神——其实父母没有变,真正变了的是你自己。学会主动沟通,才是化解冲突的关键。

（三）感悟自己的责任

1. 活动：你有“小孩子气”行为吗？

逐一出示题目,以小组的形式完成。全班同学根据自己的情况回答,并统计结果。

2. 领悟：你表现得越小孩子气,你的父母越把你“拴牢”。

3. 故事：《在沟通中成长》。

（通过身边同学的小故事,分享与家长主动沟通后所带来的成就感）

4. 讨论：根据全班回答“是”最多的题目,结合“亲子兵法三招”讨论双赢的对策。

5. 领悟：积极主动的沟通,双赢策略是化解亲子冲突、促进家庭和谐的好办法。

三、活动总结

点明主题,深化内涵,提出希望,让每一位学生都能主动承担应有的责任,促进自我发展,回报父母和社会。

---

3. 在第一章的练习中,你曾为一个促进学生个性化发展的班级教育方案选择目标。请根据第二章探讨的教育思路,进一步完成如下练习。

（1）辨析这个方案的“发展问题”。请用表格说明其中的发展基础、发展过程和发展目标。

（2）设计出这个教育方案的基本内容,特别是其中的活动过程。

（3）论证学生由此获得发展的基本过程。

问题探究

很多人把一节课分成几个教学环节,据此来探讨教学模式。相比之下,本章主张的教育思路与它有什么相似之处,有什么独特之处？请结合具体事例(如教学课例和班级活动案例)来探讨。

第三章

教育方法：整体运用一个方法系统

章前导语

在开始本章的学习之前，请你选择学生在班级遇到的一个发展问题（你可以继续用前面学习第二章时选择的问题），设想一下：在解决这个问题时，你准备发动哪些学生或相关人员（如其他教师、家长）来合作？怎样才能让发展问题中的发展主体（学生）和其他人都乐意合作参与？怎样让他们在参与合作解决问题的过程中兴致盎然、豪情满怀？在这些考虑中，你用到了哪些工作方法？建议你和伙伴们在小组内交流一下，看看有什么新发现。

学习目标——通过本章的学习,你能够:

● 理解系统的教育方法可以带来的工作成效;

● 理解班级管理的方法系统中每层方法的侧重点和实践要领;

● 结合典型案例,理解如何灵活运用这个方法系统。

本章内容导引

● 新时代的新要求——主动运用方法系统

　　一、需要超越的情形:教育方法缺乏系统性

　　　　(一)班级管理实践降为琐碎事务

　　　　(二)班级教育思路散为具体技能

　　二、值得探索的方向:运用方法系统解决发展问题

　　　　(一)理解教育方法的系统格局

　　　　(二)运用方法系统解决发展问题

● 运用方法系统促进学生发展的典型案例

　　一、案例呈现:班级发展中的一项标志性主题活动

　　　　(一)用"发现美的眼睛"发现一片新空间

　　　　(二)在探究中生成内涵更丰富的活动主题

　　　　(三)围绕主题深度开发更为丰富的活动内容

　　　　(四)整个"大项目"在主题班会达到高潮

　　　　(五)后续活动让成长体验得到进一步提炼

　　二、案例中的教育过程:引导学生自主解决发展问题

　　三、案例分析:围绕主题活动采用的方法系统

　　　　(一)根据学生需要开展主题活动

　　　　(二)围绕主题活动融通三大措施

　　　　(三)通过三大措施整合三层方法

- -

　　本章关注的是:班级管理中用到的具体方法很多,怎样将它们整合为一个方法系统(system of methods)? 这种整合,可以实质性地帮助教师在班级管理中形成更为系统的工作格局,用有效的专业智慧来掌握专业主动权,真正做到"我的地盘我做主"。作出这样的选择,是基于如下考虑:

　　首先,教育活动需要有系统格局。学校需要通过具体的人开展具体的教育活动。换言之,在学校看到的教育必然体现为各项活动。各门学科的教学如此,班级管理也是如此。不过,真实的活动虽然是具体的,但不一定都是琐碎的,更不一定是凌乱的。恰恰相反,每一项成功的教育活动都需要将多方面的资源整合起来,这包括每一环节、每个主体的活动细节,还包括来自各方面的教育内容、物质条件,更包括教师的专业素养

和学生的成长体验。此时,对于一位教育工作者(包括教师、学校领导、用智慧开展家庭教育的家长和其他教育专业人士)来说,最大的考验就在于如何把看似琐碎的细节和资源整合为系统的活动和与之配套的资源系统。这就像音乐家要把一个个音符汇成乐曲,美术家要把一道道笔触融为画作,考验他们专业水平高低的不在于是否知晓一个个音符或能否画出一道道笔触,而在于怎样把它们整合为作品,乃至创作出境界更高、美感独特的杰作。

其次,相比于学科教学,班级管理更需通过方法系统来构建教育活动的系统格局。针对各领域教育活动的专业特征,形成更为清晰的目标、更为先进的思路和自成系统的方法,由此而整合具体的教育内容,形成长远的教育计划(包括教学计划、课程方案或班级发展计划、德育工作计划),并以此为参照在动态变化的进程中开展系列化的主题活动来引领学生主动解决成长中的发展问题,已经成为同行们长期探索形成的专业常识,值得继续保持和运用。(就本书而言,我们就是参照这样的专业常识来探索建立班级管理的理论体系和实践主张的。)此时,可以进一步看到:各门学科的教学可参照课程或教材中的知识体系或能力系统来开展教学活动,使之保持着教育活动系统的形式(如一节课、一个单元、一个学期的教学活动);与之相比,包括班级管理在内的教育活动,怎样形成系统的格局而不流于琐碎甚至是凌乱的情形,就成为考验专业智慧的更有挑战性的难题。进一步来说,在学科教学中,教师可以依靠已有的知识和能力体系为参照;此时,教师个体的教育思想体系,特别是教育方法系统的重要性往往不太受人关注(尽管这正是优秀教师和其他教师的关键区别所在)。与之相比,班级管理在教育目标和教育内容的系统性等方面远未达到理想的专业高度,甚至常常流于随意(包括常被非专业人士临时添加内容或附会于其他目标)。因此,教师个体不仅应主动修炼更为系统的教育思想(包括选择清晰的教育目标和先进的教育思路,见本书"思想篇"),更应主动梳理具体的工作内容(见本书"任务篇"和"行动篇")和方法(见本章)。

第一节　新时代的新要求——主动运用方法系统

在教育史上,最初当教师的人是不用取得教师资格证的,因为那时社会在教师专业素养方面没有系统的、规范化的要求。不过,时至如今,这一情形早已成为过去,所有的现代文明社会都对教师提出了更为规范并且是与时俱进的专业要求。类似地,负责班级管理工作的教师(班主任),虽然尚未被要求在取得这一工作的专业资格证书之后才能上岗,但社会对其专业素养已经逐步形成更为规范、更为先进的要求了。为了适应这种历史趋势,在主动形成明晰的教育目标、运用先进的教育思路的同时,教师显然需要掌握与之相应的一个教育方法系统。

一、需要超越的情形:教育方法缺乏系统性

班级管理是一种教育专业活动,且其专业特性不亚于学科教学,这是本书的核心观点之一。据此,在班级管理中用到的教育方法应有鲜明的专业特征。不过,遗憾的是,也许最为常见的情形就是班级管理中的教育方法较为零散,缺乏应有的系统性,也因此

难以彰显其应有的专业特征。显然,这类情形是需要超越的。具体来说,这些情形有如下两种。

(一)班级管理实践降为琐碎事务

如果请一位教师描述其作为班主任的一天、一周、一月和一个学期、一个学年的工作内容,可以得到什么样的答案呢？一般来说,很多教师会说:"忙!"忙什么呢？"各种杂事!"这包括学校每天规定好的学生在校一日常规的执行、检查、小结和在此基础上的一周总结,还包括根据学校统一部署逐步开展的开学教育、节日教育、主题教育,以及根据上级安排而必须完成的各项任务。在这样的工作格局中,每天都忙于琐碎的事务,一周就是每一天的多次重演,一月就是"一周"的多次重来,一个学期或学年就是"一月"又"一月"的延续……当然,在"一日复一日""一年又一年"的循环中,这些工作内容不会是机械的简单重复,因为每天都会有新的事情,这包括来自学生的新情况,还包括来自学校和上级部门的新安排。

这就是"班级管理"或"班主任工作"的具体内容吗？也许教师亲身体验并能直接陈述的,或者说人们第一眼所见的,确实是这些事情。不过,如果进一步考察,我们会有更多发现。试想:长期如此忙碌的教师自己喜欢这样吗？如果不甘于如此忙碌,更不甘于因此而身心疲惫,他们还可以有什么样的选择呢？

上述困局说明:班级管理实践本来是教师促进班级这个教育组织的整体发展的专业工作领域,将这个系统的工作领域降级为琐碎的事务,正是很多教师忙于、也苦于其中的思维漏洞所在。必须清醒地看到:这样的漏洞难以靠投入更多的时间精力来处理更多琐碎事务而弥补。如果没有思维品质的提升、工作境界的提升或"能级"的提升,陷入这种漏洞之中的教师有可能陷入恶性循环——琐事越多人越忙,疲于应对则琐事层出不穷。这是因为班级教育系统不仅对外开放,要应对外部的影响,而且对内开放,要迎接不断生成的新情况,而疲于应对时缺乏章法就更容易产生工作漏洞,导致内外事务应接不暇且不断发生。这是班级管理方法缺乏系统性的首要表现,也是我们需要超越的首要情形。

相比之下,有着更高专业追求的教师已经提供了很多成功案例,可为我们带来很有价值的启发。许多优秀班主任的经验表明:超越上述这种忙于琐碎事务的工作格局,至少可有三种选择:

(1)关注"妙招",一招"制胜",有效解决具体问题。在班级发展全局中某个特定的阶段或遇到某个特定的事件时,采用一些有智慧的"妙招"或"绝招"来"战胜"学生或激活学生积极性,进而引导他们主动学习并关心班级发展,在个人主动发展的同时共同争取班级荣誉。教师此时重点关注班级生活中的具体问题,特别是不良状况中的问题(如学生不遵守纪律、非正式小群体的活动干扰了班级秩序);只要班级整体格局没有出现大的波动,就不用费心系统谋划并逐步推进班级整体发展到更理想的境界。换言之,在这种选择中,教师确实有想法,甚至有创意,但可能更多的是点状创意、线状思路,缺乏更为系统的教育思想和更为清晰的工作思路。

(2)区分领域,合理分工,组织学生整体布局。将班级生活全局划分为不同领域,让班干部带领同学们分工承担不同工作并相互合作。这不仅确保了班级生活秩序,而且促成各领域敞现学生的创意,让班级整体焕发活力。此时,教师关注的重点从具体问题提升到班级生活全局;同时,教师也看到解决发展问题所需的资源不只靠班主任一个人来提供,因为学生、其他教师和家长等相关人员也可以提供或创造教育资源。据此,教师会更为主动地组织好学生干部和每个小组,将班级生活中的各项事务分领域、分项目处理,鼓励学生通过各种岗位承担责任。此时,教师的工作思路清晰,工作内容也有了系统格局,工作方式也很有章法,不仅胸有成竹,而且步伐有序。

(3)划分阶段,明确主题,引领学生逐步发展。在班级发展的不同阶段(如一个学期中的每个月),带领学生主动选择不同的发展重点、策划主题活动,由此形成班级发展的主旋律并据此整合相关事务,自有章法地协调分工合作,从而既超越了散点式应付事务的情形,也超越了项目式完成任务的情形……在这种选择中,教师不仅关注班级生活的整体格局,更在此基础上聚焦每个发展阶段的主题和一个学期、一个学年或一个学段的主旋律,进而据此策划系列化的班级主题活动,通过每次活动来解决学生的发展问题。由此,切实提升班级生活的教育价值,让学生一步步获得更高境界、更为真实、更有意义的发展,包括每个学生个体的成长和整个班级作为教育组织的发展。显然,相比于前两种情形,此时教师的工作思路不仅清晰、系统,更有了立体化、动态化促进班级发展的专业智慧。这时的工作思路,就是本书倡导的建设民主型班级的教育思路。

这三种选择能给我们带来两个关键启发。第一,从工作态度来看,要超越疲惫应对琐碎事务的格局,关键在于教师自己的主动创造。"从来就没有什么救世主",这是《国际歌》早就宣告了的。因此,不可能等着别人把所有的琐碎事务安排好了再让班主任来轻松享受。上面的三种选择,都表现出自我超越、自主创造的工作态度,而不是消极应对或安于现状。第二,从专业智慧来看,正如前文已论及的,班级管理不像学科教学那样依据教材中的知识体系设计活动,而只能立足生生不息的班级生活来动态生成具体的内容和方法,这当然需要主动利用充满创新活力的专业智慧,正如这三种选择所作的。不过,它们分别着眼的工作格局是有差异的。以此为参照,可以积极尝试第一种,主动探索第二种,进而自觉追求第三种。其中,第三种选择正是本书所倡导的,也是下面将继续探讨的。

(二)班级教育思路散为具体技能

以上述三种选择为参照,特别是着眼于追求第三种选择,就会发现班级管理领域的理性思考,特别是围绕班级管理方法的理论研究,也需要超越混乱的格局,追求建立方法系统。具体来说,这方面有待超越的情形有三个层次的表现。

首先,从教师个体层面看,尚需升级管理方法。从学校教育的实践场景来看,在负责班级管理的所有教师(班主任)中,分别作出上述每种选择的各占多大比例?此时,也许会看到:相当多的教师依然停留于第一种情形。他们甚至因为自己在一个具体的时刻解决了一个具体的问题而感到很有办法、很有智慧;如果由此镇住了学生或确保班级生活不出现大的麻烦,他们也就颇有成就感,觉得自己解决问题、完成任务时挺聪明的。换言之,体现更高专业智慧的系统思路,很可能还是散为具体技能(尽管这些技法显得比较"奇妙""神奇"),这些教师就在这一层次安逸地工作,并持续保持下去。显然,要从好的技法入手进一步形成系统方法,就需要升级管理方法。

其次,从教育管理系统层面看,尚需更为系统的专业资源。在一线教师的视野之外,从教育管理部门或培训部门等教师专业发展支持系统的角度来看,可以发现:在班级管理(班主任工作)领域常常见到经验罗列式的实践探索和借用教育学之外的其他学科的理论话语的情形。虽然新口号与新说法(如多元智能理论、新课程理念、企业管理理论、军事兵法)不断呈现,但缺乏对内在依据的深入探究和清醒辨析。在这样的格局中,即使是教育部出面组织的国家级的班主任培训,也难免出现多种不足:平面罗列多方面内容,却缺乏整合;告知实践经验和师德要求,却缺乏论证;理论介绍满足于应然规定,却缺乏学理;实践策略似有创新,但缺乏系统整理①。毫无疑问,若要整体提升班级管理的专业质量,教育管理系统(包括教师培训系统)很需要更为系统的专业资源,包括系统的培训内容。其中,班级管理的方法系统显然是一个关键组成部分。

再次,从教育理论研究层面看,尚需更为清晰的专业逻辑。在相关的理论研究成果中,将班级管理看作只需专门技能、无需教育思想的事务性工作,这种情形依然不少见。许多人(包括教育理论工作者)已经习惯了班主任工作繁琐、忙碌的"老黄牛"形象,话语系统长期拘泥于"爱心""耐心"等非专业说法(甚至在广泛使用的教育学教材中将"家长的心肠"作为一个学术概念用来描述班主任的素质),或者将班主任最核心的素养归结为"工作技能"或"绝招",并将这类词用作成果标题;至于更高层面的教育思想,往往缺乏整合与提升,未能有效超越个人感悟式的朴素经验。于是,诸多"教育学"教材专章讨论班级管理时仍缺乏有足够解释力和指导力的系统主张。在理论体系上,这一领域的表述名称和分类标准存在着多种选择,而这正好是"教育学体系逻辑混乱的表现"。② 在论述方式上,或者停留于对经验的抽象归纳、平面罗列,缺乏学术立场;或者满足于直接引用社会学、心理学等学科多样化的理论话语③,缺乏教育学的学科立场④。这些情形的综合体现之一,就是"班级管理"往往缺乏专业的教育理论、系统的工作方法,很多人印象中的"班主任"往往无需专业智慧,更难有专业成就。他们即使采用了一些"绝招",也容易让人感到"小智若神"的"匠气",而非内含大智慧的"大家风范"。可见,在理论研究中,尚需进一步辨明班级管理的专业逻辑,包括梳理班级管理的方法系统。

至此,可以更为明确地看到:如果要弥补将班级管理的系统工作降级为琐碎事务带来的漏洞,还需进一步改变将班级管理的教育思路简化或分解为零碎技能的情形,进而形成超越"琐碎事务"和"零碎技能"的系统格局。就本章而言,这就是超越班级管理方法缺乏系统性的情形,主动建立并运用一个方法系统来管理班级,让更为专业的班级建设之道服务于更高境界的学生发展历程。

二、值得探索的方向:运用方法系统解决发展问题

一旦看到班级管理中的教育方法需要超越比较零散的状态,形成一个方法系统,就

---

① 曲文弘:《对当前班主任培训工作若干问题的思考》,《当代教育科学》,2007 年第 13 期。
② 叶澜:《"新基础教育"论》,教育科学出版社,2006 年版,第 294 页。
③ 心理学家科尔伯格(Lawrence Kohlberg)曾将其发现的"道德认知发展阶段"理论作为道德教育理论应用于学校教育之中带来的教训,尚未被人们充分关注。今天,随着教育研究、特别是中国的教育研究更为成熟,需要对跨学科的借鉴与启发保持一份专业上的自觉和警醒。
④ 李伟胜:《教育学研究立场的三层次析》,载于叶澜主编:《立场》("生命·实践"教育学论丛第二辑),广西师范大学出版社,2008 年版。

需考虑怎样着手来梳理、掌握和运用这个方法系统。此时,站在一线教师的工作视野,可以首先考虑如何整合各项具体的工作事务,进而透视其中内含的具体内容和深刻内涵。以此为基础,就可以结合班级管理的各项事务来整合各项具体内容、彰显专业品质。

(一)理解教育方法的系统格局

理解这一方法系统,需要在思维方式上超越两种常见情形:(1)缺乏学理地平面罗列各种事务处理方法,难以看到班主任的专业智慧,反而让许多教师无所适从、身陷烦琐事务而难以自拔。[①] (2)一些教师"小智若神",因为掌握了一些可暂时管住(而非管"活")学生的"绝招"而沾沾自喜。与这些情形相比,本书倡导的方法系统力图达到的效果是:让班级教育既有更高效率,又有更高境界;使班主任既有更多能力,还有更好的思想和更高的品位。

在这方面,一些已有研究给了我们不少启发。例如,有学者提出的"班级建设的操作系统",就是由摸清班情、提出目标、开展活动、单元评价、螺旋发展、达标验收这六个要素及其相互关系科学联系而成的。[②] 以类似的探索为参照,本书的选择是将其理解为由策略、措施和技法组成的立体方法系统。这一方法系统包括逐步具体化的三个层次,而非同一层次的多个方面[③]。这一方法系统的整体格局,可参阅下面的图表(图3-1,表3-1)。

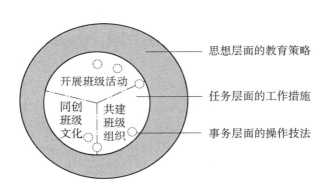

图 3-1

班级管理的
方法系统

教育策略	敞开空间,鼓励探索,欣赏主见,激活智慧
工作措施	共建班级组织,开展班级活动,同创班级文化
操作技法	策划,组织,实施,反馈,改进

表 3-1

建设"民主型班级"
的方法系统

---

① 有学者经过梳理发现:班主任专业素养的现有研究"对现象的描述多于理性的分析",并呈现三个特征:第一,在专业素质上过分追求全面,流于琐碎;第二,缺乏专业的分析与归类,通常表现为平行列出班主任所需诸多素质,对素质各要素之间的关系缺乏进一步的解释;第三,没有以动态和发展的眼光,从班主任的职业生涯角度入手进行思考,从而没有关注到不同教育对象条件下、不同发展时期班主任专业素质结构的差异。见张红:《关于班主任专业素质的思考》,《班主任》,2009年第3期。
② 唐云增:《班集体建设的操作系统》,《班主任》,2008年第1期。
③ 在"绪论"中介绍本书的"核心观点"时,我们已经对这三层方法之间的关系作了初步说明。

1. 任务层面的工作措施

构建方法系统的第一步,就是将班级管理中的各项具体事务整合为"三大任务",并将其表述为任务层面的三条"工作措施",即共建班级组织、开展班级活动、同创班级文化。这也是第一章中阐述"建设民主型班级的三个具体目标"时所针对的三个领域中的工作任务。在每个领域中,整合系列技法,系统开发教育资源(特别是带领全班一起开发的学生创意与活动能力等内生资源),由此在班级生活整体格局中部署并经营好三大领域。其中,特别值得探索的就是根据每学期的学生发展需要,生成班级发展的主旋律,让班级发展全局沿着"系列主题活动"而展开。于是,班级管理水平逐步提高,班级发展境界逐步提升,也就成为可以期待的结果。

2. 事务层面的操作技法

梳理方法系统的第二步,就是在理清三大"任务"之后,进一步梳理其中的各项具体事务,辨析事务层面的"操作技法"。这是许多教师最为关注也是研究最多的方法,包括前文所说的"妙招""绝招",例如设计班级计划、开展班级工作的流程、一次班会的具体策划和实施、一次竞选班干部活动的组织、图书角的管理、班级值日制度的设计等。在本书中,这些处理具体事务的方法已被整理成"系列技法",涵盖每一位班主任在一个学期的具体工作流程中的五个环节(策划、组织、实施、反馈、改进)里的二十个具体事项。[1]

3. 思想层面的教育策略

梳理方法系统的第三步,就是深思三大"任务"之内蕴涵的、体现先进教育思想的工作策略,由此探明思想层面的"教育策略",即敞开空间、鼓励探索、欣赏主见、激活智慧。它们分别对应着教育思路中的四个环节——只不过,这里是从教师工作方法的角度表述。

相比于前述的"措施"和"技法",教育思想层面的"策略"超越具体的事务处理,具有更广泛的适用性;同时,它也更充分地体现着创建民主型班级的思想。因此,最需要用智慧,而不仅仅是认知信息或技能来把握这些策略;或者说,这些策略最需要用"心",而不只是用"脑"或"手"来掌握。一旦掌握并运用了这些策略,班主任的工作品质、班级的发展状态,就有可能全面超越处理琐碎的"附属事务"的情形,进入到"在专业的教育活动中享受智慧与尊严"的境界。

在上述方法系统中,任务层面的工作措施居于"中位",用以整合各种资源,经营三大领域,完成三大任务;思想层面的教育策略居于"上位",蕴含教育思想,让三条措施富有专业品质;事务层面的系列技法居于"下位",用以落实三条措施,处理三大任务之中的各种具体事务。也就说,在这个方法系统中,居于"中位"的三条措施最为关键:一方面,它们将居于"上位"的较为抽象、较为灵活的基本策略简洁有效地化入三个领域的日常工作之中;另一方面,它们将居于"下位"的操作技法整合起来并相互融通,使之形成一种整体格局,而不至于让教师停留于琐碎的技法、忙碌于繁琐的事务。对此,可用一

[1] 我们曾将其整理为班级管理的策划、组织、实施、反馈和改进这5个阶段的18个事项中的54个技法。参阅李伟胜:《建设民主型班级的系列技法》,《班主任之友》,2009年第11期;李伟胜:《班级管理》,华东师范大学出版社,2010年版,第112—149页,"第五章 班级管理的常用技法"。

个比喻的说法来构建一个最简洁的参照系：用"心"感悟策略，用"脑"理解措施，用"手"掌握技法，然后将它们综合运用于解决实践问题。（鉴于"思想篇"重点阐述的教育思路可直接用于理解教育策略，后面就不用专列一个章节来展开探讨教育策略；至于工作措施和操作技法，后面则有专门的章节展开论述。）

更具体、更全面的阐述和探讨，将在后面逐步展开。

（二）运用方法系统解决发展问题

方法，归根结底是用来解决问题的，班级管理领域的专业方法，当然首要的作用就是解决学生的发展问题。因此，在从诸多案例中提炼出上述方法系统的同时，还需进一步考虑：如何运用这个方法系统来解决学生发展问题？

站在一名教师的角度来看，班级管理中的发展问题往往直接表现为教师面对的学生的言行举止等具体表现，而这些具体表现又是在具体的班级生活场景中出现的。据此，在求真务实地探索如何运用上述方法系统时，需同时争取实现两方面的成效：（1）每一位教师可采用。这里所说的教师，既包括直接负责班级管理的班主任，也包括负责每个班级的教学工作的学科教师（包括"走班制"中面对每个班级开展教学的教师），还包括其他利用班级这类学生组织开展任何教育活动的教育专业人士（如社团指导教师、学校中的德育领导）。（2）每一个班级都适用。它适用于本书所说的管制型班级、自主型班级和民主型班级（或用其他类似的表述方式）所代表的不同境界的班级，也适用于在常规的班级建制或以"走班制"等形式探索教育变革的进程中出现的其他形态的班级，这里的关键在于找到合适的"适用通道"或切入点。事实上，只要进入一个班级开展教育活动（包括教学活动），教师就需组织学生、"经营班级"，包括在课堂上组织教学活动和在课后通过班级部署小组合作学习、研究性学习项目；其中，就必有生生交往和师生交往，这就有可能敞开人格培育和民主交往的教育空间，生成相应的教育资源。换言之，无论班级的发展境界达到了哪个层次，只要有基本的秩序和在此基础上开展的教学活动与交往活动，就可以找到运用这套方法系统的"适用通道"或切入点。

同时考虑"每一位教师可采用"和"每一个班级都适用"这两方面的期待，这让我们从负责班级管理的教师的角度考察他们面对真实班级时的工作格局。由此，可以看到：在运用本书所倡导的这个方法系统时，有三个角度的切入点——这其实也是教师在第一时间接触到"真实的发展问题"时的"接触点"。换言之，每个教师在每个班级都可以将这三层切入点作为参照，找到可以运用这一方法系统的"适用通道"，将每个班级作为一个文化生态系统来经营，从中主动开发并利用内生的教育资源，并将其与已有资源（包括来自班级之外的其他资源）结合起来，促进班级发展。

下面，就结合第二章第四节所述的案例"在'寻找美'的活动中共同进步"，从三个角度的切入点分别探讨如何运用上述方法系统，以尝试解决发展问题——"促使各个小群体在互相交往中共同进步"。

1. 由点及面，在具体事务中拓展教育空间

教师每天都要直面每一个学生在具体的班级生活中的表现，因此，班级中的学生发展问题往往首先通过具体言行被感受到，进而表现为具体事务。每个具体事务有可能是一个"全息点"，师生可由此透视并影响班级生活的全貌，犹如"窥一斑而知全豹"中的

"一斑"或"牵一发而动全身"中的"一发"。如果着眼于班级生态系统的全局视野,综合运用一套方法系统,就可由点及面,通过具体事务的处理来拓展教育空间,促进学生获得更多更好的发展。

在本案例中,"由点及面"的探索主要表现为:(1)将小群体交往纳入班级生态系统中。透过小群体的交往,透视学生发展生态,将其置于班级发展格局之中。(2)聚焦主题,在三大领域拓展发展空间。在组织建设中沟通个体与群体、非正式群体与正式群体、群体与班级、学生与教师;在班级活动中贯通非正式群体的自发交友与自觉辨析基础上的主动交往、小群体活动与主题班会、"小活动"与"大项目"、一个"大项目"与系列"大项目";在文化建设中融通兴趣与友谊、一种"美"与更多的"美"、自发生成的"美"与主动创造的"美"……由此,越来越丰富的教育资源得以生成、开发和利用。

在由此拓展出来的辽阔空间中,聚焦"开展班级活动",辅之以"共建班级组织"和"同创班级文化",将任务层面的三条措施整合进完整的班级管理工作格局。一旦工作格局清晰起来,思想层面的教育策略和事务层面的操作技法,就可以根据实际需要灵活地选用(不必全面对应、机械套用)。

2. 由表及里,在主题活动中激发学生活力

教育是通过活动发生的,恰如每门学科课程的实施需要通过教学活动才能落实。类似地,班级管理促进学生发展的过程,归根结底也是通过班级中的具体活动(包括一言一行,甚至一个眼神交流中的交往活动)来实现的。不过,活动的成效能否超越表层的言行表现而触及深层的精神生命世界,这就在见证着师生的交往能力,特别是教师的专业智慧。从建设"民主型班级"的角度来看,要让"敞现—辨析—选择—生成"的发展过程真正实现,显然需要由表及里,让活动深入到学生内心、深入到班级的精神文化空间。

在本案例中,这种"由表及里"的探索至少表现在如下方面:(1)由交往表象透视发展需要。透过学生非正式小群体的自发交往现象看到学生有相互交往的需要,进而看到这种需要背后蕴藏着有待开发的发展可能性与教育资源。于是,学生自发交往与有计划开展的教育活动之间相互融通的空间就敞开在教师的专业视野中,因为本来就没有截然两分的界限将"自发交往"与"有计划的教育活动"隔绝并对立起来。(2)透过行为表现深化成长体验。主动设计的"认识美"的活动,让学生把个体行动融入到群体交往、小组活动和班级活动等更为系统的格局之中,把从不同视角在不同领域看到的"美"作为群体交往的内容和促进发展的资源,在拓展视野的过程中丰富体验,在丰富体验的过程中深化思考。(3)通过真切体验激活创新思维。通过后续的系列活动,更多的教育空间就逐步展开,更多的生命智慧也逐步敞现,于是,"美"对于个体和群体的教育价值、发现"美"和创造"美"的思维方式与交往策略等深层次的思考、真切的体验就可以发生,学生的思想活力与实践创新能力就可得到深度开发。

就这样,围绕着解决"促使各个小群体在互相交往中共同进步"这一发展问题,系列化的主题活动得以展开,教师就可以灵活地随机选用"策略""措施"和"技法"这三层方法中的任何一个部分。于是,这一方法系统就是教师得心应手的工具,而不是"邯郸学步"地机械套用的对象。

3. 由此及彼,在系列活动中稳步促进发展

班级管理关注的学生发展,不仅包括学生个体的成长,还包括班级整体的发展;不仅包括一个领域的发展,更包括全班同学的全面发展;不仅包括一个阶段的发展,更包括一个学期、一个学段乃至终身的发展。因此,就一个班级的学习生活来说,运用方法系统解决发展问题,必然需要着眼长远发展,关注到更多领域、更高需要;换言之,要由此及彼,持续推进学生发展。其中,主动策划和实施系列主题活动(特别是系列"大项目"),是智慧型教师的宝贵经验之一,因为这是更充分地运用专业智慧、促进学生更充分地掌握发展主动权的关键途径。(本书第五章、第七章和第八章都会沿着这个途径展开更为充分的探讨。)

在本案例中,"由此及彼"的探索至少有如下方面:(1)由自发交友到自觉交往。从专业的视角来看,班级管理的三大领域(组织建设、班级活动、文化建设)都可以成为让学生自觉敞现活力、自由放飞心灵、主动探究问题的发展空间。(2)由一个主题到系列主题。案例中先后开展的各项主题活动(认识美、发现美、展示美、创造美)就逐步生成为班级主题活动的系列"大项目",它们汇集起来就是"寻找美"这个持续一学期的教育活动,逐步解决"促使各个小群体在互相交往中共同进步"这一发展问题,稳步促进全班同学的主动发展。

从更长远的眼光来看,学生以往的成长经验、本学期的主动探索、以后的发展空间,就贯通成为一个学段的教育生活,如同不同旋律汇成一个乐章,多个乐章融成一部交响曲,进而成为多部交响曲。如果教师的专业智慧达到了更高境界,那么,由"策略""措施"和"技法"组成的这套方法系统就可以更为灵活、轻松自如地运用了,而不再拘泥于一招一式、一点一事。

上述的三层切入点,可供每位教师结合每个班级的具体情况(包括一个阶段某些学生的具体言行)来灵活选择——用一句广告语来说,"总有一款适合你!"当然,无论从哪个层次切入,都能发现:班级管理的方法系统是一个整体。能否用好这套方法系统,不仅取决于需要解决的发展问题的具体情形和学生的实际情况,也取决于教师力图实现的教育目标、促进学生达到的发展境界,还取决于教师的专业智慧和学生的活动能力。显然,在教育学的视野中,所有这些因素都是可以改变的,是"变量",而非不可改变的"常量"——这种专业眼光,就是教育学而不是其他学科所特有的。因此,需要努力做到的就是透视其中蕴含的可能性——学生的发展可能性,教师的创新可能性。

第二节　运用方法系统促进学生发展的典型案例

思想层面的教育策略、任务层面的三条措施和事务层面的操作技法组成的方法系统,只有在真实的班级生活中得到运用,才能产生真实的教育价值。所以,需要在班级生活的实际场景中探讨如何用好这套方法系统,使之真正促进学生发展。

正如前面已阐明的:在这个方法系统中,居于"中位"的三条措施最为关键,它可整合各种资源,经营三大领域,完成三大任务,由此确保班级发展的整体格局以秩序为基础敞开彰显活力、释放豪情的发展空间。在这三大任务中,聚焦"开展班级活动",辅之

以"共建班级组织"和"同创班级文化",由此在更高境界融成班级管理工作格局,这是智慧型教师动态推进班级发展的实践经验之一。进一步的理论研究表明:班级活动,和所有其他的教育活动一样,是最具有内生活力的促进发展的行动路径;在这条路上,师生可以立足班级生态系统,自主而开放性地开发、利用、整合、创生来自各方的教育资源,使之在真实的活动过程中"为我所用"、促成人的发展。如此看来,通过班级活动促进学生真实成长,围绕班级活动综合运用系统的教育方法,是在班级生活场景中理解和运用这个方法系统的必经之路。

本节就具体分析一个班级主题活动项目(一个"大项目"),理解其促进学生发展的过程,透视整个方法系统在其中得以运用的具体情形。以此为参照,每一位教师都可针对班级生活中的发展问题,组织学生开展班级活动,并灵活运用这个方法系统。

一、案例呈现:班级发展中的一项标志性主题活动

一个初中班级——即下文中的初二(1)班[①],自初一下学期开始参与建设"民主型班级"的课题研究。此前,在初一上学期,班主任就提出"热情、健康、自信、好学"八字口号并据此组织学生开展一系列活动,班级由一盘散沙、无助迷茫走向一个初具凝聚力的整体。在参与课题研究之后,他们开始从"共建班级组织""开展班级活动"和"同创班级文化"这三个方面开始自觉尝试,这包括:共同制定班级发展计划(突出班级特色)并据此民主设立各种工作岗位,让同学们参与班级组织建设;继续开展各种主题活动(一个学期举行了三次由同学们自主策划和实施的主题班会),促进学生主动交往;通过岗位评议优化交往生态,通过设计与更新教室环境而彰显学生活力。

在自觉建设民主型班级的第一学期中,最为重要的变化是:同学们不仅热情关心班级和每位伙伴在班级生活中的感受与进步,而且乐于通过自主开展的活动(包括"十分钟队会")来合作探究如何解决班级生活中的发展问题,如共商班级发展计划、一起探讨喜欢网络游戏的现象及其对策。其后,他们利用学校部署的暑期实践活动主动调研了周边的市场和上海文化景点,并准备在进入初二后交流暑期生活感受,开启新的学习生活。

(一)用"发现美的眼睛"发现一片新空间

开学初,初二(1)班的同学通过在学习园地张贴活动照片和在班会上的汇报总结,把暑期开始的社会实践活动推向高潮。其后,他们就着手准备学校组织的"一日实践"活动——9月9日到劳技中心(劳动教育实践基地)学习烹饪。在学烹饪的过程中,同学们展示出平时在学校不易看到的别样风采。班主任的数码照相机记录下一个个场景:同学们之间的合作,他们的勤快能干,还有品尝劳动成果时的快乐。同学们争先恐后把包好的饺子往老师的嘴里塞,硬拉着老师品尝刚出炉的鱼,孙同学悄悄把自己不舍得吃的蛋糕放在了老师面前……这时,只有作为一名教师,特别是一名班主任,才能真切感受到一种幸福和温暖。

当同学们依依不舍地离开劳技中心时,班主任想:可不可以利用这样的教育机会,

---

① 本案例取自缪红老师在参与建设"民主型班级"的课题研究时所撰写的班级发展案例。详见陆桂英主编:《建设民主集体,共创阳光人生》,华东师范大学出版社,2007年版,第47—49页。

把学生在实践活动中的成功和快乐化为发展资源？从后面的发展感受特别是初三时面临的考验来看，也许可由此让学生现在就开始作思想准备？否则，这次活动一完成，又会有别的活动，学生一忙起来，这次的成功和快乐就被新的感受覆盖了。

随后，班主任组织班干部一起商议此事。他们商定：索性结合后面的一些学校活动（如"一日义工活动"），开展以实践活动为主要内容的系列教育活动。其中，参照初一同学们自主策划举行主题班会时积累的经验和由此带来的成就感，可以筹划举行一次主题班会，让劳动带来的成功体验得到进一步的升华。

（二）在探究中生成内涵更丰富的活动主题

1. 放手让学生设计分享劳动体验的班会

根据以往策划实施主题活动的经验，大家提出了一些设想：新的主题班会，可以请同学们回顾总结在劳技中心的实践活动，穿插一些互动节目，在轻松活泼的氛围中，让大家体会到：热爱劳动是一种美德，为家中分担家务劳动是我们的职责。在和大家初步商议之后，班干部拿出了班会方案的第1稿。班干部负责的班会具体安排和各组同学准备的三部分内容都是在较短时间内完成的。这体现出同学们参与这一活动的热情，他们很期待通过班会形式留住美好的感觉。

班会方案（第1稿）

实践活动——劳技中心

一、谈谈劳动感受

平时在家中同学们是否参加了一些家务劳动？例如：扫地、拖地、洗衣服、烹饪……9月9日我们迎来了到劳技中心学习烹调的日子，下面请同学们谈一下在劳技中心一天的感受。（选四五个人发言）

二、回顾劳动过程

听完了大家的感受，就让我们穿越时空，回到那激动人心的一天！（第一组）

重温了当时的气氛，同学们是不是回到了那一天呢！是否有人记得有趣的烹饪过程？（请同学简单地陈述）

下面就让我们一起去欣赏烹饪时的趣事吧。（第二组）

三、交流劳动经验

现在让我们来看一些食品（图片），看看你会不会流口水！

看完了那么多精彩的画面，让我们再来做一个小游戏吧！（赵同学负责）

下面让我们来谈一谈烹饪的小经验吧！（找会烧菜的同学发言）

接着，我们一起来听听家长对儿女的看法！（一位家长的信）

四、总结劳动意义

激动时的心情是一瞬间的，毕竟时间不会为我们而停留在那美好的一刻。在学厨的日子里，我们也遇到过挫折，也感到过自己成功的喜悦，这些经历都是我们永远美好的回忆。（第三组）

度过了那一天，我们也感受到了父母的辛酸和甘甜，我们现在过的这种"衣来伸手、饭来张口"的日子就是来自他们的劳动。我们的体会，也是父母长期以来的体会！

2. 用专业智慧在初步方案中发现新的教育价值

在学生设计出班会方案第1稿后,班主任及时与课题组成员沟通,并为此安排一次面对面的现场讨论。网上交流、文本阅读以及老师、同学与课题组成员的当面交流结合,大家对一些关键问题展开了思考。

(1)班会意义:敞现新的发展状态。经过老师和同学们在前面的认真投入,特别是主动尝试创新,全班的发展状态越来越好,因此,新的阶段开展的新活动就要敞现出新的气息。就这次班会来说,它的意义在于反映本班的最新状态,而不仅仅是反映这一件或一组具体的事情。

(2)班会主题:敞现学生成长体验。初中生正在形成自我意识,此时需要关注并开发利用他们的成长体验,尤其是自我教育的体验。据此,可策划一些"小活动",让更丰富、更深刻的成长体验敞现出来,而不仅仅是呈现劳动的表现和常见的感觉。可考虑让学生通过作文、周记或其他形式写出自己最真切的体会,然后在小组中交流讨论并进一步提炼出最独特的成长体验,最后由策划小组和老师审阅、选用。(如果需要,再进一步讨论、相互启发,继续提炼和完善表述。)

(3)班会内容:敞现学生的生活。学校安排活动,这是表象,透过表象,就会看到:学生才是活动的真正主体。更重要的是:建设民主型班级的根基就是学生的真实生活。因此,尽管确实是学校安排的活动,也应该突出:活动内容得到了同学们的理解和认同,而不是机械执行学校布置的任务。因此,在选择实践项目、设计活动过程、获取活动资料、提炼活动感受等方面,要体现出"学生"作为发展主体的特点。也就是说,他们自己在每一方面是如何成长为"主人"的? 相应地,班会内容就有了明确的取舍标准,而不是一味讲求全面反映。这是因为,看似全面的反映可能会淹没了主题而显得平庸,使学生生活中明丽的"鲜绿色"被描绘成暗淡的"灰绿色"。

(4)活动过程:逐步敞现创新活力。可把班会前后的一系列"小活动"设计成"提炼成长体验"的过程,而最重要的"小活动"——主题班会就是进一步让成长体验得到升华的高潮。一系列班级活动有了主线,就可以有生动的环节,从而使鲜明的主题、鲜活的内容集中体现为灵动的过程。这就像一节数学课、语文课、英语课有几个大的环节,每个环节之间有逐步深入或提升的内在联系,这也像一个故事有布置场景、突出人物、展开情节、达到高潮等环节。进一步深入地看,有的同学的"成长体验"也经历了一个类似的灵动的过程:困惑、思索、选择、初步尝试、获得初步体验、感受成功快乐、进一步尝试、获得更多(更深)体验、让体验升华……关注类似的过程并开发其中的教育资源,其实就是在逐步敞现师生的创新活力。换句话来说,"敞现活力"不是一个抽象空洞的口号,它其实就体现在具体的灵动过程中。

据此开展新的探索,这次班会的前前后后的活动就会有更多的新价值,学生的成长体验也会被提升到更高境界。

3. 培养学生的能力,提炼更有成长意义的主题

经过上述交流,重新设计班会时就有了更明确的方向、更开阔的思路。随即,一个专门负责策划的小组成立起来了(自称"六人智囊团"),组内成员分工负责不同的工作。由于他们的出色工作,第2稿班会方案很快就出台了。

在协商并共同开发新的资源(特别是敞现更为丰富、更为深刻的成长体验)的过程中,班会主题调整为"努力·成功·快乐",用以突出学生作为发展主体的地位——"我努力,我成功,我快乐!"显然,与前面的"实践活动——劳技中心"相比,新的主题有了更为丰富的内涵、更为鲜活的形式。

这一主题不仅蕴含了系列"小活动"的教育意图,也让大家据此将班会的活动结构设计为三个层次:呈现活动场景(回顾三次活动)——拓展生活场景(丰富成长体验)——升华理性认识(提炼成长体验)。于是,随着敞现出来的创意越来越多,同学们将视野拓展到更为开阔的空间:不仅关注到在劳技中心学烹饪的活动,而且还将暑期实践活动和开学后在学校开展的"一日义工"活动结合起来;不仅关注到这一次的劳动带来的成功体验,而且关注到日常生活和学习生活中的成功事例;不仅关注到同学们的成长经历,而且关注到家长的奋斗经历……于是,让人惊喜的新资源就这样源源不断地生发出来、敞现出来,让一系列"小活动"汇成了容量更大、内涵更深、主线和辅线交融的"交响曲"。

班会方案
(第2稿)

努力·成功·快乐

一、呈现实践活动的三个场景

1. 主持人在屏幕上展示暑期实践活动、劳技中心学烹饪及学校一日义工活动的场景,通过主持人声情并茂的旁白,激活美好的回忆。(旁白的内容选自同学们所写的体会。)

2. (选取学生的部分体会展示给大家)全班一起讨论:哪些体会最深刻?哪些是最有利于我们成长的?为什么?

二、转换场景,寻找成功的快乐

1. 请学生通过寻找日常生活及学习生活的成功事例,体会成功背后付出的努力。(请四至五位同学做好准备,主持人也接受同学们的即兴发言。)

2. 通过采访父辈的成功职业,进一步体会成功背后创业的艰辛及守业的艰难,从而为今后的职业选择提供参考。

三、上升至理性化的认识

……

不过,此时还有一些尚待探索和完善的地方。其中,第三层次暂时只简单写了一个题目,因为一时想不出用哪种形式来达到整节班会的高潮,收到水到渠成的效果——是采用心理游戏的形式,还是让学生自由组合成小组来讨论?至于第二层次中寻找身边成功的典型事例及采访工作,还需要进一步落实,包括及时了解并指导同学们通过调研获取更多资料。

(三)围绕主题深度开发更为丰富的活动内容

随着大家找到更能彰显此时的成长体验和新的需要的主题,随着思考的线索越来越明晰,探究空间也越来越大,活动结构也越来越清晰,每个小组的成员、更多同学的家长也被吸引着参与进来,由"劳动"展开的更多生活内容和发展经历也被开发出来。于是,更多的活动内容逐步涌现出来①(以至于后来不得不精选一部分放在班会上,其他部分就放到班级网页和教室的宣传栏中)。

至此,以"努力·成功·快乐"为主题,以及以这三个关键词为参照设计的班会活动结构,让整个班会呈现出逐步递进的过程。在由此形成的第3版的班会方案中,每个层次都逐步有了更为充实的活动内容。

班会方案（第3稿）

努力·成功·快乐

第一环节:回望活动现场。通过照片、视频展示暑期实践活动、劳技中心学烹饪及学校一日义工这三个活动的场景,还安排同学专门搜集起来并撰写文本,以便在班会上声情并茂地讲述活动中的故事。

第二环节:分享成功故事。同学们寻找"真心英雄",开发出两类故事。一是同学们的故事。让学习上有进步的同学在对话、讨论中敞开心路历程,让对家长的关怀有独特感受的同学写出自己眼中的成长故事,和大家分享成长的困惑、失败后的反思、探索的过程、快乐的体验。二是家长的故事。这包括吴同学的家长在上海18年的创业发展历程,还包括已转学到日本的一位桑同学的家长在日本自强不息谋发展的故事(桑同学讲述故事的录音通过网络传送过来),让长辈的生活经历化为学生的发展资源(见下文)。

第三环节:主动追求成功。组织同学们小组讨论"如何面对新的挑战",请老师讲述自己的努力发展的故事,齐唱《真心英雄》这首歌曲,感悟"不经历风雨怎么见彩虹? 没有人能随随便便成功!"。

家长的故事(1)

上海十八年
(作者:曹同学的父亲)

记得第一次从老家出来做生意,是在1988年的8月份。当时经济非常困难,为了路费都伤透了脑筋,有时候要在家乡打几天工,靠挣来的工资当路费。到上海后,只是做些小生意,没有周转资金。就这样,过去了几年,并没有更多的资金积累。

---

① 有兴趣的同行可以在此进一步关注复杂系统的演化过程,理解其中自下而上的"涌现"(emerging)现象的独特之处。为此,需要采用与"简单思维"相对的"复杂思维"。后者是人们在研究"复杂系统"、建立复杂科学中生成的。"绪论"对此已有说明。

　　1995年上半年，我们认识了一个私企老板，也就是现在你们熟悉的陈伯伯。他办了一个食品厂。经过争取，他厂里的印刷品由我们来承包印制。开始时的印刷量很少，但给我们带来了信心；这时，虽然挣的钱不多，但我们看到了希望。就这样，我们白天去其他厂家推销产品，晚上回来加工，常常忙到下半夜。先由我和孩子她妈两个人做，后来由于印刷量的增加，又聘来五个人帮忙。当时房间小，只有80平方米。在比较拥挤的空间中辛苦努力，生意逐步有了起色。

　　2000年7月份，我们注册了一家印务公司，事业虽然不大，可跨出了坚实的一步。

　　2002年的时候，我们买了一套房子作为办公室，外面又租了一套加工房。

　　2003年时，又买了一辆面包车，当作送货用车。

　　2004年时，买了一辆轿车。到了这时，也可以说是以车代步了。

　　2005年又租了500多平方米的厂房，增加了三台机器，将办公室和车间合二为一，工人也增加到二十个。这样，事情做起来就方便多了。有时客户上午订货，第二天就要交，甚至当天夜里也要送。对我们来说，风雨无阻、加班加点也是常事。不过，辛苦与效益是成正比的，利润也成倍地增长，还给客户带来了方便。客户对我们的评价是：交货及时，送货到家，价格公道，服务周到。

　　就这样，我们走过了整整18年。有时想起来，也感觉辛酸，但值得欣慰的是：我们遵循"诚信、勤劳、节约"的宗旨，经过艰苦创业，终于获得了成功；从白手起家，一步一个脚印，有了现在的业务规模。

　　根据我自己的经历，我想对各位同学说：只要每个人都能吃苦耐劳，做到讲信誉、遵纪守法，再加上敢于拼搏的精神，每个人都能建立起一份属于自己的事业，为祖国的繁荣富强作贡献。

我崇拜的妈妈

（作者：桑同学）

　　从一年级起，我就由爸爸照顾，因为妈妈在外面工作。在我第一天去学校的时候，是妈妈送我过去的，当时的印象特别深——因为迟到了，虽然不知道为什么会迟到。那天一回到家，就没见到妈妈了。当时我还小，没多问什么，只是觉得家里少了一个人。后来，我渐渐知道，我妈去日本了。外婆常跟我念叨：我妈小时候是个三好学生，成绩好，还拿过很多奖状，长大后还有很多人追求她。（她和我说的，我也不知道是真是假。）

　　等我慢慢长大了以后，我发现了一件事，我家有点奇特，一般人的家庭是男的在外工作，女的在家做事（我不是小看女性，我不想引起"公愤"），不过我家是妈妈在外工作，爸爸在家做家务。从那时候开始，我就有点佩服我妈了。

　　老妈的样子，我从二年级就不记得了。直到我爸公司有团队要去日本，我跟着一起去的时候，我才见到了我妈。和老妈在一起，有股很怪的感觉。她带着我们到处游玩、吃、住,总是用她那一口流利的日语与别人交流。这时候我更佩服我妈了！我妈刚去日本的时候,可是一句日语也不会的,她就靠她的英语来交流,最后她竟然把日语给"搞通"了,佩服,佩服啊！以前我也想学会日语,但一直没机会,现在总算开始认真地学了。我妈说她就用了半年,就把日语给 OK 了！强！！我也要像她那样,打算用半年时间,把日语 OK 掉！

现在,我妈又在这里开了店,在东京,听说很赚。我呢,正在非常 Gang Ba Dei(努力)地学日文。其他学科我暂时不担心,我做过一张试卷,错了几道题(都是七年级的时候教的题目,有点忘记了,同学们啊,对已学过的知识要经常温习温习啊,小心全部忘光),但是,老师竟然用中文和我说了句话,"You Xiu(优秀)!"我傻了半天,真是有点受宠若惊(其实我的成绩还不够好)。我们 11 月考试,试卷只能日文表示,不能翻成中文！——老样子,祝我好运！

现在我和我妈都在努力,你们也一样哦。我有空会回来看看你们的,不要忘记我哦！看你们也不敢。那就这样了。Ja Nai(再见)！

(四) 整个"大项目"在主题班会达到高潮

经过前面的探索和准备,这个"大项目"中的前期系列"小活动"逐步得到开展:(1)聚焦劳技中心,策划主题班会;(2)拓展视野,重温三次实践活动;(3)寻找"真心英雄",搜集成功事例;(4)整理资料,设计班会新方案。在此基础上,更多的资源被开发出来,现场举行的主题班会的活动创意也不断完善,主题班会与班级生活的其他领域(如网页内容的发布、班级环境的布置、每个小组认领的任务及其在组内的分工)也被综合考虑、相互贯通。

紧接着,在筹备了近一个月并形成第 4 版的班会方案之后,这个"大项目"中最关键的"小活动"——主题班会得以顺利举行。

第一环节是"美好的回忆"。重现暑期实践活动、劳技中心学烹饪及学校一日义工这三个活动的场景,让留下的深刻印象和美好体验得以展现,让努力创造的成功和在创造过程中的快乐凸显出来。同时,筹备此次班会时梳理资料、写出体验、合作修改、为班级作出新贡献这些"二度生成"的成功体验,让主题更为鲜明,让新的探究空间得以展开。

第二环节是"真诚的理解",理解成功路上的风雨和历经风雨见彩虹的自豪。身边同学的成长故事,让每个人都感同身受。例如,遇到学习上的困难时不仅要有坚强的意志,还要有思想上的智慧和交往中的互相帮助;再如,将本次主题活动中生成的一些内容展示在教室墙壁上的"学习园地"中,为此而经历的策划方案、搜集材料、修改文本、美化设计的过程,不是一般意义上的吃苦耐劳、勤劳奉献,而是自觉追求更为自豪的主动成长和合作共创。进而,家长的奋斗经历和他们创造的成果,让孩子们有更为深切的体验。于是,通过泪水表达感动,用充满豪情的努力、成功与快乐回报长辈,就是孩子们油然而生的新感觉。

第三环节是"自豪的追求"。理解了奋斗历程中的风雨,就能体会一帆风顺的生活之中的更多内容;展望未来的发展,更能体会歌词的含义——"不经历风雨怎么见彩虹?没有人能随随便便成功!"在平凡的学习和生活中,只要认真努力,就会不断创造成功、享受快乐。

就这样,在全班同学和老师一起在教室举行的主题班会中,同学们有了更为集中、更为强烈的成长体验(我们可以通过童同学撰写的活动体会看到这次主题班会带来的教育成效)。当《真心英雄》的音乐响起时,班主任也热血沸腾,被同学们能干、热情的表现所感动。她佩服宋同学的表演天赋,赞赏赵同学高超的电脑技术及工作热情,敬佩张同学、马同学认真的工作态度⋯⋯他们都为班会增色不少。于是,在这个班会里,更直接、更充分的交流,更深入、更丰富的体验,更真切、更紧凑的互动,让前期的系列"小活动"的价值得到进一步提升,把整个"大项目"推向高潮(成为这个"大项目"中最核心的"小活动"),进而为后续的"小活动"提供了标杆。

班会像一本故事书

(作者:童同学)

　　"⋯⋯转眼又要和大家说再见了⋯⋯"班会结束了,班会完美地落下帷幕。心中从未有过的快感油然而生,再也不用忙碌了。可随之而来的是落寞,结束了;想起我们的努力,我释然。

　　这个班会像一本故事书。它虽比不上格林童话、安徒生童话那样经典,但它却包容了我们的快乐、悲伤、忧愁与青春。更重要的是,这本故事书是属于我们班永远的回忆。

　　快乐,是故事的第一章节,充满了美好的回忆。有暑期的活动,有菜市场的,城隍庙的,还有一日义工的。在PPT的展示过程中,有的是快乐,有的是让我们深思做个好公民,有的更是让我们忍俊不禁(比如陈同学说"边做边减肥,一举两得",还有劳技中心的动手锻炼和男生搞笑的吃相)。

　　回忆是故事的第二章节,充满了温馨。我想几个同学回忆的成功故事应该都讲出了同学们的心声吧。还有马同学的家庭故事令人深思,在这样的环境下依然能长成那么一棵挺拔的白杨,而我们如此幸福的家庭或许太过于"温室化"了,这可能会让我们只是长成美丽的小花,柔弱不堪,经历不了挫折。但我相信,听了马同学的感想,大家会有所考虑。家长的话让我有感而发。或许是时代的不同,在家中外婆的故事一次又一次地感动着我⋯⋯幼小但坚强,用那稚嫩的肩膀撑起属于家人的一片天。

　　未来,利用"真心英雄"合上了故事书。或许有些同学碍于面子没有流泪(包括我,本来下来了,但又被我收回去了),但心头肯定酸楚。或许,在未来的几年,这又将成为回忆,但它不会像流行歌曲那样快的沉寂。我相信:当我再次打开周记本,它同样能让我落泪。

（五）后续活动让成长体验得到进一步提炼

策划和实施主题活动的过程就是学生获得更有教育意义的成长体验的过程,而不仅仅是完成一件事或应付"由别人规定的任务"的外在手段。因此,学生们以主题班会为核心"小活动",把前期"小活动"的价值提升到更高境界之后,还可及时开展后期"小活动"——撰写班会筹备过程和现场活动中的独特体验(见下面由马同学和许同学撰写的体会),构想新的活动。这正好与前面策划阶段就持续推进的撰写成长故事、反思成长体验等活动贯通起来,形成一个"循环"。在这样的循环中螺旋式推进、上升,同学们就可以主动设计实施更有意义的活动,自觉创造并主动表达成长历程中的真切体会,包括抒发自己的豪迈情怀。

学生
体会（2）

把握生命里的每一分钟

（作者：马同学）

今天,我们班以"努力·成功·快乐"为题举行了主题班会。作为"六人智囊团"之一的我当然深有感触。班会由三大环节形成。第一环节是我和张同学共同准备的"美好的回忆";第二环节是个人秀和家长们的成功之路,特别是让我们难以忘怀的朋友桑同学讲述《我崇拜的妈妈》;第三环节是展望未来,全班共同唱出《真心英雄》。

作为参加者和背后人物,有成功,也有失败的地方。比如说,忘了台词——在第一环节最后的尾声,由于一时的兴奋和紧张忘了台词;当时听老师说要临场发挥,想结束了,哪知同伴不知变通硬要我说完。好在总体上还算比较顺利。

在第二环节,同学们谈到了自己的成功经历。偶尔想想,成功真好,一次成功就会让人信心倍增。讲到自己从小走过的路,我觉得历经沧桑也是一种成功;沧桑之中留下皱纹,也许人生更加有趣。坐在教室中让同学们接受我,还会像"无泪的天使"。听沈同学说"失败乃成功之母"时,大家开怀大笑,笑走了压力。听曹同学的父亲讲述自己的经历后,听着吴同学诉说着父母的成功之路背后的艰辛,我感到我的童年是那么渺小,犹如遥远星河中的一颗星星!

听桑同学自述在日本的学习情况和母亲的成功经历,我知道了成功背后的努力和艰辛。有时我并不认为成功了一定会快乐,不过,至少班会那天我知道:只有努力才会成功,经过努力而成功以后才会更快乐。

正如《真心英雄》中的一段:"把握生命里的每一分钟,全力以赴我们心中的梦,不经历风雨怎么见彩虹,没有人能随随便便成功!"我只有努力才能见到彩虹。未来的路还很长,风雨过后,幸福伴随在我身边,让自己活得更好,这样的快乐,才是真正的快乐!

阳光总在风雨后

(作者：许同学)

随着一阵铃声，我们等来了期盼已久的主题班会。虽然没有上次班会那样场面壮观，但有更多老师来到现场，这让我们更加紧张；不过，正因为有许多老师，我们更要把班会开好，要让其他老师知道我们班不比其他班差什么，反而还有更多精彩。

主题班会终于开始了。先由主持人宋同学与赵同学登台。大家说了我们暑假里的实践活动，看了在劳技中心拍摄的活动照片，这激活了大家美好的回忆。

然后是马同学一篇感人的写真。我以前真不知道她是在这种环境下长大的；听到她的故事，我感到自己非常幸运，而以前我一直觉得我不幸福，因为我没有很好的脑子，也没有取得理想的成绩。听了马同学的故事我才知道，她经历那么多的困难，还能一笑而过。我真是佩服她。现在，我觉得我是幸福的，我是快乐的。

然后是曹同学的父亲讲他的成功经验。这真是让我们学到许多。有一个客户再三刁难，却终于成了他的一个老客户，这就说明"不经历风雨怎么见彩虹，没有人能随随便便成功"。我想，我的爸爸也应该是这样的吧！

接下来是我的好朋友桑同学的语音讲述。真是让我大吃一惊，我到现在才知道可以把人的声音录下来，再通过网络发来发去，真是太神奇了！我们其实都非常想念桑同学，我祝愿他在那里过得好，要回来看我们，这样，我们就能像那首歌唱的，"阳光总在风雨后"，迎接美好的未来。

不知不觉地，主题班会就接近尾声了。我觉得这次主题班会是"前无古人，后无来者"。李博士对我们的评价也非常高。总之我们是非常成功的。下次一定要再多多努力。希望比这次更加好。我相信：一定会！

二、案例中的教育过程：引导学生自主解决发展问题

上述"大项目""在成功中享受快乐"，见证了又一个通过主题活动解决学生发展问题的典型案例，学生由此获得的主动发展和教师在此过程中运用的专业智慧，值得我们进一步辨析。

从活动结构来看，这个"大项目"中有一系列的"小活动"（见表3-2）。对于这种活动结构，需用动态生成的思维方式来理解。一方面，现场举行的主题班会"努力·成功·快乐"是最为核心的"小活动"。它彰显出这个"大项目"促成学生达到的发展高度；以此为标杆，前后开展的"小活动"就可用鲜明的主题前后贯通、融为一体，犹如一部交响曲的各个乐章因为鲜明的主题旋律而前后相承、融为一体。另一方面，"大项目"的主题和班会的主题，可在展开各个"小活动"时逐步浮现、生成，而不一定都在最初就明确地选好（当然，事先就确定活动主题也是可以的）；与此相应，活动内容和形式也可随着

系列"小活动"的推进而逐步设计，直到正式举行主题班会时达到高潮，让整个"大项目"基本成型。（注：第五章阐述如何策划系列主题活动"大项目"时，会论及根据阶段性发展需要设计"弹性化"系列活动方案，其背后的理由可在本处得到见证。）

表 3-2	前期"小活动"	核心"小活动"	后期"小活动"
主题活动"大项目""在成功中享受快乐"中的系列"小活动"	1. 聚焦劳技中心，策划主题班会； 2. 拓展视野，重温三次实践活动； 3. 寻找"真心英雄"，整理成功事例； 4. 整理资料，设计班会新方案。	5. 主题班会：努力·成功·快乐 （1）美好的回忆； （2）真诚的理解； （3）自豪的追求。	6. 撰写班会随想，提炼活动体验； 7. 构想新的活动。

进一步来看，在全程回顾活动过程并据此撰写完整案例时，我们似乎可理出相对流畅的叙事线索，并据此推想曾经的探索历程是顺理成章、水到渠成的。不过，通过上面的描述，可以看到：真实的探究过程和发展历程其实是很复杂的、充满多种可能性，有时甚至面临两难抉择和反复权衡取舍。也可以说，这样一部"交响曲"，其实是在动态推进的活动过程中生成的，它更像是在一个复杂的、动态演化的班级生活系统中，因多种可能的主题或旋律相互影响而涌现出来的多种可能的"交响曲"之中的一部。这样的过程及其成果也许是迄今为止的教育理论（特别是主要从认知的角度研究学科教学或课程的理论）尚未充分辨明的。如果考虑到现有的教育理论很多是来自西方，而中国特有的班级管理和班主任角色未能得到充分的研究，那么，立足中国本土的类似教育实践（包括各门课程的教学实践），开展新的理论研究，也就更为必要了。在这里，我们难以展开更多、更深的理论分析，只是尝试着结合上述案例中的引导学生自主解决发展问题的活动过程或教育过程作一些梳理，以便教师能用更多的专业自觉和专业自信来展开新的探索，而不至于因为已有的理论研究尚未跟上实践探索的步伐而妄自菲薄。

具体来说，以第二章阐述的教育思路的四个环节为参照，可对整个"大项目""在成功中享受快乐"中的学生发展过程（即通过群体交往合作解决发展问题的过程）作如下分析。

（一）敞现：多元主体，多段探索，敞开探究空间

学生是发展主体，因此也应该是活动主体。不过，学生毕竟是未成年人，他们未必对自己的发展现状和发展需要都很清楚，因此，学生很需要教师的专业智慧来帮助他们理解自己并追求更好的发展。此时，教师的专业智慧不是直接替代学生来作出判断，把教师的看法或决策让学生直接接受或执行，否则学生的发展主体的地位就被忽视了。相比之下，教师的专业智慧就是启发学生主动探索，特别是从两个维度敞开探究空间：一是多元主体的不同体验，二是多段探索的持续推进。在本案例中，"多元主体"不仅体现为班级内的不同学生个体和群体，还体现为教师和研究团队的成员、学校中的其他班级与其他教育者、学生家庭中的其他成员（特别是家长）；相应地，"多段探索"不仅体现为针对劳技中心学烹饪的劳动设计班级活动、交流劳动体会，还体现为根据新的发展需

要(特别是激发并提炼真实的成长体验)而拓展视野、持续修改学生作品和家长作品……

这样一来,本案例中的"敞现"过程就不仅仅是具体的行为表现上的一个阶段,而是更重要的"思维过程"上的一个环节——它可被用于一个时间段、一个领域,也可被用于不同时间段、不同领域。于是,随着敞开的探究空间更为辽阔、多元,由此敞现出来的教育资源,特别是与学生追求"在努力中享受快乐"直接相关的各种发展体验(包括家长在奋斗过程中的感悟),就源源不断地生成出来。进而,在更为丰富的资源不断涌现的基础上,师生一起重新构建了新的思维空间,并在其中理清了更能体现学生发展豪情的主题、主线,成功地在多元主体、多段探索形成的复杂资源、动态格局中保持了新的思维平衡,即在新的活动空间沿着思考线索保持基本秩序和自由探索之间的动态平衡。

在开阔而复杂的活动空间,凸显主题和主线,整体把握和利用资源系统,这就为进一步探索解决更高境界的发展问题奠定了坚实的基础。否则,资源不足,空间不大,境界不高,主线不清,更高境界的发展问题难以凸显,发展路径难以展开并拓宽,发展目标也就难以实现。

(二)辨析:超越庸常,激发豪情,辨明更高追求

在开阔的空间探究,如何寻找方向? 换言之,学生聪明的大脑,往哪些方向去探索? 既要相信学生,鼓励他们探索,又要引导他们,以便他们的探索更有成效、更有发展价值。此时,教师的专业智慧可从两个方面发挥作用:其一,让学生追求更高雅的空间;其二,让学生越往前探索就越有信心和兴趣。

就追求高雅空间而言,这就是要努力看懂学生"自豪的需要",用以涵盖、引领"自立的需要"和"自主的需要"(可参阅第二章关于发展问题和发展需要的阐述);在此基础上,启发学生通过撰写成长故事和相互交流等方式辨析成长体验。在这里,就有教师理解学生、指导学生和学生个体领悟、相互启发等反复来回的循环过程,也可能出现思维或交往陷入僵局、只好耐心等待或苦苦思索,直到恍然大悟或只能无奈放弃等复杂情形。此时,班级管理中最为宝贵的教育资源——生生交往就可以发挥出关键的作用,因为每位学生和教师的思维空间都是有限的,而通过激发学生相互切磋却可以进一步激活思想、相互启发,进而将眼光投向家长等其他相关人士,拓展视野、开发资源,才有可能走出封闭循环和僵持局面。

就让学生增强信心、抒发豪情而言,这就是要让学生在整理发展故事(包括家长的奋斗经历和教师的发展经历)时,更多关注主体的成长体验,切实感悟到每一步真实成长都只能用自己的努力来实现,而不可能交给别人来替代,更不可能绕开奋斗的历程而达到真正的成功。于是,随着意境越来越高雅,体验越来越深刻,他们就有可能对主体内生的生命活力越来越有信心,进而对自己追求更好的发展时需要作出的努力更加清醒、自觉,同时也更加自信、更乐意追求自豪的感觉。

以这样的探索为基础,探究空间中逐步展开的发展思路也就越来越清晰,逐步开发出来的资源也越来越能被系统地整合、利用。

(三)选择:整合资源,制定方案,选择创造豪情

在一个"大项目"中,最关键的选择就是师生一起商定最后采用的主题班会方案,以便让这个最核心的"小活动"在时间和空间都有限的现场交流中产生最大的教育价值,彰显整个主题活动的高度。此时可以看到,商定主题班会方案时需要同时把握两个方面的因素:其一,让活动主线更清晰,由此让活动结构简洁而有内涵;其二,让活动内容更全面,由此让现场活动容纳更为丰富的资源。

从案例中可以看到,随着关注的视野从劳技中心的一天劳动(学烹饪)到前后相连的三次活动(包括暑期实践活动和校内一日义工活动),随着对"成功"的关注从三次活动到日常学习、家庭生活,同时也随着学生在开发资源时生成的感悟越来越丰富、越来越深刻(当然不是指每一位同学都写得那么深刻),主题活动涵盖的范围越来越广,可用的资源也越来越多。此时,如果不想让如此丰富而复杂的资源停留于凌乱的原始状态,那就必然需要用一种思维框架来整合它们,使之成为一个资源系统。此时,聚焦最核心的"小活动"——主题班会,就其方案的制定而引导学生精选资源(以至于将一些难以放入班会的资源放在黑板报上,进而由此贯通"同创班级文化"和"开展班级活动"这两个领域),设计活动结构,并据此在活动内容的选择、活动形式的设计等方面多动脑筋。

结果,正如案例所呈现的:一方面,活动结构简洁、清晰而有梯度;另一方面,活动内容有内涵、可延伸、可激活已有体验和新的感悟。于是,着眼于适应学生自豪的需要,就让主题班会带领同学们在新的发展空间找到了更高意境的、主动创建并合理使用资源系统的成就感,犹如在学会创作交响乐时能够动态、平稳地驾驭音乐系统从而使之产生更高的艺术境界,在学会创作更大场面的画作时能够综合、均衡而有重点地驾驭色彩系统从而使之产生更高境界的美感。

(四)生成:彰显高度,迈步新程,生发智慧活力

一旦主题班会得以成功举办,整个"大项目"的活动就达到高潮,新的发展高度也就为学生所达到。此时,学生可以生成的生命活力就可沿着两个方向继续展开:"高瞻"和"远瞩"——一方面,有更高层次的发展需要,引领他们感悟并继续追求自豪的成长体验;另一方面,有更长远的发展眼光,引领他们透过一时一事的成败得失而看到更为持久的追求成功的耐力、智慧(这可以在学生撰写的活动体验中得到充分印证)。于是,可以期待:在未来,尽管依然还有可能遇到风雨,但他们已有更强的能力、更多的智慧主动创造晴朗的天地,让未来的发展格局在更高境界保持一种充满活力的平衡,让班级主题活动在班级和每位成员的未来发展中产生更为持久的长期效应。

三、案例分析:围绕主题活动采用的方法系统

就上述主题活动"大项目""在成功中享受快乐"而言,在活动期间用到班级管理方法系统,毫无疑问不是将各种具体的方法平面罗列、机械搬用。在这里,这个方法系统的具体运用情形是:首先,有主线,通过主题活动解决真实问题、促进学生的真实发展;其次,有格局,围绕主题活动融通三大领域,采用三大措施:共建班级组织、开展班级活动、同创班级文化;再次,有章法,通过三大措施整合三层方法。下面就逐步予以探讨。

(一)根据学生需要开展主题活动

在上述案例中,组织学生通过主动开展主题活动来实现新发展,是有一些前提条件的。这就是:通过前期探索,班级已经能够规范运作、稳健运行,学生也逐步尝试着自

主开展一系列的班级活动;同时,师生在前期的诸多活动中已经有意识地开发教育资源,让每次活动产生尽可能大的教育价值——其中,教师的专业自觉是一个关键因素。于是,班级生态和谐,学生充满活力,教师跃跃欲试。在此前提下,师生一起在新的阶段大展身手的时候就到了。

此时,案例表明:根据学生更高境界的需要开展主题活动,具体的操作要点有如下四个。

1. 辨析发展需要,选择活动目标

好的活动都需精心选择目标,而好的选择就要有专业的标准。在这里,最重要的标准就是:活动用来解决什么发展问题? 其中,力图解决的发展问题是着眼于什么层次的发展需要? 就本案例来说,可以看到,从学生在劳技中心的劳动教育(学习烹饪)出发,让暑期实践活动和在校"一日义工"也纳入到教育视野之中,进而逐步找到其中蕴含的多层发展需要,最后在师生互动中作出明晰的选择,这样的探索过程其实可以出现在任何有价值的班级主题活动中。探索过程中逐步明晰的内容,可以参阅下面的几个表格(表3-3,表3-4)。

需要层次	内　　涵
自豪的需要	感受奋斗历程,体验努力成功的自豪感
自主的需要	呈现劳动成果,体会劳动带来的成就感
自立的需要	体会父母辛苦,防止不珍惜劳动的行为

表 3-3

主题活动"在成功中享受快乐"中的三层发展需要

发展基础 (现实状态)	发展过程 (现实与理想之间的差距)	发展目标 (理想状态)
1. 感受到劳动带来的快乐; 2. 体会到家长在工作、家务中的辛勤努力带来的成果; 3. 在新的时代看到更多"真心英雄",体会到为什么"平凡的人们让我最多感动"。	探究过程: 透过具体事例,自觉辨析、感悟并追求"在成功中享受快乐"的成长体验。 活动过程: 1. 聚焦劳技中心,策划主题班会; 2. 拓展视野,重温三次实践活动; 3. 寻找"真心英雄",整理成功事例; 4. 整理资料,设计班会新方案; 5. 举行主题班会"努力·成功·快乐"; 6. 撰写班会随想,提炼活动体验; 7. 构想新的活动。	1. 在未来的发展中创造"我努力—我成功—我快乐"的体验; 2. 着眼中考及今后的人生,作好努力奋斗的思想准备。

表 3-4

主题活动"在成功中享受快乐"中的发展问题

以上述内容为参照,就可以看到这个主题活动"大项目"的活动目标:让学生经历一个主动探究的过程,透过具体事例,自觉辨析、感悟并追求"在成功中享受快乐"的成长体验,用以激发他们在未来努力奋斗的雄心壮志。

2. 开发教育资源,设计活动过程

在本案例中,找到上述参照系、选择清晰的活动目标,生成相关的资源,是一个逐步推进的复杂过程。同时,也应看到:相信学生有资格也有能力追求实现自豪的需要,是一名真正领悟到教育真谛的教师应有的专业自觉。这是让所有的努力有明确的方向的前提。在新的方向中,具体的资源可以逐步开发;进而,以逐步涌现出来的资源为基础,师生就可更充分地敞现智慧,精心设计更高品质的活动,特别是现场举行的主题班会"努力·成功·快乐"。

在这里,逐步开发的教育资源有多个来源:(1)班级开展的系列活动,包括暑期就开始的一系列活动。这些活动,尽管并非早就设计好了的,但在逐步找到新的兴奋点、选择新的主题时,所有这些活动的意义空间就有了敞开的方向,发展主体可以更为主动地创造活动意义,让其价值得到升华,进而让相关的资源得到更自觉的开发和利用。(2)学生自己的学习生活,特别是长期生活在一个班级中看到的每位同学的发展变化,从中开发出"努力·成功·快乐"的故事,提炼发展历程中的成长体验。(3)家长经历的奋斗历程。在这里,对家长的感恩已经不再停留于表达内心的感受,而是进一步分享家长为家庭、为社会作贡献的心路历程;从家长的角度来说,因为有了这种有意义的班级活动,他们也有更充分的理由、更充足的机会敞开心扉,和孩子们交流讲述自己虽然平凡但确实很有价值的发展故事。(4)教师经历的发展历程。作为与学生一起共享持续多个学期发展历程的教师,自己个人的成长故事让学生感到更为亲近、更有说服力;同时,师生坦诚交流的过程也是相互对话、共同探索的过程,会让班级活动产生更多教育价值。

活动方案的设计,也随着探索历程的推进而逐步调整。其中,最为重要的是:(1)立意的提升。重点是着眼于学生"自豪的需要"来挖掘看似平凡的日常生活和班级活动中的成长体验。这足以说明教师的专业智慧可以在更高的发展空间发挥关键的引领作用。(2)主题的明晰。将发展主体追求主动成长的"我努力—我成功—我快乐"的自豪感逐步表达出来,这可让更多发展故事不断生成和敞现更高的教育意义。(3)结构的清晰。活动内容越多,就越是需要在活动方案中找到明晰的推进线索,这是每一位教师在学科教学中就已有的专业体会。类似地,在班级主题活动中,更需要有大智慧把握"主旋律",进而通过简洁明了的"大手笔"来整合资源,让活动结构简洁而有内涵、活动过程明晰而又能容纳丰富的内容。

3. 整合多方资源,实施活动方案

本案例中的活动方案的逐步改进过程,本身就是实施"弹性化"的活动方案的过程——这很不同于学科教学中事先设计好教案,然后据此组织教学的情形。换言之,在班级活动进而在班级管理的所有领域中,固然需要参照学科教学这类专业活动来开发和利用各种资源,更需要用独特的专业智慧来敞开视野,从多方面搜集、开发资源,进而带领学生逐步梳理资源、整合资源,以现场举行的主题班会的活动方案为关键的作品(同时也是最重要的参照点),在探索中展开活动,在活动中丰富思考,在思考中整合资源,直到最后协调好班级内的学生个体、小组、全班不同层面的活动,协调好教师、家长和同学(包括已经到海外学习的同学)的活动内容。——这其实也是我们倡导用"复杂思维"审视的复杂系统的自组织过程。

在此基础上,现场举行的主题班会就是众望所归的了。站在最开始构想这一系列活动的起点来看,现在这个局面的形成,看似出乎意料之外,实则为师生长期探索带来的水到渠成的结果。自从参与建设民主型班级的课题研究,已有很自觉的专业意识的教师就更为清楚地看到:教师的专业本领之一,就是发动学生主动呈现进而主动开发真实而有内涵的生活内容,并在此基础上培养学生主动策划班级活动的能力,而不仅仅是靠教师一个人能说会道的演讲和事必躬亲的勤劳。在前面的一个学期中,就不仅在意学生在每次班会活动中呈现的内容、产生的话语,更关注学生在活动中的能力发展,尤其是策划、组织和实施班级活动的能力。经过多次班会的锻炼,学生在这方面的能力已经得到充分培养。这是本次主题活动渐入佳境的一个生态性的基础。

4. 及时提炼感受,自评活动成效

与前述情形类似,这里通过让学生持续提炼成长体验来自评活动成效,也不是一次性的。这显然也不同于学科教学的课后作业或测验考试这类反馈。究其原因,就是因为作为发展主体的学生,需要对自己的成长历程有更清晰的自觉,并以此为基础主动优化发展生态、改进学习生活。在本案例中,学生自觉提炼成长感受、自评活动成效的过程,是伴随着主题浮现、资源敞现、主线显现的过程的。

最初,由劳技中心的劳动表现入手,逐步敞现学生更深刻、更真切、更丰富的成长体验。例如,在回顾相关活动时,更为关注学生如何逐步成长为"主人",而不仅仅是被邀请参与活动的执行者。于是,突出"成长体验"尤其是"自我教育"的成长体验,也就是顺理成章的了。

其后,在挖掘劳动体验的同时,敞开视野,关注到更多同学的学习生活和更多家长的奋斗历程,在进一步提炼当事人发展过程中的具体感受的同时,师生对活动的成效也越来越有把握,对更深入的(同时可能也是最磨炼人的意志的甚至是最费心思琢磨的)探究和辨析过程也越来越有兴趣(否则难以做到坚韧不拔地持续努力),对由此获得的成就感和喜悦感也越来越有清醒的自觉。

最后,在主题班会之后,及时写下活动体验,特别是参与策划和实施主题班会过程中的个体体验。一方面,这可从不同方面见证每位学生在共同参与班级活动的过程中获得的独特的成长体验。在融入交往共生的过程中获得的这些经历,不同于每位个体独自探索的收获,具有独特的班级教育价值。另一方面,这可整体见证班级活动的成效,并对后续发展带来潜移默化的影响,因为学生的眼界已经更高了、能力更强了,他们会在未来更为自觉地追求"在成功中享受快乐"。

(二)围绕主题活动融通三大措施

毫无疑问,无论主题活动多么重要,它都只能是班级生活的一部分。因此,在聚焦班级主题活动时,需要兼顾班级发展的整体格局,将与三大领域相应的三大措施融通起来(见图3-2)。

就这个案例来说,在逐步开展这次主题活动之前,这个班级就已经通过一个学期的努力,在"共建班级组织""开展班级活动"和"同创班级文化"这三个方面有了初步尝试,这包括共同制订班级发展计划并据此民主设立各种工作岗位,让同学们参与班级组织建设;开展各种主题活动,促进学生主动交往;通过岗位评议优化交往生态,同时设计并更新教室环境和班级网页,让班级文化更有活力。

在本次主题活动之中,三大措施也是同时发挥作用的。在逐步策划和实施活动的

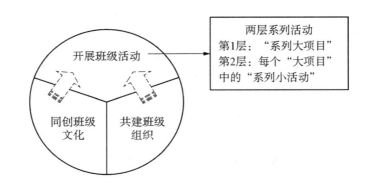

图 3-2

围绕主题活动
融通三大措施

过程中,从最初班委负责到建立一个专门的策划小组,进而到每个小组、每个成员的发动,还有延伸到让每个同学的家长以不同方式作出贡献,"共建班级组织"显然得到了充分的利用,而且是用于更高境界的发展,而不仅仅是保持班级规范秩序。在逐步生成主题、开发资源、设计方案、组织实施的过程中,更多的文化资源被开发,于是,教室里的文化栏目、班级的网页、同学们在此期间的交流讨论,都有了新的主题和内容,进而相互贯通(见案例 4-8)。

在这次主题活动之后,班级生活的三大领域都进入到了更高发展境界,这为后面继续推进班级发展奠定了更好的基础。

(三)通过三大措施整合三层方法

聚焦学生真实的发展问题,引领学生追求更高的发展需要,这就需要开展有真实成效的教育活动,特别是系列主题活动。当然,这样的主题活动,可以因时因人而异,即随着发展的不同阶段、学生的不同状态而灵活选择。例如,在组建班级或需要整体更新班级管理格局时聚焦"班级组织建设",可以围绕岗位设计或班干部选举组织主题活动(见案例 8-3"选出新班长,激发新活力");在班级规范运行后,聚焦"班级文化建设",可以围绕班级环境设计组织主题活动(见案例 8-4"我是教室美容师");在班级更为稳健时,可以聚焦学生发展动力,用"自豪的需要"引领其成长,并从班级生活中开发主题活动——这就是"在成功中享受快乐"这个"大项目"所做的。

通过主题活动,带动班级整体发展,就需同时融通三大领域,灵活运用三大举措。在此过程中,如果能综合运用一套方法系统,可让三大举措取得更好的实效,让主题活动产生更为深远的影响。简而言之,将任务层面的三大"工作措施"置于中间(围绕主题活动),用以整合各种资源,经营三大领域。进而,从两个方向汲取智慧:往上,综合运用四项"教育策略",由此辨明专业高度,作为辨析班级发展格局和走向的参照系;往下,分领域、分步骤、有选择地灵活运用一套"操作技法",将其作为切实展开行动、逐步生成资源的生长点(见图 3-3)。由此,将居于"上位"的较为抽象、较为灵活的基本策略简洁有效地融入三个领域的日常工作之中,同时将居于"下位"的操作技法整合起来并相互融通,使之形成一种整体格局,而不至于让教师停留于琐碎的技法、忙碌于繁琐的事务。

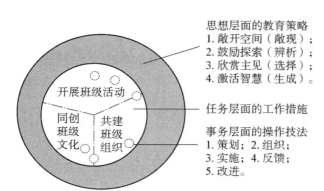

图 3-3

通过三大措施
融通方法系统

思想层面的教育策略
1. 敞开空间（敞现）；
2. 鼓励探索（辨析）；
3. 欣赏主见（选择）；
4. 激活智慧（生成）。

任务层面的工作措施

事务层面的操作技法
1. 策划；2. 组织；
3. 实施；4. 反馈；
5. 改进。

开展班级活动

同创
班级
文化

共建
班级
组织

至此，就可以看到智慧型教师超越勤奋型教师和活力型教师的最关键的专业本领：抓住关键问题，主动开展活动，进而打开全局、融通资源。于是，就能在班级管理中收放有度，且根据具体阶段的具体任务而灵活取舍工作内容、整合教育资源，构建自己能轻松把握、学生能主动融入的工作格局。他们的"能级"得以提升的核心秘密，就在于此。

本章小结

本书之所以特别关注班级管理的方法系统，就是因为看到教育方法缺乏系统性的落后情形给很多教师带来的困扰或精力浪费。相比之下，从许多智慧型教师的成功经验中提炼而形成的由三层方法（策略、措施、技法）组成的立体方法系统，可望有效提升教师的工作"能级"。对此，需要关注：其一，理解三层方法各自的适用条件，看到每一层方法都自成一个"子系统"、内含一套操作流程，据此，可以结合班级发展实际灵活选用。其二，这套方法系统归根结底是用于解决真实的发展问题，带领学生建设更高境界的班级生活，据此，最好围绕着班级生活中的主旋律——特别是系列化的主题活动，综合运用这套方法系统。

关键术语

教育策略　工作措施　操作技法　方法系统

思考与练习

1. 结合你在第二章设计的一份"促进学生个性化发展的班级教育方案"，辨析其中用到的班级管理方法。请分三层次举例作出具体说明（用列表的方式）。

2. 案例分析：

（1）系统了解一名班主任一周的工作内容。最好是深入实践亲自观察或访谈，并作比较详细的记录。（如果难以深入实践考察，也可以从学位论文、期刊论文、著作等资料中选取一份类似的记录作为替代。）

（2）整理这名班主任一周工作内容，看看主要有哪些领域、哪些事项。

（3）参照本章内容，辨析这些工作内容中不同层次的工作方法（用列表的方式）。

（4）参照本书"绪论"部分介绍的三个能级的教师的特征，你认为这名班主任的工作能级处于什么水平？请谈谈你得出这个阶段的理由。

3. 根据本章内容，分析案例3-1中的主题活动，思考如下问题。

（1）这个主题活动针对的"发展问题"是什么？请画表格说明其中的发展基础、发展过程和发展目标。

（2）这里用到了哪些班级管理方法？请分三层次举例作出具体说明（用列表的方式）。

（3）参照本章介绍的方法系统，这个班级在这次主题活动中还可以采用哪些方法？请举例说明。

案例 3-1

"20 年之后的我"主题活动

某班开展了一次"20年之后的我"的主题活动。其主要情况如下：

（一）策划准备过程

1. 每人写一篇题为"20年后的我"的周记。

2. 在班级黑板报中出一期"20年后的我"的板报。

3. 在一个星期后的班会课上开展主题班会。由班长向全班同学宣布这次主题班会的内容，让每位学生有一周的时间准备，且规定每个同学必须参加。可以是单独一个人表演节目，也可以自由组合搭配伙伴，内容、形式不定。课后，同学们积极地准备。

（二）主题活动过程

1. 每一位同学写一篇题为"20年后的我"的周记。

2. 宣传委员主持开展"20年后的我"的主题班会。

（1）由主持人简要说明本次主题班会的内容和目的。

（2）每个同学讲述或表演"20年后的我"，与周记的内容要一致。

（3）任课老师发言。

（4）班主任总结。

3. 把周记中《20年后的我》贴在班级的学习园地栏目中。

4. 在班级中开展同学自我监督和互相监督，督促每位同学的行为和学习，为以后的升学奠定基础。随后进行每月小结，每位同学写好反思，反思自己有没有在为自己的人生目标奋斗，并在学期末总结。

问题探究

在运用本章所说的方法系统中的"操作技法"来解决一个具体的班级发展问题时，是否会用到"工作措施"和"教育策略"？为什么？请结合具体事例来辨析。

任务篇

本书主张从教育学立场出发,运用教育管理学的理论来透视班级管理,将其作为专业品质不亚于学科教学的教育活动。与此相应,"绪论"阐述了三个关键的专业判断:其一,班级管理内蕴着意境明朗的教育思想;其二,班级管理承担着格局明晰的教育任务;其三,班级管理展开着节奏明快的教育行动。据此,全书也分为三大部分;其中,"任务篇"所要阐述的就是上述第二个判断所说的"格局明晰的教育任务(Educational Tasks)"。

对班级管理的教育任务的整体分析,受益于管理学、社会学、文化学等学科中让一个专业组织为社会作出专业贡献的理论主张。以之为参照,可更清楚地梳理共建班级组织(Building the Organization)、开展班级活动(Carrying out the Activities)、同创班级文化(Building the Culture)这三大教育任务——班级管理的方法系统之中的三条工作措施就是与此对应的。显然,要整体把握并灵活运用这三条工作措施及其中的一系列具体操作技法,其前提就是理解三大任务的内容及其相互关系。如果能在此基础上对班级管理的教育思想、教育任务、教育行动有更全面的理解,那就更有利于深度理解完成三大任务的教育意义和具体方法了。

为完成上述三大任务而采用的三条主要措施,分别构成班级管理方法系统的一个子系统(包括各项具体事务和相应的"技法")。因此,这里各用一章来系统阐述。

在每章阐述一条措施是如何完成相应的任务时,将分别选择一个可见可感的作品(分别是班级组织结构、班级活动结构、班级环境设计方案)。以这些作品为参照,可以辨析每个任务领域中三种水平的行动举措(每种水平各用一节阐述)——它们大致对应于三层境界的班级,但都指向建设最为理想的"民主型班级"(见下表)。

表1　三个工作领域中的三层行动

三层行动 三个领域	第一层选择	第二层选择	第三层选择
共建 班级组织	有序运作:通过班干部引领班级发展	稳健运行:在建设岗位时创新规范	内生活力:在长程设计中敞现创意
开展 班级活动	稳步前行:根据学校部署开展活动	节奏自主:班级活动适应学生需要	旋律畅快:在系列活动中释放豪情
同创 班级文化	整洁规范:环境设计展现班级生机	和谐生动:个性舒展汇成班级特色	敞现活力:长程发展凸显主题旋律

显然,每种水平的行动各有其合理性和适用条件,往往对应着一个班级所处的发展状态和师生所选的发展思路。从班级管理实践的需要来看,每位教师可以结合每个班级当前的发展水平和未来的发展方向,灵活决定每个阶段选用的行动举措(包括在同一个阶段综合运用不同水平的行动举措),用以引领班级逐步实现更好的发展。

第四章

共建组织：深度开发群体交往空间

　　请你设想一下：当学校领导把一个班级的学生名单交到你的手上，让你负责这个班级的班主任工作时，你做的第一件事是什么？如果要让所有学生都齐心协力参与班级生活，你会怎样安排学生承担不同的班务？在让班级建立基本规范之后，怎样才能让班级生活保持蓬勃的朝气？

学习目标——通过本章的学习,你能够:

- 了解一个班级的组织结构的基本类型,理解每种班级组织结构的优势与局限;
- 掌握通过学生干部推进班级发展的主要方法;
- 理解如何通过专业智慧引领一个班级通过组织建设而敞现学生的活力。

本章内容导引

- 有序运作——通过班干部引领班级发展
  一、建立班级组织生态
  二、引领班级整体发展
- 稳健运行——在建设岗位时创新规范
  一、岗位体验促进成长
  二、升级规范以促成稳健运行
- 内生活力——在长程设计中敞现创意
  一、利用岗位释放活力
  二、主动设计班级生活

....

从管理学和社会学的角度来说,建设一个社会组织可重点关注三个要素:目标、结构、规范。具体到建设一个班级来说,这就是班级成员共同选择组织目标、设计组织结构和建立组织规范。不过,从教育学的角度来看,班级的首要功能是让班级成员通过群体交往实现发展,即班级是促进组织成员发展的"自功能性组织",[①]班级中的各种规范、角色、人际关系、活动等,都可用来深度开发群体交往空间,促进学生在更高境界主动发展。

据此,可以聚焦班级的组织结构,将其作为一个直观的参照点,用以考察一个班级的学生是如何在教师引领下共同建设班级这个教育组织的。在这里,可以首先看看最为常见的职能型组织结构(图4-1),进而据此考察班级组织建设中的不同情形和相关因素。

需要说明的是:在小学,会从少先队(中国少年先锋队)工作的角度,将班级建设成中队、将小组建设成小队,并相应设置中队长、小队长;在中学,随着一些学生加入共青团(中国共产主义青年团),也会在班级层面建设团支部并内设组织委员、宣传委员等岗位。为了行文简洁、便于理解,本书将少先队、共青团在班级层面开展的相关活动作为班级教育资源来开发利用。

通过班级组织结构中各个岗位的运作情形,可以看到班级成员所承担的角色和参与班级生活的过程,由此透视他们获得的成长体验。据此,以上述这种常见的班级组织

---

① 班级首先是为了班级成员——学生的自身发展而建立的,这就说明,班级组织的生存目标不是指向组织之外,而是指向组织之内。据此,班级是一种"自功能性组织"。参阅吴康宁著:《教育社会学》,人民教育出版社,1998年版,第277—278页。

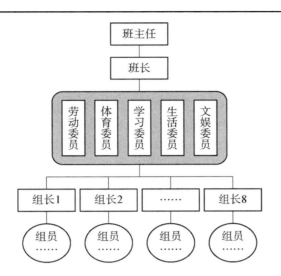

图 4-1

职能型组织结构

结构为参照,可以进一步思考:对于一个班级来说,这个组织结构中的每个岗位是通过什么方式设立的?这是由谁来决定的?每个岗位上的学生在履行相关职责时有什么样的体验?他们是怎样相互协作进而为班级发展服务的?

据此,可以辨析出建设班级组织时三种层次的选择,即下面三节逐步阐述的行动举措。以此为参照,每个班级在具体的发展阶段可以灵活选择,运用不同水平的行动举措。站在一名教师的角度来看,这三层选择就是拾级而上的三个台阶——在每个"台阶"上各有"两步"(参阅表 4-1):其中第一步是"站稳",让班级建立更好的秩序;第二步是"迈步",促进班级在变革中生成更多活力。

三层选择 两方面行动	第一层选择 有序运作:通过班干部引领班级发展	第二层选择 稳健运行:在建设岗位时创新规范	第三层选择 内生活力:在长程设计中敞现创意
1. 建立秩序	1. 建立班级组织生态	1. 岗位体验促进成长	1. 利用岗位释放活力
2. 促进变革	2. 引领班级整体发展	2. 升级规范以促成稳健运行	2. 主动设计班级生活

表 4-1

共建班级组织的三层行动

第一节　有序运作——通过班干部引领班级发展

班级管理的基本追求,即第一层次的选择,就是让班级规范有序。这是任何一名教师在承担一个班级的管理工作时的第一件事,因为学校需要以稳定的班级秩序为基础开展更多教育活动,包括每个学生来到学校的主要任务——学习各门课程。

为了尽快建立班级秩序,可以参照已有经验,从"事事有人干"的角度考虑如何安排学生处理各项班级事务。此时的一个重要考虑就是如何在教师和班委、组长、学生之间分工合作。与此相应,班级组织建设的行动主要有如下两个方面。

一、建立班级组织生态

作为一个直接服务于学生主动发展的教育组织,班级最大的作用就是营造可让学生以开放的心态主动交往、自主学习的教育生态系统。据此,在参照教师立场所见的班级管理(班主任工作)的多方面内容(参阅补充材料4-1)的基础上,应该超越疲于应付各种事项的工作格局,主动尝试发动学生建设属于自己的班级。

为此,可通过合理的分工,让学生承担班级事务,以具体行动参与班级组织建设。这有两方面的效果:一方面,教师不必事必躬亲地处理每一件事情,这样教师可集中精力处理重要的事项,包括整体考虑推动班级发展到更高境界、承担学科教学工作;另一方面,通过学生来完成许多事务,如维持班级的日常秩序、参加各项劳动。此时,可从三个具体的操作技法入手建立规范的班级组织生态。

补充材料
4-1

班主任工作的内容和方法

一、了解和研究学生;
二、教导学生学好功课;
三、组织班会活动;
四、组织课外活动、校外活动和指导课余生活;
五、组织学生的劳动;
六、协调各方面对学生的要求;
七、评定学生操行、评选三好学生;
八、做好班主任工作的计划与总结。
资料来源:王道俊、王汉澜主编:《教育学》(新编本),人民教育出版社1989年版,第542—558页。

(一)根据实际需要设计班级组织结构

参照管理学、组织理论或组织行为学中关于组织结构的研究成果,可以从诸多班级的实际情形中辨析出三种基本的班级组织结构——直线型、职能型或直线职能型。这就意味着,每个班级的组织结构本来就是可以灵活选择或设计的,而这就需要师生综合考虑班级的现状与发展需要,看看哪种组织结构更适合本班。

直线型组织结构(见图4-2)表现为"班主任——班长——组长——组员(学生个体)",是一种自上而下的直线管理模式。班级成员按照管理的纵向层次进行结构排列,由低到高,事权逐渐集中,构成一个垂直分叉的金字塔形态。在这里,班级事务的处置权集中在班主任手中,班主任控制整个班级,统一指挥,班主任与班长、组长和学生之间的关系是上下级之间的直线关系。一般来说,直线型组织结构的优点是:权力集中,指挥统一,权责明确,有利于通过控制和监督来规范管理,提高组织工作效率。其缺点是因为权力过分集中而不易激发班干部开展工作和学生参与班级管理的积极性;同时,因缺乏横向协调,应变能力较差。

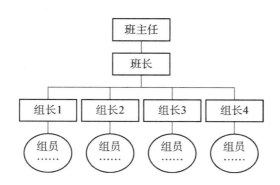

图 4 - 2

直线型组织结构

　　职能型组织结构(见图 4 - 1),是最为常见的。它采用按职能实行分工管理的方式,其表现为"班主任——班长——各位职能管理者(如学习委员、文艺委员、生活委员、体育委员、劳动委员……)——组长——学生个体"。在这里,因分工而让各司其职的职能管理者取代班主任和班长全能管理者的角色;他们在各自的工作范围内负责传达上级要求、安排班级活动;如果班主任工作得法并善于授权,他们还能在各自的职责范围内主动策划组织相关的班级活动。职能型组织结构的优点是各职能管理者能帮助班主任和班长分担班级管理工作,同时有利于班干部发挥工作积极性,提高他们处理班务的能力和管理水平。其不足之处是各职能管理人员容易造成本位观念,影响班级运作的整体协调;同时,如果职能人员分工过细或不明,还可能出现相互推诿和扯皮的现象,从而造成管理上的混乱。

　　直线职能型组织结构(见图 4 - 3)是在班主任领导下,把班级管理者分为两类:班委会、团支部,然后各自再区分出不同的职能管理者。这是直线型和职能型两种组织结构的结合。其中,班委会负责班级的常规管理,协助班主任处理班级日常事务;团支部负责班级的思想、宣传工作,包括组织同学们定期开展活动。这种组织结构的优点是:实行班委会和团支部分工负责制,可使班级中层管理分工更为专业化、科学化,有利于发挥班级管理团队的效能,实现班级的发展目标。不过,由于班委会和团支部之间易出现工作内容交叉,可能导致管理意见上的分歧,如班委会的文娱委员与团支部的宣传委员就有可能在具体工作中遇到这种情形。[①]

　　在设计班级组织结构时,应该注意到:(1)根据班级现状(如学生能力强弱)和发展需要来灵活选择。如果有必要,也可以通过师生协商建立其他形式的组织结构(如"双班委制")或增设其他岗位(如"值日班长")。(2)在具体的班级生活中,师生关系、生生关系究竟是命令与服从的关系还是授权、指导并执行的关系,或者是商议、决定并实施

---

① 檀传宝主编:《德育与班级管理》,高等教育出版社,2007 年版,第 314—315 页。

图 4-3

直线职能型
组织结构

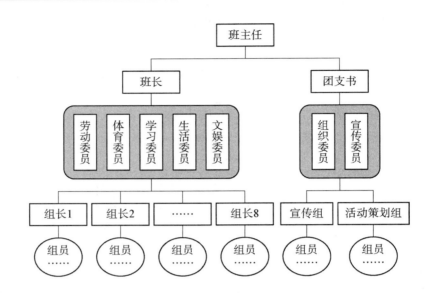

的关系,取决于具体场景中的事务性质和师生个性等因素。换言之,具体场域的可能性空间,取决于许多作为"变量"的因素。所以,无论作什么样的选择,都需从专业的高度来斟酌取舍并在后续的班级生活中善加利用。

案例 4-1

班级管理中的三级立体式管理机制

我在班级管理上采取了三级立体式管理机制:

一级管理:三权分治管理制,建立立法会、班委会、监督部等三个管理部门;二级管理:团队合作学习制,创建合作学习小组;三级管理:家校一体辐射式制。

三权分治合作、生生团结互助合作,还有家校合作,让我尝到不少甜头。班干部的每周例会,立法会的每月一考核,监督部让惩戒落到实处。日常管理的疑难杂症,学生们一碰头,保准点子比我的还多还奇还有效,执法力度比我更强。

你看,冠有"迟到大王"之称的张同学不敢迟到了,他说:"以前拖沓被老师批评得无所谓了。现在可不同了,我不能因为我的坏毛病影响了我们组的评优呀。"最爱欠交作业的林同学,简直被他们组成员批得只好逃到我这来求情:"覃老师,我以为欠交作业是我个人的事,这怎么就成了关乎全组荣誉的大事了呢,你快帮我去求求情吧,让我们组饶了我吧,我真的不敢欠交作业了。"我听着他的求饶,乐开了花:"小子,要是我说你,你会改掉这拖拉的毛病吗?"林同学摸着后脑勺说:"可能还真改不掉。""这不就对了,同学们在督促你做到今日事今日毕呢。"林同学乖乖答应了。

我没有想到我这一放手,引领着学生自主、合作,居然"放"出了这样意想不到的效果。

资料来源:覃丽兰:《魅力老班是这样练成的》,《班主任之友(中学版)》2011 年第 10 期。

（二）选拔并培养岗位负责人

在选拔各个岗位的负责人之前,教师一般都会认真研究学生的信息(包括以往的工作经验、个性特征等),或者听取其他教师的建议、征求同学的意见。不过,如果主要是着眼于保持班级秩序稳定,教师可能会直接负责设定岗位、确定岗位职责和人选。一般来说,教师会从三个角度考虑班干部人选:一是品学兼优的学生,二是在同学中有一定威信的学生或小团体的核心人物,三是热心为同学服务且做事踏实认真的学生。只要他们能够善尽职责,就可让他们继续担任班干部。

在班级正常运行后,教师可着力培养班干部,让班委成员和各位组长不仅善于尽责成事,而且能相互合作。为此,可重点关注培养他们的多方面素养:(1)正直公正的品格,有清晰的是非观念,办事公正,能够以身作则;(2)交往能力和组织协调能力,善于听取同学们的意见,同时又善于协调不同观点或行动,能带领同学一起为实现共同目标而努力;(3)工作责任感和奉献精神,主动担责而不居功自满,乐于奉献且能团结同学。[1]

在此过程中,教师可逐步酌情放手,让学生干部尽可能充分地发挥作用,完成两方面的任务:一方面,完成学校布置的各项任务,如组织学生开展广播操比赛、行为规范评比等;另一方面,面对班内同学的不同情况发挥组织协调的作用。

补充材料
4-2

如何提高小干部的综合素质

教师在小干部任期内的工作重点是如何提高他们各方面的素质,主要方式有以下几种:

(1)教师的直接指导,表现为教师直接帮助干部熟悉、设计和实施相应的工作,这一方式是许多班主任熟悉的。

(2)建立班级和学校层面的培养机制。如上海市外高桥保税区实验学校开展小干部培训工作,通过各类小活动的开展,培养学生反思与重建的能力。上海市闵行区实验小学有意识地开发高年级学生的资源,开展"大手牵小手"活动,将高年级学生吸引到低年级学生干部的培养工作之中,同时也锻炼了高年级学生。有的班级在干部轮换过程中增设了"小小辅导员"一职,让轮换下来的小干部辅佐"新干部"工作一段时间。有的学校还进一步将学生干部培养纳入学校整体工作之中,将个别班级中创造出的"双班委"推广到全校,推动了全校的班级建设工作。

(3)通过活动与评价。实验班级大都建立了竞争机制和班级内部评价机制,形成干部成长的激励氛围。许多班级都通过活动,促进学生干部对工作的总结与反思,有的还建立一月一次的总结制度。

资料来源:李家成、卢寄萍:《"新基础教育"班级建设改革研究报告》,载于叶澜主编:《"新基础教育"发展性研究报告集》,中国轻工业出版社2004年版,第199—200页。

---

[1] 檀传宝主编:《德育与班级管理》,高等教育出版社,2007年版,第315—316页。

(三) 将各方资源汇成教育合力

学生获得影响的途径是多方面的,因此,应研究学生生活现实中的多种影响因素,从中开发并整合各种资源,用以促进学生主动健康地发展。这是专业教育工作者尤其是将班级管理看作有独特专业内涵的教师可努力做到的。

首先,团结科任教师,建设班级教师团队。班主任应该善于在校内发现和利用多方面的教育资源。其中,与本班学生接触最为密切并与学生一起成为教学活动"复合主体"①的科任教师,可成为最重要的合作教育者。从学生发展的角度看,这些教师已经组成为团队。他们可在两方面开展合作:其一,研究学生。共同分析学生发展状况,商议班级发展目标。这可在开学时进行,也可根据后续各阶段的需要而进一步合作。其二,组织学生。参与组建学生合作小组,共同利用小组合作方式促进学生发展。诸多案例证明,合作小组是各科教师形成团队合力的一个好平台,他们可通过这个平台交流学生个体和小组的表现,协调相关教育活动,为以小组为单位开展的各种活动提出要求、提供资料、予以指导。

其次,协调亲子沟通,开发家庭教育资源。与家长的沟通,主要是通过家访、家长会、家长委员会等方式,让家长了解学生发展状况、协助教师的教育工作。相比之下,在创建"民主型班级"时,还可着眼于提升学生精神生活质量,根据班级发展需要,在更高层次上建立家校联系,乃至让家长贡献人生智慧,参与班级建设。例如,有位初中班主任就曾利用长假之时,发动学生采访家长、亲友,"你在我这么大的时候,理想是什么?现在,你的理想实现了吗? 为什么?"通过采访和撰写这方面的人生故事,利用家长和亲友的发展经历,培养学生清醒的自我意识,树立合理的理想,辨析发展思路。

二、引领班级整体发展

以学生在各岗位尽职尽责、班级进入规范有序状态为前提,教师会将更多精力用来促进班级发展(即常说的班集体建设)。此时,除了考虑社会环境、家庭环境、学校环境等外部因素,更会考虑直接影响班级发展的内部因素,特别是班级内的学生和负责各科教学的教师。其中,直接负责班级管理的教师(班主任)的理念和方法,特别是选择班级发展目标与开发利用资源的工作方法,会在更高境界的发展中发挥引领作用。

在充分考虑上述因素并开发班级内部的教育资源,特别是发挥班干部的带头作用的基础上,教师可以重点关注如下方面的努力,以引领班级整体发展到更为理想的状态。

(一) 培养学生的团队意识,形成共同的奋斗目标

在新学期开始之前,就应注意:(1)鼓励班干部主动作为,发挥领导核心作用;在班级生活开始后,力争以他们为主要力量,优化班级人际关系,增强集体凝聚力。(2)引导

---

① "教育者与受教育者的活动是密切联系、相互影响、共时交织或前后相干的,因此,应该把教育者与受教育者称为教育活动的复合主体,而不是平行的双主体。"参阅叶澜:《教育概论》,人民教育出版社,2006年版,第15页。

学生交往,增进友情与合作意愿;帮助学生形成共同的理想信念和价值观,培养共同的兴趣爱好。(3)对学生进行道德修养教育,形成良好的道德氛围。(4)正确对待班级里的非正式小群体,正确对待竞争,使班级活而不乱。

进一步,就需要发动每一位同学都主动关心班级发展,包括通过小组合作的方式为班级建设出谋划策,形成团队意识。团队意识体现在成员的团结力、班级规范、班级发展目标及成员人际关系上,而群体交往行为的一致性则是团队意识的外在表现。在这方面,应让学生在道德价值认识和班级归属感方面形成共鸣,在奋斗目标、代表班级凝聚力的文化标识(如班徽班歌班旗)等方面达成共识。其中,班级目标应当体系化,具有层次性,使近期目标与远期目标一致、外在目标与内在目标一致、班级目标与个体目标一致;文化标识应该充分发动学生敞现创意、表达成长体验,体现学生的兴趣和追求。换言之,抽象的目标和形象的标识之间可以互相印证,相关的理性思考和艺术创作可以相互启发。

班徽设计活动方案

(1)发动全体同学,以小组或个人为单位,根据班集体奋斗目标和班级特色,举行班徽设计比赛。可以每小组或个人设计一幅图案,评选时选择最佳的方案;也可以对部分同学的作品进行整合,共同绘制一幅班徽,挂在教室黑板的上方。

(2)根据班徽蕴含的意义,提议全班同学根据个人对班徽的理解和思考,写一段简短的文字,经全班讨论后,编成班徽的解说词。解说词应充分体现班集体的共同目标。

(3)在班徽的图案和注解确定后,可以举行一个小小的"挂班徽仪式",由同学诠释班徽的含义。此项活动也可邀请班级任课教师共同参与。

资料来源:班华、王正勇:《高中班主任》,南京师范大学出版社 2007 年版,第 95 页。

一个初中班级的 11 份竞选纲领

班干部竞选轮换是许多班级都采用过的举措。这不仅是一项民主管理程序,也不仅是调动学生积极性的手段,而且还是让学生获得教育、形成更好教育氛围的好机会。

在一个实验班中,我们在发动学生并征求学生意见的基础上,让打算竞选班干部岗位的学生先对班级状况进行分析,并提出自己开展班级工作的思路。结果,有11名学生把自己的竞选纲领写好,并张贴在教室里供大家评点。

其中一份竞选纲领的部分内容如下：

一、班级现状分析

目前，我们这个实验班确实有许多进步，但还不能说是完全名副其实。许多同学一直不很努力，不认真对待学习结果，班级学习氛围也还不够好。

让我们好好分析一下具体原因，那便要回顾一下历史。两年前，当时我们只读六年级，大家一知道自己在实验班，便感到无比自豪、无比幸运，大家是那样地高兴。但是没有人曾这样想过，"事情并非如此简单，既然是在实验班，我们就要比别人多一项任务，那便是参与和完成实验"。任务虽说是艰难了一点，但如果完成了实验，是光荣的。实验一开头，大家还是很认真，很努力，这是因为大家当时是信心百倍，怀着坚定的信念。但后来，"狐狸尾巴"便显形了……大家任务不明确，就这样糊涂地过去了。我是和大家共同度过了两年的学习生活，一切的一切，我都看得很清清楚楚，我班存在这些问题：

大家没有明确学习为了谁，为了什么，作为实验班的一员应该怎么做？

今年，我们已经是八年级了，这一年是关键的一年，是冲刺的准备，我信心十足。我们要开发自己的潜能，力求上进才对，48个人一条心，携手共进。

二、如何开展工作

我会努力认真担负起本人的职责，本人希望，能确确实实为班级做事，发挥出应有的作用。本人爱好体育、劳动，希望能分配到与爱好相应的职务，让我发挥特长……

……

显然，除了这11位同学外，其他同学也在参与班级情况分析、班级发展思路的构想，因为每个人都要对这11份竞选纲领发表看法、提出改进建议。这样，每一名同学都尝试着将个人发展和班级整体发展结合起来考虑，并对民主管理班级、共同营造好的成长氛围发表意见、相互交流。

当然，不能指望每个学生现在就像成熟的政治家一样聪明能干，但是，每个人都为班级和个人发展主动思考、出谋划策，这样的班级肯定会有更多成长气息。

资料来源：上海市J校一个初中班级首次改选班干部时的研究资料，2002年。

（二）建立班级规范，形成良好班风和传统

班级生活需要协调不同个体、不同领域、不同阶段的发展内容，这就需要建立必要的班级规范，进而形成良好的班风和文化传统。在这方面，可以逐步尝试让学生理解规则、运用规则，进而在反思的基础上逐步改进、创建规范。

首先，引导学生自主理解已有规则，用以思考自身发展状态。在学生来到学校之前，教育系统已经为他们准备好了不少的"学生守则""准则"或"规范"，这包括上自教育部、下至每个班主任所作的各种规定。不可否认，这些规章制度本身都有其合理性，但同样不可否认的是，有的学生一直没有机会甚至没有勇气自主地审视这些规则，而是默默地接受着成人好心的管束。在"民主型班级"中，这样的情形是需要改变的。无论制定这些规则的部门或负责人拥有多么崇高的权威，孩子们自身拥有的精神生命尊严都不容忽视,而应受到更多尊重,因为他们必须成为自己和社会、今天和未来的主人;否则,学生将留下重大遗憾。因此,尽管我们依然要求学生遵守这些已被赋予权威的规则,但一定要让学生主动地反思、审视这些规则的合理性,从而明智地理解这些规则、主动并有创造性地执行这些规则。经过这样的审视和选择,有的学生发现:一些所谓的"日常行为规范",看似条目众多,甚至达到几十条乃至上百条,其实真正重要有实际价值的不多;不少规则只是为学生设置了"最低标准",而许多学生其实已经超越了这些要求——此时,重复性地宣示、"没事找事"地执行某些规则,其实是没有意义的。

班级公约中的四种"症状"

有研究者收集了 36 份班级公约,发现其中存在四种"症状"。

(1)太虚——抽象空洞,难以落实。内容多为口号式,如"勤奋、求实、团结、进取",学生虽能理解,但难以落实到言行中。

(2)太繁——事无巨细,面面俱到。结果,学生看了眼花缭乱,望而生畏。

(3)太硬——名为公约,实为命令。

(4)太偏——以堵代疏,激起逆反。这类公约多用否定性的词语,甚至在 20 条内容中出现 24 次"不准"。

资料来源:曹锁庆:《班级公约"诊断书"》,《班主任之友》2008 年第 2 期。

其次,鼓励学生主动反思、改进,商议建立更好的班级规范。在创建"民主型班级"时,就有学生提出:我们实际上已经把许多规则融合到日常生活之中,无需特别强调;在这个基础上,我们要做的是自觉地提出更高目标、更高要求。据此,可以梳理诸多类似的规则,将其区分为三个层次:已经达到的要求、正在达到的要求、需要努力达到的要求。类似的反思与梳理,表面上是针对各种规则,实际上是针对学生自己的生活。正是通过许多类似的主动作为,学生的生活内涵得以丰富、生活境界得以提升。沿着这个方向,可以从道德规范、礼仪规范和习俗规范这三个领域梳理已有的交往规范,进而形成班级公约,但要合理设置、合理表达,避免出现一些问题(见补充材料 4-4),还可以逐步形成班级制度体系(见补充材料 4-5)。从更为理想的角度来看,还可以结合每个阶段的班级发展需要而灵活选择需要强调的重点,并融入每个阶段的班级主题活动或围绕主题开展的文化建设(如班级环境布置和网页内容更新)之中。

班级制度体系的组成部分

(1)基本大法,如《班级公约》;

(2)管理制度,如《午间管理制度》《自习课管理制度》;

（3）行为准则，如《学生一日常规要求》《诚信考试要求》；

（4）工作职责，如《班委工作职责》《执勤班长工作职责》；

（5）操作程序，如《交作业管理规定》；

（6）合同契约，如《师生约定》《师徒结对合同》。

资料来源：陈宇：《班级教育管理制度综论（下）》，《班主任之友（中学版）》2012年第4期。

（三）培养自我教育和自我管理能力

无论多么完善的制度，归根结底需要班级成员来自觉执行并据此创造性地推进个体成长和班级发展。因此，应引导学生严格要求自己，指导学生学会自我检查，并让学生充分感受到自我教育的乐趣，逐步形成自我教育的习惯。为了让他们学会自我管理，不仅要培养班干部，而且还要密切关注学生发展动态，按照群体交往规则和班级活动原则去维护有序、和谐的班级生活氛围。

案例 4-3

对一名初中生所提问题的回应

在对一个实验班进行研究时，经过一年半的交往（笔者在此期间每周至少一天到实验班听课、参加学生活动、交谈），到了初二时，有一名学生在期中考试前给我写了一张纸条，提出了一些问题："①为什么我认为自己比别人笨？②数学、物理为什么学不好？③为什么很担心今后的生活？④为什么自己的成绩老上不去？⑤为什么我很害怕数学、物理测验？⑥为什么上课听懂的东西回家却不会做了？⑦为什么学习学不好？⑧为什么我会有放弃学习的念头？"

针对他提出的这些问题，结合我们对他在班级中的发展情况的了解，我们从多方面努力探索。

（1）直接与他个人交流，回答他提出的问题。在与这名学生直接交流的过程中，把我们的看法告诉他，但更主要的是引导他作更多思考，帮助他拓展视野、深化认识。例如，针对"为什么自己的成绩老上不去"这个问题，我们提出："希望你具体说说，哪些学科的成绩老上不去？具体的成绩是怎样的？你平时是怎样学习（包括复习）的？"

（2）对班级中其他学生的类似情况作进一步了解，并发动学生们就类似的问题展开探究，以让他们共同理解现状、探索努力方向。结果表明，像他这样为自己的成绩和将来的发展感到忧虑的学生确有不少。经过交流，大家明白：这正是许多人在初中阶段都会有的经历，而不是某一个人独有的特殊现象。要成功走过这样一段探索自我、形成自我意识的阶段，既需要个人更坚强、持之以恒地落实学习计划，也需要多与同学、老师交流，获得更多支持，让班级成为互相理解、共同克服困难、一起走向成功的生命共同体。

（3）与数学、物理老师协商，共同诊断班级中类似的情形，商量如何与学生们一起探讨改进的策略。

（4）将所有这些方面的努力成果汇总成一些来自教师、学生个人、学生小组的看法和建议，在一次班会中进行交流，以达成共识。其中，对于这名学生和有类似问题的学生，大家提出：

也许你的成绩表现在正常的波动范围内，可能因为这一阶段的初中生对自己的表现更敏感，也有追求出色表现的强烈愿望，于是感到没有达到预期目标，有些失望。

也许你的成绩有所提高，但别人提高得更快，这样，相比之下，你的成绩就显得不够好了。

根据我们在前面了解到的情况，也许你平时还需要加强毅力。你也知道学习的重要性，也知道该如何学习，但有时候就是控制不了自己——这个时候，就不仅需要锻炼你的思维能力，更重要的是锻炼你的意志力、锻炼你的自我控制能力。少年是正在做"梦"的年龄，这可能是一段美好的经历，但是，有些梦可能不切实际——例如，指望不用持久、深入地学习就能掌握知识。实际上，无论哪一门学科，都需要自己用心体会，而没有足够多、足够难度的练习，这种用心永远不会很深入。

如果你能早日学会用坚强的毅力抑制住自己不利于学习的念头，坚持形成良好的学习习惯，并刻苦磨炼自己的智慧，你就会早日成熟起来——成为自己的主人、学习的主人，而不是被大人逼着学。

资料来源：本案例源自作者于2002年参与某实验班研究过程时与学生的真实交往经历。

第二节　稳健运行——在建设岗位时创新规范

相比于前一层次的追求，还可以让班级在规范有序的基础上更有活力，释放学生的创意，建设内容更丰富、学生更主动、运行更稳健的班级——这就是第二层次的选择。参照图4-1所示的班级组织结构，这里更多地考虑让每个同学有机会在其中的各类岗位上为班级服务，由此获得更为丰富的成长体验。

为此，可重点考虑逐步激发学生内在的活力，让学生更为积极地参与班级建设。与此相应，教师也可主动更新自己的教育智慧和管理方法——如果说前一层次的班级更多的是"就事论事"地采用技法来处理班务，努力做到"事事有人干"，那么，追求稳健的班级更多的是"着眼大事"、从成就三大领域的角度来采用"工作措施"，发动学生主动地完成每个领域的发展任务，努力做到"人人有事做"，融入班级发展的新进程之中。

具体来说，追求稳健运行的班级会重点从两方面开展新的行动。

一、岗位体验促进成长

班级管理是具有独特专业品质的教育活动，而不仅仅是事务处理。相应地，被许多人认为繁琐的大量事务，其实不一定只是班主任一个人辛勤操劳的内容，也不一定只是部分班干部协助完成的琐事。其实,这些事务可被开发成教育学生的丰富资源。其中一个途径,就是组织学生全面梳理班级事务,系统开发班级工作岗位,让每个岗位成为教育学生的资源。

(一)梳理班级事务,因事设立岗位

为了充分挖掘各种事务的教育潜能,可设立多样化的岗位。有的同行提出:从角色性质的角度,可设置技能型岗位、服务型岗位、管理型岗位。技能型岗位主要是根据学生特长,为班级生活开拓新的空间,如"围棋教练员""书画能手""小园丁"等角色;服务型岗位主要根据班级活动需要来设立,如"车管员""礼仪值日生""学习园地管理员"等;管理型岗位既包括常规的管理岗位(如班长、学习委员),还包括临时性的岗位,如"一日班长""执周小组"等。再如,有研究者提出,可以设置五种班级岗位:(1)学习类:各学科课代表、学习小组长、领读员等。(2)知识类:气象记录员、导读小先生、信息发布员、小报童等。(3)活动类:主持人、活动策划、联络员等。(4)服务类:黑板报编辑(美容师)、图书管理员、仪表检查员、桌椅小排长、门窗管理员(小卫士)、餐厅服务生等。(5)行为规范类:护眼使者、节能小哨兵、护绿小天使、午餐管理员等[①]。每个岗位有的由1人负责,有的由2人或更多人负责,还有轮流负责的。

补充材料 4-6

班级内的9个工作组

上海市闵行二中先分解班级管理内容,将干部与岗位综合起来,成立了9个工作组:

(1)班级主管:班长、副班长、组织委员。
(2)学习组:学习委员、各学科的课代表。
(3)宣传组:宣传委员、板报主编、责编、美工、排版誊写员。
(4)艺术组:文娱委员、文娱干事。
(5)体育组:男女体育委员。
(6)纪律常规组:早读、课堂纪律、自修、大会、活动等纪律督查员。
(7)考勤组:早操、眼保健操、日常考勤。
(8)卫生组:劳动委员、班级卫生和包干区卫生管理员。
(9)管理组:教室财产、图书、电教、粉笔、劳动工具、饮水机、树木花草管理员及节能员。

各项工作由全班学生分别承担,做到人人有事做,事事有人做。

资料来源:李家成、卢寄萍:《"新基础教育"班级建设改革研究报告》,载于叶澜主编:《"新基础教育"发展性研究报告集》,中国轻工业出版社2004年版,第201页。

(二)研究学生需要,动态调整岗位

在研究班级实际情况的基础上,可以探索逐步打破"任命终身制",实行"岗位轮换

[①] 参阅袁文娟:《"新基础教育"班级岗位建设的实践与探索(上)》,《班主任》,2008年第10期。

制"，把"岗位竞选制"和"岗位轮换制"结合起来，让每个学生都能在岗位的轮换中有机会体验岗位的苦与乐，锻炼自己的能力和胆量，体验岗位责任的重大，在体验岗位成功与失败中逐步成长。其中，"岗位轮换"实行"定期"与"不定期"相结合、"定岗位"与"不定岗位"相结合，让学生在不同时期内担任不同的职位和职责，使学生都能在方方面面得到锻炼。

为此，可探索形成岗位建设的基本过程，如"岗位设置—岗位竞聘—岗位锻炼—岗位评价—岗位轮换"[1]。如果说以往较多地关注的是"岗位设置"和"岗位竞聘"两个环节，那么这里就根据学生成长需要而增加了一些环节，也深化了其内涵，更有利于开发岗位的育人价值。

此外，还可形成班级管理角色的动态分配制度，即在合理设置岗位后根据学生年龄特点和班级发展状况进行调整，而不是简单套用一种固定的方式。例如，一年级时，学生年龄小、能力弱，各岗位分工明确、易于操作。二年级时，随着学习能力的提高，学生已不满足于完成低层面的岗位任务，渴望更高层次的挑战，此时就可以适当挑战，包括增设一些有难度的岗位（如十分钟队会主持人、《知识小百科园地》布置员等）。[2] 再如，"导读员"每周由五名学生负责轮换，每个班干部担任"导读员"一个月；一个月后，由另五个竞选的同学担任，任期也是一个月。而"导读员"任期满一个月后，也可担任"午休管理员"。这样每名学生承担不同岗位职责，体验会更丰富些。当然，实行"岗位轮换"时，要注意不能更换过勤，不能变动太大，既要有稳定性，又要有灵活性，班主任应在岗位轮换中，要求学生始终有团队协作精神，共同把班级工作搞好。[3]

多样化的、动态分配的岗位，可让每一位学生都有机会参与班级事务的管理。同时，在这些岗位上获得的多种角色体验，有助于学生从不同方面发现自己的优势、潜能和不足，使他们在班级生活中逐渐形成更为合理的人格特征。

建立小干部轮换制

补充材料
4-7

在试验过程中，我们逐步完善了轮换、竞争机制：

第一，确定主要岗位的轮换比例不低于 1/3，不超过 2/3，在 2/5～3/5 之间较为合适。

第二，轮换的时间间隔不要过于频繁，每学期 1 次，每人可连任 1 次，也可轮换下来以后再次上岗。

第三，干部轮换选举，事先自愿报名，竞争上岗。无论选上还是选不上，都要持积极的态度。新一届干部选出后，要做好与原先班干部群体的交接工作，并提出自己的工作计划，让同学评议。

---

[1] 参阅袁文娟：《"新基础教育"班级岗位建设的实践与探索（上）》，《班主任》，2008 年第 10 期。

[2] 华英：《从"还"做起》，载于顾文兰、俞溪心主编：《回眸——"新基础教育"实践与研究自评报告集》（上海市闵行区浦江第一小学·内部资料），2002 年。

[3] 林晓斌、高玉华：《落实"岗位"的育人价值》，载于杨小微、李家成主编：《"新基础教育"发展性研究专题论文·案例集（上）——学校管理·班级建设》，中国轻工业出版社，2004 年版，第 223 页。

> 　　第四,"下岗"的干部可参与别的岗位的工作,新干部工作时可让他们参与,请他们提供帮助。
> 　　第五,班级在表扬先进时,同时要表扬那些不担任干部后仍然积极为班级服务的同学。
> 　　资料来源:李家成等:《"新基础教育"学生发展与教育指导纲要》,广西师范大学出版社2009年版,第64页。

(三)激活班级生活,创新管理体制

在班级规范运作的基础上,还可探索各岗位责任人的民主选举和改选,以便发挥每个岗位的育人价值,让更多学生学会为同学们服务。例如,通过竞选选出16位小干部,组成两个班委,按月轮流管理班级,互相竞争,互相帮助。每月的月末召开一次小干部会议(两个班委同时召开),班主任也参与其中。大家对班委的工作进行总结、评价(以鼓励为主),同时又对下一轮小干部提出相应的要求。两个班委的轮流管理,提供了相互比较、相互学习和反思改进的机会。他们通过对自己工作过程中成功与失败的教训的冷静分析,正确全面地认识自己,进而有针对性地发展自己。两个班委的任期是一个学期,一学期后重新举行民主选举。这样,小轮换加上大轮换,在同一时间内有更多的学生担任某种角色,使更多的学生有更多的实践和锻炼的机会。每次大轮换,留任的小干部不超过60%,这样又保证有足够的新鲜血液溶入小干部队伍。新老交替,既形成以"老"带"新"的管理机制,又在无形中形成相互竞争的氛围①。此外,还有其他方法可以尝试,如成立"班级理事会",在新阶段通过"学生全员参与、分小组轮换管理班级"推进自主管理。

二、升级规范以促成稳健运行

任何组织都离不开基本的规范,班级也是如此,否则,它就难以建立正常的秩序和运行机制。对于"民主型班级"来说,规章制度的制定,不仅用于维持秩序,更应发挥教育功能。这既体现在民主制定班级规范的过程之中,也体现在自觉遵守规范、维护规范乃至创造新规范的过程之中。显然,发动学生民主参与班级规章制度的制定和后续的更新,可成为一种具有重要教育价值的教育活动,而不仅仅是管理活动。在这方面,可以进行如下尝试。

(一)逐步形成通畅的沟通渠道

"民主型班级"需在师生、生生乃至其他相关者之间建立畅通的沟通渠道,以便交流更为广泛、深入,为落实"敞现—选择—生成"的教育思路提供基础。在这方面,可有如下尝试。

(1)用好常规沟通渠道,及时交流成长体验。学生写的日记、周记,日常的交谈,专题座谈,电话沟通等已被广泛应用的常规沟通渠道,仍可以被有效利用。这里需要超越

---

① 取自上海市闵行区实验小学范向华:《"新基础教育"伴我成长》,2004年。

通常的标准,从提升学生精神生命质量的角度来衡量沟通的"有效性",引导学生学会反思、提炼和表达自己的成长体验。同时,教师还要从中体会学生的成长感受、发展需要,通过及时的反馈、提炼,将其纳入到班级建设的整体格局之中,使之产生更大的教育价值,而不是停留于处理琐事的工作境界。

（2）开发利用网络平台,提升学生交往质量。随着网络的普及,许多班主任已经开始利用网络平台,加强与学生的沟通。它们不仅能弥补常规沟通渠道的不足,还能产生超越后者的新功能。其中,加强互动尤其是学生小组内部和相互之间的互动,应当成为一个努力方向。例如,对于班级网页交流之窗"我很想说"栏目,一位班主任从两方面参与其中:一方面,教育学生文明使用网络语言,使之不仅体现个体成长,更体现班级活力;另一方面,通过活动架设交流平台,开展"我们能够做到的 100 件好事"、学生自发的成语接龙、班级生物角的管理人推荐等活动。此外,她还常常通过后台的管理在公告栏中增添励志言语,如"每天进步一点点""做更好的自己""细节决定成败""态度决定一切"等,激励学生的上进心。[①]

（3）构建立体化的沟通网络,主动整合教育资源。在上述努力的基础上,可逐步构建立体化的班级沟通网络。这种立体架构,可体现为班内的个体、小组、班级整体等各层次内部及各层次之间的沟通渠道,可体现为家长个体、家长委员会、家长会等多层次家校沟通渠道,还可体现为网络平台与现实活动之间的沟通渠道。显然,只要用心谋划,任何班级都可以建构出这样的立体格局,主动整合各种资源,从而充分开发班级的教育价值。

案例 4-4

让学生给家长留言

　　家长会是班级建设的一种有效载体。怎样让家长会这样的教育载体更有效地为学生发展服务呢?我开始设想让学生充分表达、教师和家长认真倾听,真正让学生参与其中的家长会形式。我让学生将自己想对父母说的一句话写在黑板上。学生积极踊跃,前面黑板写完后,又赶紧到后面黑板上写,神情专注地将自己的话写在上面。归纳起来,学生的话大致有如下几种类型:

自励型:（1）脚踏实地,好好学习,做个好人,下次冲击年级前 20 名。
　　　　（2）您好,我会继续努力的。
自信型:（1）下次一定考好。
　　　　（2）我现在只需要一点时间。
　　　　（3）我相信自己有能力,请你也相信吧。
自豪型:（1）考得不错,下次继续。
　　　　（2）我胜利了!
歉疚型:（1）老爸,这一次我没考好,下次我会努力的。
　　　　（2）我犯了很多错误,请原谅,我会改正和弥补的。
　　　　（3）对不起,下次努力。

[①] 参阅陆桂英主编:《建设民主集体,共创阳光人生》,华东师范大学出版社,2007 年版,第 20—21 页。

畏惧型：(1)虽然这次考试我没考好，但我现在一直在努力，你不要为我担心，更不要骂我。

(2)请冷静，下次考好。

(3)无论听了什么，别激动。

(4)不要听老师说我的坏话。

埋怨型：我不要司机来开家长会。(其他：略)

家长走进教室，看到前后两黑板的留言，顿觉新鲜。我要求家长仔细寻找自己孩子的留言并注意看一看别的孩子的留言。家长在观看留言时，除极少数家长露出满意的微笑外，大都表情复杂，有的还面带愧疚。家长相互之间还在指指点点，窃窃私语。从学生的留言看，占三分之二的学生是歉疚畏惧的，那种充满胜利自豪的学生只有2名，占全班的二十五分之一。难怪有人说：学校是最能让学生感到挫折的地方，也是最让学生产生卑微感的地方。

借此机会，我就家庭教育应怎样对不同类型的学生进行疏导和指导的问题与家长进行讨论：(1)歉疚型学生，他们在读书的出发点上都有一种潜在的暗示心理：为父母读书，书读得不好就是对不起父母；(2)畏惧型学生，则显然受到家庭严厉管教的抑制，总担心成绩不好换来的是非打即骂；(3)埋怨型学生，对家长有着情感的期望，因情感需求得不到满足而心生不满。

显然，歉疚型学生的家长应对学生少一些"我希望你怎样"的话语形式，多一些"你可以怎样"的话语形式，激发其读书的自觉；畏惧型学生的家长，则应当改变简单粗暴的方式，让学生获得心理上的安全感；埋怨型学生的家长不排除因工作事务忙而对孩子关心不够，但在孩子需要亲情时，无论如何也该挤出时间给予孩子必要而适当的关注，不能成为只尽养育责任而不尽教育责任的家长。

一个学生在此次家长会后的作文中写道："那天怀着忐忑不安的心情，磨磨蹭蹭地回到家里，低着头坐在饭桌前等待那预期的暴风骤雨时，满怀恐惧的眼光却迎来了父亲那温和的一笑，接下来便是前所未有的父子之间的一次长谈。"从学生反馈的信息来看，此次家长会的效果是良好的。

学生给家长留言，从形式上看，只是一种方式的改变，但实际上体现着一种教育思想，即学校、教师和家长应该真正了解孩子。精心设计的这种家长会，活动指向"人"及不同类型学生的思想层面，形成了交流的多向合力作用。应该看到：孩子尤其是处于个性意识觉醒期的孩子是想表达的，孩子是能表达的，孩子的表达是必须的，让孩子表达是我们深入孩子内心的有效途径。

资料来源：深圳大学附属中学闫海燕：《让生命之花灿烂开放》，2004年，内部研究资料。

(二)为促进班级发展而更新班级制度

一般来说，建立班级规章制度，可有多种方法。例如，就建立的方式而言，有自然形成法、引导形成法、强制形成法、参照形成法、替代形成法；就建立的渠道而言，有由上而生、由下而生、平行移植、上下交融等选择；就建立的时间而言，可考虑分拨分批式、重叠增强式、分层渐进式(将某种难度较高的常规分解成数个次级行为)、交互统合式等选择。

对于"民主型班级"来说,还需将所有这些技法用于提高班级生活质量。为此,需在策划班级发展思路、主动梳理各种规则的基础上,通过民主的班级生活机制,结合班级事务整理、岗位设置,主动制定符合新需要的新规则。一方面,可形成班级公约、一日常规、一周常规、一月常规等,但也不一定要依此拼凑出各种看似整齐漂亮的条文,而应根据实际需要有所取舍;另一方面,还可根据班级发展情况,在不同阶段作出调整,评议各种规则的合理性、先进性,评议同学们的发展状况,据此废除一些规则、创造更好的规则,进一步推进班级发展。例如,有一个实验班,在继续策划新一轮民主改选班干部之时,同学们反思了前次民主选举的规则,提出:在沿用成功做法的同时,改进一些方法,如给予竞选者充足的准备时间(大约一个月),在选定 2—3 位候选人之后,让他们把自己的班级管理计划模拟地开展一下,再让同学们选出心目中合适的人选,以防止"光说不做"(见案例 4-5)。再如,另一个实验班的学生,在第一学期中探索了以"一帮一"的方式组织学生合作学习,但在新的学期中,他们觉得有必要在此基础上探索利用小组的方式,不仅开展合作学习,更要拓展小组活动内容、全面参与班级的各项活动。

案例 4-5

对班干部改选制度的新设想

　　初二(3)班在首次改选班干部之后的两个月中,班级面貌出现了一些改观,多门学科的成绩也有了明显上升。同时,也因为缺乏经验和足够的教育,出现了一些问题。同学们逐渐反思,并就班干部改选制度提出了许多新设想。例如:

　　(1)让更多的人参加竞选。让更多同学进入最后的选举,不仅能让竞争"更激烈、更刺激",也能让同学们有更多的选择余地,而不会因为只有三个人而难以选择。

　　(2)不仅看重竞争者的学习成绩,更要看重他们的管理能力。"组阁制推陈出新是好事,但如何做好又是另一回事。"他们提出,"不要戴着有色眼镜",不但要看学习,还要看能力。在新班委会成立前,每个成员根据自己竞争的职位谈工作目标和设想。每位当选者对全班作出承诺,以便日后监督。还有学生提出,可采用"先施政、再授职"的竞选办法,或者在选定 2—3 位候选人之后,让他们把自己的班级管理计划模拟地开展一下,再让同学们选出心目中合适的人选,以防止"光说不做"。

　　(3)追求公平和民主。在竞选程序上,有学生提出"班主任不参与",以及"只要有 1/3 同学不同意,就落选"。此外,还有同学建议:给予竞选者充足的准备时间(大约一个月);组阁后一个月由同学投票表决这些内阁成员到底符不符合标准;写出心目中班长的特点并整理成表,给参加竞选的同学打"√",谁得的"√"多就当选。[①]

[①] 在上海市 J 校一个初中班级首次改选班干部两个月之后,研究者进行了一次问卷调查。上面的内容就是该班学生的一些回答。

(三) 形成多样化的评价机制和规章制度

在"民主型班级"中,可通过对学生在岗位上的表现提出要求和进行评价,逐步生成班级规范和管理制度。也许,这些尝试在起步阶段及后来的某些时候会出现短暂的"混乱"或不成熟表现。不过,从长远来看,这确实为学生个体提供了多方面的教育机会,包括展现自我、认识自我、理解别人、理解班级生活需要、自主管理、民主参与班级生活。学生最初的一些反思和建议可能不够深入、系统,但这正是每个学生实质性地参与班级制度建设、参与班级管理的重要基础。随着反思机会的增多,思想更具独立性、深刻性和系统性,学生就有可能不再停留于人云亦云、随声附和,不再安于听任别人的安排,而是对自己以及自己所属的团体生活主动提出设想并付诸实施。这样,学生就不是被动地接受教师自上而下地颁布的现成规章制度,而是参与形成或理解必要的班级制度,利用它们保证自己的主动发展和群体的共同发展,通过创造共在共生的班级而融入群体生活、社会生活。

第三节   内生活力——在长程设计中敞现创意

班级组织建设的更高追求,即第三层次的选择,就是以规范有序、稳健运行为基础,自内而外地生成活力、敞现活力。参照图4-1所示的班级组织结构,这里不仅考虑"事事有人干"和"人人有事干",而且追求让每个人在岗位上获得更为自豪的成长体验,即"人人干得开心"。

相比于前两个层次的追求,现在的重点是着力开发出更多自主成长、交往共生的空间,让更多的学生活力内生于班级之中,进而敞现在班级生活、学校生活、家庭生活和社会生活中,让学生成为新时代最需要的更为自信、更有智慧的新人。为此,在班级组织建设方面,可作出如下探索。

一、利用岗位释放活力

每个岗位代表着班级生活某个方面的需要,同时也代表着承担相关工作的学生可通过自己的努力来适应班级需要、提高为同学服务的能力,包括办事能力和交往能力。因此,善用岗位来释放学生的活力,是智慧型教师常用的一种操作技法。此时可考虑如下方面的行动。

(一) 合理轮换班级岗位负责人

设立的岗位,可大致分两类:管理类岗位和服务类岗位。无论哪一类,都可以定期轮换负责人,以增强学生的民主意识和参与意识,培养他们主动参与班级管理的能力。很多班级的探索表明:当学生真正获得了参与班级事务的机会,他们就会尽可能充分地调动自己的智慧,并在与其他同学共同讨论的过程中产生很有见地的思想。例如,某个实验班首次改选班干部时,学生们尚缺乏经验,但他们已经提出的建议(见下面的案例4-6)未必亚于任何高明的校长或班主任提出的要求;更重要的是,这些建议是从每一名学生内心自然敞现出来的思考,是自下而上涌现出来的真知灼见,而不是由成人居高临下地颁布的指令或规则。这不仅让每位参与者都获得了一次民主化群体生活的亲身感受,也对竞选者提出了希望,为他们指明了进一步努力的方向,还让班级的每一位成员敞现了更多智慧,明晰了参与班级事务的意向,包括以后考察班干部工作质量、准备下一轮竞选等。这既锻炼了每名学生参与班级事务的能力,也为每名学生敞开更多、更长远的发展机会。如果继续完善此类岗位轮换制,尽可能多地照顾到每个学生的发展情况,就可在多种角色体验中为学生敞现更广阔的发展空间,使班级生活内生更多活力。

案例 4-6

同学们在班干部改选过程中提出的建议

自六年级到八年级,这个班级的学生已经习惯于常规教育中的班干部"终身制"或由教师操纵的部分干部的调整,习惯于对班干部角色的传统解释——协助班主任管理班级,为同学们做好具体事务;班干部的主要职责就是维持班级的正常存在、常规运行,落实老师布置的任务。他们较少思考这些岗位对于每个同学的教育价值(体验不同角色、履行不同职责等)。在被问及这方面的意向时,只有一名学生提出:"我希望自己每项工作都可以做一回,体验一下每项工作的艰难,也当一回干部。"

到了八年级上学期,民主改选班干部成为推进班级建设改革的新行动。在征求大家意见的基础上,首先匿名张贴竞选纲领,然后就竞选纲领选出三位同学参加最后的现场竞选(班会)。就在最后唱票的时候,其他同学分组对三位竞选者尤其是即将选出的新任班委会主席提出希望和建议。鉴于唱票结果逐渐明朗,同时提出的希望也就更有针对性了。其中一组提出的意见是:

我们这一小组觉得,新班委会的成立,对我们这个班级来说 is very important。所以,我们作为这个班级的一员,对新班委也提出一点希望:

(1)实行 W 主席所提出的"管理网",各中队委员在其中要发挥作用。

(2)对于另外两位同学的施政纲领中好的要求也要借鉴。

(3)希望 W 主席今后能取长补短,发挥主席的作用。

W 同学,你这次当选班长是同学们对你的信任。劝告你不要做"言语上的巨人,行动上的矮子"。你要知道,"水可载舟,也可覆舟"的道理。

L 同学,虽然你这次落选了,但是你的这种参与精神很值得我们学习。

经过整理,全班 12 个组的建议就成为新一届班委会构想班级发展计划的重要参考资料。

全班同学对新班委的期望

(1)班级组织纪律方面:完善班级制度;民主管理班级事务。

(2)班级活动方面:开展有意义的活动;在活动中形成班级的团结精神。

(3)班干部素质要求:责任感;耐心;以身作则;威信。

(4)学习生活方面的要求:为班级营造一个好的学习氛围;班干部带头努力学习。

> (5) 对参与竞选的同学的看法：竞选成功者要借鉴其他人的施政纲领；落选者的参与精神值得学习；虽这次没有竞选成功，但还应为班级多作贡献。
>
> 资料来源：笔者在 2000—2003 年参与一个初中班级的"新基础教育"研究时所获的资料。

(二) 着力开发岗位与角色的育人价值

关于岗位与角色，社会学研究可为我们提供许多启示。在传统社会学中，角色(或社会角色)被定义为与特定社会地位或身份相联系的一组责任、权利和义务。这种视角强调角色的社会规范要求。[①] 当代社会学理论，尤其是符号互动主义的角色理论更多地强调承担具体角色的个体对社会情境的意识、对社会期望的理解以及对这种理解的主动表现。人们看到，正是通过担当一定角色，人们才能实现与他人的互动。在这个过程中，个体的发展方向和发展程度与其所在社会情境中他人和他自己对角色内涵的理解存在着直接联系。从这个角度看，罗森塔尔效应(或称"皮格马利翁效应""期望效应"[②])实验就应用和印证了人们对这种联系的认识。

在设立岗位的过程中，通过民主的班级氛围组织学生讨论对相应角色的要求，可以促使学生思考班级生活的需要，形成更合理的角色预期。在此过程中，每一个班级成员会将他们对班级(乃至社会)、对他人和对自己的认识综合起来，从不同角度提出自己的意见，这有利于丰富和完善角色期望。其中，对竞争岗位的学生来说，他不仅要参与相应角色期望的形成，而且还要根据自己的愿望认同这些期望，其中包括将自己原来的认识与这种期望进行比较和选择。这既有对他人观点的采择，也有对自己观点的澄清和调整。对学生来说，这是一次很好的社会化经历和认识自我、发展自我的机会。对班级来说，最终形成的岗位要求就成为班级文化的有机组成部分，也能更有效地内化为在岗位上履职的学生的自我期望。

二、主动设计班级生活

班级生活是动态生成的，因此，作为"班级的主人"即班级这个教育组织的成员，每个学生都应主动参与设计其生活内容与生活方式。此时，智慧型教师就可主动开发利用各种教育资源，善加点拨，顺势而为，促成班级生活内生更多充满创意和智慧的生命

---

① John P. Hewitt. *Self and Society*：*A Symbolic Interactionist Social Psychology* (8th Edition). Needham Heights，MA：Allyn & Bacon，2000．P.59.

② 皮格马利翁(Pygmalion)是古希腊神话中的塞浦路斯国王。他善于雕刻，用象牙雕刻了一座表现他理想中完美女性的美女像。等雕刻成功，因为与此雕像相处日久，他竟对自己的这件作品产生了爱恋之情。他请求爱神阿佛洛狄忒赋予雕像生命。阿佛洛狄忒为他真挚的爱情所感动，就使这座美女像活了起来。最后，两人结为夫妻。心理学家罗森塔尔的研究就借用了这一神话故事的寓意。他随机地确定了一份学生名单，并声明：科学测验表明，名单上的学生具有比现在更大的发展潜力。结果，这些学生因为受到深切期望的鼓舞和有区别的对待，与其他学生相比，他们的智力得到了显著的、较大的提高。在该研究中，教师，即课堂中的"皮格马利翁"，对学生的殷切期望起到了戏剧性的效果。这就是皮格马利翁效应。

活力。此时,可进一步通过如下行动作出新探索。

（一）共同制订班级发展计划

发动学生共同制订班级发展计划,是建设"民主型班级"关键举措之一。这是因为,学生人格发展的主动权应该掌握在学生手中,其重要标志就是作为班级成员主动策划自己个人和班级的生活,而不是只服从于外在的权威。作为班级教育的另一主体,教师也不能仅仅满足于自己拥有的专业权威,即使权威的教师充满无限的爱心,他也不能因为这种权威而剥夺孩子们的自主空间。

此时,可组织学生参与分析班级现状、辨析发展思路、策划发展措施等活动。为此,可让学生通过周记、小组讨论、班会等方式,充分发表意见,贡献智慧。即使学生最初的设想并不成熟,甚至显得很幼稚,但是,从"育人"的视角而不仅仅从"成事"的角度来看,学生的想法都是可用来促进学生自我教育、相互激励的教育资源。他们共同参与、共享智慧、提升认识、提高策划能力的过程,会产生不亚于学科教学的教育效应。

案例 4-7

师生共同分析班级现状和发展目标

一位班主任带领学生一起制订出新学期的计划。其中,对于班级现状和发展目标有如下分析。

一、班级现状及原因分析

（一）已有的成效

1. 经过上学期班级计划的有效推行,班级文化建设已取得一定成效。班级已形成一个优秀示范群体。

2. 实行了值日班长负责制和班务日志的记录,有效地约束了一部分同学的不良行为,形成了积极向上的班风,在期末复习中尝试的小组合作学习取得一部分成效,呈现出集体的荣誉感,并有一定的责任感。

3. 在学习方面,已经开展过一帮一等活动,在合作学习方面有了一定的积累。

（二）面临的问题

1. 从"合格"的角度看,我班还需要解决如下基本问题:

（1）一部分同学没养成良好的习惯,缺乏毅力,不能坚持。还有几名同学基础较差,学习方法不够合理。

（2）值日班长的主动管理意识不够强,只满足于完成面上的工作——早读、记录,不能主动管理班级的两操和课间活动。

（3）同学们主动学习的积极性还需进一步调动,班级整体发展质量还需提高。

2. 从"优秀"的角度看,我们还需要探索进一步发展的空间。

从更高要求看,综合性地解决上述问题的思路应该是:组建和利用好合作学习小组,开展有意义、有成效的班级活动。在这方面,同学们的自主发展意识、主动开展活动的能力等素养,都需要着力培养。

二、班级发展思路

（一）发展目标

1. 解决上述基本问题，借助小组和班级的力量，充分发挥榜样的带头作用，促使行为偏差生往积极方面转变，提高同学们的自主管理水平。

2. 培养大家的自主发展意识和自主活动能力，实现自主调整（行为习惯）、自主学习（积极钻研）、自主发展（目标规划），有效提高班级生活质量。

3. 着重开展小组合作学习的探索，提高班级的整体学习水平。

（二）发展主题

围绕"创和谐班级，做最优自己"，借助"迎奥运，迎世博，树文明新风"等教育主题活动，创建一个有着良好行为规范和自主活动能力、实现高质量发展的班级。

资料来源：参与上海市曹杨二中附属学校的研究札记，2008 年。

此外，在干部改选之时，可发动大家策划班级改进思路。如前所说，民主改选班干部时，可以发动竞选者和其他同学反思班级现状，策划新的发展。实际上，学生自下而上地提出的改进思路，有时候比教师所想的还要好。例如，一个实验班在多位同学的竞选纲领的基础上提出了新的构想。其中，针对班级凝聚力不够、缺乏整体的蓬勃向上的朝气，同学们提出开展一些相关的活动。一方面，多进行竞技型比赛，增强团队精神，如篮球赛、歌咏大赛、新闻知识竞赛等；另一方面，丰富课余生活，使同学们没有时间去电脑房或追逐打闹，如开展"才艺大挑战"等文艺型班会、发展一批出黑板报的同学。此外，可以事先将黑板报的主题公布出来，由同学投稿，并组织小组之间的比赛。[①]

（二）建立更有活力的班级发展机制

建设"民主型班级"，归根结底是希望创立一种民主的班级生活机制。这样一种机制，显然不是一种固定化的生活模式，而是需由师生根据班级发展需要而不断调整和更新的。为此，可以尝试如下方法。

（1）在推进发展中调整管理思路。在形成基本的班级规范后，可根据实际进展而调整，以适应学生的发展需要。例如，在实施值日班长工作制已达一个学期之后，班主任了解到值日班长们普遍感到这个岗位的工作很辛苦，原因有两个方面：其一，由于责任心和荣誉感，事事亲力亲为，感觉比较累；其二，同学之间缺少合作的精神，无形中增加了值日班长的工作压力。他们把这些苦恼倾诉给同学们，引起大家深深的反思。经过讨论，他们提出了加强班干部队伍建设、以小组为单位进行合作与评价等对策，使得值日班长的工作踏上了新的台阶。

（2）在班级生活中融通不同领域。文学创作中有一种修辞手法是"通感"，又叫"联觉"，即把各种感觉（听觉、视觉、嗅觉、味觉、触觉等）沟通起来，用甲感觉去描写乙感觉，而其依据可能是人们在审美活动中让各种审美感觉互相沟通、互相转化。例如，朱自清

---

① 取自作者亲自参与一个实验班的研究时所写的案例"班干部改选的前前后后"，2002 年。

在《荷塘月色》所写的"微风过处,送来缕缕清香,仿佛远处高楼上渺茫的歌声似的"。如果不只是从事务处理的角度,而是从教育新人的角度来看待班级管理的话,我们也有可能在班级生活中创造类似的美妙意境,甚至让师生都领略到教育生活中的诗意人生。其中一种尝试,就是融通班级生活的不同领域,包括融通组织建设、班级活动和文化建设,融通主题活动中的节目编排、剧本修改和学生成长体验的呈现与提炼,还包括融通班会现场活动、小组合作与班级环境布置等。下面一例,可供我们鉴赏。

案例 4-8

贯通"班会活动"与"环境布置"

　　经过一段时间的努力,我们班的发展进入到新的阶段,将班级文化建设重点转向班级内涵发展。在具体处理各种事项、展现各人个性特长、共同服务于班级建设的过程中,我们强调要丰富班级环境和各种活动的内涵,而不满足于反映学生真实生活和成长体验。这样,可让学生体验不断深化,让他们的思想不断提升。

　　进入 11 月,班会准备工作已处在倒计时,由于时间紧迫需要进一步压缩班会的内容。班干部创造性地提出:可以把部分班会的内容转移到教室里的文化栏目中。看到只剩下两天的时间了,我对这一事情能否办成表示担心。此时,马同学、张同学主动请缨,各自承担了学习园地及黑板报的布置工作。

　　两天后,她们出色地完成了任务,为班会活动增色了许多。在这背后,我更多地关注他们工作的过程:他们在班中利用自己的影响力,挑选了部分有特长的同学很快组成两个小组,高效率高质量地完成了任务。当面对表扬时,她们却把功劳更多地记在了组员的身上。老师在为她们工作的主动性而叫好,更为她们工作能力的提升而欣喜。

　　后来,她们每月根据学校及班级所开展的活动主动变换黑板报及学习园地的内容。元旦前,经班委商议后,在班级的墙壁辟出专栏,写上了老师和同学们的祝福语言。学习栏旁边张贴着我班同学在本学期科技节、体育节等各项活动中所获得的奖项,真正做到了让墙壁说话。

　　资料来源:陆桂英主编:《建设民主集体,共创阳光人生》,华东师范大学出版社 2007 年版,第 26 页。作者系上海市曹杨第二中学附属学校缪红。

　　(3) 在共同进步中创造更高平台。当一个班级整体发展状态越来越好时,可以组织学生开拓创造更高的发展平台。这可从两方面努力:一方面,在班级内部进一步开发资源,提升发展境界;另一方面,让学生走出班级,放眼更为广阔的学校生活、社会生活,在更辽阔的天空中展翅高飞。此时,如果能主动参与到学校德育或学生发展工作方面的整体策划与实施,争取到学校、社区的更多支持,那就更好了。有一所实验学校,就曾经作出了一些探索。在这里,各班学生能积极参与学校层面的校园文化活动,积极承担各项活动任务。"校园之声"由各班轮流主持红领巾广播;每周一早晨的升旗仪式,很多时候由轮到大值周的班级分别承担,他们自选主持人、自定国旗下讲话的主题;读书节、文化节、义卖、社会实践等活动,也充分地发挥各班学生的自主性,让他们策划、实施。每项活动结束后,很多班主任和学生都主动给予点评,并提出改进的意见和建议,使这些活动进一步完善。这类发展平台,既可以主动争取,也可以主动创造。若能如此不断开拓,班级管理这一综合性的教育活动,就能产生更好的育人价值。

(三)引导学生持续追求更高目标

激励、点拨学生,可以有一个较为明确而可操作的方式,那就是引导学生不断树立目标,通过行动达到目标,然后在更高平台上追求新的目标。这可以通过如下行动来落实。

(1)在实现目标的过程中发现更好的目标。一所实验学校在多年探索中形成的初中生"自育承诺制",可以很好地说明这一方法。它以"主动发展,自主选择,信守承诺,优质互动"为特征,着力培养学生在多种可能纷至沓来的情况下的选择能力、判断能力。他们认为,引导学生自主选择发展的过程,是学生从判断到决策的过程,是自主意识从唤醒到兴奋的过程,也是从学生自我体认与评价到确定最近发展目标的过程。不过,应该看到发展过程的复杂性、发展水平的差异性,前行、停顿、后退、徘徊、反复相互交织,喜悦、沮丧、失望、向往、后悔交替产生,都直接影响发展目标的实现和发展进程的效率。因此,他们要求学生把自主选择的发展目标确定为个人的成长承诺,要求指导教师把对学生的指导培养确定为教师的教育承诺,还把学生家长引入到"自育承诺"中来,家长要把自己的检查督促确定为社会承诺,以信守承诺的道德机制作为"自育承诺"制的保证机制。此时,学生主动地选择发展目标、指导教师,教师和家长关注学生主动发展目标及其实现过程,相互之间便产生积极的碰撞、心灵的共鸣,从而促进了多方朝着一致的方向共同发展①。此后,可以随着学生发展的进程,在新阶段继续选择新的发展目标,实现更好的发展。

(2)在日常生活中不断点拨激励。除了利用主题活动等方式创造典型的成长经历之外,还应关注学生在日常生活中的发展。不过,这并不意味着重新回到"只见树木,不见森林"的琐碎事务之中,而是"既见森林,也见树木",更关注每一片、每一段的风景。此时,可在学生个体与集体整体发展的过程中,用心关注、选择并利用一些典型的日常事件,将其作为教育契机和教育资源,通过及时点拨,促使学生继续前进。

(3)在反思总结的基础上追求新目标。在一些典型活动启动与完成之时,在一个阶段开始与结束之时,都可引导学生反思已有的发展经历,总结成长经验,展望新的发展,从而树立新的目标,开始新的发展历程。本书一些典型案例中的探索,特别是第八章对班级发展计划的探讨,可在这方面提供很好的借鉴。

本章小结

共建班级组织,是班级管理三大任务之一;与之相应的一系列可操作的技法,汇成

---

① 赵双成、温顺浩:《初中学生"自育承诺制"的实践与研究》,载于杨小微、李家成主编:《"新基础教育"发展性研究专题论文·案例集(上)——学校管理·班级建设》,中国轻工业出版社,2004年版,第200页。

了"一条措施",成为班级管理的三条措施之一。这是本书在阐述班级管理的方法系统(包括策略、措施和技法三个层次的方法)时已经说明的。通过本章的探讨,可以清晰地看到:任何一位教师,在任何一个班级,都可选择合适的切入点来带领学生共同建设班级组织;同时,将这一任务与其他两大任务(开展班级活动、同创班级文化)结合,并力争同步推进,可以沿着三层阶梯逐步前进,建设好一个"民主型班级"。

关键术语

班级组织生态　有序运作　稳健运行　内生活力

思考与练习

在你们组各位同学所写的《感觉最好的班级》中,选出两个班级。然后,小组讨论,完成下表。最后,全班交流。

1. 班级基本情况。

		A班	B班
班级	年　级		
	班级人数	总数(　)男生(　)女生(　)	总数(　)男生(　)女生(　)
班主任	姓　名		
	性　别		
	年　龄		
	任教学科		

2. 教师的班级管理方式。

	A班	B班
班主任个性特征(举例描述)		
班主任工作的主要方法(举例描述)		

3. 画出两个班级的组织结构图,并举例说明其主要优势与局限性。

4. 参照本章分三节描述的三层选择,辨析一下这两个班级在"共建班级组织"领域的举措,看看它们大致处于哪个层次;然后,进一步提出改进建议。

问题探究

针对开发班级岗位、特别是班干部改选轮换,教育界内外有不同的声音。看到很多师生已经习惯了根据学习成绩和是否听老师的话来选拔班干部,有人认为这助长了"官本位"意识,有人认为这可能导致学生刻意讨好教师、容易养成两面人格;看到国内外一些学校放权让学生竞选班干部(甚至是学校层面的学生会干部),有的人担心会削弱教师权威,有的人却认为这是让学生尝试用民主的方式建设班级、进而建设社会。你怎么看?为什么?请结合本章内容和第一章第三节对于"民主"的阐述,提出你的看法并予以论证。

第五章

开展活动：有效解决真实发展问题

章前导语

　　开学第一天，当你走进班级，你会首先跟学生说什么、怎样让班级这个组织有序运行起来？然后，怎样落实学校布置的各项任务，特别是学校组织开展的主题教育活动（如教师节、国庆节的活动）？接着，请继续考虑：这些活动有什么意思？能够让学生乐于参与甚至主动策划和实施活动吗？在一个学期中先后开展的多次主题活动，有什么整体性、连续性？它们给班级带来了哪些真实的发展？

学习目标——通过本章的学习,你能够:

● 理解班级活动对于学生发展的价值,并学会组织学生开展班级活动;

● 学会在学校整体安排中主动策划系列化的班级活动;

● 理解如何通过系列主题活动引领班级实现更高境界的发展。

本章内容导引

● 稳步前行——根据学校部署开展活动

　一、有序落实常规活动

　二、适当选择合用资源

● 节奏自主——班级活动适应学生需要

　一、立足班级选择主题

　二、学生自主开展活动

● 旋律畅快——在系列活动中释放豪情

　一、着眼大局策划活动

　二、系列活动敞现活力

教育本身就是致力于培养人的社会活动,相应地,教育组织的基本存在方式就是开展教育活动。学校是这样,学校中的班级同样如此。只不过,人们都能理解学科教学是教育活动,但未必都能理解班级管理是教育活动。现在,随着教育变革的推进,更多专业人士看到班级生活的独特价值——能让青少年通过持续的、深度的交往共生过程而获得精神生命的成长,进而将班级管理三大领域(共建班级组织、开展班级活动、同创班级文化)都视为教育活动并着力开发它们的教育价值。

其中,班级活动的作用最为直接,可以更充分地发挥学生主体作用,通过合作交往主动解决发展问题。因此,任何班级都会组织学生开展班级活动。在专门用一章来探讨如何引导学生通过开展活动解决发展问题、实现真实成长时,可将"班级活动结构"作为直观的参照系,用以考察教师如何带领学生一步步策划和组织实施班级活动。这里就选用本书倡导的也是在实践中最为常见的一个班级活动"大项目"(以第二章重点介绍的"我沟通,我自豪"为例),将其活动结构(见表5-1,同表2-1)作为一个基本参照点,以便考察更多活动的具体情形。

据此,可辨析出开展班级活动时的三层选择,即下面三节逐步阐述的行动举措。以此为参照,每个班级在具体的发展阶段可以灵活选择,运用不同水平的行动举措。站在教师的角度来看,这就是拾级而上的三个台阶——在每个"台阶"上各有"两步"(参阅表5-2):其中第一步是"站稳",让班级有更好的秩序;第二步是"迈步",促进班级有更多的活力。

前期"小活动"	核心"小活动"	后期"小活动"	表 5-1
1. 写出以往的活动感受或成长故事。 2. 收看前期活动的录像。 3. 组内调查：我和家长的争执或分歧。 4. 分组策划新的班会，合理分工，准备班会。	5. 主题班会"主动沟通" 　（1）回顾成长的感受； 　（2）面对成长的烦恼； 　（3）感悟成长的责任； 　（4）享受成长的光荣。	6. 实施"亲子沟通"行动计划。 7. 记录新的体会和故事，分享交流。	主题活动"大项目" "我沟通，我自豪" 中的系列"小活动"

三层选择 两方面行动	第一层选择 稳步前行：根据学校部署开展活动	第二层选择 节奏自主：班级活动适应学生需要	第三层选择 旋律畅快：在系列活动中释放豪情	表 5-2
1. 建立秩序	1. 有序落实常规活动	1. 立足班级选择主题	1. 着眼大局策划活动	共建班级组织 的三层行动
2. 促进变革	2. 适当选择合用资源	2. 学生自主开展活动	2. 系列活动敞现活力	

第一节　稳步前行——根据学校部署开展活动

从班级组建开始，学校就开始通过班级来落实各项活动，包括各门课程的学习。其中，通过班级管理这一途径落实的活动，往往涵盖了"学科教学"之外的所有的教育活动，这包括常规性的晨会、班会，组织学生参加的包括教室清洁在内的劳动、统一安排的常规性的节日活动和其他活动（如安全教育、卫生教育等）。

在这样的班级活动格局中，第一层次的选择就是在保障班级规范有序的同时稳步落实各项活动，让班级发展稳步前行。参照表 5-1 所示的"班级活动结构"，教师更多的不是自己设计新的系列活动，而是参照已有的常规和学校部署的活动，逐步落实。这可产生两方面的基本成效：对内，让全班同学通过各种活动相互敞现、相互交流，逐步开展新的交往，融入班级生活；对外，让整个班级与其他班级、年级一起融入学校这个更大的教育系统之中，及时协调行动，保持与外界的互动交流。具体来说，开展班级活动可有如下两个最基本的行动。

一、有序落实常规活动

班级生活启动之时，就有一系列的常规活动需要得到保障。其中，从班级和年级、学校等多个层次的教育组织正常运行的角度来看，有序落实如下几个方面的常规活动，是基础性的工作。

（一）规范落实一日常规

一个班级的一日常规虽然因地、因学段和具体的学校、班级而有一些不同，但基本格局还是相似的（可参照补充材料 5-1）。可以看到，如果教师在所有这些事务上都事必躬亲，那显然是很辛苦的，仅仅用"爱心"和"耐心"是不足以圆满完成这些任务的。此时，若用"慧心"来进一步辨析，就能发现，要更有效率地落实一日常规，可同时发挥学生的积极性和教师的专业智慧。

首先,组织班委,分工负责,落实每天的常规工作。一方面,可以参照已有经验(包括其他教师或其他班级的经验)和一定的管理学常识来考虑班级组织结构和其中班干部的具体分工,将常规工作分为不同领域并由不同班委负责,进而考虑班委和各小组长之间的合作。例如,学生出勤和行为规范等情况的反馈、教室卫生值日、升旗仪式、广播操的组织落实……这些都可在培养班干部的基础上逐步放手让学生来处理。

其次,在班级规范运作的整体格局中,关注重要的时间节点和关键活动,并为此而在岗位设计或人员配备、活动流程、活动记录等方面作尽可能完备的部署。在合理分工特别是将更多常规事务交给学生自主处理的基础上,教师重点关注在某个具体阶段内相对薄弱的岗位或比较复杂的事务——显然,在一个星期的不同时候、一个学期的不同阶段,班级常规管理的重点会有所不同,教师需要据此在长时段的工作视野中有一种"节奏感"。如果一日常规能很好地落实,就可进一步考虑更高境界的发展要求了,如逐步引导学生主动策划一些班级活动。

补充材料 5-1

一日常规工作

1. 每日到班级关注学生的身体、学习、生活与精神面貌,了解、关心班级情况。
2. 检查班级学生出勤情况,学生缺勤及时了解原因,并与学生家长取得联系,同时向教导处(规模大的学校可向年级组长)汇报。
3. 检查、督促班级卫生(晨扫、午休、放学后),及时给予表扬或批评,做好教室、包干区的保洁工作。
4. 升旗仪式、广播操应按时到班督促学生整队,做到静、齐、快。
5. 观察班级公物保管情况,发现损坏及时调查、教育和处理。
6. 每天关心班级学生衣着以及佩戴胸卡、红领巾、团徽等文明守纪情况。
7. 每天检查班级日志记录及班级手抄报出版情况。

资料来源:李学农、陈震:《初中班主任》,南京师范大学出版社 2007 年版,第 50 页。

(二) 系统安排一周生活

以周为单位来安排教育活动,可将连续几天的学习生活作为一个系统来规划,还可据此对每个月、每个学期进行整体部署。因此,许多教师会主动整理一周内的常规工作(见补充材料 5-2),系统安排一周班级生活,使之呈现出一种生态式、立体化且格局节奏分明的班级发展格局。具体来说,这一系统的生态格局主要从以下两个维度建构。

其一,形成一周班级生活的基本节奏。一般来说,星期一开始新的学习生活之时,往往有上周一些生活内容的延续和周末生活的反馈,例如每个学生写的周记被集中提交到教师这里(同时还有各科教师收到的作业);星期五一般会有一节课的时间用来举行班会(有的学校会安排在其他时间),可用于总结班级生活情况并提出新的要求。其余时间,可根据实际情况灵活安排,但最好能让一周的班级生活生成整体感(包括把学校通过一日常规检查或一周常规记录的内容整合起来），而不是零打碎敲地在各种表格上机械地填写单条记录（特别是从管束负面行为的角度填写的诸如上课迟到、课间打闹之类的扣分记录）或求得单项分数或排名。

　　其二，突出每周的发展重点。有着专业自觉的教师都不会忘记用积极的正面引导来带领学生发展，这包括在看似日常的班级生活中凸显新的发展高度。具体到班级生活中，可以尝试引领学生特别是通过班委会有意识地在每周常规中寻找代表更高追求的主题或内容，并据此主动选择每周发展重点；如有可能，还可在更长远的一月、一个学期的发展或系列主题活动之中选择稳步开展的持续探索，并将其落实在一系列的常规要求和活动（如周记撰写、专题教育活动、班会）之中。（可参阅第八章介绍的制定班级发展计划的典型案例。）

一周常规工作

　　1. 每周到寝室不少于一次，检查寝室纪律和内务。
　　2. 多深入班级，按计划找学生谈心、沟通，要有记录。对有特殊情况的学生及时交流，做好个别教育。
　　3. 加强与任课教师、学生家长的联系。
　　4. 每周布置学生写周记，认真批改，做好与学生的思想交流和心灵的沟通。
　　5. 每周利用午会课对班级情况进行小结、讲评。
　　6. 上好每一节班会课，要有主题、整体设计，写好预案，形式多样。
　　7. 每周四安排学生对教室、包干区、寝室的卫生大扫除。
　　8. 每周教育学生上好晚自修，了解、关心学生的学习状况和作业完成情况，及时与任课老师取得联系。
　　9. 加强学生的法制、安全教育工作，确保班级不发生大事故和违法犯罪事件。
　　资料来源：李学农、陈震：《初中班主任》，南京师范大学出版社2007年版，第51页。
　　注：其中的"法制"教育，现为"法治"教育。

（三）整体部署每月活动

　　班级活动要服从学校的整体安排，在学校教育系统中主动寻求内外平衡、内生活力的空间。因此，需要根据学校的整体部署和德育处（有的学校将相关部门称为政教处或学生工作部）、教导处、少先队大队部或团委的学期工作计划或年级层面的活动计划，把握班级发展的重要参照点，如学校统一组织开展的运动会、艺术节、学生代表大会等活动，再如各科单元测验和期中期末考试的时间。

　　如此看来，在内外结合而成的班级发展空间中，如果要更好地立足班级落实常规，还需要更有智慧的选择和创造。此时，可有两个方面的行动：其一，在适应学校整体安排和年级活动计划的同时，结合本班学生的实际，为每个月的班级发展选择合适的主题和相关内容；其二，将每月活动纳入到学期发展计划之中，由此整体部署每个月的班级活动,使之前后相继、构成活动系列,逐步推进班级发展,从而超越疲于应付点状任务的情形。例如,有的教师就针对高一学生第一学期的发展,将每个月的发展主题分别确定为建班、融合、家国、调整(调整心态和学习丰富)、高效和冲刺,并据此安排每月中的每一周的发展重点。

二、适当选择合用资源

开展班级活动,都需要师生投入一定的时间、精力,搜集和利用一些教育资源。其中,既有社会或学校提供的一些资源(包括体现近期社会发展需要的信息),更有立足班级生活和学生了解到的家庭与社会生活内容等方面的资源。总之,资源的搜集范围是开放的,资源的利用方式是多样的,这就要求立足班级自主开展活动时适当选择合用的资源。就这里讨论的第一层次的选择——逐步落实各项活动来说,可以重点关注为如下活动选用教育资源。

(一)引导学生自主举行例会

从让班级规范运行的要求来看,每天的晨会、午间活动(如十分钟队会)或下午的小结,往往被作为班级层面的例行活动(不同学校或班级可能有不同安排)。一般来说,这类例会性质的班级活动,除了最初由教师直接负责之外,最好在班级常规建好之后逐步交由学生来负责组织和实施。当然,不同的班级此时也可有不同的方案:有的直接由班委负责,带领同学们分工负责;有的专门设置相应的工作岗位,由学生轮流承担,以便让他们获得更多的锻炼。

就这类例会的具体安排来说,可在一定阶段内形成相对稳定的资源搜集方式和活动形式。以"晨会"为例,首先,应该关注规范性的内容,如师生、生生互致问候,了解学生出勤、健康状态、作业提交情况;其次,逐步关注专题性的内容。在班委运作有序后,规范型内容可以相对简化或转变为常规性的制度,而不必专门利用全班一起参与晨会的时间来处理;然后,就可考虑专题性的内容,如在一周内轮流设置"1分钟演说"(值班学生施政演说、名人名言宣讲等)、"文化大舞台"(学科知识拓展、名家成长故事、成名作品或成果背后的故事等)、"时令小活动"(结合端午、中秋、教师节等节日设计的小活动)、"时政要闻"等栏目。这既可充实活动内容,又可激活班级氛围。就"晨会"的活动形式来说,可以将个体行动和小组合作结合起来(包括在一次活动中的合作和在连续多次活动中的合作),为拓展学生交往、增进互相理解和班级归属感提供更多机会。

(二)师生合作举行主题班会

在将班级管理作为专业活动时,一个值得关注的问题就是如何定位很多学校列入课程表中的"班会"?[①] 将班会列入课表,这表明学校教育需要学生在班级层面参与"会

[①] 国家教育部颁发的《义务教育课程设置实验方案》(2001年)规定:"晨会、班队会、科技文体活动等,由学校自主安排。"据此,"班会"可被视为"地方与学校课程"。http://www.moe.gov.cn/srcsite/A26/s7054/200111/t20011119_88602.html,2001年11月19日。
在《上海市普通中小学课程方案》中,中小学课程有三类:基础型课程、拓展型课程和研究型(探究型)课程;其中,拓展型课程包括兴趣活动、专题教育与班团队活动、社区服务与社会实践。见上海市教育委员会:《上海市普通中小学课程方案(试行)》,上海教育出版社,2004年版,第10页。

议"性质的教育活动,因此,很多同行索性将其称为"班会课"。还有同行在更为系统的研究中将"班会课"区分为三大类型:班级会议(包括班级例会和班级大会)、班级活动和主题教育课。①

据此,若将"班会"定位为例会,是一种可行的选择。可参照上面对例会(晨会)的阐述,让学生自主举行并逐步更新其内容。同时,若将"班会"作为可以在班级层面主动开发的一种课程,也是合理的(同时也符合教育行政部门颁发的课程方案中的规定)。相比之下,后者是更值得在新时代的教育改革与发展中努力探索的。从建设"民主型班级"的角度来看,在稳步落实班级活动(作为第一层次的选择)之中,至少可以超越将其当作处理常规班务的例会,而努力尝试将其开发为"主题班会"。

此时,"主题班会应该是班级'活动'而不是'会议'"。这种活动可以主题鲜明、内容丰富,并且形式活泼,全员参与;其中,主题班会的"主题"应该来自学生生活,或者至少应该是学生关心的问题。② 据此,师生合作举行主题班会,可以重点考虑两个操作要点:其一,为每周举行的班会商议选择活动主题,并据此而发动同学们(或轮流由专门的小组负责)搜集整理资料,以及设计活动内容与形式。其二,在更长时间段内构想系列化的主题班会。在这方面,有同行专门梳理出作为系列活动的主题班会的三种基本结构:纵式结构(前后活动相连,前一个活动是后一个活动的起点和基础,后一个活动是前一个活动的继续和深化,参阅案例5-1),横式结构(从不同侧面反映同一主题)和纵横交错结构(参阅案例5-2)。其中,最为常用的是纵横交错结构。以此为参照,许多教师的经验包括一些活动方案,就启发我们作出新的设计或创造。

案例 5-1

初一(下):做家乡的小主人
——系列主题班会的纵式活动结构举例

(1) 请尝尝我们做的菜(自炊)。通过自己做饭菜,体会家务劳动的艰辛,增进与家长的感情交流。

(2) 小记者奔向四面八方(调查)。在自炊的基础上进行专题调查。

(3) 请听我们的建议和呼声(献策)。在专题调查的基础上,以小主人的身份向有关单位提建议。

(4) 沿着历史的足迹前进(参观历史陈迹或博物馆)。了解家乡的历史。

(5) 今日家乡在腾飞(信息交流)。在了解家乡历史的基础上,交流对今天家乡建设成就的了解。

(6) 为了家乡,我愿……(一分钟演讲比赛)。在了解建设成就的基础上,表达为家乡的明天而献身的愿望。

(7) 共献我们的青春和热血(联谊)。为了家乡的明天,相约同龄人一起奋斗。

---

① 丁如许:《打造魅力班会课》,华东师范大学出版社,2011年版,第4—5页。
② 李镇西:《做最好的班主任(修订版)》,文化艺术出版社,2010年版,第79—80页。

（8）刻苦学习,为我家乡（学科竞赛）。把建设家乡的愿望落实到具体行动上。

（9）家乡蓝图任我描绘（走访上级领导）。让学生更多地了解社会,培养学生参政、议政的意识。

（10）家乡,请听我们的报告（模拟新闻发布会）。总结活动。

资料来源：丁如许：《打造魅力班会课》,华东师范大学出版社 2011 年版,第 103—104 页。

案例 5 - 2

高一（上）：高擎理想的火炬
——系列主题班会的纵横交错式活动结构举例

（1）在新的起跑线上（交流新学期计划）。

（2）高中生活应当这样起航（班主任老师指导）。

（3）百行百业状元郎（新闻人物特写报告）。

（4）"人才成长百例"的思考（实话实说）。

（5）怎样使你更聪明（学习方法指导）。

（6）我们握有金钥匙（学习经验交流）。

（7）自信与成功（心理辅导）。

（8）向着更高、更快、更强（班级微型室内运动会）。

（9）共同扬起理想的风帆（联谊）。

（10）迈向新的高度（十佳评选表彰）。

资料来源：丁如许：《打造魅力班会课》,华东师范大学出版社 2011 年版,第 104 页。

需要强调的是：为举行上述主题班会而开展前期策划、组织、准备、实施和后期总结,这些具体行动中的师生合作方式,可以因班、因阶段、因主题而异,逐步放手发动学生更多地承担责任,发挥作用,也让教师得以腾出更多时间精力来用专业智慧谋划班级更高境界的发展。

（三）协调各方开展主题活动

在上述尝试的基础上,本书倡导的为建设"民主型班级"而举行的"主题活动",已经形态初现了。具体来说,这就是立足于一个阶段中出现的班级发展问题,选择一个可以彰显更高发展境界、体现更高发展需要的活动主题,将前后相连的一系列具体的活动整合为一个"大项目"。

在这里,一个"大项目"中的具体活动就是系列"小活动"——它们可以是晨会、班级例会,也可以是最关键的一次主题班会,还可以是由学生自主选择时间和形式的其他活动（如社会调研或家庭成员互动）。需要特别强调的是：在一个"大项目"内的系列"小活动"中,主题班会是最为重要的"小活动"(参阅表5-1所示的"大项目""我沟通,我自豪"中的系列"小活动")。由此,系列活动的格局就首先在一个以自主策划的"主题班会"为核心的"大项目"内部以系列"小活动"的方式逐步成形了。其中,无论是在主题班会还是在其他"小活动"中,活动形式可以多样,活动类型也可以灵活设计。(参阅补充材料5-3)

补充材料
5-3

活动类型丰富多样,为学生发展潜能提供舞台

学生个性才能的多样性及发展要求方面的广泛性,从本质上决定了以开发学生潜能、促进个性发展为重要价值追求的班级活动应该是多样且丰富的。为此,试验班采取了多种多样的形式,如讨论型、竞赛型、展示型、欣赏型、小品型、操作型和综合型等。

(1)讨论型。讨论的话题因学生的年龄水平而定。低年级的学生讨论的话题要求难度低,并要跟学生的生活息息相关,这可使学生有话可说,并能说得较为切题。同时也要求教师为学生创造一个民主、平等、和谐的人际关系,让学生有话敢说。对于讨论的结果,也不强求统一,允许不同意见的存在。

(2)竞赛型。竞赛型活动既能展示学生的知识面与能力、特长,也能发现人才并促其成长,激发学生的求知欲。开展这类活动首先要注意的是竞赛的要求能否激发儿童的参与积极性,对儿童的要求过低或过高都是不合适的。

(3)展示型。展示有多种形式,可以是作业评比之后的展示、以小组为单位出的每月板报,也可以是学生所编排的诗歌、舞蹈、歌曲等节目的演出,还可以是活动结果的综合性展示。如"找春天"活动之后,学生画下的"春天",颂读出的"春天",歌唱出的"春天",培育出的"春天",都可以利用班会、板报、生物角作全方位展示。展示不一定局限在本班,可面向全校,这样学生的成就感、光荣感会更强。

(4)欣赏型。欣赏型的活动对学生可以起到陶冶情操、丰富情感体验、提升审美品位的作用,形成欣赏美的能力。欣赏的内容不拘,既可欣赏音乐、诗歌、散文,也可欣赏画和书法;既可以是名家的有较高艺术价值的作品,也可以是学生本人的优秀作品。

(5)编演小品型。小品因其幽默、滑稽和具讽刺意味而深受学生喜爱,所以试验班有许多活动都以编演小品的形式进行。小品可以是以学生的生活为题材编成的,在思想品德课上表演,作为讨论的主题;也可以是由学生根据故事编排而成,在班会上作为节目演出;还可以是学生独立创作编写的充满童趣的小品。

(6)综合型。指除了相对独立的上述五种形式外,在一项活动中也可以几种形式同时并存。如在科技节活动中,就有讨论型、展示型、竞赛型等几种不同的活动形式,有趣有益,内容新颖丰富,使几乎所有的学生都有参与的机会,多方位展示自己的才华。

资料来源:卢寄萍、卜玉华:《小学班级建设新模式的报告》,载于叶澜主编:《"新基础教育"探索性研究报告集》,上海三联出版社1999年版,第161—163页。

第二节　节奏自主——班级活动适应学生需要

如果说在班级活动领域的第一层选择是稳步落实各项活动,那么第二层选择就是让班级生活生成自主的运行节奏,而不仅仅是适应外来的节拍。参照表5-1所示的"班级活动结构",可以组织学生在充分理解学生发展需要特别是自豪的需要的基础上,感受自主前进的步伐,从中提炼班级发展主题,进而策划实施班级活动——特别是以主题班会为核心的主题活动"大项目",由此凸显出本班学习生活的新高度,让班级生活逐渐成为和谐校园中自有亮色的风景线。

一、立足班级选择主题

本书主张,班级管理要形成长期教育主线、阶段发展主题,并由此整体策划班级发展。在此基础上,具体实施班级教育活动时,可首先从学生需要出发,提炼并选择出合适的活动主题。在这方面,需要特别关注反映学生的发展状态、突出学生的成长体验,为此,可作如下尝试。

(一)从学生自己的生活提炼主题

无论社会的关怀多么周到、学校的部署多么周详,班级内部的学生生活依然有辽阔的探索空间,而且社会和学校的许多内容都需立足班级生活实际才能找到生长点。因此,班级活动应主要从学生自己的生活中提炼主题。教师最好能带领学生一起梳理班级生活的现状(可从组织建设、班级活动和班级文化三大领域来梳理),从中理出最近一段时间内学生最需关注的共性发展问题和针对不同学生个体或群体的独特性的发展问题(如学习策略与方法、建立和谐的人际关系与交友策略、网络游戏、班级文化栏目建设),从中提炼出可在一定阶段内重点关注的活动主题。同时,关注其他发展问题,考虑后续的活动主题,以便逐步生成系列主题活动的策划方案。

(二)从学校整体部署中选择主题

班级是学校组织教育活动的基本单位,因此,班级活动要适应学校生活节奏。据此,班级活动自选主题时,可以学校整体部署为参照,在学校教育计划和班级内生资源之间的结合地带,选择活动主题。例如,积极组织本班学生参加学校组织的活动(如校史教育、军训活动、社会实践、艺术节、赛诗会、体育文化节等),就可在学校整体设计的活动安排中,结合本年级、本班级的实际选择或创造合适的主题,从而在带领全班同学努力寻找特色化的班级生活节奏,进而在与其他班级、年级和学校层面的各类学生组织的互动交流中相互切磋、相互启发,用来促成本班整体发展,为同学们敞开更多的活动空间。

(三)从社会生活实际中生成主题

教育是一个开放系统,与社会生活有着各种联系。因此,在上述探索的基础上,可拓展视野,引导学生适当关注阶段性的社会生活和国际大事,有选择性地搜集一些符合班级发展和学生成长的教育资源。在此基础上,可提炼一些值得探讨的问题,特别是与学生发展有密切联系的事情,包括学生感到疑惑、迷茫,需要进一步坚定信念、明确态度的问题,并据此选择活动主题,组织学生开展主题活动。例如,了解各行各业的发展现状与前景并据此开展职业生涯规划教育,了解智能机器人及相关技术对未来的社会生活的影响并据此探讨如何优化自己的学习方式、思维方法和人生规划……

为设计系列活动而拓展主题

1. 同一主题在不同时期、不同年级逐渐提高要求

例如,在培养集体意识、合作意识及能力中,组织建设至关重要。组织建设并不只是以建立组织为目的,而是为了在组织中形成团队精神和合作意识。在不同年级,组织建设有不同的内容和核心任务,且逐步提高要求,来促进合作能力的提升和集体意识的加强。因此,首先从走出家庭、走进学校开始,在入小学之始就使他们进入"小学生"的角色,要求他们能够处理自己的事情。以后,逐渐介入小队的建设,从一年级时的"小学生"角色转换为"小队一员"的角色。教师通过指导小队解决各类问题,逐步提高小队建设水平,也同时发展学生合作能力与合作意识。进入三年级,班级委员会组织建设的推进,逐渐使学生形成"班级一员"的意识。这一系列角色意识的转换过程,也就是学生合作意识与能力的培养、提高过程。

2. 同一主题横向扩展,形成多维度教育活动的系列构成

以"感恩"主题为例,活动设计可以教育学生感恩家长,也可以扩展为感恩老师、感恩同伴、感恩学校、感恩社会。又如在很多实验学校开展的"聪明"系列活动,班主任将"聪明"的内涵丰富化,设计了"聪明地学习""聪明地交往""聪明地做事""聪明地游戏""聪明地管理班级""聪明地安排时间"等一系列活动,形成了一个有核心目标又丰富多彩的"教育之场"。

资料来源:李家成等:《"新基础教育"学生发展与教育指导纲要》,广西师范大学出版社2009年版,第77页。

二、学生自主开展活动

立足班级选择活动主题的同时,相应的活动方案(包括活动目的、内容、形式)都在构想之中。此时,可从整体策划和实施一个主题活动"大项目"的角度,引导学生将一系列"小活动"逐步设计并开展起来(有的"小活动"其实是在边思考边行动的过程中生成的)。参照本书介绍的一些主题活动案例,特别是以"主题班会"为核心"小活动"的一个"大项目"的设计与实施(如第二章的"我沟通,我自豪"、第三章的"努力·成功·快乐"),可看到一些行动要点。

(一)开发真实的活动内容

(1)站在学生立场,理解学生的真实思考。教师应站在学生的立场上考察他们生活中出现的事物,思考这些事物对于他们所具有的意义,而非居高临下地用固定标准来衡量和剪裁学生生活。应该看到,生活本身是具有生成性的,因此,不可能指望下一代人完全复制、重复上一代人的文化生活。这有两方面的原因:一方面,学生生活必然有

许多反映时代特征的因素,学生的思想和行为必然会受到当代各种观念和意识形态的影响;另一方面,学生生活中还会出现富有年龄特征的内容,包括许多"亚文化"现象,这也需要教师予以关注并合理引导。

电影《雷锋》带来的思考

20世纪50—60年代的学生在看完电影《雷锋》后激动万分、热泪盈眶,学校和班级里随即出现大量好人好事。但在20世纪90年代末期,许多学生在观看了被媒体"炒"得很热且创造了高票房价值的电影《离开雷锋的日子》之后,并没有像成人希望的那样受感动、受教育,相反,他们并不欣赏这部电影。他们认为它"不够真实""不可信",不能反映当前社会的实际情况,是用一件看似真实的事件表达作者的道德理想主义。

很多教师根据诸如此类的现象,把现在的学生与以前的学生进行纵向比较,认为"现在的学生素质没有那时的学生素质高,缺乏远大理想,缺乏吃苦精神,缺乏甚至根本没有信仰"。

但是,客观地说,20世纪50—60年代学生的价值判断是一致的,甚至是随大流的,几乎谈不上个性。相比之下,现在的学生思想更为复杂,但也更多地表现出独立判断精神,这就不能简单地归结为道德"滑坡",而应看到其中反映出独立个体正在形成等历史进步现象。从中国当代社会发展的需要来看,学校教育面对这种复杂局面需做更深入的工作,充分利用其中的合理因素,帮助学生辨析各种现象,形成独立见解,提高思想境界,主动开拓生活,而不应固守过时的理想标准来约束新一代人的生活步伐。

资料来源:陈会昌:《当代青少年:充满矛盾的一代》,《河南教育》1998年第3期;陈会昌《怎样评价当前中小学生的道德面貌》,《河南教育》1998年第4期。

(2)将学校部署与学生需要结合,系统安排班级生活内容。无论是实施民主管理,还是根据学生生活实际安排班级活动内容,都不可能抛开学校教育的要求。一些学校将班级活动分为不同层次,如"小队活动""十分钟队会""主题班会"等,给学生更多机会来展现其真实生活内容,共同探讨班级发展中的现象。这可在相对小型的活动中给学生更多的自由度,以让更多学生敞开心扉,及时呈现班级生活中的各种问题或现象,并形成相应的对策,澄清一些看法。此时,教师可用心关注班级生活中的教育资源,而非固执于科层化的管理和居高临下的控制。其实,每一位学生都有着独特的内心世界和旺盛的生命活力,一群学生在一起共同创生的班级生活会因种种相互作用而不断生成更为丰富的生活内容。面对这些资源,只要不因固执于传统观念而遮蔽、漠视这些内容,也不放任它们自在地呈现而又自然地流逝,就可以考虑如何充分开发和利用这些宝贵的教育资源。

（3）从真实生活中开发资源，实现更有智慧的教育。中小学生的认识能力和活动能力还不够成熟，不容易清晰地理解生命意义、发展需要，也不容易分辨和选择各种发展条件，但他们又很容易受到各种外在因素的影响。此时，可关注学生生活中更鲜活，也许有更多矛盾和困惑的真实内容，在学校教育中展现它们，并充分利用学校教育独有的资源（有承担培养任务的专业工作者、优秀的人类文化成果，更重要的是，有与他们共同成长的同学、老师），用来拓展生活意义、提升生命价值。在落伍的教育格局中，没有面对学生的真实生活，只在成年人堂而皇之的设想中预定学生的发展，致使学校教育与学生的真实发展距离越来越远，通过自上而下地规定活动内容而实施控制，这会使新一代人从小就习惯于按照别人的意愿和规定去生活，甚至变成"啃老族"，染上"空心病"。与之相反，新时代的教育要让学生自觉而充满尊严地面对自己的真实生活，并在解决问题和提升质量的过程中学会开拓生活、充实生命。因此，在"民主型班级"中，需要关注学生的真实思想、真实生活，并以此为基础开展有真实教育意义的活动，教育才有可能体现出更高的专业智慧。实际上，立足于此的教育其实很简单——"四两拨千斤"。学生迸发出"千斤"之力，教师用充满专业智慧的"四两"之力进行点拨，激发出学生更为强大的动力，形成更为成熟的能力。

案例 5-3

从"法制教育"转向"法治教育"

有一位高中班主任，不满足于沿袭多年的法制教育方式。她看到，以往的思路是：请民警担任"法制副校长"，宣讲法律、强调必须遵守，分析违法事例，说明违法造成危害，参观监狱或少管所……这类做法，主要是从成人的视角理解法制，往往老师的感触比学生大。究其根底，可以看到：这似乎更像"威胁"，让学生因为"害怕""不敢"而不违法。

在创建"民主型班级"的尝试中，教师提出的问题惊醒了她——"你清楚你的学生在想什么吗？你清楚他们的感受和体会吗？"

她感慨："是啊，我和学生平时真的很少就'法'这个东西交流体会。现在，我发动班干部和同学交流，自己也利用课余时间和他们交流，发现不同学生的体会是有差异的，甚至是完全相反的。并且，他们还有很多的想法——而这正是班级管理中最宝贵的教育资源！"

于是，在新的班会中，她和学生又重选了思路——"同学，请大胆说出你对法的体会和感受"。结合现实生活中的真实事例，让学生的思想在交流中碰撞，在碰撞中讨论，在讨论中成长。她发现：学生对法律还是很有想法的。全班同学至少达成了两个共识：其一，集体中如果有人犯罪，好像自己也是罪人；其二，无论犯罪是否直接针对自己，每一个人都直接或间接受到伤害。

在交流中还会出现一些碰撞点，这就是下一次班会的讨论热点，让法治教育形成一个系列，而系列化的内容来自学生的需要，而不只是来自老师认为学生需要的东西。例如，在讨论"当你知道违法犯罪将要发生或正在发生时，你怎么办"这一问题时，出现了最大的争论。学生分成两派：一派主张"不要管"，因为说出去自己可能会受到报复，或者有出卖别人的嫌疑；另一派主张"坚决要管,伸张正义"。于是,就有必要通过第二次班会来继续探讨,例如平时就用法治的理念来考虑生活,包括交友,一方面防患于未然,另一方面利用法治环境成就自己追求的美好生活……

于是,从传统的"法制教育"转向新时代的"法治教育",就此开始了。

资料来源:根据广东省佛山市"名班主任培养对象"研修班成员、佛山二中邓碧兰围绕一次主题班会"法的体会"所写的研修作品撰写,2009年。

(二) 吸引学生参与设计实施活动

班主任的专业能力之一,就是发动学生主动呈现真实的生活内容,并在此基础上,培养学生主动策划班级活动的能力。因此,不仅要在意学生在每次班会活动中呈现的内容、产生的话语,更要在意学生在活动中的能力发展,尤其是策划、组织和实施班级活动的能力。实践研究表明,经过多次班级活动的锻炼,学生在这方面的能力可以得到充分培养。这可以体现在如下两个方面。

(1) 在呈现丰富内容的基础上,共同策划活动方案。以学生的真实生活内容为基础,组织这类班级活动,重要的不在于最后的讨论结果是否完善(因为具体结果是否合适要根据具体对象、场合来判断),而在于学生有平等的机会,有足够的能力表达自己对班级生活的疑问和看法,进而据此参与策划活动方案。此时,在初步指导之下,参照一些成功的活动案例,学生能够策划班级活动的主要内容、基本环节。不过,若无教师更高专业智慧的启发,这类班级活动的境界难以得到有效提升。因此,班主任应该把握建设"民主型班级"的主要思想和方法系统,在此基础上具体指导学生策划活动,特别是对具体的活动方案进行点拨、引导。在这方面,第三章第二节重点阐述的案例"努力·成功·快乐"中教师对学生先后提出的多个方案所作的指导,就很有借鉴价值。

(2) 根据共同制定的活动方案,主动搜集资料、排练节目。主题活动的策划和准备过程,可以让学生不断提升成长体验、酝酿情绪,达到"不愤不启,不悱不发"的状态。进而,这些体验和思考就可以在一个"大项目"中最关键的"小活动"——主题班会中集中展现并提升到更高境界。为此,在前期为筹备主题班会而开展的系列"小活动"中,可组织学生有序地寻找典型事例、采访同学及家长或其他人士;同时,策划小组和教师都积极动员学生进一步写稿、提出修改建议,相关的学生编排、演练节目,以便作更充分的准备。当然,在此过程中,还需注意活动方式、节目形式的多样性,充分调动学生的积极性。

(三) 指导学生提炼学习生活感受

在搜集资料的同时,还要特别注意指导学生提炼成长体验,而非满足于学生最初的呈现。在此过程中,可以发动其他教师、学生家长一起帮忙,给予指点,以便深化体验,提升思想境界,提高表达水平。(为争取更多教师和家长的支持,应让他们理解:如此丰富的班级生活和提高表达水平的过程,会让学生在学习各门学科时得到多方面的益处,包括学习方法的总结和交流、学习动力的明晰和提升、知识结构的反思和整理、写作能力和解决复杂问题的能力的有效提高。)在这方面,可有如下技法。

（1）在形成活动主题之前，主动敞现自己的成长经历。形成班级活动主题的过程也是一个共同摸索的过程。其中，让学生们共同敞现自己的成长经历，在此基础上逐步提炼成长体验，成为一个关键步骤。为此，班主任平时就可注意协调班级中的人际关系，形成一种相互敞开心扉、通过积极交往共同提高的精神氛围，这是一个细致、长久而又非常关键的工作基础。

（2）在策划和实施活动的过程中，围绕主题反思和整理生活经验。"一次主题活动"的考察单位，并不限于"一节班会课"或"在某一天完成的一项活动"。实际上，策划和实施主题活动的过程有可能会持续很长时间（2周—3月），这些过程都是让学生获得更有教育意义的成长体验的过程，而不仅仅是完成"一节班会课"或"在某一天完成的一项活动"的外在手段。因此，应该非常关注学生在此过程中的主动反思，鼓励他们共同整理自己的日常生活经验，并由此学会逐步提高自己的精神生活质量。

案例 5-4

引导学生逐步反思和整理生活经验

在筹备"努力·成功·快乐"的主题班会时，自第一次策划起，教师就注意让学生反思和整理生活经验。（参阅第三章第二节的完整案例）

随着研讨的深入，班会主题越来越明确，老师和学生们的理解也越来越深入，于是，这种反思和整理也就遇到了更多困难，也在克服这些困难的过程中达到了更高的境界。其中，第二板块的"转换场景、寻找成功的体验"，在10月底已布置全班学生撰写资料。

11月2日，班主任批阅了学生们所写的周记，发现大多数学生写得不符合要求。她考虑到：这可能是当时所提的要求不明确，也可能是处于准备期中考试的阶段，学生没有更多的心思专注撰写。大多数学生只是草草了事；也有些文章只是平淡地叙说父母对自己的好，怎样用实际行动感恩自己的父母；还有些文章只是简单叙述了一件事。总之，好像没有多少体验成长的感受。

在期中考试最后一科考完后，班主任在班级中就这次的周记作了反馈，并读了一位同学写得较好的文章。同时，根据这篇文章已反映的内容，还提出了具体要求：（1）采访父母的文章应着重写出父母获得成功时付出的努力，写完后应让父母过目；（2）自己所写的事例应突出成功的体验，首先应感动自己。据此，请每位同学回去后认真反思和修改。

通过第二次的修改，撰写的资料已有了明显的提高，班主任和班委从中挑选了几篇再作进一步的完善。另外，在日常的教育教学中，班主任还有意识地指导学生感受：当你顺利解答一道几何题、能想出不同的解题方法……这些都是成功的体验，它很平常、很细小，但也值得体验和感受。下面是其中一篇。

父亲
（作者：宋同学）

夜深人静，我早已进入了梦乡，父亲拖着疲惫的身子回来了，有时我会被这熟悉的声音惊醒，这似乎早已成了一种习惯。他洗漱完后，睡了。嘘！小声点，不要惊扰父亲，他累了。

十四年前，父亲来沪打工，靠修车子这门手艺挣钱。可想而知，要在人生地不熟的上海工作是很困难的，但是父亲做到了，他靠诚信的态度，精湛的技术，惊人的速度，赢得了顾客的好评与信任。父亲的工作量往往是别人的两倍，因此经常出现开头那一幕。有时父亲的生意会突然变得很好，车子排队等着父亲去修，那时，父亲忘记了饥饿与疲劳，工具在他的手上跳起了轻快的舞蹈，不一会儿，就全解决了。但是，望着父亲汗流满面以及那双沾满油污的手，我脑子一片空白。在别人眼里看来，父亲似乎很成功，买了房子，有了户口，但谁知道这是父亲在背后流了多少汗水、花了多少精力换来的。父亲的收入不算高，而我的开销就花去了父亲一半的积蓄，可父亲还是任劳任怨地做，为了我……

写到这里，我停下笔，回头看着正在修车的父亲，一滴汗水从他的额头滴落下来。嘘！小声点，不要打扰父亲，不要打扰父亲那颗爱子的心灵。

资料来源：陆桂英主编：《建设民主集体，共创阳光人生》，华东师范大学出版社 2007 年版，第 60—61 页。案例作者系上海市曹杨第二中学附属学校缪红。

(四) 后续活动让体验深化和升华

在建设"民主型班级"时，把策划和实施主题活动的过程看作是让学生获得更有教育意义的成长体验的过程；与此相应，学生们共同完成"一节班会课"或"在某一天完成的一项活动"之后，学生的成长体验仍然在延续。如果善加利用，这就成为进一步提升学生生活品质的宝贵资源。在这方面，可作如下尝试。

(1) 沿着活动主题，继续深化体验。可以结合活动中被激发和进一步提升出来的成长感受，让学生在展望今后的学习和发展时继续深化体验。这就将"教育活动"延续下去，而不是让这种成长感受随着"一件事务"的完成而终止。在这样谋划时，系列主题活动也就在不断生成，学生发展境界在不断提升；反之，每一次活动从头开始，每一次活动自然结束而缺乏教育意义的延伸，那就难免让师生陷入周而复始的低境界的繁杂事务之中，降低了班级管理的教育品质。

(2) 反思主题活动，提炼新的体验。既然主题活动本身属于教育活动，其中的活动体验当然也可成为教育资源。实际上，这是班级管理独有的教育资源，是比学科教学更占优势的资源。例如，在举办"努力·成功·快乐"主题班会之后，每一位学生在周记中作了反思(见第三章第二节的相关内容和补充材料 5-6)。

补充材料 5-6

努力·成功·快乐(学生体会)

(作者：张同学)

上个星期四我们举办了一次主题班会"努力·成功·快乐"。经过前两次班会的经验，我们的班会越来越精彩，越来越出色。我也越来越喜欢开班会了。

我是负责主题班会第一板块的人，一开始我只是做自己该做的事情，后来我逐渐发现主题班会是那么吸引人，我也很快融入其中。老师一而再、再而三地提出修改意见，我和马同学一遍又一遍地修改完善，我越来越乐在其中。只要班会可以完美，让我们留下新的回忆，我就觉得努力没有白费，很值得。

在完成工作后，我提议把黑板报和主题班会的内容贯通起来。经过大家同意，我们在短短两天内就办好了。这可以说是很用功的，同学们都很主动地提供帮助，否则单凭我一个人的力量是根本无法办到的。（注：参阅案例4-8）

班会前一天，我们非常忙碌。我们六位同学作最后的准备，有的对台词，有的做PPT，有的计时间……这一天时间好像过得很慢。对其他人来说那也许没什么，可对我们来说，如果主题班会成功了，我们付出的汗水就有了回报，那就是给我们的最大鼓励。

主题班会那天，虽然老师来得并不是很多，但是我们依然非常开心。这时的我对老师的评价已不很在意了，因为我知道：同学们的笑声就是对我们的付出的回报。为了这个，我们值！这次主题班会的每个内容都是高潮，同学们的欢笑是给主题班会的一个推动力，如果同学们对主题班会没有兴趣，那么就是再好也没有用。这次主题班会无论怎么说都是完美的，那是毋庸置疑的。它告诉我们：以后的路还很长，一定要好好把握；我们能开出更好的班会，到那时我们会把这次班会当作一个回忆来好好品味，你会觉得越来越有味。

随着最后一个板块播放《真心英雄》这首歌时，你们是否和我一样会跟着轻唱，同时也会想起谁才是我们心目中的真心英雄？也许这个答案现在还没有办法去回答，可我们以后就会明白，它所指的不仅仅是哪个具体的人。想想吧！青春在以后会是你永远的回忆。它才是真心英雄，给你快乐，给你悲伤，给你……

主题班会结束了，现在的我都还保留着那天的回忆。那是一个多么美好又难忘的回忆啊！我们在那一天一起欢笑，一起唱歌，那天的感觉你们是否还依然留着呢？无论是班会、学习园地或者是黑板报，这些完全都是因为主题班会而改变，同学们的欢笑和掌声就是最好的反馈！

最后，我只想说："人生就像一本书，傻瓜们走马观花似的随手翻阅它，聪明的人用心阅读它，因为他知道这本书只能读一次。"希望我们可以做那个聪明的人，懂得珍惜现在的每一天。你会发现这个世界会有多么的美好！让我们一起走好这一段路，因为它，我们的生活才变得多姿多彩！

资料来源：上海市曹杨二中附属学校参与班级建设研究中的原始资料，2007年。

当学生用心感受到主题活动带来的美好感觉，感受到每一天的成长带来的自豪，我们就会深切地体会到：好老师，会成就学生精彩的人生；好老师，真的是"好成人之美"的功德无量的君子！甚至可以说：在所有的职业中，教师最有可能在纯真的人际交往中，倾听到生命之花盛放之声，并因此而真情地享受到诗意人生！

第三节 旋律畅快——在系列活动中释放豪情

在班级活动领域,第一层选择是稳步落实各项活动,第二层选择是让班级生成自主的运行节奏,第三层选择就是师生共创班级生活的畅快旋律。参照表 5-1 所示的"班级活动结构",教师更需运用专业智慧,站在新时代教育变革的高度,带领学生着眼班级发展的大局策划主题活动中的系列"大项目",逐步敞现学生的生命活力。这可以更充分地适应学生自豪的需要,舒展他们的性灵。由此而经历的一段探索历程,将成为他们人生历程中一段充满豪情的快意人生,也应是学校生活中一部见证本校教育品质、彰显学校文化高度的"交响曲"。

一、着眼大局策划活动

正如本书在阐述教育思路时所说的,更高境界的班级管理应该重点关注学生自豪的发展需要,带领学生通过自觉主动地解决成长过程中的发展问题来实现发展。为此,需要站得更高(着眼于自豪的需要,而不仅仅是自立和自主的需要),看得更远(着眼于一个学期乃至一个学段的发展),想得更多(从一个言行表现透视发展生态,从一个或一类学生的需要透视整个班级所有学生的发展潜力)。据此,就可着眼于班级发展中的更大局面来策划班级主题活动的系列"大项目"。

(一)从"自豪的需要"透视学生发展的生命历程

在班级规范运作、稳健运行的基础上,师生就可有更多精力探索更高境界的发展空间。这种探索的一个具体表现就是主动策划立足学生生活、超越日常生活格局、让学生敞现思想活力的主题活动。这样的探索,可从两方面着手。

首先,在整体发展中透视具体的发展需要。正如第二章第三节分析"发展问题"时就已说明的:在一个具体的时间点上针对具体的行为表现来审视学生发展需要,并据此决定是否从中提炼班级活动主题。这就需将整个班级的学生发展情形作为直接的参照系,考虑这些行为表现和相关的发展问题是否具有足够的代表性,能否由此带动班级更多同学的整体发展。这样,就可在动态变化的班级整体格局中把握阶段性的发展重心,进而用智慧来通过局部性的活动推动班级实现整体性的发展。

其次,在长远发展中透视阶段性发展需要。局部性的主题活动往往在一个阶段带来发展成效,要推动班级实现长远的整体发展,就需将其置于班级长远发展的视野中来权衡。这就可在持续推进班级发展的过程中,在一个阶段重点解决某一个方面的发展问题,或者重点解决某一类学生的发展问题。与此同时,尽可能充分地考虑全班同学此前和此后的发展——这正是第八章将重点阐述的内容。

经过上述两方面的努力,教师就可以带领学生在更开阔的发展视野中,重点关注学生自豪的需要(同时兼顾自立和自主的需要),将班级发展过程看作学生的生命历程,由此策划一个阶段接着一个阶段的持续发展,并据此选择系列主题活动前后相承的发展主线。(第三章第二节和第八章重点介绍的案例对此有更充分的论证。)

（二）从长远发展的视野审视阶段性发展重点

若要让班级活动发挥更好的教育价值,促进学生更长远、更高境界的发展,还有必要站在教育学立场,更为系统而深刻地理解和运用教育学原理。就本处所探讨的策划和实施系列"大项目"而言,可在学生终身发展的视野中,理解生命全程的各个阶段和相应的学段的发展需要及教育要求。例如,有学者就专门阐述了"人生阶段与教育"这一领域的系统构想,并为此而梳理了不同学科、不同学者的相关论述,将其融会贯通为一套主张(见表5-3),这可以成为在更大的格局中透视每个学段、每个学期的学生发展和班级教育的一个参照系。

阶段	童年期	少年期	青年期
核心任务	为把握外部世界奠定基础	为把握自己的内部世界(精神世界)奠定基础	为人生发展"定向"(在青年期中明朗化)
总体特征	儿童超越家庭范围的社会化的起始阶段,也是儿童因角色、活动、他人评价的多样化而引起的对自我形象反思的开始时期。 ——可称为整体性的自我意识的萌生时期。	身心剧变、发现内心世界、自我意识突出、独立精神加强……这一切改变了少年与外部世界包括与成年人的关系。他不再完全是被动的适应者、服从者、执行者、摹仿者,而是力求成为主动的探险者、发现者、选择者、设计者。 ——这是人生"起飞期"。	在青年的理想中,最诱人的是事业、友谊与爱情、人生价值的实现——人生幸福的三块基石。 ——这是一个理想主宰现实的时期。 (可分为早期、中期与晚期,分别与高中、大学阶段以及大学后相对应。)
教育要求	帮助儿童学会并热爱学习;学会在特殊的社会环境——学校中生活,做集体的小主人,为今后的学习和形成积极的、有所作为的人生态度打下坚实基础。	"帮助孩子起飞"。既不要折断他的翅膀,也不能任其乱飞,而是顺势助一臂之力,送他上青天。教育要丰富少年的内心世界,帮助他们形成正确的自我认识和理想自我。	自我教育能力已经具备。教育应集中到使青年"学会选择"这个最重要的问题上。

表5-3

与中小学教育相应的人生不同阶段的教育要求[1]

以此为参照,就可以更好地理解本书介绍的每个案例,特别是典型案例中学生的言行表现所代表的阶段性需要对于其一生的发展价值,也能更好地体会到教师的专业智慧对于促进学生在某个具体阶段的发展,进而服务于学生的终身发展的教育价值了。

（三）围绕阶段重点设计弹性化系列活动方案

站得越高,看得越远,相应的视野就越开阔。类似地,从一个学段的整体性的教育要求来设计一个学期中的每个系列主题活动,就可让师生共同构想长远发展格局,据此整合前期资源,放眼长远未来,设计弹性化的系列活动方案。

表5-1所示的"班级活动结构"表现的是一个"大项目"的情形,以此为参照点,可以看到针对亲子沟通而开展的系列"大项目"的整体格局(见表5-4,同表2-2)。不过,

---

[1] 参阅叶澜:《教育概论》,人民教育出版社,2006年版,第248—267页。

需要注意：这个案例是在开展了系列活动之后整理出来的情形。为什么会出现"事后整理"而成的案例，而不只是"事先设计好并严格执行"而成的案例呢？这是因为：事先设计的特别是着眼于一个学期围绕一个大的发展主题策划的系列活动方案，只能是预案，需要考虑到各种因素都在动态变化，还有新的信息或资料正在动态生成。与"预案"相比，在真实的活动过程中，需要从两方面灵活调整：一方面，要留意动态变化的情况，及时补充或替换相关的资料或部分活动；另一方面，要完善甚至重新制定系列活动方案。最后的成果，当然就是通过实施系列活动切实促进学生实现真实的持续发展，而实施活动的过程就是动态完善方案并形成真实结果的过程。所以，固然不应排斥"事先设计好并严格执行"而成的案例，但也必须接纳甚至倡导"事先设计弹性方案—事中灵活完善方案并执行方案—事后整理"而成的案例。这是很多智慧型教师探索形成的成功案例见证的有效工作方法，也是本书参照的"存在体验课程"理论及其倡导的"自传法"可以证明的合理方法。[①]

表 5-4
解决"亲子沟通"问题的系列"大项目"

序号	大项目1	大项目2	大项目3
主题	十四岁,我们正在长大	理解父母,我心舒畅	我沟通,我自豪
系列"小活动"	1. 请家长给孩子写信； 2. 学生写成长故事； 3. 搜集个人成长资料； 4. 策划准备班会； 5. 参加全年级一起举行的"十四岁生日仪式"； 6. 举行主题班会"踏上青春新旅程"； 7. 撰写活动体会。	1. 调研家长对孩子的期待； 2. 调研同学对家长的看法； 3. 小组交流后提交有代表性的作品； 4. 策划准备班会； 5. 举行主题班会"父母是你特别的朋友"； 6. 实施"亲子沟通"行动计划； 7. 记录交流新的体会和故事。	1. 写活动感受或成长故事； 2. 收看前期活动录像； 3. 调查亲子交往状况； 4. 分组策划准备班会； 5. 举行主题班会"主动沟通"； 6. 实施"亲子沟通"行动计划； 7. 记录交流新的体会和故事。

二、系列活动敞现活力

根据本书提出的教育思路，更为理想的班级管理需要形成跨越几个学期的长期教育主线，提炼每阶段的发展主题。在此基础上，还需要在每个学期中，围绕发展主题整体策划班级发展。其中，系统安排一个学期的系列活动，是一条可行的技法。这可超越班级活动相互割裂、每次都从头做起的情形，从而极大地整合教师和学生的活动资源，解放师生的精力、时间，更能开拓更广阔的发展空间，提高整个学期的教育成效。在具体行动中，可据此关注如下操作要点。

---

① 这是世界知名的课程论研究者派纳等人所倡导的理论与方法。可参阅［美］威廉·F.派纳等：《理解课程(下)》，教育科学出版社，2003年版，第540页、第571页；张华：《经验课程论》，上海教育出版社，2000年版，第139—140页。本书第二章第三节辨析教育思路的四个环节时，也据此作过一些分析。

（一）根据班级发展计划，协调不同阶段的活动

在制订班级计划时，比较常见的情形是照搬学校层面的"德育工作计划"之类的文件，将学校部署的相关活动填写在本班计划之中。这固然可以直接响应"上级"指示，但也有忽视学生需要的可能。相比之下，更好的选择是：创造性地执行学校或上级德育主管部门的整体部署，将其落实于研究和满足学生成长需要的活动之中。其中，可根据自主的班级发展计划，开发并协调一学期中不同阶段的活动。由此，就可以尝试着让班级活动系列化（即系列"大项目"及每个"大项目"中的系列"小活动"），前后呼应，形成整体思路。

（二）根据班级活动需要，相互之间分工合作

立足学生成长需要的班级活动，需要师生自主创造，而非机械套用各种现成做法。其中，将学生组织起来，分工合作，可以有效地开发班级活动的教育价值，让每一名学生在积极参与活动中获得多方面的发展，包括融入班级、加深同学间的相互了解和情感联系、充分锻炼并合理展示才能。例如，在确定班级活动主题后，可以成立班会筹备组，由班干部、班主任、学生代表组成；接着筹备组采用自荐与推荐的方法确定主持人、总负责人、后勤人员等若干名；然后，召开第一次筹备会议，主要由班干部、主持人、后勤人员及学生代表协商班队会的主题、形式、活动内容、环境的布置、需采访的对象、联系的工作等，分头落实，总负责人予以协调。[1] 在此基础上，有的班级还利用双班委制、小组合作等方式，形成两个或多个小组轮流策划和组织班级活动；同时，在小组内部，又合理分工，从而为更多学生提供成长机会。

（三）参照方案灵活实施系列活动

在初步设计出弹性化的系列活动方案之后，就需结合班级生活的实际情况在每个阶段实施系列活动。此时，从实践操作的角度来说，这里就有了两个层次的系列活动：第一层是一个学期（学年）中的系列"大项目"，第二层是每个"大项目"中的系列"小活动"（见图5-1）。

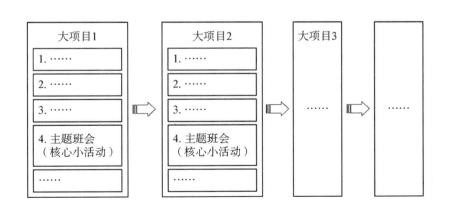

图 5-1

两个层次的系列活动

---

① 黄晓雁：《初中主题班队会"四步循环"式的探索》，载于杨小微、李家成主编：《"新基础教育"发展性研究专题论文·案例集（上）——学校管理·班级建设》，中国轻工业出版社，2004年版，第239—241页。

其中,就一个具体的"大项目"来说,可依据如下程序逐步实施:

(1) 带领学生具体制定"大项目"活动方案。其中,"大项目"的活动结构最好能以"主题班会"为核心,协调系列"小活动",以便在自成一个活动系统的基础上突出主题、彰显发展高度。(如果需要,在一个"大项目"中可以举行不止一次主题班会,当然,与此相应,一个"大项目"的持续时间也可以灵活调整。)这里需要注意两点:其一,每个"小活动"中的具体细节要生动、具体,既能激发学生的兴趣,又能敞现学生的智慧;其二,每个"小活动"特别是"主题班会"的内部也要有逐步推进的活动结构,如同学科教学中一节课要有合理的"课堂教学结构"。

(2) 根据"大项目"活动方案实施系列"小活动"。这包括:搜集资料,整合资源,将"深化体验"与"拓展视野"结合;整理资料,认真准备,将"个体创造"与"群体合作"结合;尽情展示,充分交流,让"自觉辨析"与"主动选择"结合。在这里,全班同学的分工合作当然也需要精心安排,策划组和各常规小组或项目小组(如负责一个小活动或一段节目的小团队)之间的协调也是必不可少的。需要强调的是:整体协调时,核心团队成员一般会完整地推演整个活动过程。此时,可以对重点活动环节进行彩排,但不可让全班同学一起把所有活动过程"预演"一遍,否则会造成活动失去"悬念"、过于刻板,反而导致负面的教育效果。在教育实践中,宁可有不完美的真实,不可有虚假的完美,这应该是一个专业常识。

(3) 在一个"大项目"中,特别关注最核心的"小活动"——主题班会。与其他的"小活动"相比,现场举行的"主题班会"的关键作用体现在三个方面:其一,交往性质更真实。班级成员面对面的沟通,是最直接、真实和充分的交往活动。其二,交往内容更丰富。最有可能直接针对具体的发展问题展开深入交流,由此生成的资源(尤其是每个个体的生命体验)在真实性、丰富性和深刻性方面有更独特的优势。其三,交往效果更明显。现场活动有时间限制,这能促使师生更为关注汇集和整合各种相关资源,敞开更高品质的发展空间,也便于追求明确的目标,促进后续的发展。因此,"主题班会"(作为系列"小活动"之一)可以成为一个"大项目"中的关键节点,让其他"小活动"的价值得到更大的提升。

(4) 及时开展后续活动,让成长体验深化和升华。同学们共同完成一系列活动之后,他们的成长体验仍然在延续。如果善加利用,这就成为进一步提升学生生活品质的宝贵资源。这至少包括两方面的努力:其一,沿着活动主题,继续深化体验。可以结合活动中被激发和进一步提升出来的成长感受,让学生在展望今后的学习、发展时,继续深化体验。其二,反思主题活动,提炼新的体验,甚至开发出新的活动资源。①

本章小结

开展班级活动,是班级管理三大任务之一;与之相应的一系列可操作的技法,汇成了"一条措施",成为班级管理的三条措施之一。这是我们在阐述班级管理的方法系统

---

① 李伟胜:《主题班会系列活动设计的层级建构》,《中国德育》,2011 年第 9 期。

（包括策略、措施和技法三个层次的方法）时已经说明的。通过本章的探讨，可以清晰地看到：任何一位教师，在任何一个班级，都可以选择合适的切入点来带领学生逐步开展境界越来越高的班级活动。同时，将这一任务与其他两大任务（共建班级组织、同创班级文化）结合，相互协调，可以沿着三层阶梯逐步前进，建设好一个"民主型班级"。

关键术语

班级活动　稳步前行　节奏自主　旋律畅快

思考与练习

1. 选择一个班级，针对其在一个阶段的发展状况，参照下面的模板，策划一个"大项目"，分析学生在其中的收获。

第一部分　活动方案
（主题自定）
——（　　）班一次"大项目"主题活动方案

一、活动主题及依据

（一）活动主题

（二）活动主题针对的学生发展问题

（三）本主题体现的学生发展需要分析

需要层次	本班学生发展需要的具体表现
自豪的需要	
自主的需要	
自立的需要	

（参照上述分析表，说明这个"大项目"是否体现了"自豪的需要"。）

二、活动目标（可观测的行为）
三、活动设计

（一）活动结构（对系列"小活动"的整体设计）

阶段	前期"小活动"	核心"小活动"（主题班会）	后期"小活动"
内容			
意图			

说明：对于有的"大项目"来说，"主题班会"可能不止一次，因此，可以参照上面的表格，自行描述活动结构。

（二）主题班会的具体方案（作为系列"小活动"中最重要的一个）

第二部分　学生收获

结合上述活动方案，选取班级中的一个角色，辨析如下内容。

（备选角色：班委、策划人、主持人、小组长、某个小组中的一位同学……）

你选的角色是：（　　　）

阶段	前期"小活动"	核心"小活动" （主题班会）	后期"小活动"
他的主要活动			
他在活动中得到的主要发展（收获）			

2. 案例分析。

（1）系统了解一个班级活动"大项目"的策划和实施过程。最好是深入实践亲自观察或访谈，并作比较详细的记录。（如果难以深入实践考察，也可以从学位论文、期刊论文、著作等资料中选取一份类似的案例作为替代。）

（2）画出这个"大项目"的活动组织结构图，并说明前期"小活动"、核心"小活动"和后期"小活动"的设计意图。

（3）选取一个学生（任选一个角色），辨析他在活动过程中发挥的主要作用和由此得到的主要收获（用表格来说明）。

（4）参照本章分三节介绍的三层选择，辨析一下上述活动主要处于哪个层次，并说明理由。

问题探究

班级自主开展活动时间很少，因为需要执行学校部署的任务、开展学校安排的活动很多，还要处理班级事务。面对这个难题，参照本书"绪论"部分介绍的三个能级的教师的特征，想一想：他们分别会怎样理解这个局面，会怎样处理，并说明理由。

第六章

同创文化：敞现学生自主生命活力

📖 章前导语

　　走进一个班级的教室，你的第一感觉是怎样的——舒心、畅快，还是紧张、压抑，或者……请你想想：在教室里一起学习生活的学生的感觉会是怎样的？这是为什么呢？怎样让一个班级的环境更美好？进一步，除了看得见的教室环境，班级生活中的人际关系给大家的感觉是怎样的？怎样让一个班级的文化充满朝气——让每个学生和老师在这里开心地度过每一天、每一节课？

学习目标——通过本章的学习,你能够:

- 理解怎样带领学生营造舒心的班级文化环境;
- 学会带领学生主动设计班级文化生活内容;
- 理解如何通过文化建设引领班级实现更高境界的发展。

本章内容导引

- 整洁规范——环境设计展现班级生机
  一、规范布置班级环境
  二、逐步培养团队精神
- 和谐生动——个性舒展汇成班级特色
  一、协同创造班级特色
  二、适度舒展学生个性
- 敞现活力——长程发展凸显主题旋律
  一、主动创设鲜明主题
  二、灵活整合各方资源

文化是一群人共享的生活观念及其外显标识,更是其日常化的生活方式,特别是这群人的交往方式。据此,可以超越很多人引用的组织文化的思考框架(如物质文化、制度文化、精神文化),看到具有"自功能性"(即组织目标指向组织之内,特别是指向组织成员自身的成长,而非对外服务)的教育组织独特的文化风景,这就是:组织成员的交往方式见证着他们的成长过程,也因此表现出他们的精神面貌和组织的文化特征。据此,可将班级的教室环境、网络平台、行为规范、规章制度、舆论氛围和团队精神等都看作是学生交往方式的表达,进而在阐述不同层次的选择时综合考虑这些因素,但又从学生发展的角度有所侧重。

为了便于理解,这里聚焦每个班级都会用到的班级环境设计方案作为一个参照,用以考察一个班级是如何从环境建设入手发动学生参与文化建设的。例如,下面这份经过师生商议确定的方案(见表6-1)就可呈现这个班级的组织结构的部分特征(如班级岗位设置和学生分组合作);如果进一步考察其中的师生交往、生生交往方式,就可对班级文化建设的总体情况有更系统的了解。

据此,可以辨析出建设班级文化的三层选择,即下面三节逐步阐述的行动举措。以此为参照,每个班级在具体的发展阶段可以灵活选择,运用不同水平的行动举措。从教师的角度来看,这就是拾级而上的三个台阶——在每个"台阶"上各有"两步"(参阅表6-2):其中第一步是"站稳",让班级有更好的秩序;第二步是"迈步",促进班级有更多的活力。

组别	内容	要求
板报组	黑板报、学习园地、英语天地	黑板报要围绕不同主题来组织和撰稿;学习园地和英语天地要能提高学生的学习积极性。
生物组	生物角、窗台	管理好生物角中每一盆花的生长,并使窗台也充满绿色。
综合组	争章乐园、图书角、其他	争章乐园的设计必须活泼、新颖,有童趣;图书角的书籍要摆放整齐,并能得到充分利用。

表 6-1

一个班级的环境设计方案①

三层选择 两方面行动	第一层选择 整洁规范:环境设计 展现班级生机	第二层选择 和谐主动:个性舒展 汇成班级特色	第三层选择 敞现活力:长程发展 中凸显主旋律
1. 建立秩序	1. 规范布置班级环境	1. 协同创造班级特色	1. 主动创设鲜明主题
2. 促进变革	2. 逐步培养团队精神	2. 适度舒展学生个性	2. 灵活整合各方资源

表 6-2

共建班级组织的三层行动

第一节　整洁规范——环境设计展现班级生机

班级生活规范有序,这是文化建设领域第一个层次的追求。与共建班级组织、开展班级活动相应,在同创班级文化时,首先要考虑的是组织全班学生一起建设整洁的教室环境,让大家舒心地开展各种学习活动。简而言之,从"成事"的角度来说,要规范布置班级环境;从"成人"的角度来说,可同时结合班级制度建设、开发岗位教育等方面的努力,引导学生形成团队精神,在群体交往中创造意义感和归属感,而不至于游离在班级之外。这可被看作两个关键的行动。

一、规范布置班级环境

参照表 6-1 中的班级环境设计方案,每个班级都可根据实际需要(包括学校和年级的相关要求),有选择地设置相应的文化园地或栏目,并组织学生及时更新内容,以便发挥环境育人的作用。

(一)根据班级需要整体设计环境

班级环境建设是服务于人的发展的,因此,在整体设计环境时,应首先综合考虑班级发展的需要,以便在整体发展格局中合理定位班级环境各部分的文化功能。在这方面,可将班级组织建设、班级发展计划的制订(特别是发展目标、发展内容和发展途径)和相应的班级活动设计相互协调,以便在班级生活中开发出相互支持、前后相继的教育资源系统。

---

① 摘自范向华等:《创设五彩斑斓的教室文化》,载于杨小微、李家成主编:《"新基础教育"发展性研究专题论文·案例集(上)——学校管理·班级建设》,中国轻工业出版社,2004 年版,第 213 页。

其中,就班级环境的文化功能来说,可重点考虑:(1)呈现阶段性主题教育内容,包括需要根据学校部署落实的主题教育;(2)展现学生在各门课程中的学习生活及其阶段性成果;(3)将常规管理项目中的一些每日更新的内容(如值日表)呈现在比较醒目的地方;(4)适当开发其他的特色化的兴趣活动,如生物园地、学科"擂台赛"园地等。在发动学生一起提出建议的基础上,由班委负责整理,再和大家商议教室空间和网络平台上设置的栏目或区域、呈现的内容、更新的方式和相应的岗位负责人(个体或团队)。

(二)立足班级生活及时更新内容

在上述设计过程中,师生逐步商定在一个阶段内设置的栏目或区域,并对其在班级生活中发挥的文化功能形成初步构想;紧接着就是为了让班级环境持续正常地发挥作用,组织学生分工负责,及时选用相关资源来布置它们,进而在后续生活中定期更新内容,以便让师生感受到班级生活中的勃勃生机。

此时,同样可与建设班级组织、开展班级活动等领域的行动结合起来,通过各级各类岗位的建设,建立班级生活制度,以便同时征集和选用栏目设计创意(可定期开展创意评选),积极参与年级、学校层面的相关交流或评选活动,让班级生活不断凝聚各方面的资源(特别是同学们和教师、家长的创意和作品),促进班级建设和学生发展。

补充材料 6-1

通过设计班级标识凝聚学生创意

在实验中,许多实验班级发动学生积极参与,自主设计班级目标与班级标识,有效地将学生的创造性凝聚起来,为群体个性的形成提供了有利条件。如"Warm Family"(温暖之家)的班名,充满家的温馨;"阳光中队"的队名,散发阳光的气息。

有的班级提出独特的班级口号:"我们是最棒的""大雁齐飞不掉队""我是班级小主人""每天进步一点点""会爱、会玩、进步快""画一个圆满的句号""志当存高远"等。

上海市闵行区明强小学所有班级由学生自主讨论提出班级口号,有"美丽每一天""我们也能行"等。四年级(1)班的孩子们确定的建班方针是"和时间赛跑"。有的实验班级还深化到每一个小队,如"大拇指小队""光芒之星小队""快乐精灵小队""Happy 小队"等。

资料来源:李家成、卢寄萍:《"新基础教育"班级建设改革研究报告》,载于叶澜主编:《"新基础教育"发展性研究报告集》,中国轻工业出版社 2004 年版,第 202 页。

二、逐步培养团队精神

班级成员的人际关系是班级文化的更重要的内容。因此,在组建班级之初或进入新的发展阶段时,需要通过各种方式培养学生对班级的归属感和集体荣誉感。其中,通过多种方式培养团队精神,可以作为一个基础性的工作。在这方面,可以考虑如下着力点。

(一)研究学生交往状况,整体把握文化生态

从促成班级有序发展的角度来看,可考虑四方面的因素:(1)群体认识水平。这影响着班级成员对目标的认同,影响班级规范的建立和舆论的形成。(2)群体心理倾向。这是大多数学生相近或相同的兴趣、爱好、气质、特长等意向特点。它们影响着各种活动的开展和班级特色的形成。(3)班级心理气氛。这是指班级学生在交往中形成的较稳定的人际关系及相应的情感、态度的表现。它对班级每个成员的心理和行为有直接的调节作用,影响学生参与班级活动的积极性和班级管理的效率。(4)学生非正式群体。它们影响学生发展的小环境,可在班级成员的正式交往之外满足学生诸多方面的发展需要——其中有不少需要是正当的。根据与班集体的关系,这些非正式群体可分为亲集体、偏离集体和反集体几种情形,它们对班级个体和群体有不同性质的影响。[①]

综合考虑这些因素,然后结合班级组织结构的初步建立,特别是各个小组的运行情况和各个班委的工作情况,就可以基本理解班级的文化生态。以此为基础,更多的举措就能更有针对性。

补充材料
6-2

如何做好留守儿童的教育

随着大批农民进城务工,农村留下了不少缺乏父母照管的孩子,形成了"留守一族"。他们的家长,有的认为"读书不读书都一样",导致孩子学习态度消极,学习动力不足;有的因为在外打拼的艰难、尝尽了没有文化的苦头而对孩子的学习产生过高期待,从而导致孩子心理负担过重,成绩稍降就会带来很强的愧疚感和负罪感。一般来说,他们容易产生自卑、虚荣、嫉妒、敏感、仇视等心理问题;同时,由于亲情的缺失和心理相对封闭,有些学生会寻求替代品以满足自己的精神需求,包括网络游戏、网恋或过密的异性交往。

针对这些学生,学校该做些什么呢?

(1)加强心理健康教育。可通过召开专门的交流会、举办新生入学适应讲座、开展有教育意义的集体活动等形式,使他们在集体活动中感受到温暖,体会到爱心,找到归属感,找回缺失的情感和自信。

(2)强化自我教育。调查中发现,有少数学生在父母外出打工后,变得更加坚强和自信。他们把对父母的思念、感激转化为学习上的动力,自觉上进,成绩优异。因此,教师要注意挖掘、发挥留守学生自我教育、自我发展的潜能,注重引导,经常鼓励,努力创造有助于其自我成长的机会和环境。

(3)做好家长的教育帮扶工作。可利用春节返乡等有利时机,通过举办家长学校、集中家访日等活动,建立学校和家长的长效联系机制,帮助家长转变错误的教育观念,掌握家庭教育的基本知识和技巧,促使他们有效地履行起家长的监护责任和义务。

资料来源:张明佐:《留守学生心理问题的成因与对策》,《班主任》2006年第4期。

[①] 这部分内容主要参阅林冬桂等编著:《班级教育管理学》,广东高等教育出版社,1999年版,第87—88页。

（二）评选先进典型，引导学生追求卓越

看似平凡的日常生活中涌现出的典型事例，往往蕴涵着丰富的内涵，可以从中发现许多值得欣赏的有价值的资源，但要发现这些资源，须得有专业的眼光，因为，"世界上并不缺乏美，缺乏的是发现美的眼睛"。

与此同时，对这些典型事例善加利用，可以有效地促进学生向更高境界发展。为学生提供良好的榜样，可以具体、形象而综合性地体现出个体优良品质，远胜于诸多缺乏形象性和内在整体感的孤独说教或长篇大论式、旁敲侧击式的训导。为此，可以结合班级发展计划的制订、实施，结合班级活动的开展，组织学生在不同阶段、不同方面关注自己和同学的发展状态，评选出身边的先进典型，包括先进个人、先进小组或"好同桌"，如班级之星、岗位能手……这与前面所说的系统设计班级工作岗位、建立通畅的沟通渠道、提炼学生成长体验、建立自主多元的评价机制等紧密相关，其目的都是让学生通过身边可见、可学的活生生的榜样，不断追求高尚的发展，而不是满足于达到固定的发展标准。

（三）提炼成长体验，激励学生自主发展

从文化建设的角度"提炼成长体验"，与前面所说的从班级活动的角度的做法有所不同。在这里，更值得关注的是：敞现学生发展过程中的新体验，让学生之间相互理解发展历程、相互激活发展动力，从而让学生个体、小组和班级整体形成更好的自主发展机制。此时提炼出的成长体验，不一定是最值得学习或模仿的对象，但应是最有可能激发学生自主反思、最有典型教育意义的事例。例如，有一名学生，本以为自己肯定是某次主题班会的主持人，也就没有主动向老师表达自己的意愿。当另一位主动表达意向的同学被老师挑选为主持人时，他以为老师偏心，一下子跳起来，很生气地走了。班主任很诧异，后来经过多方面了解，才知道他一直很想做这个主持人。在他冷静下来后，班主任主动与他沟通，让他形成了更合理的认识。此后，在进一步策划该次班会时，这一事例被用在其中最后一个环节，以提升学生们对班会主题的理解。这名学生主动地写出了自己在这一事例中的感受，为该次班会的成功作出了新的贡献，同时也用鲜活的事例启迪着大家。

在关注提炼成长体验的同时，还要关注如何用好这些成长体验，以便利用关键时机及时促进学生上进，包括开展个别教育。每个人都可能有不同的心理特征和成长轨迹，因此，针对每个人、每个小组和班级整体的实际情况，很可能会发现一些关键时机——此时，学生的发展面临着一些困惑，需要有智慧的班主任给予及时的点拨。如果这种点拨恰到好处的话，由此产生的跨越式的发展效应很可能会胜过许多其他教育手段。其中，如果能从班级整体发展的视野，看到不同学生之间的差异，并利用这种差异形成相互竞争与合作的氛围，培育一种自激活的班级生活机制，可让班级管理产生"四两拨千斤"的效果，从而有效地提高班级管理效率。案例6-1也许能在这方面带来一些启发。

帮她走出小干部心理"高原期"

与学生接触没有几天,我就发现了他们虽然只是四年级的孩子,但由于从一年级起就进行了班级建设研究,班级大多数学生的能力都很强。最引起我注意的当然是她——苗苗。在假期里,我到她家第一次家访,没有遇到家长,我只是例行地询问了一下班级情况,说到班级文化建设可能要小干部提前思考思考,就告辞了。谁知,当我在开学前再次走进教室的时候,图文并茂的一期"新的生活,新的起点"已经赫然出现在眼前。就是这样一个敢于思考、敢于工作的女孩,也让我这个当了十几年班主任的老师,领教了她的几次"小干部张扬个性"的工作作风。其中,有这样一件事情。

班级的大黑板上,已经布置得有模有样,让人赏心悦目。"我们用水彩颜料把教室两边的墙面也美化一下,突出班级小队建设的特色。"她没有和其他队干部商量,没有经过中队会的讨论,已经决定动手干了。反正也是一个不错的主意,我没有提出异议,更没有干预,心中甚至还有了几分窃喜——好样的!他们开工了,我静静地在教室一角整理着学习资料。

当几个队员在她的带领下,干得正欢时,中队学习委员辰辰站在远处仔细端详了一番他们的杰作,"苗苗的这幅画与文文、敏敏的不配套,用色也不协调。""去去去,你懂什么,管好班级的学习就行了!"辰辰低头走开了,我朝苗苗深深地看了一眼,可她似乎毫无感觉。

"哎呀,苗苗,你把水都洒在地上了,颜料混合在一起,地板成大花脸了。先拖一下吧!"卫生员歆歆插了上来。"你们烦不烦,看我们工作顺利,想抢老师表扬啊? 我当了两年宣传委员,一向这样工作,至于地面嘛,等我们完成了自然有你的事。"歆歆咂了咂舌,摇摇头,也走了。

我放下手头的资料,走近了苗苗,"他们说的有道理,你为什么不听呢?""做事要有中心人物,谁都可以插一脚,那怎么行? 该张扬个性时,必须张扬。这就是我的个性——认真完成自己的事,无需旁人指点!""你这样不好,太固执,这也不光是个性张扬吧?"我还在想着她会说什么,我该如何应答时,她一个突如其来的举动吓了我一跳:"不干了!"她一边说着,一边朝盆里扔下了手中的画笔,转身离开了教室。一大帮同学和我一样,愣愣的;不同的是,我看着苗苗的背影,他们却看着我。

事后问了一些同学,苗苗从一年级起就担任班级小干部,做事认真,能力极强,虽然每次有干部的轮换,但她始终因为脑子灵活,能出色完成任务,而深得原班主任的信任。看来,她的班干部工作已经进入了"高原期"。她对班干部工作的新鲜感逐步退却,对他人的善意提醒缺乏认识、缺乏理解,她始终认为自己是出色的。面对这种停留在没有多大进展,反而影响自身发展,只在平面推移的"高原期"的小干部,如何尽快帮助她逾越障碍、寻求新的突破,是摆在我面前的紧迫任务。

现场的布置和清洁请其他几名学生继续完成,而且要求他们比原计划更加美观与精致。当天,我没有再就苗苗的所作所为这个话题发表任何意见,只是又和其他学生一起在教室的门后,开辟出了"你我好商量"的一块版面,告诉他们,有什么悄悄话,可以以书信方式和老师、同学交流。以后的几天中,我时常表扬那些写信给老师的同学,因为他们给了我许多班级的信息(包括苗苗原来的许多表现)。周一的班会课,小干部轮换选举时,苗苗的票数明显落后于其他 5 位同学,她依然没有失落感,因为她始终相信,老师少不了她。可当我宣布,5 名同学当选为班级中队干部时,她的眼里饱含敌意。

"苗苗,你的能力很强,老师和同学们有目共睹。虽然没有当选为队干部,但是你一样会为班级服务的,对吗? 因为我相信你是个有头脑,有创意的孩子! 选票的问题,你自己思考一下,看看最近有什么不妥之处。给我个回条好吗?"这是我当天插在"你我好商量"版面上,写给苗苗的短信。三天后的晚托班,苗苗终于找我了:"老师,我大概太自以为是了,总认为自己是干部,能力强,别人都无法超过我……"苗苗认识到自己的根本问题所在了。

每一名学生都是独特的,也是最好的,每一名学生都是积极向上的,也是闪光的,尽管有的光芒耀眼,有的光芒柔和。作为教育者,我们就是调光师,需要用自己的智慧,把每一束光芒尽可能调整到最适合的程度。值得欣慰的是,苗苗已经真正成为了同学们心中的好队长,走出了小干部心理"高原期"。

资料来源:杨小微、李家成:《"新基础教育"发展性研究专题论文·案例集(上)——学校管理·班级建设》,中国轻工业出版社 2004 年版,第 249—250 页。作者系上海市普陀区洵阳路小学朱洁。

第二节　和谐生动——个性舒展汇成班级特色

在班级生活规范有序的基础上,进一步激发思想活力、舒展学生个性,进而为创建班级特色贡献智慧,促成班级发展和谐而生动,这是文化建设领域的第二层次的选择。参照表 6-1 中的班级环境设计方案,学生在立足各个领域共同创造班级文化生活时,会更加关注班级特色和学生个性的发展,用以充分激活潜力、敞现创意,追求更为主动、更为自豪的成长,创造更有意义的团队精神和更能持续的班级归属感。具体来说,这可落实为如下两方面的行动。

一、协同创造班级特色

从文化建设角度所见的班级特色,是学生对班级的更为鲜明、更高境界的认同感的体现。它是凝聚班级成员的共识而达成的一种共同的文化身份标志,也是班级成员得以在更开放的学校生活中与其他班级相互区分,进而以团队的面貌相互交往的标识。因此,在班级已有基本的规范和秩序之后,可以通过引领学生创建班级特色而拓展更高境界的发展空间。具体来说,这可有如下切入点。

(一)发动学生设计特色化的文化标识

发动学生设计班级文化标识,是组织学生理解发展现状、表达发展愿望的一个重要方式。这可与构想发展路径和策划发展活动等方面的努力相结合,为班级建设拓展新空间。实际上,自我国社会改革开放以来,设计班徽、班歌、班旗等班级文化标识,已成为许多班级富有时代朝气的尝试。

根据已有的经验和相关的研究，这种努力首先需要避免两种情形：其一，过于浮躁，追求时髦，将缺乏思考的文化符号粗制滥造地借用过来，或者用以表达肤浅的感受；其二，过于保守，缺乏生机，如一个班级制定一套文化标识就连续使用多年，没有根据学生成长需要来调整。相比之下，更值得作出的尝试是：利用策划班级发展、设计文化标识的机会，发动学生，甚至发动家长，共同思考班级现状、新的希望、同学们的心愿，并作适当的、有一定深度的交流和辨析，作出符合每一阶段发展特征的选择。实际上，这可以成为每一阶段激活学生思想、丰富班级文化内涵的有效手段。

（二）围绕特色汇聚文化资源

通过设计文化标识等方式，可让学生关注创建班级文化特色。在此基础上，进一步的努力就是为创建特色而主动搜集、整理文化资源，使之融入班级生活，产生教育价值。这可在班级、小组、个人三个层面来组织落实。

其中，在个人所见的文化资源和班级追求的文化特色之间，可以充分发挥各种形式的小组的积极性，用以敞现个人的智慧和视野，使之融入班级整体格局之中。此时，除了常规小组之外，也可适时建立并用好岗位负责人团队。例如，"生物角""制作园""学习园地"等为学生提供了动手动脑的机会和条件，也便于他们实践操作和选择活动内容；如果能让承担相关任务的学生相互交流，就可以相互启发，关注到更为丰富也更为系统的内容，从而让这些园地得到更好的设计与创造。类似地，班级图书管理员也可以跟伙伴们商议，在得到班级同意之后，尝试着打印、张贴班级的图书目录，组织同学们捐书或推荐图书，组织同学们撰写读书笔记……由此，相关的文化资源也就会源源不断地生成、汇聚。

（三）分工合作努力敞现创意

追求更高境界的发展，就需采用更高境界的教育理念，例如对学生生命活力的信心和期待。以此为前提，就会用专业智慧努力创造机会，让学生个体和群体的创新活力不断涌现出来。就特色化的班级文化建设来说，无论是环境设计还是活跃氛围，都可以追求让学生创造属于自己的文化。例如，教室墙壁文化的内容应该充满着学校生活的激情，教室布置应根据学生的年龄特点和知识水平，力求色彩协调，格调活泼，寓知识性、趣味性于一体，充分尊重学生的积极性和创造性。为此，可以尝试由学生自己参与设计与布置，不仅把学生的期望目标或同学们认可的班级发展主题放在醒目的中心位置，还尽量让每个学生的作品都有机会上墙展示，由此营造一种激励学生个性发展的氛围，真实地体现学生成长的轨迹。

沿着这个方向，可逐步关注如下几点：首先，关注教室环境的布置、卫生状况等，努力做到自信地通过学校检查评比，如"五星级教室"评比、"规范教室评比"等；其次，关注各种规章制度的完善（如班规或班级公约）、环境设计的美观、学生创意的表达；再次，关注全班同学逐渐形成的共同追求、共同价值观念等群体意识，以及新颖独特、体现自主意识和自豪需要的创新热情与智慧……

在必要的时候，可以围绕班级环境设计开展系列主题活动（如案例8-4"'我是教室美容师'主题班会方案"），还可建议学校或年级层面通过制度创新来推进更多班级、更多学生互评互学,相互启发,为创造更有活力的学校文化作出新的贡献。

二、适度舒展学生个性

在"民主型班级"中,应形成一个由个体、小组、班级组成的人际关系网。这样,每名学生的发展活动都可在班级整体中产生更充分的教育价值,每项班级活动也可对所有学生产生教育作用。为此,应以更高境界的教育思想,梳理、整合并协调学生的活动。

(一)关注有个性特点的学生,将其发展纳入班级整体格局之中

学生发展存在差异,而这种差异可以成为班级管理的教育资源。就学业表现来说,有成绩优秀、成绩居中者和暂时落后者;就行为表现来说,有班级活动的骨干分子、积极参加者和不够积极者或暂时孤独者。如果教师只是将学生看作相互孤立的个体,为每一类甚至是每一个学生都付出足够多的精力,以促进他们的发展,那很可能会延续疲于应付的工作局面;若能借助班级组织和系列活动,则可在这个班级人际关系网中关注处于每个网络节点位置的学生个体、小组和相应的活动。

在后一种情形中,教师可以这种网络为背景,深入了解每个学生的发展状态,并在适当的时机对处于网络节点位置的人和事予以指导,从而"牵一发而动全身",激活学生的思想,引导学生的成长,同时让有不同个性特点的学生都融入班级发展全局。例如,抓住"发展少先队队员、共青团团员"等契机,培养学生的民主意识、民族精神、生命意识,并将这些思想融入自我发展、班级发展之中。在这里,学生发展的"自组织机制"就可发挥作用。相比于常规意义上的"自我教育",这种"自组织机制"因为有了班级整体发展平台而具有符合新时代特征的新意义。

(二)组建学生合作小组,形成富有活力的小团队

在班级人际关系网中,小组是一个值得开发的重要节点。组建小组的方式可以多样化,并根据实际需要灵活调整。既可将不同发展水平的学生组成一个小组,也可在另一阶段、另一领域根据学生成绩组建学习小组,还可根据学生自愿组合的原则将非正式群体转变为班级正式群体。无论采用哪种方式,小组都应该成为富有活力、能切实促进学生个体和班级整体发展的小团队。

如果进一步努力,学生合作小组还可成为同一班级所有学科教师共同利用的一个平台,用来促进每一门学科中的学习和发展。例如,有一位班主任团结其他教师,首先根据学习成绩、担任的职务及课堂纪律,把该班的学生划分为六个学习小组,并任命了学习组长(团员、课代表除外)。由于各位老师共同关注,在组长的带领下,同学们的荣誉感和团队意识得到了增强,互帮互助已成为大家的自觉行为,而这让他们感到个人和班级的生活更有意义。在该学期期末,不同学科的教师围绕"小组合作学习"专题开设了一系列研讨课,更将这一发展趋势推向了新的高潮[①]。

(三)利用学生友情小组,丰富班级生活内容

根据相互之间的友情和爱好而常在一起活动的学生,往往被看作班级非正式群体的一种。这类群体可被称为友情小组,可给予关注、指导并加以利用,甚至与班级的正

---

① 陆桂英主编:《建设民主集体,共创阳光人生》,华东师范大学出版社,2007年版,第31页。

式群体融为一体,而不必像传统的做法那样视作班级整体发展中的消极因素。

实际上,许多学生很看重与他人的交往,把这视为自己获得友谊、支持和进步的有效途径。他们常常在校内外聚集在一起学习、共同欣赏一些流行歌曲、打球、玩游戏,也常常谈论起班级中的事情。他们的兴趣爱好,也可在合适的场合被开发成班级教育资源。例如,在筹备主题班会时,可采用"招标"等方式,让他们相互合作,共同排演一些节目,参与班级活动策划与实施。有时候,这些小组的创意还会大大超过班主任的预想。在此基础上,还可以引导他们达到更高境界,让他们策划的活动超越程式化的训话和模仿电视节目的小品、唱歌、演讲等方式,让他们编排的节目超越标准化的话语和"搞笑"式地、浅显地呈现学生生活,从而更多地反映他们内心的真实想法,进行深入的思考和交流①。

如何开展青春期性教育

补充材料
6-3

青春期性教育在近年来受到更多关注,受到多种因素的影响。一方面,社会开放程度增加,社会发展速度加快,同时当代青少年的性成熟年龄提前,这导致青少年的心理世界更为复杂;另一方面,现代社会对进入婚姻生活者的身心成熟条件和生活资源准备提出了更高要求,导致初婚年龄普遍推迟。

鉴于学生家长、学校现有的课程等方面提供的教育资源不足以应对青春期性教育面临的新挑战,而学生的发展、特别是相关问题的解决又不容耽搁,于是,直接负责学生发展的教师、特别是班主任,就必须迎难而上。此时,除了通过心理健康教育、情感疏导、道德规范教育、学业指导等途径来保持学生心理平衡和学习生活秩序,一些更有智慧和使命感的教师还主动探索,形成了一些可供借鉴的经验。

(1)主动面对问题,着眼更高境界的发展需要。在理解学生进入青春期后自我意识觉醒与发育的趋势,顺势引导,用"主动引领式"的教育,超越"封闭严控"和"事后弥补"等传统应对方式。一方面,发现问题时不逃避,而是想法主动解决,包括利用本书建议的"敞现—辨析—选择—生成"的教育思路开展有针对性的教育;另一方面,在没有问题时不疏忽,而是根据学生所处年龄阶段的身心发展规律和不断生成的生活内容,主动辨析学生的发展需要,提前选择相关的问题并主动策划教育活动(包括个别教育活动和学生自主合作开展的群体活动)。

(2)整合教育资源,关注最为关键的发展主体。如果可能,教师最好能围绕"青春期性教育"这个专题,开展系统的学习或研修,以便掌握相关知识和能力。以此为基础,可以考虑逐步推进。第一步,通过调研,了解"学生已经知道了什么?还想知道什么?"这是后续工作的起点。第二步,请专业人员(如校医或有相关资质的家长)为学生作"青春期生理发育及自我维护"方面的讲座。如有必要,男女生可以分开学习。为了得到家长的理解和配合,可将讲座内容提前整理成文字稿,发给家长提前学习。第三步,以心理辅导活动的形式,开展系列活动(包括讲授知识)。这包括:青春期心理发展与自我调适(学会悦纳性角色、调适性情感、控制性冲动、释放性压力),青春期的两性交往辅导(通

① 李伟胜:《班级管理新探索:建设新型班级》,天津教育出版社,2006年版,第243页。

过情景模拟、案例演练等方式,引导学生理解青春期性道德规范的具体要求,掌握两性交往中的必要方法,学会合理处理异性的"特殊要求"),青春期性保护与失误预防(通过案例展示,让学生了解如何远离危险环境,预防性错及性传播疾病)。必须强调:所有人的关心和指导,归根结底需要落实为发展主体——学生的自我教育和跟其他同伴一起交往共生,他们才是教育活动最关键的主体。

(3)释放青春豪情,实现更有活力的主动发展。要让青春期性教育达到更高境界,就需要超越维持心理平衡和学习生活秩序的追求,在知识教育(包括生理知识和心理知识)和心理疏通的基础上,从专业的角度关注青少年对自我性别的认同、对性别差异的科学了解、对异性的生命尊重,进而关注道德教育和价值观教育,包括异性交往道德、婚姻和家庭伦理等。由此,在逐步理解"生理性的我"和"社会性的我"的前提下,通过主动规划和努力来逐步实现发展理想。沿着这个方向,可以将其进一步延伸到青春形象设计、生涯教育、理想教育等领域,从而将生活、学习和未来发展结合。(可参阅第七章第三节的典型案例)

资料来源:樊晓薇:《尊重、理性、责任、成长——也谈高中生青春期性教育》,《班主任之友》2018 年第 1/2 期;黄雅芩:《为何教? 教什么? 如何教? ——关于班级管理中青春期性教育的追问与思考》,《班主任之友》2018 年第 1/2 期。

第三节　敞现活力——长程发展凸显主题旋律

班级文化建设领域的第三层选择,可在规范有序的基础上努力做到学生有个性、班级有特色,还会继续探索让学生的思想活力汇成有章法的持续行动,让一个班级持续多年的学习生活成为生命历程中一部充满生机与豪情的"交响曲"。

参照表 6-1 中的班级环境设计方案,每个阶段的班级文化都在用不同的形式敞现学生的生命活力,但第三层次的选择更为关注在长远发展的格局中规划并探索每个阶段的"主旋律",据此整体创造更好的班级生活。换言之,在一个长远发展的整体格局中将每个阶段(主要是每个学年或每个学期)定位为一个有鲜明主题的乐章。在这样的格局中,师生可从如下两方面展开更有品位的新行动。

一、主动创设鲜明主题

班级环境布置,是班级管理不可缺少的一部分。较为常见的情形是:在教室张贴名人名言、宣传画,按学校规定的主题布置黑板报、墙报,以迎接上级部门的定期检查。一些有艺术爱好的班主任和学生,也许能让教室增加一些艺术色彩。不过,对于"民主型班级"来说,还应超越这些做法,更为关注班级环境是否反映了学生的成长气息,尤其是学生朝气蓬勃的发展成果、积极向上的精神状态,适时创设更为鲜明的班级发展主题。在这方面,可尝试如下技法。

(一)关注学生成长,系统梳理学生生活内容

与前面所说的系统梳理班级事务、民主设计工作岗位相似,也可系统梳理学生的学习生活,以便更全面、更深入地将其反映在环境之中,使人的成长与环境氛围融为一体。在此,一个很重要的因素就是"眼睛向下"、关怀学生的平常心。这并不意味着拒绝"眼睛向上"、执行上级布置的德育任务,而是切实做到从学生的立场来思考发展要求。

此时,不仅可以创造性地执行上级布置的德育任务,更可以在上级布置的德育任务(包括规定的黑板报的主题和内容)之中创造性地开拓出新的内容。例如,在春游之后,让学生回顾前面着手准备和后面具体开展活动的过程,整理其中准备的一些文艺作品、照片,然后根据一定的专题来组织内容,办成班级的板报,用来展现大家当时的活动情景,体会同学之间相互合作、一起创造欢乐的感受。这些活动,可以让大家一方面理性地提出班级规范和岗位职责,另一方面也通过丰富的体验来感受班级的成长气息。

(二)体现成长气息,全面设计班级环境

在布置环境时,可以适当取舍并整体协调学习园地、作品展示、公布栏、荣誉榜、新闻焦点、生活点滴、图书设置、益智角、装饰类、器材类、生物角等不同部分。至于教室外的布置,可考虑绿化走廊、柔化走廊(让冰冷的水泥墙闪现人性的柔光)[1]。

为了充分体现成长气息,应更充分地研究和敞现学生生活,甚至以此为契机整体改进一所学校的德育工作,对每个班级提出创新的要求。例如,有一所实验学校提出,各班的环境布置主要有下列几部分:(1)知识性环境,如图书角、生物角、信息栏等;(2)挑战性环境,如"比一比,谁的树上果子多""赛一赛,博士蛙跳荷叶"、难题角等等,体现学生各方面的评比;(3)展示性环境,如书法作品、摄影作品、作文小报等,班中每个学生的作品都上墙,体现"班级是大家的,创造属于每一个人"的理念;(4)特色环境,可以是父母共同参与的读书活动,或者音乐接龙、英语猜谜,还可以是反映学生课余生活的欢乐角等等。[2] 以此为参照,立足班级一个学期的发展主题,就可为班级文化建设找到更有创意的特色化主题,从而让各个部分融入特色班级文化。

(三)激活学生生活,逐步提升文化内涵

环境布置不仅仅是用于反映学生生活,更是为了激活学生生活。这可以体现在两个方面:(1)在动态调整环境布置的过程中,激发学生不断思考自身的发展状态、生活内容,不断创作出更新、更好的文化作品(包括文章、版面设计);(2)在每一次环境布置之时,发动学生积极参与。本书第一章第三节介绍班级管理的具体目标时所用的案例"在五彩斑斓的环境布置中促进孩子的成长"(见案例1-5),可以很好地阐释这方面的要求。在条件成熟时,对班级环境的设计还可以延伸到网络空间中(见案例6-2),进而在更为开放的空间彰显班级特色文化。

在更为开放的发展空间中,同学们的视野更为开阔,思维更加活跃,可以让班级生活的主旋律更为鲜明、更加畅快。

---

[1]　参阅吴清山等:《班级经营》,心理出版社股份有限公司(台北),1990年版,第322—354页。
[2]　上海市闵行区华坪小学:《环境布置中积极创设"体现学生成长气息"的教室文化》,2004年。

案例 6-2

引导学生合理利用网络

在一所学校,一些班级的学生非常迷恋网络游戏。这也是困扰着许多教育工作者和家长的一个难题。经过进一步的调查分析,老师们了解到学生更多方面的表现和真实思想。在此基础上,他们结合学校相关工作的安排,作了如下策划。

首先,在各个班级通过班会、墙报征文、作文、周记等开展各种形式的讨论,让学生从正反两方面袒露对网络的真实思想,从多个角度探讨、辨析,以便再作明智的选择。

其次,在班级和学校两个层面,把"远离网吧"、处理网络游戏的问题与每班建立网页的活动结合起来,为喜欢电脑网络的学生提供一个释放精力、施展才华的渠道。各班可让这些学生组成一个小团队,专门负责班级网页,包括设计和维护常规网页、特色网页、参与网上健康交流等。他们还设想,在时机成熟时,可针对各班级网页的设计和维护情况进行评比,将它作为评选优秀班集体的一项新指标。

再次,如果条件成熟还可以尝试:①了解各班家长的参与情况,并予以评比表彰;同时,通过交流平台,将家长个体的智慧汇集起来,形成更好的沟通渠道,提炼更优的教育资源。②建立网上专门社区,如设立校级或班级互动平台,由学生竞争"版主""群主"。在一定时间内,可评选月度最优和学期最优。其中,"专门社区"的主题可通过班级活动或全校活动征集、提炼。当然,若要让这些活动得到具体落实,还需建立以班为单位的活动机制,形成相应的评比标准。

初步的尝试表明,原先一些迷恋网络游戏的学生,现在有了正规的上网渠道和有挑战性的"游戏"。学校提出的为班级设计和维护网页的任务给他们提出的新挑战,显然比他们玩网络游戏还要难得多但也有趣得多,因为他们不仅在此过程中体会到了"做事"的成功感,更由此而得到同班同学、其他班同学的赞赏,在为班级争取荣誉的过程中感受到了尊严与快乐。

这些曾经流连于网吧、在游戏中难以自拔的孩子,如今走出了那种在高科技条件下放逐灵魂、迷失自我的生活状态,逐步认识自我、解放自我、提升自我、奉献自我。这种状态若能保持下去,他们就会习惯于主动的生存方式。以后,他们最有可能主动掌握自己的命运,以新的姿态参与创造新文化、新科技、新生活。到那时,他们就会自豪地说:"数风流人物,还看今朝!"

资料来源:本书作者于2002年在上海市亲自参与的一个班级活动。

二、灵活整合各方资源

进入更有主见、更为开阔的文化天地,班级长远发展的主旋律和每个阶段的主题就更为明晰,班级成员也会更为自觉地据此来舒展个性、融入团队。此时,作为组织领导者的智慧型教师需要与时俱进、顺势而为、因势利导,引领学生灵活地开发利用各方面的教育资源,将其整合于更高境界的班级生活之中。具体来说,这可通过如下操作技法来落实。

（一）融通学习生活的不同领域

围绕发展主题，可将更为丰富的资源纳入到班级文化建设的视野之中。例如，可以关注学习文化的建设，组织学生交流学习经验、展示学习成果，让学习各门学科的过程性体验（包括遇到的困惑、问题及其解决过程）得以敞现，让不断取得的进步与成功得到欣赏和支持。在这方面，"质疑板""阅读小明星""百词通""信息潮"等交流栏目的设计可以发挥更好的教育功能。将它们与"你追我赶""争做小苗苗"等人际互动类的栏目结合，将各种岗位工作体验和成长故事与学习活动融通，可在丰富的班级生活内容中理清主线、凸显主题，而不至于让丰富的内容冲淡了主题和主线。[①]

此时，智慧型教师还会致力于为不同学科的教师参与班级生活敞开新的空间，建立新的平台，如融通班级管理与各门课程的学习，开展一些跨学科的主题探究活动。这既可让班级生活内容更丰富、学生探究更深入，也可以让他们对各科学习有更浓厚的兴趣，通过各门课程的视野透视世界、发现其中蕴藏着的不同形式的"美"并用不同方式表达出来，进而融入班级整体发展历程之中，成为滋养个体人格的新资源。

（二）在学校、家庭与社会的合作空间中凸显学生发展主旋律

站在学生的角度来看，他们在学校的生活与在家庭、社会中的生活内容本来就是贯通的。因此，如果学校教育能够在教育专业上有更大的作为，就可通过更高品质的班级生活发挥更好的引领作用，让学生生活世界中的不同领域都融入新的教育主线或发展主旋律。在这方面，班级管理可以主动作为，通过"我的小画展""我的照相机""小小看世界""小荷才露尖尖角""我的作品""叶画展""个人网站"等栏目或平台，拓展学生自主探索的空间。进一步，可以尝试将与学生发展有内在联系的家庭与社会生活内容转化为建设班级的教育资源，而不是漠视或遮蔽已经敞开的教育空间，放任这些资源随着时间而流失。例如，让学生采访家长的奋斗经历，通过研究性学习来调查研究社会流行文化和各方人士的看法……这些都可以成为学生自主开展的活动。

在笔者所到的两所实验学校中，实验班的学生利用自己所学的知识和从其他途径搜集的信息，分专题、分小组（包括利用学生自愿组成的小队和非正式群体）主动调查了解周围社区生活（如本社区的历史文化、环境污染和保护情况等）。他们看到了许多令人自豪的内容，也看到一些让人揪心的不良现象。他们了解到社区居民生活中的一些原生形态，包括为追逐利益或方便自己而不顾社区发展的行为，也了解到政府部门正在采取的改善和发展措施。这样，他们既看到了问题，也看到了希望。在此基础上，他们在班会中展示自己的发现，并发挥集体的智慧和力量，共同商量自己应该如何为促进家乡发展而尽心尽力。推而广之，他们对如何爱家乡、爱祖国、爱父母和人民，就有了更真实深刻的体会。[②]

[①] 参阅李家成：《"新基础教育"班级建设改革研究报告》，载于叶澜主编：《"新基础教育"发展性研究报告集》，中国轻工业出版社，2004年版。

[②] 参阅陈文峰：《主题班会〈我爱南安〉》，载于《采撷希望——福建省南安市实验中学"新基础教育"课题探索与实践》，2002年第2期。黄晓雁：《初中主题班队会"四步循环"式的探索》，载于杨小微、李家成主编：《"新基础教育"发展性研究专题论文·案例集（上）——学校管理·班级建设》，中国轻工业出版社，2004年版，第239页。

同时,还可以在学校层面主动发现、利用各种机会。学生会、少先队、团委会及其他兴趣活动社团,也可以成为发展的舞台。如果在班级内组织学生主动探究,合力策划,可以促成更多有兴趣也有能力的同学带领全班同学集体参与学校的各项活动(如每学期一次的全校岗位执勤或"当家"活动),或者通过年级内竞选、学校层面竞选等方式,成为学生社团干部、理事等。在此过程中,很多新的教育资源和发展机会也逐步生成。例如,在更开阔的活动舞台上,可以看到一些新的努力空间:有创新意识,还能脚踏实地;有民主意识,还能顾全大局;有表现欲望,还能相互协作……种种成功中蕴涵的探索历程,探索中孕育着的成功,都与学生在班级进而在学校的主动发展密切相关。

(三) 在长远发展格局中展开成长诗篇

开阔的视野,长远的眼光,可让师生在更有气魄的发展格局中抒发豪情,持续几个学期、几个学年的发展就可构成学生成长历程中的一段壮丽诗篇。也可以说,让学生在每个阶段共同谱写一部交响曲,在求学生涯共创一系列交响曲,这可以让他们的人生进入更高境界,为继续创造和享受美好的新生活而增强动力与能力、志气与智慧。

在这方面,已有一些教师作出了很有价值的探索,在"形成生命成长的全程意识""实现成长教育的系列性"[①]等方面取得了系统的理论认识和实践经验,值得我们进一步学习、研究和探索。案例6-3就是其中一位老师对小学六年中每一年级的学生活动的全程描述,这也是该班特色班级文化的建设过程和全班同学生命成长的精神史诗!

案例 6-3

建设班级"shen"文化

一年级:神——做一名神气的小学生

学生刚刚进入一年级时,会在入学之初对丰富的学习活动产生兴趣,但持久性不强,自控能力较差,注意力容易分散;在接触群体规范,需要遵守学校、班级生活的规则时,经常会出现"违规"现象;伙伴间交往以"玩"为主题,且常出现打闹、告状现象。为了让孩子逐步适应学校生活,走好学校生活第一步,"做一名神气的小学生"也就成为了班级的口号。

怎样当一名神气的小学生呢?我设计开展了四个主题活动:"我是懂礼貌的神气娃""我是爱读书的神气娃""我是守纪律的神气娃""我是能独立的神气娃"等。

二年级:伸——伸出双手,小手相拉,伸展才能,共同成长

到了二年级,学生已基本适应学校的学习生活,他们开始期望能取得好的表现和成绩,从而受到其他同学的关注,或者期望得到教师或家长的赞扬。学生非常喜欢集体活动,有着和同龄伙伴交往、游戏的强烈愿望和心理需求,但是不够理想的活动方式和方法常常成为他们实现目的的障碍,他们很容易在交往活动中受挫,产生消极情绪。于是,通过建立或依托小队,强化学生合作意识和集体意识,指导学生关心和帮助其他伙伴,在活动中分享伙伴交往的乐

---

① 李家成等:《"新基础教育"学生发展与教育指导纲要》,广西师范大学出版社,2009年版,第72、77页。

趣,体验快乐学习的乐趣,成了创建班级文化的目标。"伸"也就走进了当时二年级学生的心里。"伸"的内涵就是——伸出双手,小手相拉,伸展才能,共同成长。

这一年级开展的系列主题活动包括以下内容:"树叶剪贴绘画""同题绘画比赛""儿歌童谣传唱""诗歌朗诵表演""夸夸我的组员""合作性组织岗位服务竞赛"等。

三年级:慎——严谨慎重,规范言行

进入三年级,学生从儿童期转入少年期。注意力、观察力、记忆力全面发展,思考问题从单一、幼稚向复杂、多元过渡。学生集体观念增强,乐于交往。生活范围进一步扩大,增强了学生独立自主的意识,想要逐步摆脱对成人、老师的依赖心理。学生学习活动的游戏性特征明显减少,学习过程的组织性和认知过程的严谨性增强。因此,在这一阶段需要重点帮助学生适应中年级学生生活,给予他们一定的指导和帮助,培养学生良好的学习态度和习惯。在师生共同商讨后,决定这个年级用"慎"来规范自己的言行,遇事要分清对错,做事要有原则,要严谨慎重,养成好的学习和生活习惯。

这一阶段开展的主题活动有:"我的自画像""笑对困难""我做小听众""我是快乐的社交家""我的游戏我设计""每日五问"(我好好走路了吗？我上课发言了吗？我书写进步了吗？我和同学友好相处了吗？我为班级做好事了吗？)……

四年级:审——审视德行,明确目标

四年级学生自我意识增强,从众行为弱化,抵制诱惑的能力提高,崇拜对象多样化。学生有较强烈的自我表现欲望,心理上有一种我长大了的感觉,渴望表现自己的成长,有些自以为是。这一阶段的学生情感体验丰富,社会性成分不断增加,逐渐由对个别事物产生的情绪、情感转化为对同伴、对集体、对社会的情感,情感的细腻性、丰富性、敏感性的需要开始出现。于是"审"又走进了他们的生活和学习。

这一年级开展的系列主题活动有:"学会感恩""我们都是爱心小使者""我当主持人""心灵氧吧欢迎你"等。

五年级:渗——学科整合,个性渗透;绅——彬彬有礼,绅士风度

从进入五年级后,学生的活动能力已有了很大的提高,很多事情有自己的看法,反对大人过细的干涉。学生具有较强烈的竞争意识,比较关注竞争结果。部分女生身体开始发育,内心复杂细腻,男女生交往变得敏感起来。学生兴趣、特长差异表现更明显,学生个体之间、师生之间开始出现疏离,非正式群体的影响开始出现。班干部与学生代表通过商讨,制定出文化建设目标"渗——学科整合,个性渗透;绅——彬彬有礼,绅士风度"。

这一年级开展的系列主题活动有:"今天我当家""大手拉小手""挫折助我成长""经典诵读""与舞同行"等。

六年级:深——深入思考,深入生活;燊①——做一名阳光少年

目前学生已经进入六年级了,集体生活范围逐步扩大,对时尚的东西比较关注,而且善于模仿,有自己的评价标准。学生学习压力加大。青春初期,学生的身心开始发生新的变化。针对以上年龄特点,班委在原有文化建设基础上又增加了两个目标"深——深入思考,深入生活;燊——做一名阳光少年"。

---

① 燊,shēn,旺盛,炽盛。

> 　　这一年级开展的主题活动有:"感恩,生命之源"(感恩祖国、感恩学校、感恩身边人等)"我选择我快乐""我是一名合格的毕业生""为母校留下什么"等。
> 　　资料来源:常州市第二实验小学白露:《构建个性的班级文化,追求生命的整体成长》,载于李家成等:《"新基础教育"学生发展与教育指导纲要》,广西师范大学出版社 2009 年版,第 98—100 页。

　　在这类探索中,"班级文化"成为设计班级系列活动的一条思考线索,从而让文化建设与班级活动融通。透过这些案例,站在一名学生或一个班级的角度,可以看到一群学生会在持续多年的学习生涯经历充满朝气的生命历程。在这个过程中,新的希望空间就通过他们的自主探索、群体交往和教师的精心指导而不断开拓、生成。

本章小结

　　同创班级文化,是班级管理三大任务之一,与之相应的一系列可操作的技法,汇成了"一条措施",成为班级管理的三条措施之一。这是本书在阐述班级管理的方法系统(包括策略、措施和技法三个层次的方法)时已经说明的。通过本章的探讨,可以清晰地看到:任何一位教师,在任何一个班级,都可以选择合适的切入点来带领学生共同创造班级文化;同时,将这一任务与其他两大任务(共建班级组织、开展班级活动)结合,力争同步推进,可以沿着三层阶梯逐步前进,建设"民主型班级"。

关键术语

班级文化　整洁规范　和谐生动　敞现活力

思考与练习

　　1. 在你们组各位同学所写的《感觉最好的班级》中,选出两个班级(不同于第四章练习时所选的班级)。然后,小组讨论,完成下表。最后,全班交流。

　　(1)班级基本情况

		A 班	B 班
班级	年　　级		
	班级人数	总数(　　)男生(　　)女生(　　)	总数(　　)男生(　　)女生(　　)
班主任	性　　别		
	年　　龄		
	任教学科		

（2）班级管理情况

	A 班	B 班
班主任个性特征（举例描述）		
班主任工作的主要方法（举例描述）		

（3）对班级文化建设基本情况的分析

	A 班	B 班
已有的举措		
改进的建议		

2. 案例分析

（1）观察一个班级的教室内外，描绘一下这个班级的教室环境布局。（如果难以深入实践考察，也可以从其他资料中选取一份类似的案例作为替代。）

（2）辨析这个班级的教室环境的不同部分的功能和它们之间的相互关系。

（3）选取一个栏目（或区域），了解并描述该班学生设计并布置这个栏目（区域）的负责人和工作过程（包括设计方案并实施的过程）。如有可能，了解并说明这类岗位的负责人的选择或改选过程。

（4）参照本章分三节介绍的三层选择，辨析一下上述教师布局主要处于哪个层次，并说明理由。

问题探究

有的学校比较关注创建办学特色，表现在学校的办学理念、校园环境、课程建设（如建设有本校特色的 STEM 或 STEAM 课程体系）上。这会在一定程度影响班级文化建设（特别是凸显本班发展特色）。想一想：如果学校要求在班级文化中更多凸显学校特色，而你希望在班级文化中彰显鲜明的班级特色，该怎么办？为什么？

行动篇

站在承担班级管理这项专业工作的教师的角度，一旦进入班级生活场景，就得面对"没事找事"的情形：要么是学生通过各种方式给班级生活带来新的内容，要么是教师通过各种方式给班级施加各种影响。因此，智慧型教师会想法超越被动应对各种事务的工作格局，主动谋划班级发展，适时创造各种"事情"，用来引领学生发展。于是，开展具有教育意义的行动，就是管理一个班级时必不可少的事情。

通过辨析一些智慧型教师的经验，同时参照学科教学这类专业活动的成熟范式，在班级管理中精心组织学生开展教育行动（Educational Actions），就成为一个专业的选择。在本书中，这就是带领学生通过主动开展系列活动来展开一个班级节奏明快的行动历程。在本篇中，我们分三章来全面阐述这方面的主张。

第七章梳理了班级管理的操作技法（Operational Techniques）。该章立足一个学期的班级管理工作流程中的五个环节（策划、组织、实施、反馈、改进）中的二十个具体的工作内容，系统梳理六十个操作技法。

第八章主要阐述立足每个学期的行动路径（Way of Actions）——"主动开展系列主题活动"。以此为基础，以班级活动为主线，融通组织建设和文化建设，让班级生活的这三个领域围绕班级发展"主旋律"，共奏一部"交响曲"。

第九章阐述放眼长期发展的行动进阶（Steps of Actions）——"自觉探索三段发展历程"。班级的发展呈现出三个阶段前后相继的格局。每个阶段的发展都可以围绕主动开展的班级活动这一主线而融通三大领域，促进班级整体发展跃上一个又一个台阶。

第七章

操作技法：逐步展开一套工作流程

章前导语

　　本章的内容，期待让你掌握一名班主任在面对一个班级时整体部署和落实一个学期的班级管理工作，由此展开一套工作流程，系统运用各个操作技法，并学会举一反三，借鉴他人经验，创造自己的工作方法。据此，请你选择一个班级（自己设想一个，或者在完成前面各章的练习时就研究过的一个班级），辨析一下：在一个学期开始时，面对一个班级，该从何处着手开始策划班级管理？然后，重点推进哪些事项？在此过程中，怎样发动学生逐步主动参与——从而在提升班级管理效率和品质的同时，让班主任有更多时间和精力来创造性地研究学生？

学习目标——通过本章的学习,你能够:

- 理解整体推进一个学期的班级管理的基本流程和相关的具体技法;
- 结合典型案例,掌握整体部署和落实一个学期的班级管理工作的项目;
- 结合实际,感悟如何整体运用一套工作流程,逐步推进班级管理和学生发展。

本章内容导引

- 班级管理工作的策划
  - 一、设计班级环境
  - 二、设置班级岗位
  - 三、辨析发展主题
  - 四、制订发展计划
- 班级管理工作的组织
  - 一、建立班级制度
  - 二、设计工作项目
  - 三、协调群体活动
  - 四、形成教育合力
  - 五、建立沟通机制
- 班级管理工作的实施
  - 一、选择活动目标
  - 二、设计活动方案
  - 三、开展项目行动
  - 四、生成活动成果
  - 五、提升活动价值
- 班级管理工作的反馈
  - 一、活用微观反馈
  - 二、建立中观反馈
  - 三、健全宏观反馈
- 班级管理工作的改进
  - 一、激发内生动力
  - 二、追求更高目标
  - 三、更新管理方式

在本书主张的由策略、措施和技法组成的班级管理方法系统中,"技法"是最为具体的方法,因为它直接面对具体的班级管理事务,解决各项具体的工作问题,包括新手班主任建立班级或接手已有班级后与家长的沟通、在新高考背景下对学生开展生涯教育,还包括在稳定的常态班级和采用"走班制"的"教学班"中落实共建组织、开展活动（包括教学活动）和共创文化这三大领域的工作。

辨析这些操作技法（Operational Techniques）时，有几项思考前提。

第一，技法本身具体而综合地体现着整体性的教育思想。如果掌握了班级管理内蕴的教育思想，并理解"操作技法"在班级管理方法系统中的定位，即它与教育策略和工作措施的关系，那么，就能理解："技法"最具体地面对各种事项，同时它也最具体地体现着班级教育思想。换言之，每一条技法，综合性地体现着前面所述的教育思想，而非无需思想的操作手法。许多优秀教师的经验表明，每一件事务的成功处理，每一条技法的有效运用，都蕴涵着内在的教育之道，体现着整体性的教育合力，而非相互割裂、用于孤军奋战并凸显教师个人权威的"招数"或"兵法"。可以相信，在本章介绍的这些技法之外，每位教师能够根据前面论述的教育思路和策略、措施，举一反三地创造出更多且更有具体针对性、也更有成效的技法，从而超越此处有限的技法。

第二，在梳理这些技法时，我们参照的是每一位班主任在一个学期中的具体工作流程。为了进一步超越平面罗列各种班级管理工作方法，以至于难以理清头绪的情形，在梳理这些操作技法时，除了参照前述的方法系统，我们还从一位班主任接手一个班级之后所做工作的角度，纵向整理班级管理的基本流程，从而使前后相继的各种具体技法也有自身的系统性。这一流程也就是班级管理这一教育活动得以展开的基本过程；它可大致区分为五个环节：策划、组织、实施、反馈、改进。本章将结合实例介绍每个环节的一些常用的技法。

更具体地看，从一个学期的班级管理过程来辨析的这套工作流程，也可用于班级生活中每个工作项目的展开过程。从管理学的角度来说，前一层次的工作流程是一个组织将多个相互关联的项目组成"项目群"而协调步骤、整合资源的宏观管理，后一层次的流程则是针对"项目群"中的每个项目的微观管理（参阅图7-1）。越是进入到微观层面，就越是需要结合实际更为具体地选用或创造操作技法。在这个"项目群"中，三类具体项目大致对应于任务篇所说的"建设班级组织""开展班级活动""建设班级文化"这三个领域；在真实的班级生活之中，这些项目之间相互支持，甚至在必要时相互转化（如将班级常规管理或班级环境布置化为一个"活动项目"来设计和实施）。

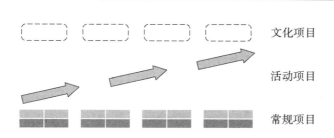

文化项目

活动项目

常规项目

图7-1

班级管理中的"项目群"

第三，从一学期的班级管理过程角度梳理技法，是因为"班级管理"应有不亚于"学科教学"的学术地位。善于思考的读者可能会感悟到：在如此整理班级管理"技法"时，

"班级管理"这一教育活动得到的关注,绝对不亚于学科教学所受的重视。这是因为:以一个学期(乃至多年)为时间单位,以学生精神生活质量的逐步提升为教育主线,以学生的精神生活内容为教育内容,以各项具体事务和活动的处理为教育途径……这样长时间、大场面、内涵丰富而复杂的整体策划所需的专业智慧,绝对不亚于任何学科一节课、一个单元、一个学期的教学所需的教学能力。

理解了这样的专业智慧,就可像强调"信息技术与学科教学整合"一样,关注"班级管理技法"与教育思想和方法系统的关系,而不满足于在具体事务上有一时之效的"绝招",无论它戴着什么时髦的"头衔"。否则,"教书匠"的气息日盛,而"教育家"之气度难显。诸多智慧型教师的经验表明:只要用心从事这份专业工作,班级管理工作(班主任工作)其实是最能彰显教育家之豪迈情怀、诗意人生的专业领域。

第一节　班级管理工作的策划

教育活动具有人为性,它承载着人类社会的理想和对教育活动的专业认识,需要主动设计和实施。据此,班级管理若要充分实现其应有的教育价值,也离不开精心的策划。以班级教育思想和方法系统为背景,在具体策划班级管理时,至少需同时兼顾三方面的背景。第一,要考虑到班级自身的发展阶段、学生的学段特征或年龄特征,由此关注学生在这一阶段的发展需要;第二,要考虑到学校教育改革带来的变化和相应的要求,包括"新高考"提出的生涯教育和相应的学生指导工作,还包括采用"走班制"后的班级建制和相应的班级管理工作(如任课教师在自己所教的"教学班"中承担的班级管理工作);第三,从更开阔的视野来看,要考虑到社会变革和家庭教育生态的新变化,包括广泛应用互联网的社会生活中的复杂的教育环境,还包括新时代的家长素养、对孩子的期待、家庭教养方式等方面的新情况。

当然,无论背景多么复杂,班级管理归根结底最后落实到具体的班级之中。此时,教师可以采用如下技法,带领学生一起策划班级的整体发展。

一、设计班级环境

班级是一个教育组织;因此,班级的环境包括教室等物理空间的文化环境,还包括网络平台和人际关系等领域的文化环境。班级的环境设计直接影响着一个班级的成员进入的文化场景和他们在其中敞现出来的各种特征,包括已有的身心素养和即将展开的互动方式、逐步生成的素养结构,特别是包括通过学习各门课程而生成的认知结构和人格结构。从班级管理的角度来看,设计班级环境,可从如下方面逐步展开。

1. 梳理班级生活

一方面,研究学生的基本特征和成长经历。这包括研究每个学生的学习基础和心理特征,了解他们所在的家庭环境和相应的家长文化背景、亲子交流状况,了解学生在以往的学习经历中的基本情况,了解他们对新学期的期待和建议(特别是为开展新的活动提供的"金点子")。其中,对于刚入学(包括上小学、初中或高中)的学生,要留意他们对新阶段的学校生活、特别是班级生活的适应情况,让他们从怀念过去的学习生活和友谊转向参与建设新的班级生活、建立新的交往系统。另一方面,研究班级将要展开的生活内容。这包括根据学校的总体计划、特别是德育领域的发展规划和工作计划来研究本年级、本班级将要配合开展的主要活动,了解将要参与运作的规章制度(如行为规范、主题活动等方面的要求和相应的评价制度);其中,还需考虑到每个学期在学校生活节律中的定位,如第一学期将面临的教师节、国庆节、中秋节和新年元旦和第二学期将面临的妇女节、劳动节、青年节或儿童节等时间节点和有可能开展的相关活动。经过上述研究,可以大致梳理出本班学生将要面对的生活内容,进而可以考虑如何在这样的发展格局中凸显出本班学生更高层次的发展需要和相应的发展主题,可以据此开展哪些更有创意的主题活动。

如何通过不同方法了解学生?

学生的共性特征与个性特征,包括价值观、性格、兴趣、人际关系、学习基础等,可以采用问卷法、访谈法、观察法、资料分析法、社会测量法、实验法等予以了解[1]。

有学者提出,可通过如下方法了解学生:①学生的介绍,包括书写学生简历、学生自我介绍、同桌介绍;②观察、分析学生的行为;③在交谈中掌握学生的思想;④在活动中发现学生的特长;⑤在家访中了解学生的成长背景[2]。

还有人提出,全面了解学生的内容涉及:①学生个人情况(一般情况、个性特点、德智体等方面的发展情况);②群体情况(班级基本构成、班风状况与舆论导向、学生干部情况、班级中的非正式群体);③学生成长环境(家庭环境、社会环境、学校环境、人际环境,其中家庭环境又分道德环境、智力环境、生活环境、特长环境等方面)。

为此,除了前面所说的多种方法之外,他们还提出如下了解学生的途径:①通过学生入学档案了解学生;②通过科任教师广泛了解学生;③通过班、团干部深入了解学生;④通过学生的周记了解学生;⑤通过班级博客、班级论坛等网络平台了解学生。[3]

2. 设计发展环境

首先,对班级所在教室(包括"走班制"中的教学班的教室)的环境予以整体设计。可以发动学生在研究教室空间结构、考察已有的班级环境布局的基础上,构想每个墙面上可以设置的文化栏目、每个角落可以安置的生活设施,合理安排图书角、学习园地、作品展示、荣誉榜等。其次,挑选合适的学生、特别是有相关兴趣和特长的学生一起商议设计班级网页,精选可用来促进班内互动、家校沟通、对外宣传的班级生活内容,并适时

[1] 班华、王正勇:《高中班主任》,南京师范大学出版社2007年版,第25—26页。
[2] 王宁、徐苹:《今天,我们怎样做班主任》,华东师范大学出版社2006年版,第11—15页。
[3] 齐学红:《新编班主任工作技能训练》,华东师范大学出版社2007年版,第22—32页。

更新,由此提高同学们参与班级生活、共创精彩内容的积极性和成就感。如果有足够的兴趣和条件,还可以引导学生探索用好其他平台(如学校网页、微信公众号),促进班级建设。显然,环境设计中的这些具体事项,可以与班级内的岗位设置、学生分工和每阶段的发展主题、活动内容结合起来,形成持续更新的机制。

案例 7-1

建设"有文化氛围"的班级环境

要突出班级的文化管理,就要突出班级的文化氛围,营造一个人性化、温馨的教室环境。可以以家庭的气氛来设计,让学生在校学习犹如在家中一样自在快乐。可以在教室内设置若干个功能区:

(1)小组学习区。为进行合作学习,桌椅以小组的方式排列,男女合组,每周交换一次位置,每月以抽签方式换组员。每一个小朋友都能有机会和不同的人共同学习、相处。组长每周轮流担任,让每一个同学都能有服务他人、并学习做事方法的机会。

(2)互动角落区。安排一个角落可让学生一起聊天、玩牌、下棋,甚至一起吃饭,让良性的人际互动在这个角落中展示。

(3)观摩展示区。除了板报和墙报定期展示学生作品处,经营借助窗户、墙壁等地方张贴学生作品,达到彼此观摩学习的目的。在这里,学生的特长得到充分展示。

(4)书香区。学生的学习和读书密切相关,可以在班内设置新书展示架和图书角,以新书介绍的形式来调动学生的阅读兴趣。

(5)视听区。视听区内有电视机、投影仪、录像机等各种电化设备。除经常使用外,还定时播放电影,适时播放音乐,让学生的学习生活多姿多彩。

(6)班级公约区。班级的各种规章制度和工作的分工安排都在这里,在这里让每位学生时常去关心自己所应负责的工作,增强做事的责任心。

资料来源:杨小微、李家成:《"新基础教育"发展性研究专题论文·案例集(上)——学校管理·班级建设》,中国轻工业出版社 2004 年版,第 215 页。作者系山东省淄博市临淄区稷下小学王海明、路栋。

---

3. 合理编排座位

让每个学生有一个合适的座位,是在教室里开展学习生活的前提。从教师的角度来看,这项事务也体现着一定的教育思想。如果要利用小组来完成各项班务(如及时集中提交作业和组内互相支持完成各项任务),那就需将学生编成小组,并与编排座位结合起来;如果要充分利用小组的方式来促进学生合作学习,甚至以此为基础带领全班同学开展更有挑战性的主题活动(包括各门课程中的主题学习活动或研究性学习项目),那就有必要考虑到学生个体的能力特征,按照"组内异质、组间同质"的原则来组建小组,以便兼顾全班范围内的合作与竞争,并据此考虑座位编排。当然,在此基础上,适当考虑学生身体特征(如身高、视力)、行为特征(例如有的学生可能比较文静、有的比较活泼)等因素,就可在这方面做得比较周到了。

4. 动态彰显特色

班级环境应彰显充满生命活力的成长气息,彰显本班文化特色。实际上,很多班级的成功经验表明:一旦引导学生思考如何凸显本班的文化特色,以便更为自豪地与其他班级、其他年级的同学交往,许多看起来平凡的事务(包括班级环境布置和其他各项班级活动)就有了一个可以敞现创意的方向。由此,可以考虑发动学生个体和小组参与选择或设计、创作班徽班歌班旗等文化标识,设计工作岗位、组建工作团队以便及时发动大家搜集资料,动态更新各个文化栏目的内容,同时在日常学习生活中力争取得更好的成绩、创造更好的作品(包括发展故事或活动案例)……

案例 7－2

在谱写班歌、创办班报的过程中感受自豪

新学年伊始,班委会讨论决定:征集本班的班歌。这个计划马上博得了全班同学的响应。在班歌定稿的过程中,同学们利用班会课、午会课试唱、改词,终于用他们稚嫩的笔谱写了属于他们自己的班歌。在这个过程中,通过自主创造而表达学习成就感和集体荣誉感,大家更加热爱这个集体了。

班报是一个班集体的舆论导向,也是班级的文化阵地。办班级小报,这为学生提供了展示文学才华的天地,极大地满足了学生的自我表现欲。这既培养了学生的文学爱好,发挥了学生的多种特长,又为学生提供了一块活跃生活、交流思想、砥砺文笔的园地。在办班报的过程中,同学们不但建立了深厚的友情,还培养了团结协作精神,学会与人为友,建立和谐的人际关系。

资料来源:杨小微、李家成:《"新基础教育"发展性研究专题论文·案例集(上)——学校管理·班级建设》,中国轻工业出版社 2004 年版,第 216 页。作者系上海市闵行区纪王学校丁丽娟。

二、设置班级岗位

班级生活内容丰富,需要全班同学一起参与创造,其中就包括和老师、同学合作,主动承担各项班级事务。为此,需要组织学生一起梳理班级事务,设计组织结构、设置各种岗位,并建立动态轮换机制,以便让学生在尽责的过程中实现主动成长,在"成事"的同时"成人"。具体来说,这可通过下面几个途径来落实。

1. 设计组织结构

组织结构是让每个组织正常运行的基础;因此,每个班级都需要根据实际设计班级组织结构。此时,可以参照本书第四章介绍的不同类型的组织结构各自的优势与局限(如直线型组织结构有利于教师控制全班、统一智慧,但可能因此而限制了学生的自主创造空间),根据班级规模、学生的年龄特征(特别是交往能力和办事能力)、发展需要等因素来有针对性地选择或设计。其中,很有必要从当前阶段的学生发展需要或班级发展主题来考虑不同学生在班级中的定位,将个人角色、小组建设和班级建设和岗位轮换

等多层次、多阶段的因素综合考虑，以便让班级组织结构发挥更好的教育功能。

2. 按需设立岗位

班级中的岗位，可以在设计班级组织结构时设置，也可以根据班级生活需要灵活设置。就本书而言，可在一个学期整体设计"项目群"的系统格局中，针对不同阶段、不同类型的工作项目（常规项目、活动项目、文化项目）的实际需要来设计各类岗位。此时，需要考虑到，班级的属性是教育组织，班级内的各种岗位最重要的功能是教育功能；换言之，学生在各个岗位上承担起为同学们服务的义务，并在此过程中获得角色体验，特别是在与其他同学互动、协调个人行动和群体活动的过程中感受自己的办事能力、人格尊严和集体荣誉感，形成为大家作贡献的成就感。当然，换个角度，这也是每个学生参与班级生活的权利。（此时，需要特别注意超越传统的观念，即把在岗位尽责、担任班干部理解为在教师前面"献殷勤"以便获得各种奖励的机会，甚至由此满足"做官"或显威风的虚荣。这类落伍于时代的情形有可能让学生产生落后的心态，甚至陷入心理困惑或心理障碍，需要尽力避免。）

案例 7 - 3

四年级的岗位职能转型

如何开发新的适应于学生成长的岗位，是四年级组织建设方面的一个重要的内容。面对学生越来越强烈的兴趣发展需求，一方面需要转变岗位的职能，另一方面需要丰富岗位的类型，以便拓展更大的发展空间。此时，岗位的转型性调整就需将以前的以日常生活服务和管理为主的岗位结构，转变为以精神文化生活为主的岗位结构，增加与学科学习渗透的、可拓展交流信息、可应用知识创造、提高精神生活品位的岗位。

在常州市第二实验小学四年级，有的班级设置了"相逢星期一"主持人、"焦点访谈"主持人、"快乐成长"主持人、文学社活动召集人这类主持探讨和创作类的岗位，有的班级设置了"我们与自然"主持人、"蓝色物语斋"主持人、"古诗"主持人、"名言"代言人、"成语智囊团"、美文推荐员、剪报员等主持收集交流专门信息的岗位。这些岗位明显扩展了学生的视野，扩大了学生的活动范围，进一步提高了对学生自主活动能力的要求，为相当一部分学生提供了具有挑战性要求的岗位选择，保持了广大学生岗位选择与锻炼的热情与积极性，同时也提升了全体学生的精神生活品质，使班级日常生活变得丰富多彩起来。

资料来源：李家成等：《"新基础教育"学生发展与教育指导纲要》，广西师范大学出版社 2009 年版，第 190 页。

3. 建立岗位轮换机制

在"民主型班级"中，有必要打破"任命终身制"，实行"岗位轮换制"，把"岗位竞选制"和"岗位轮换制"结合起来，让每个学生都能在岗位的轮换中，都有机会体验岗位的苦与乐，都能有机会锻炼自己的能力和胆量，体验岗位责任的重大，在体验岗位成功与失败中逐步成长。此时，教师可以从两方面努力：一方面，分阶段重点培养骨干力量，让这些学生成为带动其他学生的动力源,并通过岗位轮换等机制让更多学生获得锻炼;另一方面,尊重每一名学生的参与权和参与热情,让他们参与策划班级活动,并在相互交流、鉴赏、评析的过程中取长补短,相互学习、相互合作。

三、辨析发展主题

学科教学有明确的知识体系和阶段性的学习要求,这可成为教师设计和实施教学活动时的参照系。相比之下,班级管理则少有这样的参照系,更需充分发动学生自主辨析发展需要,提炼出一个学期乃至更长时间的班级发展主题。这一方面的班级管理技法,至少可有如下几种。

1. 敞现学生愿望

既然学生是班级中的发展主体,学生的发展愿望就应被关注。不过,中小学生的自主意识正在养成过程之中,很有可能在学校教育中较多地依从成人的要求,因此,要引导学生学会理解并合理表达自己的发展愿望;以此为基础,教师才能更充分地理解学生、引导学生。

此时,从研究方法的角度看,"量的研究"(如采用问卷或测量的研究所做的)固然很有价值,但相比之下,"质的研究"更有必要。[①] 从原则上说,在"质的研究"中,主要的研究工具不是各种表格、提纲,而是研究者本人。也可以说,这是研究者用自己的"心"去理解别人的"心",将自己的"参照系"与别人的"参照系"进行比较,最终理解对方的思想文化。受此启发,教师用心研究学生就是深入、全面地理解学生,而非仅凭外显数据或行为描述就轻易地作出判断或决策。不过,在建设"民主型班级"时,还需在由此"理解"学生精神世界的基础上,进一步追求"引导"孩子不断澄清并加强对自己的理解,"引领"其精神生命的发展。

案例 7-4

我班的心愿树

一个不声不响的女孩小陈,因为学习成绩差而产生巨大的压力;被同学们选为班长的小张学习的确是数一数二的,但是她的工作能力却一般;小魏学习和行为规范都不错,就是心胸太狭窄,自己不能有一点点吃亏,在班级里没有好朋友……刚开学一周,这三个孩子的事一直牵动着我,班内肯定还有许多类似的事情,我该如何去关心他们,帮他们再前进一步呢?是否有一种切实有效的方法呢?

我打算将制定工作目标这类成人常用的方法用到小学班级建设之中,让学生根据自己的长处与不足,自主制定出实在而并不空洞的"小目标"。我希望

[①] "质的研究"是通过研究者和被研究者之间的互动对事物进行深入、细致、长期的体验,然后对事物的"质"得到一个比较全面的解释性理解的研究方法。"量的研究"(又称"定量研究""量化研究")是一种对事物可以量化的部分进行测量和分析,以检验研究者自己关于该事物的某些理论假设,从而把握事物"本质"的研究方法。参阅陈向明:《质的研究方法与社会科学研究》,教育科学出版社,2000年版,第10页。

通过这一举措,充分调动学生自我发展的潜能,然后通过自己的努力和老师同学的帮助去实现这个小目标;这样,在循序渐进的发展中,他们会时刻体验到成功的喜悦。

为了适应学生的年龄特征,我想到了"心愿树":用一棵大树表示班集体,树上的 34 颗果实代表着班中 34 名学生自己的小目标;小目标达到了,果实也成熟了。在征求学生意见时,我看到:这种形式形象生动,他们很喜欢,积极性也随之提高。就这样,"心愿树"就在这个班级扎根了。

在第一次让学生制定一个小目标时,学生的答案几乎千篇一律:"我要在这一学期里努力学习,争取语文××分,数学××分,英语××分。"我傻眼了,真没想到孩子们是如此注重自己的学习成绩。他们认为成绩可以代表一切。于是,我又开始了进一步的探索。我利用班会在学生中开展"照镜子"活动,让每个孩子来说说自己的优点及不足。我还结合自己平时与学生的接触与了解,有的放矢地指导学生朝哪一方面去努力,而不仅仅局限于学习方面的小目标。只要觉得自己哪方面还做得不够、还可以做得更好,都可以作为小目标来制定。

第二次制定的小目标就比较合理了,一个个奋斗小目标呈现在我面前,有学习方面的,有小岗位职责方面的,有行为习惯方面的。这似乎是一颗颗即将升起的红星,即将给孩子们照亮前进的道路。例如,小陈的第一个小目标是:每节课争取举 1—2 次手,每天的作业让老师面批;小张的小目标是:认真配合值日班长管好十分钟队会(十分钟队会是学生自行组织活动的);小魏同学的小目标是:争取在这一个月里不和同学吵架。

资料来源:上海市闵行区花园学校张莉:《我班的心愿树》,2004 年。

显然,这位班主任所做的,就不仅仅是对学生的一次性静态了解,而是努力想法引导学生从自身发展的角度理解并敞现自己的发展愿望。为此,教师需用足够的专业智慧点拨学生、引领学生,而不是提交一篇公文式的"学生情况分析"就了事。

2. 分析学生需要

在了解学生发展愿望的基础上,教师还需要结合其他相关信息,运用专业智慧进一步分析学生发展需要(可参阅第二章第三节对发展需要的论述)。

此时,需要注意:相比于其他境界的班级管理,"民主型班级"对学生的研究有两个期待:其一,这不仅仅是教师对学生的了解,更是学生对自己的了解。这与班级教育思路中对"敞现"的强调是一致的。其二,这不仅是对学生现有特征的旁观式的静态了解,更是教师和学生相互合作、对学生未来发展需要的动态把握。为此,在研究学生时应以超越现状、提炼出新的发展主题为指向,而非以满足于维持现状,甚至只是完成上级规定的事务为指向。

据此,可以采用较为系统的调查研究设计,研究学生状态。例如,针对青少年在逐步形成自我意识的同时关注明星,甚至出现"追星"现象,不应简单地排斥,而应站在学生的角度,通过较为系统的访谈或让学生通过日记、周记写出自己的感觉,由此了解他们的想法和做法,并在此基础上顺势而为。有的教师还在作好一些前期准备后,为此专门组织班会,让学生介绍各自欣赏的明星的特点和自己对明星所代表的美好现象或优点的理解,进而辨析他们在创造美好形象或养成优良品德(如演员的敬业精神)时付出的努力;由此,学生就更有可能走出盲目崇拜,学会理性辨析,进而激励自己通过主动努力来创造更多美好的感觉。

案例 7-5

对一个实验班的起始状态的分析

在笔者主持的一项课题研究中,我们对一个实验班的起始状态进行了系统调研(包括问卷调查和对学生个体、小组与全班的系统访谈),并作出诊断。

结果表明,该班当时的状态主要是:

(1) 学习方面的自主意识初步具备,但还存在诸多模糊之处。学生在学习兴趣、学习方法、学习实效等方面有了初步的探索,尚待进一步整理和提升。

(2) 在各项活动中初具独立自主性,但在参与程度上尚待提高。学生初步形成主动参与班集体活动的自主能力和主体意识,但还需要进一步开拓参与渠道,提高班级管理与活动的水平。

(3) 学生的课余生活内容较为丰富,但还缺乏主动的思考和整理。[①]

这为在该班进一步策划班级发展提供了直接的依据。

3. 引导学生策划

在开学之时或开展岗位轮换的时候组织学生分析班级发展现状、提出改进对策,由此锻炼他们的反思、策划能力,提高他们参与班级管理的能力,这是建设"民主型班级"的基础。在此过程中,还可以让学生分成小组来反思班级发展中的优势和不足,探寻前进的方向,并在此基础上理智地评议和完善竞选者的观点,从而提高民主参与班级管理的能力。

当然,在这方面,有必要根据学生的年龄特征,教会学生相应的思维方法、写作技巧、辩论思路。但这些更具体的技法,都应服务于学生主动思考自身发展,尤其是带有整体、长期影响的发展问题。例如,一个实验班的学生就在竞选班长时特别辨析了本班班干部的三类表现:(1)"事不关己,高高挂起",不管别人;(2)"老好人",对不良表现持"多一事不如少一事"的态度;(3)"爱莫能助","觉得自己无法压住那么多人,所以只能眼睁睁地看着别人吵"。于是,班上有事,往往找班主任。[②] 这样的分析就为大家进一步策划班级生活提供了很好的依据。

补充材料 7-2

引导学生逐步聚焦班级生活的关键内容

可将谈话法、书面答卷、讨论等技术性的方法整合起来,引导学生聚焦班级生活的三个关键内容:

---

① 取自参与本书作者课题研究的一所实验学校的成果。见陆桂英:《建设民主集体,共创阳光人生——上海市曹杨第二中学附属学校班级建设实践研究》,华东师范大学出版社,2007年版,第108页。
② 取自作者亲自参与一个实验班的研究时所写的案例《班干部改选的前前后后》,2002年。

（1）澄清对自己生活状态的理解，明确发展目标。与他人交往，尤其是与有共同生活内容和相近发展目标的班级成员相互交流、探讨，可以成为学生（包括个体与群体）澄清自我认识、明确发展目标的有效途径。由此，同学们可以互为参照系、互相启发，进而拓展视野，找到更多参照系，以便更全面、更深刻地看懂自己的现状、探索自己的追求、表达自己的心愿。

（2）体会与教师、同学交往的感受，形成积极意向。这可以把每名学生的成长与整个班集体的成长结合起来，让个体与集体成为互相滋养的精神生命体。例如，在解决个别学生问题时，如果看到它们对更多同学，乃至整个班级来说有更大代表性或更大影响力，就可着眼于班级整体的发展，有针对性地组织相关学生结成学习小组，以达到互相帮助、共同提高的效果。

（3）表达对班级生活的认识，激发民主意识。例如，通过班干部竞选轮换，不仅让学生理解并运用民主管理程序，也不仅能调动学生参与班务的积极性，更能让学生有平等的机会、有足够的能力表达自己对班级生活的探索和看法、参与制定班级生活规则，从而有可能反思、重建、提高自己的生活品质，逐步形成更为成熟的自主意识。这就为他们主动而有效地参与班级生活奠定了坚实的基础。

4. 辨析发展主题

在逐步开展前述工作的同时及之后，可以发动学生一起出谋划策，选择班级发展主题。这可以在学期开始之时进行，也可以在前一学期结束时就作好安排。对于新任班主任来说，可利用开学前家访、预备周的时间，有重点地安排部分班干部提前思考；然后，利用学生报到的机会，向全班学生介绍已有的想法，鼓励每一个人或每一小组，利用开学前的几天时间，一起想主意。为了鼓励学生，有的班主任甚至还专门设立了"最佳创意奖"，颁发给那些确有好创意的学生或小组。最后，在开学第一天，大致就可以明确新学期（学年）的发展主题了。

四、制订发展计划

经过前面持续推进的各项具体工作，班级管理的策划可以落实为制订班级发展计划。此时，需要立足班级现状和发展需要的分析，选择班级发展目标、策划发展项目，并将每位班级成员的个人发展纳入到班级整体发展的系统格局之中。（这方面的典型案例，可以参阅第八章第二节介绍的两个班级发展计划中的内容。）

1. 选择发展目标

在上述各方面努力的过程中，可以组织学生、特别是班干部，立足班级发展基础和同学们新的愿望，选择一个学期的发展目标。此时，可以参照学校的基本要求和其他班级的情况，适当彰显本班的文化特色，并据此选择一些特色化的发展目标和达成标志，例如在主要的校级活动或年级活动（如运动会、艺术节、读书节和其他节日活动）中有积极上进的风貌和主要的奋斗目标，在自主开展班级活动方面打算开展的新探索等。

2. 策划发展项目

在整体安排班级各领域的发展项目时，可从常规运行与力求创新、稳定的岗位职责和灵活的角色体验等角度来考虑不同项目在班级生活中的教育价值,将它们纳入一个学期的"项目群"的视野中来系统部署。

其中,在班级管理整体格局中,针对三大领域各自的要求来策划安排一个学期的班级生活内容,当为一条可行的思路。具体来说,常规项目通过相对稳定的岗位和相应的职责来常态化地部署并实施,活动项目可首先作整体的弹性规划,然后分阶段创新设计和实施;文化项目可组建相应的团队结合每个阶段的发展任务或主题活动来设计并由此开发、整合各种资源。在这样的整体视野中,也可以设计一些跨领域的项目,包括与学科教学融合的班级活动项目(如在考试之前的心理疏导和学习方法交流)。

3. 个体策划发展

"民主型班级"将促进个体人格发展作为重要的教育目标,因此,在制订班级发展计划的同时就应充分考虑每位班级成员的发展。其中,一个较为常见的做法就是在通过个人畅想、小组合作、全班交流来策划班级发展时,充分表达个体发展愿望,进而在班级发展全局中定位个体发展的新目标。[1] 在此过程中,不同年级的学生可有不同的方式,例如低年级班级每位同学在用剪纸而成的"青苹果"上写下自己的目标并贴在班级文化栏目中,一旦实现了预定的目标就将其换成"红苹果"——这就是"青苹果红了"的文化活动;类似地,中年级的"心愿树"(见案例7-4)、"成长的足迹",高年级的"个人发展计划表",都可以用来开展这样的活动。其中,教师可以通过专业的研究,列出不同层次的目标(见下表),供同学们参考;同时组织大家相互交流、相互启发,并相互约定、共同进步。

目标层次	具 体 内 容
自我完善, 自我超越	做一个受同学欢迎的小干部; 能协助老师管理好班级; 学习成绩在原有的基础上再提高; 学会尊重同学、公平对待同学; 发展自己的各方面能力,成为有个性的学生……
自我管理, 自我激励	认真完成小岗位工作,争取成为岗位小能手; 再加把劲,争取取得好成绩; 培养自己的兴趣爱好,形成活泼开朗的性格……
自我监督, 自我控制	认真完成作业; 遵守课堂纪律,不影响老师上课; 每堂课能争取几次发言; 与同学和睦相处,不欺负同学; 争取每一门学科合格; 能遵守学校的规章制度,不让班级扣分……

表 7-1

不同层次的
个人发展目标[2]

---

[1] 本书附录中提供的"组织学生策划班级发展的研究工具"中,有"个人发展计划""小组发展计划""班级发展计划"和"班委会工作计划"模板。可供参考。

[2] 诸英:《还给嘘声自我发展的空间》,载于杨小微、李家成主编:《"新基础教育"发展性研究专题论文·案例集(上)——学校管理·班级建设》,中国轻工业出版社,2004年版,第209页。

第二节　班级管理工作的组织

班级管理工作的组织,主要是整体协调班级事务的分工、班级成员的合作。它是介于班级管理工作的策划和实施之间的一个筹备活动、调配教育资源的环节。当然,就实际工作而言,它与其他环节之间并非截然分开的,而是相互融合的。因此,我们只能在相对区分的意义上将其作为一个环节。

一、建立班级制度

任何组织都需要通过基本的规范来建立正常的秩序和运行机制。不过,对于"民主型班级"来说,规章制度的制定,不仅起着维持秩序的作用,更起着有效的教育作用。这既体现在民主制定班级规范的过程之中,也体现在此后自觉遵守规范、维护规范,乃至创造新规范的过程之中。显然,发动学生民主参与班级规章制度的制定(包括后续的维护和更新),可以成为一种具有重要教育价值的管理活动。这种管理活动,其实也应被视作教育活动。在这方面,可以进行如下尝试。

1. 梳理已有规则

学校教育是一项培养人的社会活动,因此,任何学生来到学校、进入班级,都需要适应相应的社会生活规范,包括学生行为规范和各种校规校纪。在面对这些已有规则时,有的教师满足于让学生顺从地遵守,而一些智慧型教师则引导学生自觉地理解、主动地梳理这些规则。对于其中的基础性的要求,可以在日常生活中自觉遵守、养成习惯,而不必过多强调;对于其中一些切合新的发展需要、尚需努力达到的要求,就需要结合班级发展计划来主动开展教育活动,引导学生充满豪情地提高文明修养。经过这样梳理,就可以结合班级的实际需要,作出更为合理的选择。

2. 制定班级制度

班级生活充满活力的标志之一就是不断生成新的发展需要和生活内容;因此,势必会出现已有规则尚未涉及的生活空间。对此,可以发动学生主动辨析行为规则,如小组合作开展学习竞赛、设计并实施研究性学习项目、岗位竞选和轮换等方面的新规则。沿着这个方向,教师可以相机引导学生主动研究其他班级的经验,创造性地探索开发或更新班级生活规范,让班级制度体系更为完整、更为合用。

案例 7-6

"同伴调解"巧解打架事件

对于血气方刚的中学生来说,会因为尊严、利益、哥们义气等原因发生一些冲突,且往往具有隐蔽性,被老师及时发现的仅仅是非常少的一部分,更多的冲突被埋在了地底下。因此,在处理冲突时,除了教师明察秋毫,相机而动,发挥班级中"同伴调解委员会"的作用也是极为关键的。由于朋辈效应,青春期的孩子对于朋友意见的重视程度远远超过对老师和父母;推选人缘较好、责任心强、善于人际交往的同学,组建班级"同伴调解委员会",可在处理班级冲突事件时让当事人舒拳为掌,握手言和。

去年 9 月 16 日下午第三节课,初二几名学生在打篮球,我们班的小栾也加入进来。打球过程中,小栾说初二学生打球技术不行,引发了和初二小高的争吵。下课后,小栾叫了别班的两个球友将小高叫到走廊,照着胸膛打了三拳,又扇了两个耳光。(事件发生后,学校进行了严肃处理。)

"同伴调解委员会"进行了调解:

第一,了解事实,迅速备案。

第二,填写双赢谈判表,寻找解决方法。(假若冲突一方不在本班,不方便到场,可以由调解委员会中的一个人模拟。)

> **双赢谈判表**
>
> 问题:打篮球时发生冲突而打架
>
> (1) 我想要的:高兴地打球。
>
> (2) 别人想要的:打球。
>
> (3) 别人反对的理由:自己说话不好听,卖弄。
>
> (4) 我的问题:说话不好听,卖弄。
>
> (5) 如最初的要求被否定,设想一些其他的选择。
>
> 　　a. 不和小高一起打球;
>
> 　　b. 自己是学校篮球队的队长,教他们技术;
>
> 　　c. 说话好听一些。
>
> (6) 开始谈判,把焦点集中在互赢上。(交流双方的选择)
>
> (7) 双方都同意:一起切磋球技。

第三,完成调解报告表,向班主任汇报调解过程。

了解情况后,我及时找小栾谈话,进一步跟进协调。

资料来源:孙爱云、张锡强:《"同伴调解"巧解打架事件》,《班主任之友》2018 年第 1/2 期。

选课走班制中的"教学班"的班级管理

随着新高考改革和其他教育改革项目的推进,选课走班制进入了中国的学校教育实践场景之中,并产生了多种具体的实施方案。不过,无论作何选择,"教学班"的存在是普遍的;据此,人们甚至可以说所有的学科教师所教的班级都属于"教学班"。此时,可以参照本书介绍的主张,还可以参照广泛采用"走班制"的美国学校的"课堂管理"(Classroom Management)思路,形成"教学班"的班级管理格局。其中,至少可考虑如下几个方面。

首先,教学班的班级管理价值取向:规范学生行为,追求促成更高品质的有意义的学习活动。在"谨防教学班用教学功能替代班级的教育性底色"[1]的

---

[1] 李娜:《关于班级的多维逻辑分析及其对走班制改革的启示》,《中国教育学刊》,2017 年第 11 期。

同时,增强教学本身的教育性,让学习产生更高雅、更丰富的生命意义。据此,学习中的意义感的创生就离不开师生交往与生生交往;相应地,师生合作、生生合作应该超越对学生"自立"的需要的关注,适应学生"自主"和"自豪"的需要(参阅第二章中对学生发展需要的分析),进而开展能让学生主动参与并创造意义感的学习活动与交往活动。

其次,教学班的班级管理目标:超越维持秩序,着眼于创建互相支持的教育组织。可参照本书介绍的"班级管理三大领域"而在组织建设(如班干部队伍建设)、班级活动、文化建设等方面的举措来建设班级。在高品质的"教学班"中,学生不仅会在考勤、作业提交等方面达到规范要求,他们的求知欲望或好奇心、取得成就或好成绩的需要也会得到满足;同时,学生与同伴和教师交往中的尊严感、自豪感等人格发展需要会更受重视。两方面结合,就能持续创生有意义的学习行为和充满活力的班级文化。

再次,教学班的班级管理方法:超越行为规范管理,致力于创建相互支持、相互尊重、促人奋进的文化环境。这能让班级成为一个能够提高学生人格尊严并促进其对学习自我指导、自我负责的场所;这种环境可以鼓励所有的学生满怀信心地看待自己、看待学习。例如,就建立良好的同学关系而言,可以努力做到:(1)理解班级,将教学班开展学习活动的课堂看作一个释放和交流情感的地方,肯定班级中相互支持、为共同目标奋斗的运作方式,建立人际信任和集体规范,开展合作学习。(2)开展促进班级凝聚力的活动,如"建立快乐班级"的交流、为班级作贡献(让每个人策划自己可为班级做什么)、开发班级文化作品(如影集、文化栏目)、以小组为单位开展班级活动、参与班级决策(出谋划策、一起制定班级规章制度)。(3)在学科学习中发挥小组的作用,通过合作学习促进每位学生主动学习。(4)为解决一些共性的发展问题而举行主题班会,如在学习动力和学习方法方面互相交流、相互激励,或者开展阶段性的竞赛、互评、交流和总结活动。

资料来源:李伟胜:《班级管理新探索:建设新型班级》,天津教育出版社2006年版,第77—81页。

二、设计工作项目

根据第二章提出的班级教育思路,班级管理需要形成跨越几个学期的长期教育主线、提炼每阶段的发展主题。在此基础上,还需在每个学期中,围绕发展主题,整体策划班级发展。与此同时,参照第三章阐述的系统方法和第二篇"任务篇"展开的三大领域,班级管理需要兼顾不同领域、不同阶段的各种班级事务。如此看来,系统安排一个学期的班级生活内容,应当成为一条必用的技法。其中,参照策划"项目群"并分门别类管理各个项目的管理学理论,可在已有的班级发展计划的基础上,通过稳定的岗位和团队来逐步落实常规项目和文化项目;至于活动项目,因其需要凸显班级生活新高度、适应学生更高层次的发展需要,可逐步发动学生主动贡献创意、开发资源来依次设计和实施。这样,就可以超越班级事务相互割裂、每次都从头做起的情形,从而更充分地整合教师和学生的活动资源,解放师生的精力、时间,更重要的是:开拓更广阔的精神生命空间。以此为基础,可以重点关注"活动项目",运用下述技法来主动探索。

1. 纵向贯通项目

班级生活会根据学校教育的节律而不断生成新的内容,为此,需在参照学校工作安排的基础上形成班级发展计划。其中,需要根据一个学期或学年不同阶段的实际情况将前后开展的各个工作项目贯通起来。这包括班级岗位的设置和对岗位负责人履职情况的阶段性评价与轮换,班级环境布置团队的建设及其阶段性任务的前后连贯,还包括主动策划和实施的系列主题活动,如将先后举行的主题班会整合为一个系列。以此为参照,可以将班级生活的许多看似琐碎的事务整合起来,融成一个班级的整体生活,使之呈现出具有教育内涵的节奏和旋律。

案例 7-7

一个学期的 6 次主题班会

第 1 次班会:树立目标,端正态度。开学初,带领学生确立"塑造良好人格、锻炼坚强体魄、磨砺顽强意志、开掘人文底蕴"的班级目标。倡导"乐学、勤学、会学,自律、自励、自强"的学习态度。

第 2 次班会:展示才艺,焕发活力。开学后不久,元宵节才艺展示活动,让学生尽情施展自己的才华,激发大家共同创造好班级的热情与活力。

第 3 次班会:选举干部,共谋发展。在开学 2 周后,班级进行了班干部选举,同学们首先认真提名,候选人进行了竞选演讲,然后产生班委。通过这一过程,让全班学生都对班级发展现状和未来进行思考、讨论和选择。

第 4 次班会:完善方法,落实责任。讨论如何使用备忘录,提升每一位学生的责任意识,逐步学会发现、反思和策划自己的学习生活。

第 5 次班会:磨练意志,积极进取。为了准备 4 月份的第三届校运会,以"锻炼体魄、磨练意志"为主题开班会,激发学生的进取心和竞争意识。

第 6 次班会:学会反思,树立自信。在 5 月下旬召开了关于"自信"的班会,让学生学会反思自己的发展情况,探讨进一步发展的目标和方法,学会在认真、踏实的努力中逐步树立自信,形成积极的自我意识。

资料来源:陆桂英:《建设民主集体,共创阳光人生——上海市曹杨第二中学附属学校班级建设实践研究》,华东师范大学出版社 2007 年版,第 35 页。作者系上海市曹杨二中附属学校胡晔红。

2. 横向融通领域

一方面,班级生活三大领域中的常规项目、活动项目、文化项目,可以相互融通,以便彰显一个阶段的发展主题,汇聚多方面的资源,产生协同效应和教育合力;另一方面,同一个领域中的不同项目(如不同岗位的竞选与履职评价、不同文化栏目的设计与建设)也可以相互融通,以便相互支持,共同服务于创造更为丰富、更有品位的班级生活。

3. 协调分工合作

班级中的每个项目都需要班级成员一起来策划和实施,因此,具体落实到每个领域、每个阶段的工作项目,需要综合考虑组织设计、岗位设置和人员配备,让每个项目

(特别是需要协调多方面因素、整合各方资源的项目)的具体任务都能落实到人,有良好的分工合作机制。

将事务性问题转化为教育性问题

同样的班级事务,可有不同的教育境界。有的教师满足于程式化地把班务当作平庸的琐事处理,让班级生活流于平庸;有的教师则带领学生主动开发其教育价值,让事务成为一项又一项活动,让班级生活不断追求高尚。相比之下,后者就是有意识地将"事务性问题"转化为"教育性问题"。类似地,可在班级管理中逐步考虑如下要点。

(1)将组织建设转化为民主参与的机会。班级组织建设需要基本的常规,以保障正常的生活秩序,但还可有更高追求,即让学生自主管理班级事务,让每一名学生民主参与班级生活。例如,推进民主管理、发动大家为班干部改选而出谋划策。在讨论如何完善班级生活的过程时,针对部分同学上课打闹、不交或迟交作业,甚至公开抄袭作业等情形,有人提议采取监督、惩罚等办法来处理,但经过师生协商,他们尝试通过问卷、访谈等方式了解同学们对学习纪律的看法,组织小组商议、班会讨论,确定几项对策并安排一个临时性的岗位请同学专门检查落实,直到解决这一问题。

(2)将规定任务转化为激励创造的活动。班级管理必然在诸多方面受到学校整体安排的影响,其中包括完成上级安排的各项活动,如办黑板报、开展广播操比赛和行为规范检查、开展各种专题教育等。面对这些任务,有的教师应付了事,有的则尽力从中挖掘教育价值,将其转化为激励学生创造的活动。例如,在美化教室的行动中,组织学生竞争黑板报主编一职,由主编组织团队、培养成员,既让有特长的学生发挥优势、出色地完成任务,又让他们承担创建并领导团队的责任,让学生都获得更多发展;此外,还可针对班级凝聚力不够强的问题,通过细致的思想工作和组织措施,将广播操比赛转化为激发学生尊严感、荣誉感的教育活动,让全体学生都全心全意地努力,让一项规定性任务成为建设新型班级的创造性活动。

(3)将文化现象转化为自我教育的契机。每个学生都有各自的个性和生活经验,他们在班级中的表现会出现各种差异,由此带来班级生活中生成一些新的文化生活内容;因此,出现各种分歧、引发一些问题、带来一些新的想法,这都是很正常的学生文化现象。如果仅仅想维持秩序,就可能就将这类现象当作"噪音"予以消除。若能从发展的角度来思考它们的教育价值,就会注意利用其中展现出的学生特点(包括优点和弱点),因势利导,将其转化为学生自我教育的契机。例如,有的班级在选班干部时出现送小礼物"贿选"的情况,部分学生因班干部偏袒朋友而发生争执,学生(或者家长)希望挑选成绩好的学生当同桌……针对这些情形,可组织同学们开展不同形式的讨论,激发学生反思、讨论、辨析、判断并作出合理的选择,以促成学生形成自我教育的意识和能力。

三、协调群体活动

从班级层面来看,学生个体参与班级生活的方式与班级组织结构、项目中的分工合作方式直接相关。在这方面,可以更为系统地梳理、整合并协调学生的活动,特别是让每个个体融入不同类型的集体活动、融入班级生活。从诸多教师的经验来看,这可落实为如下多方面的行动。

1. 开展个别教育

每个学生都有自己的个性,这让班级生活在彰显学生个性的过程中不断生成更多教育资源,但也有可能出现一些表现比较特殊的学生。有的学生在某方面暂时落后,甚至给班级带来麻烦(偏差生);有的学生比较优秀,因而需要考虑怎样与同学们建立更为和谐的人际关系以免因个性张扬而不合群(包括优秀生);有的学生在某个阶段迷恋网络游戏或在异性交往中出现困惑……这些学生都可能需要教师有针对性地开展个别教育。不过,应该注意:有特定针对性的个别教育,是班级教育中的"特例",不应成为让教师长期额外费心的工作;相比之下,更为可取是将其纳入班级教育整体格局,特别是让每个学生主动融入常态的、有持续内生活力的同伴交往,因为后者是学生发展的正常生态,也就是班级教育的常态格局。(可参阅本书第二章对教育思路的阐述和对典型案例"'屈辱地玩'和'自豪地玩'"的分析。)

做好个别教育工作

集体教育与个别教育是紧密联系的,但两者又有区别。个别教育主要是面向个别,是教师根据学生个人特点、需要和问题而通过个别谈心、道德谈话、个别指导、辅导和帮助等形式进行的教育。它便于有的放矢、因材施教,便于系统连贯和深入地做学生个人的思想工作,也易于被学生接受。因此班主任在抓好集体教育的同时,还要同时广泛接触学生个人,做好个别教育工作。一般来说,个别教育它大致有三个方面。

(1) 培养优秀生典型。在班级活动与群体交往中,每个学生的优点与不足都将得到充分表现,教师和同伴也是据此而通过交往来推动每个个体成长。在此过程中,将学生个性发展和班级发展结合,在每个学期或每个阶段,通过各种活动敞现优秀学生的活力、开发典型事例和成长经验,适时给同学们树立一些值得学习的好榜样、好事例、好经验,可以鼓舞更多学生向前奋进。

(2) 做好后进生的转变工作。在学业和品行等方面表现还不够理想的学生,往往被称为后进生。无论是否采用这个名称,都应用充满希望的眼光看待他们,并适时开展有针对性的教育活动,包括针对特殊问题而持之以恒地协调不同教育力量(包括家庭教育和同伴教育)。更重要的是:了解他们的成长历程和交往生态,据此辨析他们暂时落后的原因和真实的发展需要,并据此采用相应的对策。对于因为暂时落后而自卑的学生,要想法培养他们的自尊心和自信心、进取心;对与同伴和家人关系不够理想的同学,要创造更好的沟通机会,由此营造激励上进的教育生态;对迷上游戏或其他个人爱好的同学,不宜简单禁止,而要因势利导,引导他们融入班级活动,获得成就感。

(3) 做好偶发事件中的个别教育。面对诸如课堂闹事、同学争吵、损坏公物等偶发事件,需在处理好紧急情况的前提下,辨析具体情况,因势利导。其中,对于一些关键问题,需要持续推进深入的个别教育。首先,沉着冷静地了解情况,包括倾听当事人的想法和解决问题的思路,以便据此顺势而为;其次,注意通过多方信息来源调查事情的真相和具体原因,以便在掌握全面信息的前提下作出判断,并权衡利弊、选择解决问题的具体方案和行动步骤;再次,重在教育,启发引导学生反思和改进,而不仅仅是批评和处分,更不是一厢情愿地强制压服。

资料来源:王道俊、王汉澜:《教育学(新编本)》,人民教育出版社 1989 年第 2 版,第 527—531 页。

2. 促进群体合作

班级内的小组或同伴组成的兴趣群体,都是学生开展群体交往的具体生态圈;关注每个学生的真实成长,就不能不关注每个学生所在的具体群体(包括正式群体和非正式群体)。如果发现学生在具体的群体交往中出现问题或困惑,要及时指导、引领或提供专业支持(包括专业的心理辅导);如果学生的群体交往正常,还可以引导学生通过群体合作为班级作贡献,如在班级工作项目中一起承担具体任务(如每个团队负责一个专题调查、一个栏目的设计)。事实上,许多优秀教师的成功经验就在于此:主动创设条件,让学生个体交往融入群体交往、进而融入班级生活全局,从而在微观生态中激活每个学生个体;于是,麻烦少了,好事多了,因为集体荣誉感会让他们携手前进而不让任何一名同学落后(尽管可以适当包容不同个性),在更有意义感的活动中贡献创意与活力。

补充材料 7-6

让外来务工人员子女在群体交往中阳光自信

在当代中国社会生活中,外来务工人员为工作地的经济发展作出了贡献;同时,与他们一起生活的孩子也在当地学校学习。由于地域、经济、文化和学前教育等方面的因素,其中一些孩子不同程度地存在自卑、孤僻、敏感、排斥、压抑等心理,在学习上易出现焦虑、畏难情绪,在交往中易出现孤僻、敌对情形;其中,中途转入学校就读的学生更是或多或少地承受着一种"外来户""低人一等"的心理压力。

在新的学校和班级中,师生显然应该一视同仁地关心他们的成长。此时,除了教师个人在关键时刻多加关注和沟通,努力协调家校合作,更值得探索的就是主动开发班级中的群体交往,让外来务工人员子女由此参与创造新资源,主动开拓新生活,建立阳光心态和自信心理。此时,可尝试有针对性地开展如下活动。

(1) 主动交往,激活人际关系。可以通过开学时的自我介绍(特别是自己的特长爱好、家乡之美和新的愿望)及随后的小组活动、岗位建设等,让他们和其他同学一起融入新的班级生活,在主动交往中努力探索,学会相互关心和欣赏。

（2）群体合作，激发自信心态。除了在关键时刻和特殊事件上对这些学生予以个别教育之外，最重要的教育途径就是让他们融入所在的小群体，包括非正式群体或正式群体（如小组或岗位团队），让他们在为伙伴、团队和班级作出实质性的具体贡献的过程中建立真实的自信，而不仅仅是得到抽象的关怀和表扬。

（3）快乐学习，创造成功体验。学生的第一要务是学习，因此，要关注这些学生在不同学科中的学习状态，包括他们个人的学习方法、与同伴互动交流和在家学习的环境等方面的情况。在此基础上，鼓励他们面对新的学习任务（包括弥补缺陷和迎接新挑战），并同时发动其他同学、教师和他们的家长关心他们，帮助他们，包括在课堂内外开展合作学习、主动发言。

通过这些切实努力而让他们获得的尊重和鼓励，远比抽象的关爱和号召来得实在、有效。这可以激发他们更持久的发展动力、更深层的学习智慧。

资料来源：楼华丽：《外来务工人员随迁子女的心理问题探析》，《班主任之友》2011年第12期；吴泉：《"游击学生"群体的心理问题及矫正》，《班主任之友》2005年第9期。

3. 组织班级活动

毫无疑问，学生个体和群体的发展，都需要进入更为开阔的空间；其中，班级组织就是他们在日常的学校生活中最为常态化的、可持续开展深度交往的社会空间。据此，负责班级管理的教师应该在充分尊重和发挥学生个体自主性、团队合作功能的同时，充分利用班级组织中的教育资源、特别是可以主动开发的各种活动资源、岗位资源，更好地促进学生发展。（这也是本书第二章所阐述的核心主张。）

四、形成教育合力

1. 建设教师团队

与本班学生接触最为密切并与学生一起成为教学活动"复合主体"的科任教师，可以成为最重要的合作教育者。从学生发展的角度看，这些教师应该共同成为一种教师团队。在通常意义上，这一教师团队的合作主要表现为相互交流学生在上课、作业中的表现，协调教师的教育行为。这是许多班主任已经做到的。相比之下，对于在更高境界上创建"民主型班级"来说，这一团队还可以有更高层次的合作。这至少可有两个切入点：其一，共同分析学生发展状况，商议班级发展目标。这可以在开学之时进行，也可以根据后续各阶段的需要再进一步合作。其二，参与组建学生合作小组，共同利用小组合作方式促进学生发展。他们互相交流学生个体、小组的表现，协调相关的教育活动，从而产生更强的合力，这可让每位教师的教学工作得到更好的支持。

2. 协调家校合作

家庭是学生成长的第一个教育生态系统，家长是孩子的"第一任教师"；因此，智慧型教师有必要利用专业智慧来发现、开发和利用家庭教育资源，同时弥补家庭教育中的不足，指导家长用更为先进的教育思想和方法来适应孩子在新时代的发展需要。为此，可以充分利用家访(参阅本书附录中的"暑期班级家访工作项目")、家长会等机会,利用家长委员会或家校合作工作小组等合作平台,达成双向沟通。一方面,针对每个孩子的发展,与家长达成共识,包括协调开展具体的教育行动;另一方面,让所有的家长都及时了解班级整体发展情形,并在力所能及的范围内积极支持,以便在教师的专业引领下让家校合作,乃至让家庭教育发挥更好的教育功能。

补充材料 7-7

新教师如何与家长沟通

在与家长沟通方面,承担班级管理工作的新教师(包括在"走班制"中管理教学班的学科教师)有很多方面是与其他有经验的教师相通的;只不过,站在家长的角度来说,新教师需要考虑到一些独特之处(如怎样在家长面前建立自己的专业形象)。综合起来看,新教师可以重点关注如下三个要领,以便在沟通中掌握专业主动权。

(1)在充分调研中生成专业主见。一般来说,新教师会比较系统地了解已有的班级(或新建的班级)的学生情况,包括家庭背景、学生成长历史、班级已有的发展经历。在调研过程中,对于暂未掌握全面信息的事项(如对某项班务或某些人的具体情况及其评价),不宜过快作出判断,但可表现出乐于倾听、坦诚沟通的姿态;对于需要关注的关键问题,可以主动开展持续、全面的调研。待基本掌握全班信息之后,要对班级发展思路、关键的人和事作出专业判断;如有必要,可以及时向其他教师或领导请教(但也不宜事无巨细地咨询,否则不利于在学校建立自己的专业形象)。在此基础上,和家长开展更全面的交流时(如第一次家长会),就可以拿出具有更高专业品质的主见,让家长充满信任,并期待展开高效的合作。

(2)在整体布局中凸显发展主线。对整个班级的发展,需要整体布局;其中,如能突出发展主线并予以形象化的表达(需要考虑到家长们往往没有教师资格证),会让家长更为充分地理解教师的专业判断、更有针对性地提供支持。从本书的主张来看,最值得突出的工作主线是:在三大领域中逐步聚焦。最初,聚焦"共建班级组织",抓好班干部队伍建设和各种常规事项的落实,以便建立和谐的班级生活秩序,让学生和家长心里踏实;其后,聚焦"同创班级文化",在班级文化环境和交往生态上彰显班级活力与文化特色,以此吸引学生及家长合作开拓更高境界的发展空间,让他们心里充满阳光;最后,在条件成熟时,聚焦"开展班级活动",特别是能吸引全班同学贡献个人智慧、形成班级凝聚力的项目(如第一次自主举办的主题班会、第一次参加学校层面的运动会或文艺节),让学生和家长心里充满自豪。据此,就可向家长介绍具有专业主见的班级发展整体格局和分阶段的发展主线。(至于本书主张开展的系列主题活动,可以待班级进入更好状态时再逐步考虑,不宜急于求成。)

(3)在平等交往中凝聚关键资源。这里说到的平等交往,既包括教师和学生的交往,还包括教师和学生家长的交往。要让每个学生和家长都得到关注、尊重和倾听。同时,教师需要用专业主见,关注并开发一些关键资源。其一,利用学生骨干激活生生交往,因为同伴交往就是本书所说的班级教育中最为独特的教育资源,也是教师可以开发的关键资源。开发利用好这个资源,家长的敬佩就可能油然而生,因为这是他们难以代劳开发的教育资源,而每个孩子在这个资源中获得的成长体验(包括尊严感和自豪感)也是家长无法给予的。其二,利用热心而能干的家长激活家长之间的交往,这是教师发挥专业引领作用的一个重要渠道。为此,可以和家长骨干商议自己对班级发展格局的设计思路,在倾听中达成共识、优化方案;在此基础上,可以通过他们来与更多家长沟通,争取更多的理解和支持。

以上述三个要领为参照,在具体考虑与家长沟通、组建家长委员会(包括商定选举流程和具体分工)、举办家长会、合作开展班级活动等方面,就有了比较明确的方向。

当然,与此同时,还应该把握一些沟通技巧,如:在了解信息时,宜勤不宜懒,尤其不能忽视关键细节(这又与对班级发展全局的掌握直接相关),但又不宜过于琐碎、频繁;沟通谈话(包括在家长会上的发言)宜精不宜散,凸显主见和主线;在情况不明时,确保信息通畅,但不宜轻易作出判断和表态……这些具体的技法,可以在观摩他人工作经验和探索自己的新方法时逐步了解和开发。

3. 开发社会资源

"民主型班级"应有开放的教育格局,这包括面向社会、开拓教育机会。可以组织学生一起调查了解社会教育资源,设计走进社会的教育活动。这既包括由学校安排的各种社会实践,更包括由班级学生和家长主动策划的专题调查研究,还包括通过小组合作或家长配合而从各类社会媒体或机构搜集资料等活动。在如此构想时,我们会发现:学校或家庭周边社区中的教育资源,来自各种社会人士的信息,取自网络和其他大众传媒的信息资源,都可以让学生随心所欲地选用,以展开充满豪情和创意的探索成长之旅。

五、建立沟通机制

要建设"民主型班级",当然要在师生、生生乃至其他相关人士之间建立良好的沟通渠道,以便交流更为广泛、深入,为落实"敞现—辨析—选择—生成"的教育思路提供基础。在这方面,可有如下尝试。

1. 健全常规沟通

常用的沟通渠道,包括让学生写日记、周记,还包括日常的交谈、专题座谈、电话沟通等。在建设"民主型班级"时,这些常规沟通方式可以得到系统的开发利用,用以在每个领域、每个项目中逐步推进班级发展,或者针对重点事项开展系统的调研,针对个别学生开展有针对性的教育。

在此基础上,这些沟通方式不仅可以用来交流信息,还可以通过互动来激活学生思想,促使学生不断前进,例如,一位班主任除了常与学生面对面地促膝谈心、及时处理各种问题之外,还定期召开座谈会,并根据班级发展情况,分别将不同的小组作为关注重点。其中,在面临毕业时,她还根据部分学生的学习潜能、学习习惯、个性、与家长的沟通能力,在常规小组的基础上又组成了两个学习小组(用来巩固基础、强化优势),在专家、任课教师和家长的共同关注下,对他们进行专项的跟踪调查研究。对这两个小组分别进行的多次小规模座谈会,及时敞现学生的真实想法,疏导他们的心理,引导他们完善学习方法,取得了良好的效果。

案例 7-8

日记架起师生心灵的桥梁

　　过去评价一个学生的好坏,往往只注重结果,看学习成绩怎么样;但对孩子的内心世界和成长过程却了解不多,结果使教育难以做到有的放矢。在研究中,我懂得要关注学生的每一点变化和他们的成长过程。因此,我开始尝试让学生写日记,以此打开心灵的窗户。这样,他们学习上的困难、心理上的困惑、成功的喜悦、失意的无奈、对生活的理解……都可诉诸笔端。

　　开始,有些学生觉得没有什么可写,有些学生不敢写,就应付了事。我不着急,每次都用心批阅,有时发现好的"苗子",就大为赞扬,评语写得比日记还长,并在全班及时讲评,给学生以具体的指导和启发。慢慢地,学生变得"善感"了,开始向我敞开心扉,诉说他们的故事。

　　同时,我启发他们关注更多生活领域。例如,为了使他们更关心班级,并了解他们需要怎样的班主任,就以"假如我是班主任"为题,让学生敞开思想,谈自己的看法,也可对班主任提要求。其中,尤其强调说真话。这是孩子们生活中经常所思所想的,因此就有话可说。有的说:"如果我是班主任,我就尽量少批评学生的过错,多鼓励学生,培养他们的自信心。"有的说:"如果我是班主任,对学生要公平,不偏心,让每个学生都体验到教师的关怀……"他们对班级的管理也提出了很多建设性意见。

　　通过阅读、批改日记,我也及时发现了沟通中的误会并及时化解。例如,有一次,在准备参加全区广播操比赛的整齐队伍中,我发现小西的动作格外扎眼,头总是低着的,手是软弱无力的。当时我冒火了,狠狠地批评了她一顿。只见她脸上表情很受委屈似的,做出有精神的样子。第二天翻开她的日记本,我才了解到她昨天发烧了还坚持上学,却没有想到老师误会了她,因此心里特别难受。通过评语,我及时回应:"造成以上误解,是你我之间缺乏了解沟通。老师期待你敞开胸怀,让我们一起努力,做好朋友,行吗?"我悄悄地把日记塞到了她手中。后面几天,我观察着她,发现她在转变:在课堂上开始积极活跃起来,不时向我展露自信的微笑,中队活动在她的带领下开展得丰富多彩。

　　小小的日记本,牵着师生的心,也牵动着家长和老师的心。现在,师生每天都希望早点见到它,它使我和学生亲密无间,它使师生都感受到真实生命的成长。

　　作者系广州市天河区华景小学何海萍,2004 年。

2. 用好网络平台

　　在信息时代,各种便利的网络平台(如 QQ 群或微信群、班级网页或专题活动网页),对学校教育、特别是班级教育提出了新的要求。若要利用它们来促进班级建设,就需考虑两个方面的因素。一方面,教师需在整体布局班级发展的过程中主动作为,发动学生通过主动开展有意义的活动来吸引学生合理利用网络平台,包括互动交流、搜集资料;否则,学生有可能随时被一些无关的,甚至是有害的信息或游戏吸引而导致出现不良情形。另一方面,学生需提高自觉利用网络、主动防控风险的意识与能力。这不仅需要通过个别教育和争取家长支持来推进,更需要通过班级内的群体交往和文化建设来疏导和引领。这需要通过健全相关的沟通机制来及时了解学生真实状况并有针对性地引领,更需要通过主动开展让学生充满兴致的有新意的教育活动(包括学科学习活动),切实提升学生生活品质。

3. 促成多方交流

班级是个相对稳定、有一定边界的教育系统,但从更大范围来看,它也是处于变动的开放系统;因此,在班级内部和班级与外界(包括家庭、学校和社会)之间,需要有通畅的沟通机制。在结合班级发展计划主动布局的同时,应该在多方交流机制的建设方面有系统的思考,如怎样促进小组内的沟通、小组之间的协调、班委与同学之间的交流,怎样达成各科教师之间的交流及其与学生、家长的沟通。简而言之,这种立体化的沟通机制,是促进班级发展的信息系统的一个有机组成部分,值得善加设计与开发、利用。

案例 7-9

记录《班级日记》

班里设置《班级日记》,由值日生轮流记录,以记录班级中的事件,抒发自己真实的成长感受,让它成为师生互诉衷肠的谈心亭,成为见证班级成长的文字相册,成为联系师生情感的纽带和桥梁。同学们在这里可以进行班级焦点访谈,热点讨论,实话实说;可以记录学生学习的苦与乐,球迷的喜与忧,老师的得与失,干部的勤与律。对于班中的事情,同学们都可以在上面发表自己的看法和观感,互相辩论,就像在网上论坛里的帖子一样,妙趣横生。这大大加强了班级的凝聚力,对集体心理的形成起到了很好的推动作用。《班级日记》配合班级的活动和故事,栩栩如生的描绘,点点滴滴的渲染,使班级文化得到拓展、升华。

作者系山东省淄博市临淄区稷下小学王海明、路栋,2004年。

补充材料
7-8

选课走班制中的班级管理反馈机制建设

近年来,选课走班制进入了学校。在此背景中,有的学校取消以往的稳定的班级建制并同时取消"班主任"岗位,有的学校考虑到学生管理的需要而同时保留原来的稳定班级(并因为强调其行政功能而将其命名为行政班),有的学校根据各种选课模式而组建综合班。与此同时,从学校层面来看,出现了"大走班"(所有学科根据分层或选科结果"走班")、"中走班"(语文、数学、外语不"走班",其他考试科目"走班")和"小走班"(语文、数学、外语不"走班",其他考试科目根据大多数学生需要部分实行"走班")等不同情形。

综合起来看,很多学校在推行选课走班制时,为原来的常规班级或新组建的综合班安排了班主任来负责管理。对于这些班级来说,如何建立新的反馈机制,就成为一个值得探讨的新课题。对此,可从如下方面主动尝试。

(1)保持通畅沟通,让学生意愿和可选方案有效对接。班级是学生组织,应该在服务学生发展方面提供更多资源,其中就包括引导学生研究走班制中的各种教育方案(包括选课方案)和相应的学习生活内容与方式。此时,一方面需要教师和学校其他部门沟通,另一方面也需要在班级内部建立沟通机制,包括发动学生开展一些调研分析。如有必要,还可发动家长一起参与调研协商。这样,可以更好地表达学生的真实发展意愿和当前的学习设想,参与设计学校提供的备选方案,并合理安排学习计划和生涯发展规划。

(2)建立协商平台,在不同教师之间合理分工合作。施行走班制的学校,往往同时给学生配备了导师(同一导师指导的学生可能会跨班级、跨年级);同时每个学科的教师也会面对自己的"教学班"。显然,每个岗位的教师需要加强合作;其中,承担班主任职责的教师更有必要主动建立协商平台,并与学生班委或相关岗位负责人承担的工作贯通,以便在合理分工的基础上增强合作成效。

(3)加强团队建设,让不同的教育组织促进学生主动发展。无论班级的具体形态是稳定的常规班级、综合班还是根据学科不同而组建的教学班,它们都是促进学生发展的教育组织,应该通过"基层民主"的方式来更好地发挥自治作用,同时培养学生自信自强自主自律的品质。因此,学生民主参与班级管理的一些举措,也可作为参照,用以建设每个教育组织或团队。例如,建设班级内的岗位,评价岗位履职尽责,组织实施学科竞赛或文体活动,让不同类别的学生相互激励,适时组织开展班级主题活动,培养集体荣誉感和班级凝聚力。

(4)完善评价机制,让学生发展情形得到及时反馈。采用走班制后,任课教师、教务处、德育处或学生处都成为管理主体,和班主任一起承担着教育学生的任务。其中,完善评价机制,包括综合运用学业成绩单、学分认定、成绩分析、选课管理系统、学生综合管理、考勤管理、作业情况、评优奖励(特别是鼓励学生自主自律、团队合作、班级自治)等,还包括参与建立并用好信息技术支撑的动态管理平台,由此在不同主体(包括作为发展主体的学生)之间及时沟通信息,协商解决发展问题。这样,可以更有成效地维持秩序、形成合力、激发学生的学习动力。

第三节　班级管理工作的实施

从一般意义上来说,从策划、组织到反馈、改进,都可被视为班级管理工作的实施。例如,组织学生共同开发班级工作岗位、执行相应的职责要求,组织阶段性的评议,这些都属于具体的班级管理工作。这里的每件事情都可被看作班级管理"项目群"中的一个项目或子项目。①

从最为理想的角度来看,每个工作项目都是有足够发展空间的教育活动;从更为务实的角度来看,在"项目群"中合理定位三类项目,并采取各有特色的实施对策,可让它们之间产生协同效应,为班级发展作出更为实在的贡献。具体来说,在班级管理的整体格局中,与"共建班级组织"相对应的常规项目可通过相对稳定的岗位来落实,与"同创班级文化"相对应的文化项目可通过团队合作来策划实施;相比之下,与"开展班级活动"相对应的活动项目最需要通过发动学生一起创新设计并由此逐步推进班级发展。因此,这里就重点探讨如何实施"班级主题活动";以此为主线,兼顾其他工作项目,就可以协同实施班级管理工作。

每个项目的运行过程就是实施班级管理的过程,因此,为了给班级管理中的每个工作项目提供更为直接的参照系,本节从管理学中的"项目管理"的视角来审视一个有代表性的班级主题活动项目群——即本书所说的系列"大项目"。在这个系列活动中,一位高中班主任尝试通过课程整合的方式,将班级主题活动与研究性学习课程、人生规划课题、社会实践融合起来。② 这种创造性的工作策略可给我们带来多方面启发。(至于一个"大项目"的策划与实施过程,可参阅本书中的其他案例。)

一、选择活动目标

在探索建设"民主型班级"的过程中,邓老师看到:教师直接策划并组织实施主题活动取得的教育效果远比机械说教和灌输要好得多;不过,每次主题活动往往只有短期效应。相比之下,更为自然而长效的教育就是让学生亲自经历和体验,特别是大胆地将整个主题活动的策划过程和实施过程交由学生负责。随即,需要面对的新问题是:怎样让前后开展的活动项目保持主题的连贯性?怎样让班级活动与紧张的学习活动结合起来,既能培养学生的各种能力,又不至于在时间上发生冲突?怎样让每个学生都真正参与并得到最大的锻炼,同时又体验到成长的快乐?简而言之,"鱼和熊掌"可否兼得?就在这个探索阶段,她开始承担一个高一班级的班主任工作。于是,她就开始了新的尝试。

1. 辨析活动主题

一般来说,班级活动的主题可以立足班级生活实际,同时考虑到学校、社会等方面提出的教育要求,着眼于学生本阶段的发展需要来灵活选择;为此,就有必要辨析各种可用的主题,并在班级生活整体格局之中整体考虑系列活动之间的关系,据此确定活动主题。

在本处探讨的这个案例中,邓老师注意到:一方面,以往很多高三学生在填报升学志愿时不清楚自己想读什么专业、适合读什么专业,其根本原因之一就是尚未自觉地规

---

① 项目群、项目、项目中的子项目的区分都是相对的,在实践中可以根据实际情况灵活选择。在这方面,可以参阅第二章第三节阐述"选择'发展问题'的三维标准"时对"教育活动的长度"的分析。
② 本案例的作者为广东省佛山市第二中学邓碧兰。案例为邓老师参加佛山市名班主任研修班时的作品。2014 年。

划自己的人生;另一方面,随着社会发展和教育改革的推进,学生的人生规划教育(生涯教育)也在逐步落实了。与此同时,她还关注到:在新的课程改革行动中,高中生需要开展研究性学习。综合各方面的考虑,她聚焦到四个问题:①在高一就开展人生规划教育,怎样做才能真正有效? ②在研究性学习这门课程中,怎样切实培养学生的研究能力和创新意识? ③如果每隔一周就举行一次主题班会,师生都感到时间紧张,怎么办? ④每次主题班会都是几个能力强的学生承担策划、准备和主持等任务,更多学生得不到足够锻炼,怎样改变这种情形以便实现全员发展?

由此,她想到将班级主题活动(特别是班会)与研究性学习课程、人生规划教育、社会实践融合起来,实现课程整合。具体来说,这就是:首先,学生研究与人生规划有关的课题,这就解决了选题的随意性和缺乏足够教育意义这两个问题;其次,研究的内容最后要以主题班会的形式呈现给全班同学。这样的任务驱动,特别是以良好的姿态在全班面前展示研究成果,可让学生实实在在地将人生规划与社会实践结合起来,开展有针对性的社会调查、资料研读、提炼观点、寻找论据……于是,他们就能得到真实成长,而不会在流于形式或机械应付中浪费精力。据此,活动的主题就定为"人生规划教育",而其方式就是通过研究性学习开展班级主题活动。

2. 界定发展问题

从项目管理的角度来说,在选择主题的同时,也会同时考虑实施项目所需的条件、进程和最终达成的目标。就班级活动来说,这就是在初步界定通过活动来解决的学生发展问题。在本项目群中,力图解决的发展问题可以表述为下表。

表 7-2

系列主题活动"人生规划教育"中的发展问题

发展基础 (现实状态)	发展过程 (现实与理想之间的差距)	发展目标 (理想状态)
1. 进入高中,需要考虑未来的人生规划,特别是专业选择; 2. 学生可以通过研究性学习来主动探究相关问题; 3. 全班同学可在此基础上通力合作,共同完成班级主题活动。	1. 小组合作,开展专题研究; 2. 全班合作,开展主题活动。	通过一系列的专题研究,了解未来可能面对的生活内容,对人生规划有初步的设想。

从一般的班级管理项目来说,需要注意:发展问题要有代表性,最好能够让所有的班级成员受益。就现实情形而言,可以在某个项目中重点关注一类学生的某个发展问题,而在分配项目中的不同任务时让更多学生通过不同角色来参与活动并因此受益,也可以进而考虑通过系列项目来先后关注不同学生的更多发展问题。换言之,如何界定发展问题,需要教师用专业智慧来对班内学生本阶段的发展需要作出判断并据此作出选择。

3. 选择预期成果

就教育活动项目来说,项目成果至少可从人的发展、事的成功、作品的形成三个方面来考虑。在本案例中,每个学生通过参与小组合作、全班交流而思考人生规划,顺利推进每个活动项目之中的系列"小活动"——推进各个课题的研究,整理相应的研究资料并向全班同学汇报交流,这些成果足以让每个班级成员都有明确的努力方向。

二、设计活动方案

从教育管理学的角度来看,班级活动首先要体现教育价值,即让班级成员通过项目运行过程而获得真实的成长,而不是为了完成外来的任务并在完成任务之后得到回报;同时,对于班级成员来说,时间、精力、通过活动搜集整理的资料等,都是"稀缺资源",需要考虑用优化资源配置方式、利用方式和创生方式,提高活动成效。为此,可立足教育活动的专业特性,合理使用项目管理的方法来策划活动方案。具体来说,此时可重点关注如下几个方面。

1. 设计活动结构

这相当于项目管理中的分解项目任务。让一个教育组织通过共同开展活动(实施项目或项目群)而产生实效,就需要精心设计其中的活动结构(任务结构)。其中,为了让活动不流于形式,也不仅仅限于教师行动或部分学生的参与,而是让所有学生都有效参与,就需要站在学生的角度考虑活动内容和分工责任。

就这里讨论的系列主题活动来说,经过更为系统的调研,师生选择了十个子课题;每个小组合作开展一个课题的研究,然后通过一个班会向全班汇报研究成果。在这里,系列主题活动被落实为十个"大项目"(或者是说以"人生规划教育"为名称的研究性学习课程中的十个单元或十个专题),而每个主题班会就是每个"大项目"中最为核心的"小活动"——换言之,以每个核心"小活动"为标志的每项课题研究就被拓展为一个"大项目";至于每个"大项目"内部更为详细的活动设计和分工安排,就由每个小组自己负主要责任,教师和其他同学为此提供必要的支持。

系列主题活动"人生规划教育"中的十个子课题

(1) 我的理想,我的梦——目标与人生;

(2) 师兄师姐访谈——借鉴人生;

(3) 学会生存——生活与人生;

(4) 学会学习,学会创造——知识、能力与人生;

(5) 学会关心,学会负责——爱心、责任与人生;

(6) 学会合作——人际关系与人生;

(7) 习惯决定命运——习惯与人生;

(8) 心理素质与心理调整——心态与人生;

(9) 意志力、自律与人生;

(10) 恋爱、婚姻与人生。

教师笔记
7-1

---

2. 协调活动主体

让班级层面的活动项目落实为各个具体任务,需要综合协调各个层面的活动主体。就这个系列活动项目来说,他们的做法是:全班 51 名学生分成 10 个研究学习小组,每个小组承担其中一个子课题。首先,选出组长。让有上进心、竞争意识强、工作能力强、有一定威信的同学担任每个小组的组长。其次,合理分组。他们考虑到三个原则:男女搭配,能力强弱搭配,性格特征(内向/外向)搭配;这样,不仅"干活不累",而且可让每个同学都发挥自己的优势并相互合作。再次,竞投课题。十个子课题一起发布,各组成员尽快讨论竞投哪一个,先投先得;很快,课题被一下抢光。这个过程不仅加深了小组成员之间的团结,而且由于课题是通过竞争才得到的,所以每个小组对自己的课题都十分珍惜。

3. 商定活动进程

每个小组开展课题研究之后需要通过一次主题班会向全班交流;因此,大家就通过安排十个主题班会的次序来商定整个系列活动的推进过程。经过讨论,大家认为这十个课题相对比较独立,所以决定哪个小组先出成果,哪个小组就先上;考虑到既要研究得比较深入,又不影响正常的上课和学习,所以将汇报时间安排在第二学期;同时,鉴于学校也会部署一些其他活动,所以汇报成果的主题班会就每隔一周举行一次(提前两周申报)。

三、开展项目行动

对于班级管理来说,活动目标的选择、项目方案的设计固然应该在行动之前就有准备,但在实践中往往需要根据实际情况、特别是在活动中由学生创生的新资源来灵活协调,而不宜过于机械地执行预定的方案。在具体的项目行动中,需要重点关注如下几个方面。

1. 整合项目资源

从持续推进项目、逐步取得更好实效的角度来看,需要在开始行动之时就整合各方面的资源,并在后续行动中相机灵活调整、开发资源。在"人生规划教育"这个系列活动中,项目资源的整合具体表现为:其一,从活动主体的角度来看,用教师资源激活学生资源,通过团队合作开发个体资源。其中,教师对第一个汇报研究成果的小组给予最多的指点和帮助,因为他们的成功会给其他组带来示范和启发,同时他们也可在后续活动中协助指导其他同学。于是,从课题研究中的问题表述、调研工具设计到开展调研时相互协调、合理分配工作,从调动团队成员积极性、激发创意到分析数据、形成汇报成果,大家相互启发、力争优先,教育资源就持续不断地涌现出来。其二,从资源来源的角度来看,通过人生规划课题研究融通社会调研与课程学习,用获取的资源来激发学生创生新的资源。在这个过程中,全班同学相互激励、相互支持、相互启发,他们在小组内部探讨定期举行小组研讨会(包括通过 QQ 群沟通),最后提炼主要观点、系统整理材料、撰写汇报文本、制作演示文稿……很多同学从腼腆羞涩到落落大方、从殚精竭虑到文思泉涌。于是,他们自己创生的资源就成为项目资源的主体部分,让整个系列活动在一次次主题班会中达到一个个新的高度。

2. 协调项目进度

就班级活动来说,项目进度的协调可从两个层次切入。首先,在系列项目(或项目群)层面协调较长时间段内先后推进的各项活动;其次,协调每个项目之中不同主体的活动和不同时间节点的进度。在"人生规划教育"这个系列活动中,教师和班委主要负责第一个层次的协调,而每个小组在承担具体的课题研究时就要内部协调每个项目的具体进程。例如,有的小组像企业里的项目团队一样"列好表格分配工作"以便使之更细致、更合理,进而及时交流搜集到的资料、相互倾听各自的想法。在这里,学生个体和团队的自主组织能力是确保每个项目和系列项目(项目群)取得更理想效果的关键。

"学习与人生"小组的研究过程

确定了课题后,我们开始收集资料。作为组长,我一开始觉得工作没头绪,要上网去收集,还要从书上去收集,而且还不知道看什么书。老师说:"你们要分工合作。"这真是一语惊醒梦中人! 那么,如何分工合作?

我想了一个办法,根据每个组员的个性和特长来分配工作,让心思细腻的女孩上网收集资料,让比较能静下心来看书的吴同学去看相关书籍,提炼比较有新意的观点。就这样,我们根据资料选好了两个研究方向:一个是"学习的影响",另一个是"长期学习之后成功/失败的原因"。

后来,在跟老师的沟通中,我提到了一个问题:为什么现在的学生总是说"现今的教育制度不好,所以他们成绩不好,他们无心读书"? 在交流中,老师建议我们在研究过程中认真探讨一下这种教育制度有什么可取之处。于是,我们就增加了第三个方向——"现今的教育可以培养我们的什么能力?"

接着,我们根据这三个研究方向,设计调查问卷,向全校高一、高二学生发放问卷,回收后由电脑水平较高的贺同学分析、统计数据。

得到结果后,我们从收集到的相关资料中找出与我们研究方向相关的内容,结合研究数据和我们的观点重新整理成一篇研究性学习报告。此时,我们真切地体会到语文学科真是基础中的基础,要把想说的话表达清楚、有说服力,可真不容易。

---

3. 完成核心任务

在班级主题活动项目中,最为核心的任务或"小活动"就是主题班会,这是因为它能让前后开展的各项具体活动贯通起来,通过现场交流而达到每个项目的高潮。就本处讨论的以"人生规划教育"为主题的系列活动项目来说,先后举行的每个主题班会就属于每个项目中的核心任务(即每个"大项目"中的核心"小活动")。显然,在每次主题班会前后,各个小组内部会开展很多的相关活动,班级层面也会有协调、推进等活动;其中,每次主题班会是顺利完成前期活动、展开后期活动的核心标志,需要用心组织学生(包括培养主持人)、共同制定的活动方案,主动搜集整理资料、开发资源或排练节目,以便顺利完成。

教师笔记 7-2

全体组员都当班会主持人

在选择主持人方面,同学们和老师交流了几次意见。最初的想法是从每个小组选 2—3 人。本来每个小组的人就只有 5—6 人,那么谁不上呢? 当组长咨询组员的时候,没有人愿意不上,谁都想利用这次机会当当主持人,每个人都不愿意失去这个难得的锻炼机会。商量来商量去,最后决定每个小组的所有成员都上台当主持人。

有些内向的同学一上场就脸红,声音小,台下的同学听不清,但台下的学生都很会配合,因为他们知道如果是自己站在那个位置上也好不到哪里去。台下的学生都一起为这些内向的主持人鼓掌、为他们加油,鼓励他们坚持到最后。

到了最后这些主持人脸不红了,声音也变大了。活动完成后,这些主持人都十分激动,他们体会到:战胜自己的感觉真好!

四、生成活动成果

既然班级管理中的每个项目都承担着教育使命,当然就应着力开发其教育价值。在这方面,培养学生通过活动生成各种项目成果,是一个有效的努力方向。为此,可以作出多方面的尝试。

1. 提炼成长体验

从开始构想活动主题、辨析发展问题、设计活动方案到一步步推进各项活动,学生都会在真实的投入中生成真实的体验;如果能及时引导学生将这些成长体验提炼表达出来,这就是很有价值的项目成果。

学生作品 7-2

探索规划我的人生

我们小组的研究性课题名为"学习与人生"。在我看来,我们一生中有一段重要时光在校园里度过,研究"学习与人生"就是研究学习对人生的影响。

在这次课题研究中,我确立了自己的人生目标,制订了我的人生计划,争取使我的人生在不断学习中朝着我希望的方向发展。学无止境,我必须要有终身学习的观念和目标;除了学习课本知识,更要学习如何待人、处事,如何调节自己的心理,正如其他小组所研究的那样。

我还发现:每一个课题小组的研究成果都很值得我们学习。其中,给我最深印象的是"心态与人生"这个课题。它使我真正认识到:每一个人都有可能遇到各种心理问题;我们要学会自我调节,学会放松,以一颗平常心去对待一切,乐观积极面对一切,人生才会更精彩。总之,只有在生活中不断汲取智慧,人生才有可能充实而有意义。

2. 讲述发展故事

在提炼成长体验的同时,学生个体、小组和全班的发展历程也可以被整理成发展故事。这样的发展故事,重在陈述成长历程中经历的探索,特别是主动探究问题、辨析相关因素并形成新的思考、作出新的选择的具体情节。这对当事人来说是一种回顾与体会,对所有同学来说也是身边最好的教育资源。

小组合作开展课题研究的经历

经历了将近一年的课题研究终于落下帷幕,但这种经历却仍清晰地印在脑海里,相信永远不会淡忘。这一年,我感触颇深。首先它充满新奇,需要我们不断探索;其次它培养了我们的社会实践能力,让我们长了见识。我还战胜了自己,大胆地站在讲台上,过了一把主持瘾。

由于是第一次参与这样的活动,我们历经艰辛才完成了研究。在活动期间,我发现单凭一个人是很难完成这个课题的,这需要一个团队共同协作、明确分工。我觉得我们的课题在调查方面做得比较好,我们的随机抽样有广泛性,并且对数据进行了系统的分析,然后从中提炼出了一些有规律性的观点。但是,也有不足。我们一度意见分歧严重,默契度也不够。不过,我们后来克服了困难。组长及时调整策略,针对每个人的特点重新分工;当有不同意见时,我们学会了坐下来交流、沟通。最终我们总算胜利完成任务。

看了其他小组的成果,我觉得还有很多方面值得我们借鉴。他们有些研究得更加深入和透彻,有些能够很好地展示自己的研究成果,主题班会上的表现更精彩。

总的来说,这次活动是很有价值的,为我将来走向社会做了良好的铺垫。如果下次可以再参加这类活动,我相信我一定能够做得更好。

---

3. 撰写活动案例

从教育管理学的角度来看,在成功开展班级活动的基础上开发出典型的活动案例,可以及时深度开发活动的育人价值,彰显其教育内涵,甚至成为班级或个人发展历程中具有标志性的关键事件。从发展主体的角度来看,这类案例所描述的内容可以是个人、小组、班级等不同层面的活动;从活动过程的角度来看,案例可以描述持续较短时间的成长历程,也可以是一天、一周、一月、一个学期甚至一年的活动。

"意志力、自律与人生"研究小组的经历

在课题研究中,我们最大的收获不仅有对自律、意志力与人生的感悟,还有学会如何去跟别人合作与交流,学会如何去克服困难和战胜自己。

　　开始的时候，我们在团队成员的交流方式上碰到很大的困难。归纳起来，主要有以下几点：①在研究性学习的过程中，组员之间缺少互动，缺少观点知识的交流，做得比较生硬；②个别组员的积极性不高；③工作分配不均匀；④并没有真正地去深入探讨课题的内容和范围。针对这些困难，我们努力改进。①多开点小组会议，每一次会议都有一个讨论题目，并要求讨论出结果；②设置一些有趣的项目；③工作分配更细致，更平均，列好表格分配；④尽力做到深入探讨。

　　随后，我们发现：超越分歧，达成共识，才能分工合作。每个人对这个课题都有自己的想法，不尽相同，但我们最后达成一个共识——肯定意志力与自律对人生有很大影响，甚至会改变人生的方向。在这个共识上，我们开始分头找资料：首先按照自己的观点找，然后再沟通交流；等后面形成一些研究结论之后，女同学负责撰写论文初稿与演讲稿，男同学负责制作PPT。明确了分工与合作的步骤，大家都很满意，积极性也提高了。

　　接下来，沟通交流成为新的难题。在各自搜集资料后，我们约好周末同一个时间大家一起在网上交流意见与想法。我们以为这应该像平时周末在班级QQ群交流一样；没想到，真正实施的时候，大家感觉到每个人对课题的理解不是只言片语就可以讲清楚的，对着电脑半天"打"不清楚自己想表达的意思，真是"有口难言"啊！最后，我们只好放弃这种方式，而改为尽量利用课余时间面对面开小组会议，并明确每次会议都有一个讨论题目，要求讨论出结果，还要将每次交流记录总结成一张"感想大记录"在PPT中展示。

　　最后就是在主题班会上展示成果。在全班同学的掌声中，我们上台了。我们都很紧张，腿在发抖，声音不仅小还有颤音。好在台下的同学一点都没有不耐烦，他们在安静地听着我们讲，有时还给我们鼓掌。这给了我们勇气，我们就让嗓门尽量大一点、再大一点，让自己的表情自然点、再自然点。终于，45分钟过去了，我们的任务也完成了。在这之前，我们组没有人做过主持人，但这一次我们战胜了胆怯。虽然我们的表现不够完美，但是我们很自豪。

五、提升活动价值

　　经过前面的持续推进，每个项目得以在探索中有效实施，同学们在此过程中有了很多收获。在此基础上，如果将其放在学生和班级长远发展的格局之中来考虑，还可以通过提炼、分享其中的成长体验或典型事例，进一步提升活动的教育价值，从而为后续发展创造更高的新起点。这种努力可以落实在学生发展和教师发展两个方面。

　　1. 推动学生发展

　　学生在活动过程中逐步积累的诸多成果，包括系列研究报告和相关资料、每个同学或小组从不同角度撰写的成长故事和体验，都可在系统整理和回味中得到进一步的鉴赏，从而生成更高的教育价值。例如，下面这篇研究体会，就可以启发大家在后续的班级生活中继续努力前行。

学生作品
7-5

研究"学习与人生规划"得到的体会

我们处于高中,两年半后就要面临一个人生的转折点,而这时候我们需要有一个可供参考的人生规划。

这个规划从哪里来呢? 对,就是学习。在过去近十年的教育中,我们应该可以发现自己的闪光点和兴趣,这可以启发我们寻找未来的目标和路径。

我们的调查报告表明:五成以上的同学现在的学习是为日后的工作作准备。这一半以上的同学似乎是已经有了自己的人生目标。在我看来,每个人都应有三个目标,一个是长期的,是需要一生为之奋斗的;一个是中期的,这就是高考想考得怎么样;还有一个是短期的,就是为了长期和中期目标而在每天付出的努力。

当然,这些目标并不是不变的;不过,它们可以让我们在学习的过程中不断地发掘自己的潜力,推动我们不断前进。其中,长期目标最重要。这个值得一生努力实现的目标,一定可以给人带来动力,让人一想到就有前进的愿望,去达成每个短期目标、实现中期目标。也可以说,长期目标就是我们人生价值的体现。

2. 促进教师发展

历经一个项目从最初萌生创意到开始系统构想,从一个人的努力到发动学生一起探索,从整体部署和在开始阶段重点指导到随后看着学生相互启发、互相支持而最终完成一个个任务,取得一项项成果,作为班主任是肯定很有成就感的。在此基础上,对自己的创意、管理方式、指导方式的总结与反思,可以促使教师在专业探索上收获更多专业智慧,并为后续的工作提供更好的借鉴。

例如,在上述系列主题活动中,班主任邓老师就看到:一方面,这"大大减轻了班主任的工作量,大大提高了教育效果和效率";另一方面,这项活动带来了更好的学生发展成效——培养学生自主活动的能力,形成班级愿景,激发了班级发展的内在动力,同时对学生的自我意识发展起到很好促进作用,确实提升了学生精神生活质量。(三年后,参与人生规划课题研究的学生绝大部分都考到了自己理想的大学,并且在志愿填报的时候寻求老师帮助的学生少了很多,因为他们在高一的时候就有了自己的目标。)这些经验和成效,毫无疑问有助于提高教师的专业智慧,对专业发展之路更有信心;用邓老师自己的话来说,"用智慧激发智慧,鱼和熊掌可以兼得"。

第四节　班级管理工作的反馈

教育事业需要用专业智慧来经营。其中,及时了解策划和实施的教育活动的进展,并根据这些反馈回来的信息调整工作思路,应当成为新时代的智慧型教师所用的研究性工作方式的有机组成部分。应该注意:此处发挥"反馈"作用的评价,不同于通常所理解的起着"汇报"或"报告"作用的评价。它们之间的关键区别在于是否让师生发挥了主体作用,而不仅仅是被评的对象。起着"反馈"作用的评价,至少有三个特点:其一,评价对象不仅有学生个体,也有学生群体;其二,评价的指向不仅在于给出一个结果,还在于通过评价过程促进学生个体和群体的反思;其三,评价结束后,评价结果成为学生成长过程中的一个标志,在学生的后续发展中发挥着更多启发作用,以便促使学生更加自觉地主动拓展发展领域、提升发展境界。为此,这样的评价不仅仅是呈现结果,更是评判发展中的进步和还需要努力的方向;不仅仅对照一定标准指出学生的不足,更是充满希望地启发学生看到新的发展空间。简单地说,对学生的评价可以发挥更多教育作用;它应该属于发展性评价,而不是终结性评价。

实际上,正如我们在第二章论述教育思路时所说,这体现了班级管理之不同于学科教学之处、体现了班级管理促进学生发展的独到优势。学生个体的学习活动、学生小组的合作活动、班级整体的主题活动,都可以由师生共同评价其成效,并最终落实到学生的自主评价之中。其中,具体的评价内容可以根据班级发展不同阶段的实际情况而有所调整。不过,一般来说,大致可以分成三个方面:(1)人,即活动主体,包括学生个体、小组、班级,还可以包括班级教师团队的成员;(2)事,即活动本身,包括活动的策划、组织、实施和反思的成效;(3)作品,即活动中产生的各种作品,如周记、相声、小品、自编歌词、演讲词、班报、网页等。

在班级管理这项综合性的教育活动中,可以考虑微观、中观和宏观这三个层次的反馈机制,进而采用相应的操作技法来逐步落实具体的信息反馈工作,从而将"评价反馈"内置于学生发展和开展活动的进程之中,在班级生活中建立一种内生活力的"自组织"机制。在这里,"微观反馈"是以个体为单位或以短期行动为单位作出的评价,可让教师和学生及时了解相关信息以便作出相应的调整——事实上,有效的微观反馈机制是主体生命充满活力的标志之一,这可以让其自主意识更为灵敏、自主选择更为明智。当然,从班级管理和学生长远发展的角度来看,仅有微观反馈是不够的,甚至是有害的,因为这也可能让主体的生命变得琐碎,精于算计或者敏于达到别人规定的标志;因此,需要将微观反馈机制纳入到更高层次的中观和宏观层面。相比之下,"中观反馈"是以群体为单位或以一个工作项目为单位的反馈,"宏观反馈"是以班级为单位或系列项目为单位(持续几月或一个学期以上)作出的反馈。据此看来,中观反馈和宏观反馈所要评价的人、事、作品就有不同的思考单位:或者是更长时段的人的发展,或者是持续更久的活动成效,或者是更能彰显长期发展成效的作品或成果,它们可用来促使主体考虑更长时段的教育活动及其成效,进而在新的战略发展格局中迈出更为豪迈的步伐。

一、活用微观反馈

就班级管理来说,最基础的反馈机制就是微观反馈,因为它能让师生及时了解相关信息并作出调整。从实践的角度来看,这可从如下三个方面着手。

1. 评价个体成长

与"开发班级工作岗位"(见第一节"班级管理工作的策划")相配套,在班级生活中,有必要定期或不定期地对学生在各种岗位上履行职责的情况进行评议,从而让学生对自己在群体交往或集体生活中的角色表现有更清醒的认识,对自己可以发挥的积极作用产生更好的期待和策划。

案例 7 - 10

交流岗位上的体验

　　有的班级在民主生活会上,让学生交流工作的苦与乐,就可以进一步升华岗位的教育价值。

　　在"诉说岗位苦"时,有的"导读员"委屈地说:"我早晨来到教室时,已经有一些同学到班,但是他们没有马上读书,而是闲着没事干,浪费了早晨宝贵的时间。我提醒他们回到自己的位置读书,可有的还和我顶嘴。"有的卫生员说:"打扫包干区时,有的同学拿着扫把挥动着,没有认真打扫,我叫他赶快扫,他还说不要我管。"另一方面,面对班干部的诉苦,其他同学也有话说:"他态度不好,我才不听他的。"

　　在"笑谈岗位乐"时,"课前小老师"说:"以前我胆子小,声音小,担任了这个工作后,我觉得课前五分钟不再是无所谓了,可以用来和大家共同学习积累好词、佳句,积累名人名言,积累历史知识。我的胆子大了,知道当好岗位负责人的责任重大,但很有意义,自我感觉良好。妈妈夸我有出息了。我感谢老师和同学给我锻炼的机会。"

　　以此为基础,更深入的沟通、改进,也就有可能展开了。

　　资料来源:林晓斌、高玉华:《落实"岗位"的育人价值》,载于杨小微、李家成主编:《"新基础教育"发展性研究专题论文·案例集(上)——学校管理·班级建设》,中国轻工业出版社 2004 年版,第 223—224 页。

2. 评价事务成效

　　班级生活本来就是"没事找事",即通过主动提出发展要求、开展教育活动而引导学生主动发展,而这主要就是通过具体的事务(包括课堂教学中的每次互动交流)来实现的。从班级管理的角度来说,如果能让学生及时评价自己办理的事务或开展的活动,可以培养他们更为自觉、更为良好的行为习惯,学会自主反思行为过程、自觉优化行为系统。在班级组建初期或新学期开始时,有的班级让学生分组对照事务,有的专门设立值日班长来开展每日的自主评估(见案例 7 - 11),就属于这类尝试。需要补充说明的是:为防止类似的对照检查、自主评估通过"扣分加分"等方式演变成一种机械服从或麻木跟随的状态,需要在班级事务达到基本要求之后进一步改进评价机制,如整合部分事项、使之成为一个行为系统而非多个单项琐碎的具体行为,在大部分同学都达到更高水平后取消部分评价指标或者将其纳入行为系统评价之中而不必单列。这可以引导学生追求更高境界的发展目标,开展意境更为开阔的发展活动。

设立值日班长制和值周班长制

值日班长由全班同学轮流担任,目的是培养每位学生的工作能力、组织能力和表达能力,使学生的综合素质得到全面发展。值日班长的职责是负责一天的班务活动:(1)督促同学们早上按时起床做早操和上午的课间操;(2)检查穿校服、佩戴胸卡、教室卫生的情况;(3)负责早读、自习课、晚修的考勤和纪律;(4)检查宿舍的纪律和卫生情况;(5)每天晚修后向全班同学汇报一天的工作小结,同时演讲或朗读5—10分钟(才艺展示)。

值周班长是由常任班委轮流担任,职责是协助值日班长做好每天的工作,并总结一周的各方面情况,主持每周的班会课,表扬同学好的方面,指出存在的问题。

作者系海南省海口市海南中学王春梅,2004年。

3. 鉴赏作品内涵

在班级生活中,学生每天提交的作业属于他们的作品;类似地,他们在各种班级活动中生成的作品还有很多,如为实施某个项目而主动搜集、整理的资料,写出的调研报告,排练的节目,记录的活动体验或日记周记中写下的故事和心得体会⋯⋯这些作品往往在班级发展的具体项目之中发挥着不同的作用。如果能够组织学生相机鉴赏这些作品的内涵,提出改进建议,可以加强学生之间的相互交流与合作,用创造性的智慧参与每个项目的策划与实施,为创造更有文化品位的班级生活作出贡献。

其中,可以用策划主题班会的机会,组织学生借此辨析发展需要。例如,通过确立主题、策划节目、撰写相关稿件(包括周记中的反思以及演讲稿和相声、剧本、主持人串词)等,促使学生辨析相关内容的适切性,而非满足于搜集通用于所有年级、所有班级的资料,更非据此策划并举行一个缺乏真实意义的平庸班会。这个过程可以激发同学们的自主意识,学会用心体会自己的发展状态、倾听内心的声音、展望独特的前景、作出有主见的判断与选择,而不是说着连自己都未必理解、更未必相信的套话、空话。通过每一次这样的班级活动,学生就更有可能学会辨析自己的发展需要,掌握自己的发展主动权。

让周记成为师生沟通的有效方式

参与建设"民主型班级"的课题后,胡老师开始不满足于仅仅完成学校布置的任务,而是希望能让学生在丰富多彩的班级活动中有独立思考、相互交流的机会,让思维激情撞击,碰出思想的火花,提升学生的生活质量。其中,周记发挥了很好的沟通思想的作用,包括促进师生交流。这具体落实在三个方面。

（1）选择周记内容。可以采用自由命题，谈任何想谈的事，不论事情大小，不论是自己还是他人，但应该侧重身边人、身边事；也可以采用班主任命题。进一步，可把周记分成几大类：①建议类。一般在班级准备开展活动时，向同学们征求意见。例如：在举行班干部选举之前，让同学们写写当选班干部的条件，谈谈自己/他人能够当选哪个职位；在召开班会前，通过周记征求活动主题、活动方式、相关看法等。②反思类。在期中、期末考试后，同学们在周记中对自己最近的学习态度、方法、效果作一次反思、总结，引导学生辨析各种发展因素、主动寻找发展资源、努力开拓新的发展方向。③谈心类。针对班级最近一段时间出现的状况，让同学们大胆谈出自己的看法。如谈谈我的同桌、说说对调课的看法等。

（2）商定写作要求。要以坦诚认真的态度写好每次周记。一般是夹叙夹议，字数不限，有话则长，无话则短，要谈事情，更重要的是发表自己的看法和感想，追求个性的充分舒展，性情的充分张扬。这样，老师便可了解学生近期的情绪变化和思想动态，掌握学生的真情实感，通过翻阅周记及时发现学生的喜怒哀乐等各种情绪，并随时通过评语和他们作情感与思想上的沟通，开启心灵之门。

（3）认真批阅周记。及时答复学生的疑问，至于究竟是公开答复还是单独答复则视情况而定。同时，要注意为学生严守秘密。起初不少学生对此心存顾虑，生怕老师看后对自己的内心世界产生看法或偏见，但老师对于每一位学生的每一篇周记，无论他/她写得如何，都给予评语和答复；学生们见到周记中善意的批评、积极的肯定、适时的鼓励和引导式的点拨，信任便随之而生，每一位同学都能感受到老师的真诚，渐渐愿意敞开心扉。

经过一个学期的努力，周记产生了很好的教育效果。这包括引导学生形成良好的学习习惯、行为规范，协调好与同伴的关系，建立教师"良师益友"的形象，落实同学的"主人翁"地位，培养学生全面分析问题的能力。

资料来源：陆桂英：《建设民主集体，共创阳光人生》，华东师范大学出版社2007年版，第27—28页。作者系上海市曹杨第二中学附属学校胡晔红。

二、建立中观反馈

中观反馈主要是针对学生群体发展或班级工作项目（特别是主题活动项目）而开展的评估。这可以让上面所说的微观反馈产生更大的价值，同时也为宏观反馈奠定基础。

1. 评估群体发展

在个体与班级之间，存在着不同形式的群体，包括正式群体（如小组、班委会）和非正式群体（如自由组合的兴趣小组）。个体在这些群体中的交往是"生生交往"的重要部分，其中的教育价值需要持续用心开发。为此，在合适的时候，针对群体的发展状况组织评估活动，可让同学们看到大家一起前进的步伐和新的努力方向。

案例 7-13

新班委会工作情况评议[①]

　　在改选了班干部之后的三个月内,一个实验班的同学们对新班委会的工作状况进行了评议。就班级精神面貌而言,他们看到:(1)班委表现出较强的责任心,开始做到自主管理。当老师不在班级时,他们能及时制止自习时的吵闹等不良现象,班级纪律变得好多了。当同学犯了错误时,"新班委成员不像以前那样报告老师,而是出面跟他沟通。如果告诉老师,想必事情会闹得很大,而且同学与新班委之间也会有摩擦"。(2)一些干部能以身作则,因此能带动更多同学为班级做事,包括更为积极地参与班级劳动。同时,在工作中,新班委的工作能力也得到锻炼和提高。

　　不过,同学们也反映,新班委会"一开始冲劲很足,但后来就不能持之以恒了"。其中,对副班长意见最大,因为他在上课时"一直讲话",有人甚至提出把他换下来。综合起来看,他们期待新班委会在一些方面继续改进。(1)新班委会工作效率不够高,好像总是有计划、无行动。有时老师布置下来的事,没有及时落实。更明显的是,竞选时提出的"管理网",一直未得到实施。出黑板报每次都要弄到 6 点多甚至更晚。自习课上,好几个班委一起管纪律,其实只需一个就够了。(2)有些班委没有尽职。他们不仅没有表现出明显的服务同学的意识,反而变得骄傲;有时甚至"乱用私刑,报复别人"。有时班上出现一些不良现象(如个别男同学欺负弱小的女同学、同学之间互抄作业),班委也视而不见。因此,学习纪律后来有些松懈。(3)课外活动不够丰富。有一名学生拿其表弟所在班级(在另一所学校的初一年级)的情况进行比较。在那个班,"暑假,老师以及许多同学一起组织学自行车,而会骑的人就教其他不会的同学;或者一起去游泳、溜冰、郊游。这样一来,师生之间的感情便会加强,可以使学生从中学到许多,培养兴趣爱好,男生不会整天沉迷于游戏,女生也不会整天上网、追星。……活动中的经验和教训,会促使同学们思考,互相帮助,班级自然就会存在温暖"。

　　这样的评议,对于这一届班委会来说,起着很好的督促作用。对于后面再次举行的班委会改选来说,也发挥了很好的启发作用。这使得班级的管理制度得以逐步理顺,班级精神面貌也越来越充满朝气。

2. 评估项目成效

　　班级生活中各种工作项目(包括常规项目、活动项目、文化项目),是组织学生参与班级发展的重要平台。随着各种项目的策划和实施,有必要在合适的时候(特别是在项目完成之时)组织学生评估项目成效,进一步激发学生的主动发展的意识,培养他们主动策划和实施活动的能力,而不是重复着由成人预定目标和路径、由他人控制活动与发展的传统道路。事实上,评价是对活动过程与活动结果的一个判断。全面的评价不仅能让学生了解活动在多大程度上实现了预定目标,而且能解释成效不足的原因。如果

---

① 取自本书作者亲自参与一个实验班的研究时所写的案例《班干部改选的前前后后》,2002 年。

形成了评价的习惯,这可以起到监督和控制活动进程的作用,还可以促进教师和学生一起合作改进班级生活;同时,评价本身其实也是一种教育活动,学生的知识、能力也会由此获得长进,甚至在用心感悟中出现飞跃式的发展。简而言之,如同学科教学中的教学评价,评价有利于使班级活动成为一个及时得到反馈调节的"自组织系统",使项目成效越来越接近预期的目标。

评价班级活动的成效

首先,多正面性评价。评价的主要内容是表扬大多数;对学生个体,则主要是"奖其一点,不计其余"(对于个别问题则开展个别教育)。为此,逐步丰富班内评价,从关注"少数""固定"的评价对象变为关注对"大多数"同学的评价和"动态"的评价。例如,在每个阶段推出各个方面、各种活动中表现优异的"小明星",让全体学生都能体会到受尊重、被认可的快乐,使全体学生形成自信、乐观、向上的健康人格。

其次,注重评价的及时性和有效性。在整个活动的筹备、开展、进行、反思等活动中及时评价,发现学生的闪光点,快速弘扬学生的优秀之处和进步之处。其中,在活动过程中开展小组层面的组员互评与自评,通过评价来取长补短。

再次,注重评价主体的多边互动。由班主任和班干部评价学生的单向评价模式,逐步转变成多维度的师生互评、学生干部与学生互评、学生与学生互评、个体与群体互评的评价模式。鼓励活动中涌现出来的金点子、好方案、好内容,多肯定被评价者的优点、良好个性、特长;于是,互相激励、互相欣赏、团结宽容、礼貌和谐的风气在班内蔚然形成。

最后,注重社会评价和专家评价。接受采访的环保局、交通局等主管部门的工作人员高度评价了学生开展社会调查和撰写报告、展示交流等做法,认为有利于在公共事业领域促进和谐社会建设。参与活动的专家和其他教师也高兴地看到:班主任和学生在心灵上产生了共鸣,让他们也受到了强烈的心灵震撼;班主任流下的激动、欣慰的眼泪,也使每一位参与观摩活动的老师受到一次生命的洗礼。

资料来源:杨小微、李家成:《"新基础教育"发展性研究专题论文·案例集(上)——学校管理·班级建设》,中国轻工业出版社 2004 年版,第 240—241 页。作者系上海市崇明县实验中学黄晓雁。

---

3. 欣赏合作成果

班级活动项目中不断生成的成果,许多都是同学们合作而成的。这包括先后更新的活动策划方案、围绕活动开展调研的方案和报告、搜集并整理成文的资料、排练的相声小品等节目,还包括通过活动生成的成长故事、发展案例、活动案例等成果。如果能结合项目成效的评估,同时欣赏这些合作成果,可以让同学们感受到合作带来的更多成效,增强班级归属感,有利于进一步开展更多有价值的活动。

三、健全宏观反馈

宏观反馈是以班级为单位或以系列项目为单位(持续几月或一个学期以上)作出的反馈。这可以让师生对一个班级的整体发展情况、特别是较长时间段的班级生活品质形成一个系统的认识,从而更为全面地看到一个阶段的进步,为谋划后续发展提供参照。

1. 评议班级发展

建设"民主型班级",最为重要的是让学生主动策划并实施发展思路;与此相应,在评议班级整体发展时,最为重要的就是让师生全面了解班级发展情形,反思发展成效。因此,从评价目的来看,需要突出强调"成事中成人"。具体来说,与班级管理三大领域相对应,可以重点关注三个方面的情况:(1)班级组织建设,特别是制度建设;(2)班级活动的开展,包括日常活动和主题活动;(3)班级文化建设,包括教室环境和人际关系等。这几乎涵盖了班级建设的所有事项。不过,与主要关注这些事项是否完成的评价方案不同,本书倡导的班级评价更为关注学生在活动过程中的发展,即关注"成事中成人"的机制,而不是只见"事"却不见"人"。(详见本书附录的"班级发展评价表"中的各项指标。)

在此过程中,可以逐步生成对学生个体的期末评语,用以评价学生在班级中实现的阶段性发展情况;同时,还可以组织学生在参与评价班级整体发展时了解各自的发展目标达成程度,从而将学生发展评价和班级发展评价结合起来(参阅补充材料7-10)。

补充材料 7-9

班主任怎样给学生写期末评语

随着新的教育观念深入人心,班主任给学生写的期末评语已经逐步改变了以往那种用固化标准过于严厉地要求学生,甚至夸大缺点的做法;相比之下,现在更为强调理解学生发展需要,并在此基础上进一步调动学生的主动性,开发更多教育资源,包括学生自己自觉努力创造的资源和家长阅读评语之后对学生或学校教育的理解与支持。据此,撰写期末评语时,可考虑到如下几个方面的要求。

(1)在价值取向上,重在引领发展。从教育专业角度进行的学生评价,不同于企业等社会组织中的员工评价,因为它更为关注学生的发展可能性。与此相应,期末评语应该整体反映学生在一个学期中的发展和未来的努力方向。此时,教师的智慧让仁爱之心拥有专业品质,并体现在对每个学生发展状态的真切体悟和殷切期盼之中。

(2)在评语内容中,突出阶段重点。每个学生都是独特的,评语应该体现出个性化的特征。显然,个性特征是与其所在的群体,乃至整个社会相对的;因此,可从学生的同伴交往、班级生活、各门课程的学习和参与各种社会活动等角度来描述学生发展状况。此时,应该在强调综合评价的同时突出学生在本阶段的发展重点。为此,一方面,要透过言行表现理解学生的发展需要(可参照第二章第二节对发展需要的探讨),将发展重点放在更有活力的发展方式(包括学习方式和交往方式)上,而不是发展结果或考试成绩上;另一方面,要将本阶段的发展放在更开阔的发展格局中考察,这包括放眼个体生命发展全程(包括以往学段的发展基础和后续学段与未来人生的发展需要),也包括将个体发展放在群体、班级和学校发展进程之中考察。据此,个性化的评语就有可能敞开更为开阔的发展格局、生成更为丰富的内涵。

(3) 在工作方式上,强调互动交流。评语是由教师撰写的,但其目的是促进学生发展;因此,在撰写评语的过程中,可与学生及家长有更充分的沟通,将其看作一个互动交流、激励学生主动发展的教育过程。此外,还应考虑到评语的阅读者(包括学生本人、家长、其他教师)通过评语感受到的信息,在客观评价学生的同时彰显其发展空间,让人看到更多的发展希望和更为可行的努力方向。

资料来源:魏红艳、徐国宝:《期末评语里的智慧》,《湖北教育(新班主任)》2013年第1期。

评价学生发展目标的实现程度

在前期策划班级、小组和学生个体发展时,学生可以自主确立发展目标。随着教育活动的进行,有必要及时组织学生自主评价这些发展目标的实现程度,并以此为参照辨析自己的发展状态、反思自己的发展方式、展望今后的发展方向。其中,可以尝试:

(1) 让评价主体多元化,改变过去由班主任一人说了算的做法,改用"学生自评、小组评价、班委评价、班主任及科任教师评价、家长评价"的方式。

(2) 丰富评价的内容,例如,除保留"三好学生""优秀班干部"等评价项目,还设置多种奖项,如学习、劳动、体育、宣传"积极分子","文明学生"、阶段性的"班级之星"等。

(3) 把阶段性评价与日常评价结合起来。每周通过班务会及时评价班内表现突出的学生,通过班级日志记录班内的好人好事,或指出学生中存在的不足与问题。

(4) 建立学生成长档案袋,由学生自主收集本人成长中最有代表性的各项材料,如最满意的一次作业、试卷、作品、奖品等,每学期进行一次整理,由学生保存建档,记录、反思、展望成长过程[1]。

2. 评价系列项目

参照班级发展的三大领域,可在一个学期结束时对常规项目、活动项目、文化项目进行有针对性的评价;其中,对系列化的工作项目、特别是系列化的主题活动项目,应予

[1] 参阅福建省南安市国光初级中学陈剑峰的论文《构建自主多元的学生评价机制》,2004年。

以重点关注。在这方面,可以参照第八章第一节对系列活动项目的专业特征的阐述,从系列活动主题的选择和学生发展需要的分析、活动目标的选择与教育资源的汇聚、活动内容与形式设计等方面,进行阶段性的总结。其中,如果能在一个学期结束时组织同学们回顾并反思、总结,可为后面继续探索策划和实施系列主题活动提供更好的启发、更高的起点。

3. 共创阶段新高

结合班级发展,可在逐步落实班级发展计划、开展系列活动的过程中,引领学生逐步创生本班在一个阶段内最能彰显发展高度的标志性成果。其中,在学期结束时,可结合班级发展评价,系统整理这些成果,如发展状态更好或进步更大的同学的成长故事(特别是他们在改进学习方法、提高学习效率方面的经验),通过合作取得优秀成绩的团队(包括小组、活动策划团队、文化栏目建设团队或班委会等)的活动案例,本班在年级和全校性的活动中取得的佳绩及其背后的故事,以及与这些成长故事或发展案例相应的成绩、奖项和标志性的作品……简而言之,这些成果就是共同经历而成的关键事件、重要他人和最有成就的"我"与"我们"、最能彰显生命活力的文化作品。如此梳理下来,就可让每个学期取得的重要进步成为本班发展历史上的一个关键的参照系;它既能彰显已有努力带来的成就,又能照亮后面的发展道路,成为同学们今后人生发展路上的一个参照点。

补充材料 7-11

通过综合素质评价引领学生发展

学生综合素质评价是中小学教育改革的一个组成部分,在我国已有多年探索。近年来,随着教育改革的深化、特别是与高考与中考改革配套的考试招生综合改革的推进,人们更为重视综合素质评价促进学校育人方式转变、促进学生全面而有个性的发展的作用。

在实施综合素质评价的过程中,学校为记录主体,教师指导学生收集相关活动过程及结果进行记录,包括填写自我介绍、相关学习活动的成果和作品信息、参加各项活动与测试考查的成绩等,并在学期末整理遴选材料;同时,让多元主体以不同方式参与交流和公示评价内容、特别是客观记录,从品德发展与公民素养、修习课程与学科成绩、艺术素养与社会实践等多方面提供评价信息。

在具体实践中,班主任成为组织学生搜集、整理、撰写、填报各种相关信息的重要责任人。此时,显然不能停留于形式化地推进,否则难以取得应有的效果,且易引起评价信息失真、综合评价缺乏公正性等弊端。在认真推进综合素质评价的过程中,许多优秀教师在学校的积极倡导下,进一步利用这一平台引领学生主动发展。其中,班主任可带领学生主动策划并逐步实施如下行动。

(1)将个体评价与群体活动结合。例如,遵循"组间同质、组内异质、优势互补"原则,依据学业水平、能力倾向、个性、性别等方面的差异,每班组成若干合作学习小组进行各项评价和相关资料与信息的搜集、整理、交流、评议与公示,在相互了解和欣赏的过程中促进每位同学创造更好的发展成效(成果),从而依托学生群体合作,让学生尽可能充分、真实地参与到综合素质评价的全程。以此为基础,可以协调好其他教师、学生家长等多方主体,共同推进综合素质评价。

（2）将综合评价与整体发展结合。以综合素质评价的内容为参照,引领学生提前策划自己的学习生活内容和努力方向,并将个人发展与群体活动、班级发展结合起来。以此为参照,可指导学生提前了解综合素质评价的内容与方式,参与相关评价方案及实施办法的讨论和决策。由此,综合协调不同领域的活动内容,合理利用班级、学校的特色化教育资源,有重点地凸显自己的特长,主动开展自我教育和群体合作,创生自己的优势,实现特色化的全面发展。于是,在真正做到"写实记录"或"客观记录,真实反映"时,就可更充分地彰显新的发展高度、发展成效。同时,写实记录或成长记录等资料,也可成为新的教育资源。

（3）将期末评价与平时活动结合。从班级整体发展的视野来看,通过平时的班级活动策划与实施来促进学生发展,包括开展相互交流和及时反思、改进,进而在期末或学年末的综合评价中拿出更好的成绩、作品或证据（特别是参加一些有创意的主题活动或研究性学习项目时形成的成果或作品）,这是一些优秀教师的成功经验。这可以兼顾到学生个体与班级发展、各门课程的学习和学生人格的培育,同时也有利于引导学生主动创造和利用各种资源来实现更为自豪的发展。（在这方面,本章第四节的案例可供参考。）

资料来源：邢利红：《班主任在中小学综合素质评价中的角色定位》,《思想理论教育》2013 年第 8 期；柳夕浪：《综合素质评价：怎么看,怎么办》,华东师范大学创出版社 2015 年版。

第五节　　班级管理工作的改进

这里所说的"改进",不仅是针对现存的不良问题的改变、进步,更是指在已有良好状态的基础上的自我超越,即"好上加好"地追求更高境界、实现更好的发展。此时,师生当然会在新的起点和平台上进行新的策划,进而开启新的发展旅程。如此看来,沿着"策划—组织—实施—反馈—改进"这一套工作流程而开展的班级管理工作,其实是一个整体性的工作。如果一定要把它清晰地区分为这几个环节的话,那么,它们形成的是相互渗透、周而复始,乃至持续实现螺旋式上升的过程。换言之,这也是班级生活系统自主运行的"自组织"机制的表现。

一、激发内生动力

在看似平凡的日常生活中涌现出的典型事例,往往蕴涵着丰富的内涵,包括许多值得欣赏的有价值的美。但要发现这些美,须得有专业的眼光,因为,"世界上并不缺乏美,缺乏的是发现美的眼睛"。与此同时,对这些典型事例善加利用,可以有效地促进学生向更高境界发展,让班级生活自内而外地生成更多发展动力与生命活力。这可从如下几个方面尝试。

1. 同伴相互激励

对于"民主型班级"来说,其教育思路的关键就在于"用师生交往激活学生群体交往";因此,在激发班级内生的发展动力方面,最为关键的就是激活每个学生个体所在的群体这个微观生态系统的内生活力。具体来说,在推进班级发展的时候,可将学生同伴之间的相互激励作为最为具体、最为基本的发展动力来源之一。树立学生身边的榜样、引导学生学会群体交往(包括正式群体和非正式群体内的交往),进而让每位学生都融入充满生机的班级发展生态之中,这是许多教师取得成功的关键。同时,这也是本书中的诸多案例都可体现的关键因素,因为它是我们倡导的教育思路的关键。

案例 7-15

用更好的同伴交往促进单亲家庭孩子成长

单亲家庭中的孩子往往由于缺乏家庭的管教或亲情的爱抚,容易对社会、学校产生抗拒心理,可能产生一些不良心理。①性格方面,孤僻、自卑懦弱。②学习方面,态度不积极,不愿竞争,怕吃苦。③情绪与情感方面,情绪不稳定,时常忧愁;同时,又不愿敞开心扉与他人沟通。在与他人交往中表现暴躁,让人难以接近;不愿参加集体活动,集体荣誉感较为淡薄。④意志品质方面,自我调节能力差,自觉性、自制力不强,容易违反纪律。

针对这些学生,教师自己用温暖的关怀和专业的沟通来开启他们的心扉,加强家校合作并用有针对性的专业举措来引导完善家庭教育,这些都很重要。相比之下,更值得努力的是引导这些学生融入班级,通过更好的同伴交往来开拓新的成长空间、开发新的生活内容——这些都是可让他们参与创生和利用的教育资源,特别是来自班级生活中的教育资源。

在此过程中,以密切关注他们的思想动态为前提,可分阶段培养他们良好的行为习惯(特别是与同伴交往和开展各科学习的行为习惯),引导同学们欣赏并鼓励他们养成良好品行;在此基础上,通过创设有针对性的机会、利用班级内部的评价反馈机制来促进他们主动创造更多优秀的言行表现,以真实的成长进步为客观依据,获得真切的充满自豪的成长体验。为此,可以让他们在一些岗位上承担职责(可以提供必要的培训或支持),让他们有更多的机会把个人融于集体之中,在与群体的交往中认识自我、认识他人,协调人际关系,提高适应环境的能力,养成和同伴一起创造新生活的能力。

于是,更好的同伴交往可以产生更大的作用,让这些孩子的发展不再受限于家庭环境,而是理性面对现实,热情开拓未来。

资料来源:邓仲梅:《点亮单亲家庭学生的心灯》,《新班主任》2017年第7期;章平:《关注孩子心灵的成长——对单亲家庭子女的心理引导》,《班主任之友》2004年第6期。

2. 提升发展需要

关注并逐步提升学生发展需要,及时更新发展内容,是通过班级建设引领学生发展的重要机制。因此,推进班级发展的重要着力点就在于及时敞现学生真实的发展情形,善于分析其中的发展需要,并引导学生主动拓展新的发展空间,追求新的发展高度。简而言之,以适应学生"自立"的需要为基础,引导学生逐步实现"自主"的发展需要,进而追求"自豪"的需要①。

3. 及时点拨引导

每个人的人格系统都是一个开放的复杂系统,而每个学生投入的群体和班级交往系统就是更为开放的复杂系统。在这样的发展格局中,学生的发展不可能是直线式的或单线条的塑造过程,而是一个自主探索、逐步生成更为全面、更为高雅的素养结构的过程。这样的过程,肯定会有很多复杂的情形,其中就包括历经曲折甚至遭遇挫折,也包括历经困惑、遭遇交往障碍;当然,在合适的成长生态中,这里更会有"历经风雨见彩虹"、逐步取得成功的历程。不过,既然中小学生是未成年人,他们的眼界、素养让他们未必能及时看到更为开阔、更为长远的发展格局;因此,无论是在历经困惑之时还是在初步成功之处,都需要教师用专业智慧来关照,并在需要时提供必要的点拨引导。这样的专业点化之功,既可以针对学生个体,也可以针对学生群体和班级;事实上,在班级管理之中,所有这些切入点都是相互融通的。同时,如有可能,最好与学校层面推进的学生发展指导工作结合,以便形成更好的教育合力。

二、追求更高目标

激励、点拨学生,可以有一个较为明确而可操作的方式,那就是引导学生不断树立目标,通过行动达到目标,然后在更高平台上追求新的目标,开启新的发展空间。在这方面,可以采取如下行动。

1. 相互启发支持

个体周围的同伴互帮互助、班级内的同学相互启发、通过班级内的各种活动项目相互支持,这是启发学生主动反思自己的发展现状、发展可能的重要途径。以此为基础,他们就有可能探索追求更高境界的发展目标。

2. 持续追求新高

通过群体交往来促进每个个体发展,这是通过优化发展生态来促进学生发展的根本之道。沿着这个思路,小群体内的交往、班级层面的交往,可以让学生相互激励、相互支持,进而一起努力追求新的发展高度。一位班主任看到:随着学生的成长,自我意识的增强,自我要求的提高,也出现了对他人的评价与要求。据此,班级内推出了以小组为单位的"金牌小组"评比,从小组的纪律表现、卫生工作、获奖情况、学习成绩等几方面综合评定,每月互评,最后提出希望。小组成员集体意识增强,集体荣誉感也得到培养。在日常生活中,可以看到小组成员互相督促、共同管理的现象,班级管理再也不是由班主任一人承担。对小干部的工作评价,则由同学们参与评定,定期作"批评与自我批评";这加强了小干部的义务与责任意识,使小干部队伍健康发展。②

---

① 参阅第二章第三节分析"发展问题"时对"发展需要"的阐述。
② 取自福建省南安市洪濑中心小学陈秋月的论文《丰富班内评价,把评价的责任还给每个学生》,2004年。

3. 合作探索新路

经过上述努力,在一个学期结束之时,就可以通过师生合作,总结已有的发展经验,辨析未来的发展空间,进而探索新的发展方向。此时,可以适度提出更高境界的班级发展目标,并从班级发展三大领域着手考虑新学期如何布局建设班级组织、开展班级活动、建设班级文化;其中,最好将主动开展系列主题活动作为关键的发展路径,引领全班同学一起踏上新的发展旅程。

三、更新管理方式

在及时推进班级发展到更高境界时,除了全面的分析和规划之外,一个很重要的行动就是更新管理方式。参照本书从绪论开始就阐述的核心主张,可以看到更好的管理方式可以提升教师的工作能级、学生的主动发展意识和能力。在这方面,可以进一步作出如下探索。

1. 顺势推进发展

这就是在已有的发展基础上,将最有创意的管理举措进一步往前延伸,顺利推进班级发展。此时,可以轮换班干部或其他岗位负责人甚至重组班级组织结构,也可以重点关注某个领域的制度更新,还可以策划新的工作项目……无论是分别采用不同的举措,还是综合运用各种方法,归根结底就是立足已有发展基础,努力开拓新的发展空间。

案例 7-16

改革班级管理制度,分阶段实现自主管理

在一个初中班级,师生先后探索了不同的管理制度,但其核心都是促进学生自主管理班级。

在第一阶段,采取班干部竞选制与"值日班长制"相结合,"多方位网络化"管理制度。具体做法是:①由班级学生大会采用学生自荐、集体评议、全体无记名投票方式选举班委。②由班主任推荐,结合班级选举情况,推选十二位值日班长,轮流负责班级常规管理。③丰富班级岗位,如合作学习小组长、生活指导委员等,以便在同一时间内有较多学生担任某种管理角色。④积极参加学校各种学生管理岗位的竞选,如学校大型活动的主持人、年段文明班级评比代表、宿舍舍长等。⑤班级日常管理由班委会自主负责,班级主要活动由班级骨干或学生中的积极分子倡议,自己设计,自主管理,班主任与任课教师作为指导者与协作者提供帮助。⑥每月进行一次主要班干部述职与集体评议会,对不合适的班干部进行替换。

经过上述尝试,在班主任指导下,以班委和各类积极分子为核心的班集体已经形成,学生对班级管理的认同度和参与度明显高于对比班,初步形成自我调节、自我约束能力。于是,他们的探索进入第二阶段,从初二下学期开始,逐步过渡到"学生全员参与,分小组轮换管理班级"的探索,即由学生自由结合,班主任进行协调,全班组成五个管理委员会,每月一次轮换自主管理班级。通过实施这个新的制度,学生更全面地参与班级管理,承担各种管理角色,并从中得到更多锻炼。

作者系福建省南安市国光初级中学陈剑峰,2004年。

2. 融通不同领域

在更高的发展阶段,班级发展依然有必要在三大领域继续落实,即共建班级组织、开展班级活动、同创班级文化;不过,这三大领域之间的关系也许会有所调整,其中最为理想的是主动策划和实施系列主题活动,将班级组织建设和班级文化建设之中的基础性资源汇聚到更高境界的发展主线之中。考虑到不同的班级面临的情形各有特点,如果暂时无法达到这种理想的状态,至少可以尝试将三大领域之间的工作项目相互融通。这样,可以更好地整合教育资源,提高班级管理的效率。例如,在保障班级秩序的基础上,引导班委会主动策划班级发展,将一些常规项目前后贯通,同时尽力创造具有本班文化特色的新内容;于是,以常规项目的创新为主线,班级主题活动和班级文化建设就可有更多的新探索。

3. 敞现文化活力

班级的活力,归根结底是自内而外地生成的;因此,随着班级发展到更高阶段,就有必要进一步通过民主交往、班级自治等方式进一步敞现班级的文化活力,让学生不断生成的生命智慧进入良性循环的发展之路,在主动探索中开拓新的空间。此时,可以立足已有的发展经验和成功案例,进一步畅想未来的发展思路,并为此而开展一些新的调查研究、活动策划,设计新阶段的班级发展计划。在后面两章中,我们可以看到更多相关的案例,可以见证这条希望之路是值得师生继续探索的。

本章小结

操作技法是本书主张的班级管理方法系统中最具体的方法。理解并掌握一位班主任在一个学期内推进班级管理的基本流程(策划—组织—实施—反馈—改进)和每个环节的操作技法,可以用专业智慧稳步促成班级和学生的发展。

关键术语

班级管理的基本流程　策划　组织　实施　反馈　改进

思考与练习

1. 以本章介绍的班级管理流程"策划—组织—实施—反馈—改进"为参照,针对你所写的《感觉最好的班级》的情形,看看这个班级在每一环节有哪些好的做法? 可以通过填写下面的表格来进行梳理。

环节	主要技法(举例说明)
策划	
组织	
实施	
反馈	
改进	

2. 结合一个班级的实际,梳理一个学期的班级管理中的"项目群"。可分三个领域梳理三类项目(常规项目、活动项目、文化项目),然后辨析每个项目下面的若干事务。可用列表或画图的方式来整理。(注:你可能会发现一些项目或事务是相互关联的,或者某些事务可同时纳入不同项目。)

3. 结合一个班级的实际,辨析一下其中的三层反馈机制:微观反馈,中观反馈,宏观反馈。(注:也许有的反馈机制是贯通不同层次的。)

4. 在本书的案例之外,选择一个班级主题活动项目,梳理其工作流程,并说明每个环节的主要作用。

问题探究

有的教师将班干部等各岗位的负责人看作是班主任指令的执行者,有的教师则逐步培养他们自主策划班级事务的能力并期待让学生尽可能自主管理或民主管理班级。结合本章第三节中的案例,请你说说:你对这类问题有什么观点? 不同的选择各有哪些优势与适用条件(或局限性)?

第八章

行动路径：主动开展系列主题活动

📋 章前导语

　　本章的内容，期待让你掌握通过主动策划和实施系列"大项目"来打通一条引领班级发展的行动路径。据此，请你选择一个主题活动（自己设想一个，或者从本书中选一个），辨析一下：这个活动是怎样促进学生发展的——从什么样的发展基础出发、经历怎样的发展过程、达到什么样的发展目标？进而，继续设想：如果要进一步促进学生发展，下一个活动该怎样策划？一个学期之中的系列"大项目"，又该如何策划？

学习目标——通过本章的学习,你能够:

● 理解每个"大项目"促进学生发展的关键就在于能够解决真实的发展问题;

● 结合典型案例,掌握策划和组织实施一个主题活动"大项目"的系统方法;

● 结合典型案例,掌握如何策划系列"大项目"并据此设计班级的学期发展计划。

本章内容导引

● 每个"大项目"重点解决一个发展问题

一、从三个领域整体推进班级建设

二、利用主题活动解决阶段性发展问题

1. 选择活动主题,辨析发展问题

2. 针对发展问题逐步生成"小活动"

3. 以主题班会为核心设计"大项目"

4. 在活动过程中逐步解决发展问题

三、围绕主题活动促进班级整体发展

1. 以系列主题活动为主线的班级管理整体格局

2. 在班级管理整体格局中灵活调整具体工作内容

● 围绕系列"大项目"制订发展计划

一、在班级生活中逐步生成系列"大项目"

(一)典型案例:历经四次探索,建立班级发展计划的新形式

(二)透视案例:敞现学生真实需要,逐步完善《班级发展计划》

二、围绕系列"大项目"整体优化班级生活

· ·

一旦将班级管理视为一项"专业活动",而不仅仅是一种"附属事务"或"专门工作",就需阐明这一专业活动在学校教育的现实场景中的具体表现。以"学科教学"为参照,最具有标志性的日常表现就是上课,一节又一节的课;进而,在一个学期的视野之中,这就是一个又一个"单元"的教学活动,而每个单元又由一个又一个"课时"的教学活动组成。——与此类似,作为专业活动的班级管理,可以展开为一个又一个班级活动"大项目"(相当于"单元"),而在每个"大项目"中又展开系列"小活动"(相当于每个单元中的多个"课时")。由此,可为班级管理探明一条清晰的行动路径,即以系列化的主题活动为主线,整体规划并推进班级发展。这正是建设"民主型班级"时可以走通的一条坚实的道路。

根据已有经验,在探索这条路径时,有三个原则可供参考:(1)根据班级的实际,灵活选择具体的行动项目。例如,在刚开始探索建设"民主型班级"时,可从一个"大项目"入手着力解决某个发展问题,而不必急着设计系列"大项目";在有了足够经验和资源时,可以带领学生策划并实施系列"大项目"。(2)班级活动设计具有

更明显的灵活性、生成性。这是它与学科教学计划或教案的一个关键区别，即：班级活动的实施可有较大的弹性空间，甚至会在班级发展进程中更换某个或多个活动，因为班级生活中可能会生成更有意义的活动内容；而学科教学往往需要参照教材中已有的框架，一个单元接着一个单元（或一节课接着一节课）来展开，难以在实施过程中更换某个单元或课时。[①]（3）整体规划班级发展时可有不同侧重点。在以"班级活动"为主线融通"组织建设"和"文化建设"的时候，合理布局。例如，可在某个月将重点放在"组织建设"领域，用"主题活动"的方式来培养学生民主参与组织建设的动力和能力，"文化建设"为之提供支持氛围；也可在某个月将重点放在"文化建设"领域，用"主题活动"的方式引领学生用智慧来装扮教室环境，"组织建设"为之提供基本保障。

下面就逐步探讨：如何设计系列活动并以之为主线整体规划一个学期的班级发展格局，如同构建一个"课程群"时以核心学科的教学为主线规划一个领域的整体发展。具体来说，首先，精心策划实施"大项目"，致力于解决真实的发展问题；其次，以系列"大项目"为主线，设计一个学期的发展计划并据此推进班级发展。

第一节　每个"大项目"重点解决一个发展问题

让全班同学真心投入开展一个"大项目"活动，用以切实解决班级发展中的一个阶段性的发展问题，是建设"民主型班级"的坚实基础。这是因为：只有让活动适应学生真实的发展需要，才能促进学生真实地主动解决自己的发展问题，并在此过程中通过民主交往实现新发展。可以说，每个"大项目"就是展开专业化的行动路径的"铺路石"。这相当于每个"教学单元"就是实施各门课程的"基本单位"，用以整体设计一个阶段的教学活动，包括复习和评价。

因此，整体策划和实施一个"大项目"的班级主题活动，是真正走上班级管理专业之路的关键步骤，是切实建设"民主型班级"的行动标志。从班级管理的实际来看，可把"制订班级计划""改选班干部""布置教室环境"等组织建设或文化建设领域的具体事项分别开发成一个"大项目"。从更开阔的视野来看，无论从哪个领域切入开展主题活动，其主题都应贴近学生真实需要（而非成年人自以为是的需要），敞开学生主动探究的新空间。为此，在商议选择主题的同时，需要精心选择活动目标、内容与形式，通过这些因素的综合作用来切实解决真实的发展问题，如同精心设计"一个单元"的教学来取得真实的教学成效。

本节就以一个活动案例"网络，让我们健康成长"为基础，探讨一下如何策划并实施一个"大项目"，切实解决学生的发展问题，实现主动健康的成长。这个班级——初一（1）班自第二学期起参与学校组织的研究项目，开始探索在理论引领下建设"民主型班

[①] 相比于大部分国家课程或"基础型课程"，其他课程（特别是地方课程、学校课程或"拓展型课程""探究型课程"/"研究型课程"）有了更大的弹性空间。这为我们从"专业活动"的角度辨析班级管理的行动路径提供了有益的启发。

级"的具体行动。① 在逐步尝试的基础上,同学们举行了主题班会"网络,让我们健康成长",围绕着这个主题班会而逐步实施一个"大项目",让这个班级顺利地解决了本阶段的一个发展问题。不过,这个"大项目"显然不是孤立的活动,而是立足班级发展整体格局、见证本阶段发展高度的标志性的活动。

一、从三个领域整体推进班级建设

在刚进入初一年级之时,这个班级的同学整体上心态卑微,有些人自卑心理比较严重,部分学生甚至不做作业、不遵守课堂纪律,大部分同学对班级事务不管不问。面对这种情况,班主任认为首要的事情就是树立同学们的自信。为此,她提出"热情、健康、自信、好学"八字口号,并将所有的教育活动都围绕着这八个字开展,使得班级工作有了重心和方向。随后,班级面貌在较短时间内有了改观,各项事务也得以理顺,并在学期结束时获得了"行为规范优秀班"等荣誉称号。逐渐地,班级由一盘散沙、无助迷茫变为一个初具凝聚力的整体。这让班主任倍感欣慰,因为一个学期的真心努力和付出得到了回报。

不过,这个班级依然被一些问题困扰着,刚刚处理好的问题往往又会重新出现。通过进一步分析,班主任看到:这个班级虽然行为规范有些进步,但还处于"强加"发展的状态,只是表面的安静;许多事务还是教师亲力亲为,班级管理也只是停留在班主任的要求上,同学们的自我管理能力并没有形成。她隐约地感到,如果这些问题得不到解决,将会为班级以后的发展带来阻碍和困难。虽然班级有了自己的目标、自己的口号,具体怎么去做,班主任还很迷茫。实际上,班主任试图走出的这种迷茫,也反映着同学们的状态,即在有所进步的同时对发展方向仍感到迷茫。

到了初一年级第二学期,该班开始建设"民主型班级"的行动。在与课题组成员共同探索中,班主任调整了工作思路和工作方式,从如下方面开展新的探索。——这也是该班开展"网络,让我们健康成长"主题活动之前的初步尝试。

(一)教师带领学生制订新的班级发展计划

开学初,班主任曾在黑板报辟了一个专栏,给同学们送上了这样一段话:"这个世界上注定要有人比你更强,更高,更好。这是不争的事实,但我们不能因此就放弃奔跑。跑,是一种人生姿态,是对生命本质的理解和尊重,是对生活最为真挚和深沉的爱。即使竭尽全力,也跑不过别人,但一定要跑过昨天的自己。"虽然学生未必都理解这句话的真正含义,但他们牢牢记住了其中一句:要跑过昨天的自己。从日后同学们周记及交谈中可以看出,这句话当时给了他们极大的鼓励,也让很多同学们开始找回丢失的自信心。

要想重新鼓起大家的斗志,仅靠一些寄语是远远不够的。加入课题组后,班主任感触最深的是"民主型班级"的基准要求:班主任要关注学生的真实体验、真实生活。在发动同学们通过周记、座谈等方式畅谈对班级现状和发展期望的看法之后,她和班委商

---

① 该班持续六个学期的发展案例,可参阅陆桂英:《建设民主集体,共创阳光人生》,华东师范大学出版社,2007年版,第105—141页。

量,提出了本学期的发展目标:让每一位同学通过交流与合作积极参与班级管理,进一步培养热情、健康自信的良好个性,学会关心班级、同伴和家人;同时,拓宽视野,超越自我,最终达到自我的全面发展。根据这一目标,她发动同学们制订了新的班级计划。他们相信,有了符合实际的计划和奋斗目标,班级可以获得更好的发展。

与以前的"班级工作计划"相比,这次的班级发展计划出现的最大变化在于:以往,由班主任一个人执笔的《班级工作计划》比较关注遵循学校工作计划,被动地按要求开展班级活动;现在,这份由同学们主动参与制订的《班级发展计划》则充分考虑了本班实际情况及面对的发展问题,并结合了学校的工作计划。有了这样的计划,班级建设就有望超越完成任务式的事务处理,转变为主动服务于学生成长、创建班级特色的专业工作。

(二) 以班级发展计划为基础,持续开展主题活动

建设"民主型班级"时最为坚实的着力点在于开展班级活动。初一时,在制订班级发展计划的过程中,同学们就通过发表个人想法、参与小组讨论和共商发展思路等方式,逐步尝试开展一些自己喜欢且能主动参与的新活动(而不再延续以往被动响应上级要求的模式)。

其中,在班主任带领下,同学们对十分钟队会进行了改革,形成计划,精心设计,用新颖的形式切合学生实际生活。先后开展的四次"十分钟队会"的内容分别是:(1)交流学习方法,相互鼓励,共同树立学习信心;(2)请来自台湾地区的同学介绍台湾的春节习俗;(3)请酷爱读书的同学推荐好书;(4)请一位同学介绍因为玩不文明的游戏而造成骨折的痛苦经历。这些队会,为学生提供了展示自己、沟通心灵的舞台,也提供了相互促进的机会。例如,针对陈同学做作业速度慢的情况,同学们展开了手拉手活动,建议他把每天做作业的时间详尽记录下来,在家长、老师和同学的帮助下,找出慢的原因及克服的方法。在共同协商并征得他的同意后,同学们自愿对他进行跟踪调查,并通过十分钟队会的形式向陈同学及全班及时汇报进展。有的同学把陈同学近期做作业的时间进行了对照,明显的进步让他展露出欣慰的笑容。队会上富有创意的歌曲《蜗牛》及动画的穿插,给了他极大的鼓舞。类似地,在学习上,无论谁遇到困难,同学们都会毫无保留地互相帮助。这些点点滴滴的小事,折射出来的是同学之间的温情、关怀和相互支持。在这样的集体里,每个幼小心灵都会得到阳光雨露的滋养。

随着多个"小活动"的逐步开展,同学们开展活动的热情和智慧不断激活。就在这学期,该班根据班级发展计划自主开展了三项主题活动(即三个"大项目")。其中,第一个就是"共同参与班级管理"——这也是这个班级第一次尝试自主开展的班级主题活动(而不仅仅是响应学校号召而开展活动)。

在初步确定活动主题之后,短短几天内,两位班干部根据班主任的建议及班级发展计划,制作了大量的PPT,把整个学期的班级活动有机地串联起来。更重要的是,这次班会让同学们回顾了开学以来的四次"十分钟队会"。此时,最重要的不是这四次"十分钟队会"的内容和意义,而是由同学们自己主持这些队会的过程带来的新体验。同学们在"共同参与班级管理"主题班会上欣赏了由同学自己主持队会而产生的新状态,发现了同学们在积极参与班级管理的过程中出现的许多优点,进而将欣赏这种体验和优点的尝试延伸到了开学以来许多同学在各种工作岗位上的表现。最后,同学们还反思了开学以来一个多月的班级生活中有待改进的地方(例如,需要更好地开展"评星"活动),就后面的发展提出了诸多建议。

从班主任的角度看,这次班会的主题就是从班级生活中产生的。它有两方面的作用:一方面,反映前面一段时间同学们参与班级管理的体验;另一方面,以回顾和反思为基础,共同设想和策划后面的活动。这次活动带来的最让人惊喜的关键变化是:前面的班级生活中的新气象得到集中呈现,同学们的新表现也得到反思,出现的进步得到了自我肯定和老师的鼓励。

虽然班干部的组织策划能力不够强,应变能力也不令人满意,但是他们身上体现出来的工作热情却为全班同学树立了榜样。同时,细心、敏锐的班主任也从这次班会中收获了很多,她看到了学生身上的潜在能力,也看到了开展符合班级实际情况的主题班会的好处。她相信这个活动同样给同学们带来了值得思索的东西。受学生工作热情的启发,班主任接着在更多活动中为有工作热情的学生提供了锻炼的机会。渐渐地,越来越多的同学在活动组织策划上跃跃欲试。

(三)围绕主题活动,系统更新组织建设和文化建设

建设"民主型班级",就是通过提升整个班级的生活品质来促进每个学生的人格发展。据此,在着力开展主题活动、激发学生的生命活力时,需要同时关注班级生活的其他两个领域。在初一(1)班,班主任和同学们就是这样做的。

在"组织建设"领域,他们逐步改变以往少数精英"执政"的格局。他们设立两个班委,同时按照学号的顺序推行值日班长工作制,按座位号轮流担任小队长,根据学生特长和需要设立类型丰富的岗位,并让学生参与岗位的产生、职责的确定、命名等过程……随着这些教育活动(而不仅仅是事务管理)的开展,各项事务得到同学们的共同关心和管理,人际关系也越来越积极向上,一批学生的活动能力得到了锻炼和提高。不过,他们也发现了一些新的问题,如值日班长普遍反映比较累,因为事事亲力亲为,而同学之间缺少合作精神;同时,班干部的工作常常与值日班长的工作发生重叠,班干部常常"英雄无用武之地"。经过进一步研究,班主任决定加强班干部队伍的建设,发挥他们在班级中的引领示范作用。她组织同学们民主选举班干部,然后根据他们自身的特点安排合适的工作岗位,每周利用星期五的小结时间,让他们接受同学们的民主评议并进行自评——这也是主题班会"共同参与班级管理"的背景。

在"文化建设"领域,他们将本班实际情况与学校工作计划结合,由被动接受任务转向主动创办班级特色。例如,在环境布置方面,设计多个栏目:体现班级奋斗目标的教师寄语,体现学生个性的学习园地,体现成长进步的雏鹰争章活动等。同时,班主任从值日班长日记中发现:由于从众心理,同学们总把纪律问题集中在几位调皮同学的身上,这增加了他们的心理压力,甚至导致进一步的调皮捣蛋,形成对立情绪。因此,班主任身体力行地引导同学们善于观察同学身上的闪光点,特别请大家关注这几位调皮的同学的优点。逐步地,班级形成新的风气:同学之间善于宽容别人身上的缺点,善于发现和学习别人身上的优点,相互宽容,互相欣赏。此外,班主任还关注到发生在同学们身边的小事,将这些小事作为教育契机和教育资源。例如王同学贪恋电脑游戏,与家长发生冲突离家出走;施同学被其他班级同学无故殴打后隐瞒不说;陈同学做作业的速度奇慢,严重影响睡眠;在行为规范方面令人哭笑不得的许同学,在学习上却显露出较高的智商……班主任希望通过这些小事的妥善解决帮助他们树立自尊心和自信心,教育他们勇于追求,自强不息,做一个诚实、自尊、自重、富有责任心和创造性的好学生。

参照本书前面持续关注的方法系统和班级生活整体格局,可以在上述班级发展情形中看到:系统的方法可以融入具体的行动,具体的行动可以汇成班级发展的整体格局。在这些具体行动与抽象思维之间、在细微之处和战略格局之间,如何收放自如、取舍有度,确实需要教师修炼并运用更为精致的专业智慧。

二、利用主题活动解决阶段性发展问题

如果说学科教学的专业标志之一就是设计每个"单元"和其中"每节课"的教学活动,那么,班级管理的专业标志之一就是策划并实施每个"大项目"和其中的系列"小活动"。它们之间的关键区别在于:学科教学中的"最近发展区"和相应的教学目标、教学内容、教学效果,主要是参照教材(或教师设计的方案)来确定的,而班级活动中的相关因素则是从班级生活中由同学们主动创造、逐步生成的。因此,固然不用排斥由教师预定方案而开展的班级活动,但对于"民主型班级"来说,本书更倡导师生一起反思改进班级生活,由此逐步生成活动创意(特别是主题班会方案)并逐步实施,切实解决一个班级的阶段性发展问题(如同学科教学中一个单元的认知任务)。换言之,更为理想的班级活动的方案可能是逐步生成的,其中的教育资源也是逐步涌现的。这与可以提前设计好教案,然后逐步执行教案的学科教学活动有着明显的区别。

在这里,就让我们继续结合上文所说的初一(1)班的实际情况,考察师生一起走过的一段探索历程,即逐步生成创意并策划实施一个"大项目"——"网络,让我们健康成长"。

(一)选择活动主题,辨析发展问题

1. 在逐步探索中选择活动主题

在初一年级第二学期,这个班级从组织建设、主题活动、文化建设三个领域逐步尝试种种新举措,特别是让每位同学参与表达对个人发展和班级生活的看法,开展多方面的探索。这就让同学们一起创造了更强的集体归属感,而且学会主动思考如何促进自己的发展。其中,他们自主开展了三项主题活动(即三个"大项目")。第一个是"共同参与班级管理"(3 月 18 日举行主题班会),第二个是"怎样看待网络游戏"(4 月 8 日举行主题班会),第三个是"网络,让我们健康成长"(5 月 5 日举行主题班会)。

如果说"共同参与班级管理"是对开学后尝试民主管理班级事务的种种努力的一次总结、提升,那么,第二个"大项目""怎样看待网络游戏"就是这个班级在激活班级氛围、敞开主动交往空间的基础上,由同学们第一次尝试自主探索如何反思和改进自己的日常生活,而不仅仅是按照预定的主题和套路来宣传由大人们规定的内容。坦率地说,这次班会的内容组织、活动方式、同学们的表现基本上还是"原生态"的,好在同学们真心希望有所创新,以便充分地享受这一次自主开展活动的机会。在 4 月 8 日

的主题班会上,有三位同学毛遂自荐,主动尝试借助演示文稿作了主题演讲(这不同于前面开展"十分钟队会"时的片段发言)。他们尝试从自己的视角来审视网络游戏,表达出对它充满好奇和"又爱又恨"的感觉。尽管演讲水平还不高,但是他们的表达方式和内容却激发了全班同学的参与热情,许多同学跃跃欲试地强烈要求开展一次大讨论。

于是,班主任顺势而为,敞开更为开阔的自主空间,鼓励同学们进一步探索。随着同学们在课余开展更多的自由讨论(与此同时他们自由散漫和做无聊游戏的表现明显减少了),大家决定再开一次主题班会。

随后,从4月中旬开始,他们就着手策划新的主题班会(当时连主题都没有想好)。在前期准备工作中,全班同学自行组合,形成小组,并确定各自想研究的主题(他们已经不满足于简单的说笑,而是要开展自己的"研究"了),选择可以采用的形式。为此,班委专门召开了会议,确定了本次主题班会由张同学、应同学这两位班干部全权负责,并强调:本次主题班会要避免单调的形式,要讲求实效,让更多的同学参与,产生共鸣。

从准备的情况来看,各小组同学的积极性较高,在较短的时间内,制作了大量的演示文稿。从内容上看,同学们更多的是直接从网上下载资料,还没有联系自身的实际情况作更多思考,因此各小组的演示文稿在内容上撞车的现象较为严重;同时,他们为演示文稿选择的背景比较花哨,有喧宾夺主的感觉。不过,让人开心的是,由宋同学撰稿的小品和赵同学编写的相声形成了两大亮点。受此启发,应同学和秦同学编写了面向学生和家长的调查问卷。同时,班主任设想:在主题班会中穿插"培养自控能力"的心理游戏,让全班同学在轻松自如的环境下学习一些心理小常识;把初步安排在结尾处的女生小组唱改为诗朗诵,把班会活动推向高潮……

在进一步发动同学们贡献各种创意、一起筹备班会的过程中,班主任发现:真正沉迷在网络游戏中不能自拔的同学极少,只把网络用于学习的同学也较少;相比之下,有些同学热衷于上网聊天、浏览各种网站,这反映出学生的自控力及意志力较差。因此,她与班干部协商:这次班会是否可以在前一个"大项目""怎样看待网络游戏"的基础上拓宽视野,引导学生合理看待网络,拿得起,放得下,在日常的学习生活中,掌握正确的收集信息和处理信息的能力,提高学习效率。据此,他们几度构想主题班会的题目,由最初设想的继续采用"怎样看待网络游戏"到"面对信息社会",最后选择的是"网络,让我们健康成长"。这就是该学期第三个"大项目"的主题。

2. 辨析活动主题所针对的发展问题

师生选择"网络,让我们健康成长"这一活动主题,不仅是为了找到一个更理想的措辞或表述方式,更是为了解决在现阶段可以引领学生达到更高境界的发展问题。

本书第二章已从专业的角度对"发展问题"作了如下界定:

> 发展问题是主体现有发展状态与预期发展目标之间需要消除的差距,包括需要克服的障碍和需要拓展的空间。从班级管理实践操作的角度来说,发展问题就是发展主体立足现状选择发展目标,由此策划并实施一项或一系列活动以见证成

长、逐步实现发展目标的努力空间或任务领域。

据此，"网络，让我们健康成长"这个活动主题所针对的发展问题就是：

在基本认识网络利弊的基础上，让同学们通过对自己行为的辨析和选择，学会主动利用网络，预防网络带来的麻烦，成为信息社会的主人。

这一界定，可以表述为下表：

发展基础	发展过程	发展目标
基本认识网络的利弊	通过系列活动，较为系统地辨析中学生在网络中可能面临的不同选择，由此丰富成长体验、学会明智选择	主动用好网络，成为信息社会的主人

表 8-1

"网络，让我们健康成长"发展问题分析表

本书第二章还从专业的角度区分了三个层次的"发展需要"，并倡导教师着眼于"自豪的需要"来引领学生实现更高境界的发展。对于"网络，让我们健康成长"这个活动主题来说，师生着眼的"自豪的需要"可通过表8-2中的对比得到更清晰的理解。

需要层次	参照标准	具体内容
自豪的需要	在常态之上追求更高尚的精神生活的需要	主动利用网络，同时自觉规避网络带来的弊端，让网络服务于我们的健康成长，让我们成为信息时代的主人
自主的需要	维持常态的需要	正常运用网络，保持正常的学习生活秩序
自立的需要	消除不良状态的需要	不被网络诱惑，特别是不要沉溺于网络游戏之中

表 8-2

"网络，让我们健康成长"发展需要分析表

显然，对于发展问题及其中体现的发展需要的上述辨析，有助于理解这个活动主题的立意——它显然不是为了迎合上级的检查而根据外来标准训练学生，也不是只着眼于学生的低层次需要或教育要求，而是着眼于"自豪的需要"，力争让他们追求实现更为主动、更有活力的发展，超越"自主的需要"和"自立的需要"。

（二）针对发展问题逐步生成"小活动"

选好发展问题之后，当然就应着力解决发展问题，为此，需要精心设计活动。班级主题活动具有明显的生成性，而不像学科教学活动那样可以很早就根据教材内容来预设方案（当然它也会为师生互动、生生互动留下弹性空间），因此，在选择活动主题的同时及之后，还需针对发展问题继续探索如何通过具体的活动来透视影响学生发展的因素,引导学生学会辨析、选择、生成①。在这里,不仅应从多元视角来审视复杂的因素(而不是重复僵化的教条或接受苍白的训导),更应从"自豪的需要"的高度敞开更高境界的发展空间(而不能满足于"自立的需要"和"自主的需要"所达到的发展境界),追求实现更为理想的发展目标。显然,要取得这样的活动成效,不仅需要超越以往的套路,还要超越成年人自以为是甚至居高临下的成见,敞开师生新的创意。

在主题活动"网络,让我们健康成长"的策划过程中,师生一起就沿着这样的努力方向作出了超越庸常情形的新探索。这主要体现在如下两个方面。

1. 活动立意强调学生的主动思考和选择

首先,在活动主旨上,强调学生真实的成长体验。在这一方面,一条明晰的线索是:"体验——每个学生的体验——每个学生的真实体验——每个学生真实的成长体验"。也就是说,将学生的成长体验逐步具体而深刻地敞开,但又不是抽象地甚至是口号式地"上纲上线"。他们一方面策划出了班会活动的整体思路,另一方面也在每个细节上强调真实敞现自己的成长体验。这就是说,要让学生学会揭示事实的真相(包括正反两方面),表达自己的真实感受,在相互交流、共同探讨的基础上,用心辨析各方面信息,作出合理的选择,包括提高自我控制能力、将精力转向更有价值的活动。

其次,在活动内容上,强调学生深入的批判思维。这是因为,初中生的自我意识正在形成过程中,思维能力也在不断提高,可以利用这些新的优势,引导他们不仅学好各门学科,更会反思自己的发展、整理自己的精神生活内容。针对部分同学沉迷于网络世界等复杂情形,需要有"批判性"的认识。不过,这种"批判性"不仅仅体现在对网络的反思、反感和拒绝上,更体现在不简单地、绝对地肯定或否定一件事情——在本次班会中,就是不简单地处理"网络"。具体来说,对于网络,可让学生袒露正反两方面的真实思想,从多个角度探讨,然后再作明智的选择。例如,可以一起或分组探讨如下问题:

(1) 为什么它有那么大的吸引力?(可以结合年龄特点,例如:是否每个年级的学生都同样迷恋它?为什么?)

(2) 它究竟有什么好处?(如让紧张的学习生活得到调节,在同伴之间增加了一条新的互动渠道、一个新的交友平台。)

(3) 网络是怎么逐步吸引我们的?(回顾个人逐步了解、参与网络活动的过程,展现这一过程中的真实体会。)

(4) 网络给我们带来了哪些麻烦?(用中性的"麻烦"一词,不简单地说是"坏处",这样便于学生冷静地、理性地分析问题。)

(5) 我们是如何看待网络的?我们应该如何处理网络?(用中性的"处理",而不简单地说"利用"或"拒绝"。)

---

① 本书第二章中阐述"教育思路"时所说的解决发展问题的四个环节(敞现—辨析—选择—生成),就是通过交往活动来促进学生发展的心路历程。这可以成为激发学生的自主意识、活动创意、设计和实施活动时的一条思维线索,一个可用的参照系,如同学科教学中一节课的教学环节。

再次,在活动效果上,强调学生明智的自主选择。班主任想到:网络吸引青少年,自有其道理;与之相比,我们能开展哪些活动呢? 其一,合理利用它。例如,共同参与班级网页的维护、更新,使班级文化更有特色;在班级网页中增加互动平台,如学习方法交流、难题擂台赛……总之,根据学生生活需要,提供新的发展空间。其二,与其他网络活动竞争,用什么来吸引学生,让他们不会沉迷网上活动? 就班级而言,可能更多的优势在于真实生活(而非虚拟生活)中的交往。如果让班级的学习生活、文化生活更有趣味、更有品位,包括将网络交流与班级生活结合,那么,我们应该有信心将学生吸引过来,并让他们积极参与创建更文明的班级生活、更有品位的网络生活。如果这些设想得到体现,那么,不仅会让这一次和后续的班级活动品位更高,而且,学生会在参与更高境界精神生活的过程中,逐步成长为新生活、新社会的主人。他们会在后面的个人生活和社会发展中有更主动的发展意识和发展能力。

2. 活动策划凸显系列"小活动"的整合

随着活动的立意越来越清晰,学生的主动探究也有了越来越明确的方向,以主题班会为核心的一系列"小活动"逐步展开,策划、准备和实施的过程就是学生主动探究的过程,这包括:辨析发展问题的影响因素,拓展可以主动控制利用的自主空间,权衡大家(包括和同学、老师、家长合作)能够作出的更好选择,体会不同的因素或选择带来的发展预期……就这样,在逐步探索的过程中,系列"小活动"逐渐聚焦到一个总方向——让系列"小活动"产生整体效果,开好主题班会。由此,着力解决更高层次的发展问题,让发展进入到更高境界。特别值得注意的是:这显然已经超越了预定的期望——"避免单调的形式,讲求实效,让更多的同学参与并产生共鸣"。相比之下,新的期待更多地着眼于"自豪的需要",而原来的期待主要着眼于"自主的需要"。(本书对"发展问题"和"发展需要"形成的专业化的界定和分析框架,就是来自于对诸多类似案例的深度分析,进而成为对更多班级主题活动进行专业分析的思考工具。)

于是,先后开展各种活动,包括组织征文、采访家长、采访其他班级或年级的同学等,逐步融成了这个主题活动"大项目"的整体格局。

在这些"小活动"逐步生成的过程中,每一位同学都有机会贡献新的创意(虽然不是所有的创意都被纳入到活动方案中,但这确实对激活学生思维和班级氛围起到了重要作用)。学生自编的一段相声可以见证这些创意是如何逐步涌现并纳入到班级活动的整体格局之中的。

案例 8-1

编写相声时的体会
赵同学

　　说到编相声,那可是真辛苦。

　　为了这次班会中能有一个让大家开心的环节,有人提议编写一段相声,当老师说"谁可以承担这项工作"时,我二话不说就主动答应下来。

当然,我想编的是一个与我们主题班会有关的相声。有的人说:编相声,简单啊!可是哪知道,说起来简单,做起来难啊。

记得有一天晚上,我做好了作业,无聊发呆时,一下子想到了,现在可以编相声了。我毫不犹豫地打开电脑,准备打在文档里。刚刚开好电脑,我却一下子闷住了。心里暗暗地想:怎么编啊?要怎么编才可以让老师同学开心起来呢?更何况还要是围绕着关于网络的相声!

我该怎么办呢?我马上跑到正在看电视的爸爸妈妈面前,问了他们,怎么编好相声。他们和我一样,都不知道该怎么办才好。面对一筹莫展的我,爸爸妈妈很不忍心,就帮我一起想内容。

正在这时我忽然想起来:为什么不上网去找找有关的资料呢?哪知道我查到的资料看起来不少,但一个一个看过来,却一个也不行,因为它们表达不出我和同学们的感觉。

这下可怎么办啊?我无意中听到一个名字叫"更新换代"的相声,里面有几句话我可以用来做"过渡句",于是我就打在电脑上了。这下可好了,有了过渡句,中间的就可以慢慢想了。我打好了开头,爸爸妈妈和我一起想,连隔壁邻居也来帮忙……

为了准备这次的主题班会,特别是编写这段相声,我用上了很多的休息时间。接连好几天,我每天晚上11点左右才睡,第二天到了学校就拿给老师看;如果老师不满意,我就马上去想该怎么改。一而再、再而三地改了看,看了改。说句心里话,我不觉得累和烦,反而很开心,因为我觉得作为班干部,虽然累一些,但为了班级,值得!

当然,要让相声表演取得好的效果,还需要伙伴们的支持、合作。我用了几天时间编好了相声的内容,只剩下一个星期的排练时间了,我们需要继续努力、加油。说动就动,那两个表演者在排演的过程中,真是开心得手舞足蹈,大概是有点兴奋过头了。在那几天,我们一放学就凑到一块,找一个比较安静的地方排练。

都是电脑惹的祸(相声)

甲:随着时代的前进,我们生活中的许多事物都发生了很大的改变!

乙:这就是进步啊!

甲:哎……就拿你家的摆设来看吧,你家的摆设都有了很大的改变!

乙:可不是,我家的东西都更新换代了!

甲:过去你家里放的小木凳子。

乙:现在换成沙发了!

甲:过去你家里放的半自动的洗衣机。

乙:现在换成了全自动的洗衣机。

甲:过去你家的黑白电视机。

乙:现在换成了彩色电视机。

甲:过去的打字机。

乙:现在换成液晶电脑了。

甲:看……看……现在每人每家都有一台电脑!

乙：那可不是。

乙：有一句话说得好啊：学电脑，从娃娃抓起。

甲：电脑人人会，都是电脑惹的祸。

乙：咋拉？电脑哪里惹到你了？

乙：21世纪的小孩啊，都特别聪明！

甲：哎！

乙：这就是知识的暴涨，一代更比一代强。

甲：我的儿子现在不得了了。

乙：怎么了？

甲：他啊，现在"搞"上了。

乙："搞"上什么了？

甲："搞"上电脑了呗。

乙：哎！我还以为搞上了什么呢。

甲："搞"上电脑，让我心烦意乱了。

乙：呀，怎么了？我最近才刚刚帮孩子买了一台电脑，怎么了？有什么不好吗？

甲：不是。给您说吧！我现在愁的就是：电脑买回来不是给我儿子学习的了！真是害了我的儿子啊。你看看，自从买了电脑，他的成绩真是一落千丈啊！

乙：呀！你怎么不给你儿子介绍几个用电脑的好方法呢？你不知道吗？电脑，不仅仅是给孩子玩的，还有很多的用处呢！

甲：好，我就听听你的好方法，让我回去好好地和儿子谈谈。

乙：你儿子一定是：

一心一意爱上它（电脑），　二话不说用了它，
三言两语学了它，　　　　　"四"死如归要了它，
五光十色吸引它，　　　　　六神无主迷上它，
七嘴八舌学会它，　　　　　八拜之交认了它，
"九而九之"精通它，　　　　十全十美掌握它。

甲：嗯，说得一点都没错！

乙：其实，电脑有好处也有坏处，不只是上网聊天而已，还可以在上面找到你要找的资料。

甲：找资料啊！要不是"资料"这两个字，我还不会帮我的儿子买电脑呢！都是这个词给害的。

乙："资料"？你儿子现在不是要找有关什么，什么，什么的资料吗？

乙：我儿子要找资料的时候，我就同意他上电脑！

甲：这个我也知道，不给他上网，他今天就没精打采的，还和我们赌气。你说，我们现在的父母哪个不疼自己的孩子，都是独生儿女！

乙：你对你的孩子提要求吧！你们商量好，然后就一定要做到，不然以后他还会这个样子再犯的。

> 甲：哎！我现在担心的就是儿子的成绩问题,回去帮他想想如何用电脑更好地学习。我要和他好好地讨论一下了!
>
> 乙：是啊,一定要好好地讨论一下!
>
> 甲：说干就干,哎呀！时间不早了,儿子快放学了,我去接孩子了!
>
> 乙：嗯,对啊,你看不知不觉地都说了那么长的时间了,我和你一起去接孩子吧!
>
> 甲：好啊。
>
> 乙：好,走！我们接孩子去⋯⋯

学生写的体会和他们创作的相声,可能会让人觉得还比较幼稚。但不可忽视的是,他们在这些过程中开始主动而自由地思考、构想、创造,他们的灵感、创意也在不断涌现。更为重要的是,他们看似幼稚的言行,正在超越看似成熟的成年人的固化思路甚至是僵化的宣传套路和让学生无奈的枯燥说教。如果要真心建设"民主型班级",激活并释放孩子们的灵气,就应该从最底层的活动设计、作品创作等具体事项做起,让它们逐步纳入班级发展的整体格局之中,进而逐步生成更高境界的思考、体验,生成更高境界的班级生活。

没有这些自下而上的生成过程,那些自上而下的宏大设计就会沦为一场场空论、一段段空白、一处处沙漠——看似很丰富,其实没意思,因为其中没有人、更没有人的活力和灵气！反之,有了这些自下而上的生成过程,自上而下的设计才有可能被充入富有新人气息、富有生命活力的内容。此时,才有可能在敞开的自主空间里放飞孩子们的梦想,释放他们的活力,进而汇成一个班级、一所学校、一个社区、整个社会的活力,让大家一起进入更高境界的发展平台。

（三）以主题班会为核心设计"大项目"

前期活动中不断生成的创意、持续展开的系列"小活动",直接指向这个"大项目"的高潮——主题班会,由此整合系列"小活动",构成一个完整的"大项目"。

与其他的"小活动"相比,现场举行的"主题班会"的关键作用在于:交往性质更真实,交往内容更丰富,交往效果更明显。因此,"主题班会"(作为系列"小活动"之一)可以成为一个"大项目"中的关键节点,让其他"小活动"的价值得到更大的提升。这就不难理解:前期的所有"小活动"都可围绕主题班会而展开;换言之,前期活动中生成的创意指向主题班会如何开、需要什么资源,同时随着主题班会方案的调整而再度展开新的探索(包括提出修改意见、设计更好的作品或征集新的作品、开展新的调查研究)。

就这里所说的初一(1)班来说,随着更多创意的凝聚,整个"大项目"的整体格局变得越来越明朗。这可以表述为如下"大项目"活动方案。

网络,让我们健康成长
——初一(1)班一次"大项目"主题活动方案

一、活动主题及依据

活动主题:网络,让我们健康成长。

活动主题针对的学生发展问题:在已经基本认识网络利弊的基础上,让同学们通过对自己行为的辨析和选择,学会主动利用网络,规避网络带来的麻烦,成为信息社会的主人。

本主题体现的学生发展需要分析:

需要层次	具 体 内 容
自豪的需要	主动利用网络,同时自觉规避网络带来的弊端,让网络服务于我们的健康成长,让我们成为信息时代的主人
自主的需要	正常运用网络,保持正常的学习生活秩序
自立的需要	不被网络诱惑,特别是不要沉溺于网络游戏之中

参照上表,本次活动最为关注的是"自豪的需要",同时兼顾"自主的需要"和"自立的需要"。

二、活动目标(可观测的行为)

通过活动,让同学们能够达到如下两个方面的行为目标:

(1)善于通过个体自主和群体合作的方式来反思遇到的"主动用好网络"这类发展问题,并通过搜集信息、整理资料、相互交流的方式来探讨问题的成因和解决思路。

(2)知晓面对网络时可能遇到的不同选择及其后果,如主动利用网络、随意浏览网页、沉迷网络游戏,由此感悟自己应该承担的责任,用更有智慧的方法来解决新时代更为复杂的发展问题。

三、活动设计

(一)活动结构(对系列"小活动"的整体设计)

阶段	前期"小活动"	核心"小活动"(主题班会)	后期"小活动"
内容	1. 搜集资料,准备演讲稿。 2. 设计调查问卷和意志品质自测题。 3. 开展调查研究(采访、问卷调查),征集家长来信。 4. 创作并完善节目(小品《网吧的诱惑》、相声)。 5. 策划班会方案(编写主持人讲稿)。 6. 为班级网页设计献计献策,评选"网络新先锋"。	7. 主题班会"网络,让我们健康成长"。 (1)网络带给我们的困惑; (2)我们的新思考; (3)做信息社会的主人; (4)共同开创网络新生活。	8. 完善班级网页。 9. 养成新习惯,合理利用网络。

续表

阶段	前期"小活动"	核心"小活动"(主题班会)	后期"小活动"
意图	引领学生聚焦网络带来的挑战,并据此从各方面搜集、开发教育资源,特别是源自学生真实生活和创造的资源。	利用现场交流,促使同学们更生动地呈现了解到的情况,更深入地辨析面对网络时的思考和行动。	学会利用网络建设更美好的班级生活。

(二) 主题班会的具体方案(作为系列"小活动"中最重要的一个)

1. 网络带给我们的困惑

(1) 开场白:随着信息技术的发展,网吧应运而生。它的确为促进人与人之间的交流作出了不小的贡献。不过,它也确实有可能给未成年人的健康成长带来麻烦。

(2) 小品表演和点评:《网吧的诱惑》(宋同学编剧,7位同学演出)。小品内容梗概:小骏与同学交往中沉迷于网吧,为了上网他偷拿了家中抽屉里的钱,为了上网他会一晚上不回家,为了上网他可能好几天不上学……最后老师和父母齐心协力共同挽救他。

(3) 相声表演和点评:《都是电脑惹的祸》(赵同学创作,2位同学演出)。

(4) 发布调查研究的资料。针对学生和家长的问卷调查结果之一:上网的学生中80%以上是打游戏,15%左右是交友聊天,真正查询资料用于学习的为数极少。同学们对"网络"的评价:利,可以开发思维能力,训练打字,减压,查询资料;弊,成绩下降,容易沉迷于网络,使自己难以自拔。

(5) 一位母亲的心声。这是一位充满焦虑的母亲的呼喊,她的孩子一次又一次地让她失望,但她从未对她的孩子失去希望。

2. 面对网络的思考

(1) 分组讨论:从家长和学生这两个角度出发,分析一下孩子为何这样一次又一次不顾后果沉迷在网络游戏中?

(2) 辩论:网络的利和弊。

(3) 独白:《忏悔》。

(4) 全班讨论:如何看待网络游戏? 网络怎么改变我们的生活?

3. 做信息社会的主人

(1) 心理知识竞答:《意志品质自测题》。

(2) 相声表演和点评:《怎样面对科技社会?》。

(3) 家长的公开信。

(4) 倡议书:合理安排课余生活(体育活动、阅读、培养兴趣特长)。

4. 共同开创网络新生活

(1) 介绍班级网页,号召由更多的同学参与班级的网页制作。

(2) 表彰几位"网络新先锋"。

(3) 主持人总结:让我们有选择地合理利用网络进行学习和生活,培养多种兴趣和爱好,不断充实自己,在信息时代当一个充满自豪的青少年,在网络时代共同开创更爽的新生活!

(四) 在活动过程中逐步解决发展问题

主题活动必须切实解决学生自己的发展问题,才能取得"民主型班级"所追求的实效;否则,为了活动而活动,或者只为迎合成年人的号召而开展活动,不仅浪费了学生的时间、精力和智商,而且会因为束缚了学生的自主探究、主动发展的空间而违背了教育初衷,难以达到理想的发展境界。就"网络,让我们健康成长"这个"大项目"来说,它所要解决的发展问题是:"在已经基本认识网络利弊的基础上,让同学们通过对自己行为的辨析和选择,学会主动利用网络,规避网络带来的麻烦,成为信息社会的主人。"解决这样的发展问题,就是实现"民主型班级"的双层教育目标(在建设班级的同时培育人格)的过程,也是落实"在成事中成人"的教育思路(在成功开展活动的同时实现人的成长)的过程。

就最关键的"小活动"——主题班会而言,其中的活动分为四个步骤(板块),即"网络带给我们的困惑""面对网络的思考""做信息社会的主人"和"共同开创网络新生活"。此时,对这个活动结构的理解有两种选择:第一种选择是直接对应教育思路的四个环节,即这四个步骤和第二章所述的教育思路的四个环节(敞现—辨析—选择—生成)一一对应,就像在学科教学中将一节课的几个步骤和一套教学模式的几个环节相对应。如果一位教师初步尝试按照"民主型班级"的要求来策划主题班会,并像这样来理解和应用这个教育思路的四个环节,这当然是可取的。不过,与上述选择相比,更值得倡导的是第二种选择:间接参照教育思路的四个环节。"敞现—辨析—选择—生成"可被理解为问题解决过程中的四个"思考要素"或"思考顺序",而不仅仅是具体活动中的四个"活动步骤"或"操作程序"。换言之,如果一位班主任对班级管理尤其是班级活动的专业属性有了更精深的领悟,他完全不必拘泥于直接套用这四个环节,而是间接地参照这四个环节,帮助学生在群体交往中经历一段人格发展之旅,在事务处理中感受心灵成长之路。

上述第二种选择就相当于一位特级教师可以运用成熟的教学思想或思路,而不必拘泥于一套教学模式的几个环节。进一步来看,还可以围绕这个班会,系统考虑整个"大项目"(上述活动方案中的"活动结构"部分)解决发展问题的过程。据此,整个"大项目"解决发展问题的过程可大致区分为如下四个环节。

第一环节:敞现网络带来的复杂情形。从表面上看,同学们是通过一系列的前期"小活动",特别是调查研究和为创作节目而搜集资料来"发现"网络带来的复杂情形的。不过,如果深入分析,就会看到:这些情形其实是通过学生睁开自己的眼睛看见、敞开自己的心扉而"敞现"出来的;换言之,无论是外部世界的各类新现象,还是内心世界的种种新体验,要么已经就存在,要么已经在生成的过程之中。只不过,这些情形以前都需要通过成年人的"有色眼镜"过滤、选择和加工之后再"呈现"在同学们眼前,而现在却交由学生自己睁开双眼去观察、敞开心灵去感悟,让这些情形直接"敞现"在发展主体——每一位同学面前。这些情形包括网吧的诱惑和师长的劝导,电脑带来的麻烦和由此反映出的时代变化和家庭生活(包括孩子的学习生活),同学们利用电脑、网络的真实情形和他们自己的评价,家长的希望和焦虑……同时,还可以看到:学生原生态的创作和表演,也是他们原生活力毫无拘束地释放、自主思考的自由自在地表达,由此敞现出来的还有他们自己未经更多修饰，尤其是没有被固化的套话和僵化的思路"修理"过的灵气。

第二环节：辨析不同方向的成长体验。在敞现复杂情形的基础上，同学们不是简单地沿用或模仿庸常见到的成人化的思路，用抽象的"真理""黑白分明"的话语对具体、复杂的现实情形作简单化的判决（包括模仿成人口气的控诉、赞美或禁止、提倡等简单选择），而是凸显发展主体的自觉意识，用自己的眼光和主见来辨别网络的利弊（包括在不同时间、不同的活动内容中的具体情形），体会沉迷网络的原因和一时的畅快、内心的纠结、事后的悔恨，进而通过全班交流来进一步探讨：如何思考得更全面、更明智？这样，通过辨析具体事例之中蕴含的复杂情形、多元体验，一个个具有独特性、差异性的场景（而不是同一化、模式化的描述）都有可能成为激活学生内心世界、激发大家探索的意义空间，由此激发他们用更高级的多元智慧（而不是弱智式的标准答案）来辨析自己可以达到的更高境界的发展空间。——在这里，更为深层的道理在于：多元信息更能促成每个人的高级思维，不同人和事的差异恰好是更有价值的教育资源，自主而开放的交往过程能让整个群体一起进入更高层次的思想空间。

第三环节：选择共同创造的成长空间。显然，经过前面的"敞现""辨析"，同学们已经携手来到一个共同打开的新空间。应该看到：学生来到学校，特别是进入具有稳定、持久和深入的交往关系的具体班级之中，每个人的发展就不再只是"个体式"的，而是"生态式"的；换言之，每个人的学习生活不仅是个人的，也是共同的。在这里，不应延续一种僵化的思维方式，即在"个体"和"集体"之间采用两极对立、只能择一的思维，而应该采用灵活的、生态式的思维方式，将"个体"所在的"群体"视为一种成长生态，看到两者之间的相互关联，进而追求同时实现个体发展和群体发展。具体到这次的班会，每一位同学不再停留于个体孤独探索，而是将个体的自主探索和自觉参与的群体交往相互贯通。于是，每个人主动开拓的新空间，也就成为大家共享的新天地；同时，大家相互激发活力、一起创造的成长空间，又成为培育每位同学人格系统的新生态。这包括每个人在参与竞答和相互交流的过程中认识到自己的意志品质，共同欣赏节目和一起聆听家长来信，进而相互商议如何安排好课余生活……经过这样的努力，每位同学得到的发展空间将更为开阔、更为多元，由此作出的选择将更为合理、更为明智，他们更有可能成为信息社会的主人。相比于由老师或家长规定的发展空间和路径，特别是由落伍的观念、僵化的思维规定的标准化选择，新时代的学生显然可以进入更为自主、更为高雅的新境界。

第四环节：生成网络时代的生活智慧。就在前面的探索历程中，同学们面对网络时的生活智慧已经在逐步生成，而不是接受预定的标准答案。正如很多研究者所用的一个比喻——新生代的孩子们才是网络生活、数字时代的"土著"；相比于他们，已经成年的老师和家长只能算作是"移民"甚至是"恐龙"（史前动物）。这就是说，孩子们必须在新的时代、新的社会生活中自主探索、相互牵手，在共同创造新的空间的同时生成新的生命智慧，而不可能仅仅依靠"移民"或"恐龙"的已有智慧来过上新时代的幸福生活。就这次班会来说，同学们结合班级网页的制作和改善、班中几位聪明用网的同学的行为表现，畅想努力开创网络时代新生活、争当信息时代新少年的精彩主意，这就不仅仅是在"就事论事"地探讨如何处理具体的事务,更是在探索如何通过"成事"的过程实现"育人"的价值,在共同开创的更美好的班级生活中培育每一位同学更高雅的人品和智慧。

学生写的两份体会(见下文)可见证他们的成长体验——既有顺利完成活动即"成事"的成就感,更有"成人"过程中的人格体验。

学生体会
8-1

失败乃成功之母
应同学

终于等来了准备已久的主题班会。前几周,任务一布置下来,同学们就开始争先恐后完成自己的工作……

我也担负了两项工作,一项是和宋同学、王同学、施同学表演小品。其中我和施同学饰演父母是这次我在班会"N"多困难中最大的一个,每次在排练中我都会为了这个"NG"①好几次。"嗨,真是台上一分钟,台下十年功啊!"

相声中的这个故事主要是说:小骏(宋同学饰)与同学沉迷于网吧。为了上网他偷拿家中抽屉里的钱,为了上网他一晚上不回家,为了上网他好几天不上学……最后老师和父母齐心协力共同挽救他。整个小品让人又失望又心痛:原本一个活泼开朗的同学由于沉迷于网吧失去了自我,让人不禁为之而震撼。

我的另一项任务就是同学问卷调查的反馈,它基本可以概括我班大多数同学的上网情况……在做这份问卷调查时,我们遇到许多困难,尝尽了"酸、甜、苦、辣"。当我做的演示文稿一次次被老师退回时,我会对自己说:有了 N 次失败,那么第 N+1 次就一定会成功。"失败乃成功之母",我始终相信这一点。

学生体会
8-2

不用怕,我能行
刘同学

周五时我班在上午第四节课举行了主题班会"网络,让我们健康成长",当时华东师大的老师和我们学校其他班级的班主任、校领导都来了,同学们十分紧张,而老师则不断安慰大家叫我们放松……

主题班会顺利地进行着,眼看马上就要轮到我了,我的心跳得十分厉害,就像抱了一颗炸弹一样,十分恐慌。看着讲台前的主持人和其他的同学们自如的表现,于是我对自己说:"刘同学,不用怕,你能行的。"当主持人叫到我的

---

① NG 就是 Not Good(不好)。这是指演员在拍摄过程中出现失误或笑场或不能达到最佳效果,需要让演员重演一次的镜头。

时候,我拿着演讲稿,手有些发抖,但还是撑了下来! 我很高兴能顺利完成任务,超越了昨天的自我! 同时,我觉得这次的主题班会还是挺成功的,除了结束时宋同学叫了一声:"我的饭啊!"导致同学们蜂拥而出,造成一定的遗憾,其他方面都很好。

十分凑巧的是,当天下午,我们去看了一部叫"网"的电影。在这部片子中有许多玩《仙境传说》的高中生。看着那十分美丽、三维立体感强又刺激的游戏场面,我不禁也被深深地吸引。网络是现代人类文明的结晶,拉近了人与人心灵之间的距离,拉进了人与世界的距离,人们可以通过网络宣泄对现实世界的不满,满足了人们渴望胜利、参与竞争、渴望冒险的心理,但网络也是一个危机四伏的地方,有一些不健康的内容对青少年的健康成长非常不利。

我觉得网上的东西太过缥缈,要有分寸地用网络,不可沉溺其中,要把握好一个"度"。人类发明了电脑、网络,就是为了能让我们享受到快捷的服务,而不是让人沉迷于"虚拟世界"中不能自拔,忘记了自己身处于现实世界里。

三、围绕主题活动促进班级整体发展

如同学科教学中的每节课、每个单元需要完成相应的教学任务,班级活动也要致力于解决学生的发展问题(而非应付成年人单方面规定的各项事务);同时,围绕着阶段性发展问题的解决,班级生活的整体品质应该得到实质性的提升(可参阅本书附录中的相关工具予以检测)。这就是说,应该在带领学生开展主题活动的同时,兼顾班级生活的所有领域,让"主题活动"与"组织建设""文化建设"相互支持,共同促进班级整体发展。例如,上述主题活动"大项目"之前、之中、之后,初一(1)班的其他领域都在同步探索,从而在整体上建设"民主型班级"。在"组织建设"领域,每个小组的同学积极参与献计献策、投入班会策划,班委带领下的策划小组和每个小组的同学之间开展积极有效的互动,这让班级生活既有良好的秩序,又能生成新的活力;在"文化建设"领域,同学们主动创作作品、策划和实施主题活动的过程,不仅让班级的人际关系更为和谐,而且也为班级环境的各个栏目提供了鲜活的资源……

为了让"民主型班级"达到更佳状态,可以更全面地考虑如何围绕主题活动促进班级整体发展。这可从如下两个方面来考虑。

(一)以系列主题活动为主线的班级管理整体格局

超越"跟随潮流"和"就事论事"地开展活动的常见情形,理清学生的发展主题并据此开展系列活动,这可成为班级管理的工作主线。不过,班级管理这一领域的工作毕竟不只是开展主题活动,因此,还有必要进一步理清系列主题活动与班级管理的其他方面之间的联系,由此构成一个整体格局。根据已有的经验来看,班级管理的这种整体格局可分三个步骤来构建。

首先,将班级管理区分为三个领域——组织建设、班级活动、文化建设。班级管理工作内容庞杂、事务繁多,若将这些工作内容划分为组织建设、班级活动、文化建设这三个领域,形成更为系统的工作方法,就可以有条有理地维护班级秩序,并在此基础上推

进学生发展。(注:有的同行采用"班级文化建设"这个概念来取代"班级管理"或"班主任工作",此时,可以把这里所说的三个领域改用制度文化、活动文化、环境文化等术语。)

其次,将三个领域之中的"班级活动"作为最重要的教育领域来开发。这有三个理由:其一,只有通过活动才能让一个人与外部世界相互沟通,从而让自己的精神生命得以不断发展,如同只有通过呼吸或其他新陈代谢活动才能让自己的生理生命得以不断生长。其二,班级活动是最能让班主任不亚于学科教师素养的专业本领得以充分施展的领域。其三,在班级活动这一领域中,可采用两个层次的"系列活动",形成促进学生一步步发展的活动系统,犹如每门学科中促进学生发展的一个个"单元"和每个单元中的一个个"课时"的学习活动。

再次,以"班级活动"领域的两层"系列主题活动"为主线,融通三个领域。这就是说,让"组织建设"和"文化建设"融入到这条工作主线之中(见图8-1)。与之相比,需要超越的情形有如下两种:其一,以"组织建设"为核心,满足于维持班级秩序,班级活动与文化建设则随机进行(往往根据上级布置来做,而不强调关注本班学生独特的发展需要)。这就是"管制型班级"的情形。其二,三个领域相互并列,并在此过程中适当敞开学生自主活动的空间,但不强调根据学生一个学期或一个阶段的发展主题来开展系列主题活动。这大致相当于"自主型班级"的情形。

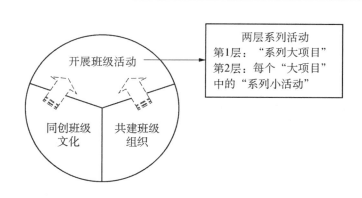

图 8-1

班级管理
(班主任工作)
的整体格局

在这样的整体格局中,以"班级活动"(特别是两层"系列活动")为班级管理的核心领域,可让"组织建设"和"文化建设"这两个领域从两个方面发挥作用:(1)基础性作用,即让组织建设和文化建设进入正常且充满生机的状态,为开展系列主题活动提供良好的基础条件。(2)拓展性作用,即根据系列主题活动的需要,通过组织建设引领同学们积极参与、合理分工,通过文化建设敞开更为辽阔的空间和舞台,让师生主动创造并自豪地展示生命活力。例如,通过教室文化栏目或网络平台及时发布主题活动中搜集、整理和生成的信息,如照片、视频、同学们写出的成长故事或体会,及时编辑班刊、班报或各小组、各位同学的"手写小报";与此同时,协调班干部或"小岗位"的分工,通过灵活的管理方式让同学们自豪地承担相关任务(如班刊或黑板报主编、节目导演、协调员)……

就上述案例所在的这个班级来说，第二章重点探讨的针对"亲子沟通"开展的活动也是该班的系列主题活动（见表2-2）。从这个系列活动来看，围绕着这一工作主线，师生在其他两个领域也都作了积极的探索。于是，可以看到新的工作格局。

表8-3

以"班级活动"为主线的班级管理整体格局

班级活动		组织建设	文化建设
系列"大项目"	系列"小活动"		
……	……		
十四岁，我们正在长大	……		
理解父母，我心舒畅	……	1. 共同参与制定班级发展计划； 2. 常规班委； 3. 值日班长，轮流任队长； 4. 设立类型丰富的岗位。	1. 通过岗位评议，形成民主的人际关系； 2. 班级环境设置多个栏目，敞开心灵对话的新空间。 ……
我沟通，我自豪	1. 写前面活动中的感受或成长故事； 2. 收看"十四岁生日仪式"等录像； 3. 组内调查：我和父母的争执或分歧； 4. 分组策划新班会，分工准备班会； 5. 主题班会"主动沟通"； 6. 实施"亲子沟通"行动计划； 7. 记录新的体会和故事，分享交流。		

注：1. 在这样的班级管理整体格局中，"班级活动"是工作主线，其他两个领域——"组织建设"和"文化建设"为"班级活动"提供基础性、拓展性的服务。

2. 上面这个表格，实际上就是我们主张由师生共同制订的"班级发展计划"（包括班级发展基础、班级发展目标、班级发展措施三个部分）中的最重要的部分"班级发展措施"。显然，在学期开始时，这个计划中的系列"小活动"只能是初步设想，因为其具体内容往往要随着学生发展的实际而不断生成。

（二）在班级管理整体格局中灵活调整具体工作内容

在上述案例所在的班级之外，还可以看到很多班级的类似探索。在"班级活动""组织建设""文化建设"融为一体时，组织建设领域中的"改选班干部""竞聘小岗位""小岗位任职感受交流"（或"谈谈岗位苦和乐"）和文化建设领域中的"我是教室美容师""为班级网页添光彩"等主题就可以生发出来。如有必要，可以将其开发成主题活动，融入班级管理的工作主线——两个层次的"系列活动"之中。这就是说，可以在班级管理的整体格局中灵活调整，而不是机械地划分这三个领域。这方面的尝试主要有如下两种。

1. 利用主题班会处理组织建设中的管理事务

组织建设是班级管理的基本层面，可以为开展系列化的、逐步引领学生往更高境界发展的主题活动提供基础条件；同时，它也可以采纳主题活动中生成的一些新的班级生活规范，从而推进组织建设水平的提升。在这方面，许多班级都曾就民主选举班委会、全班同学共同制定班规、通过开展主题班会的方式商议如何处理协调春游活动等事务。

当然，究竟何时将组织建设中的常规管理事务开发成班级活动主题，如何据此策划和开展主题活动，这都应该根班级发展的实际需要来灵活选择。如有必要，可以围绕一个核心问题,系统策划一个"大项目",据此推动整个班级生活进入到一个新的境界。下面这个"大项目"活动方案,可为此提供一些借鉴。

案例 8 - 3

选出新班长,激发新活力①
——初二(3)班"民主改选班长"主题活动方案

一、活动主题及依据

（一）活动主题

选出新班长,激发新活力。

（二）选题理由

在前面的学科教学改革中,虽然采取了一些举措,但进展不大、效果不明显。根据老师们的反映和同学们的反思,发现其中一个重要原因在于班级的整体精神面貌不够理想,同学们学习积极性不高。例如,班级生活出现了一些生动的内容,但积极向上的蓬勃气象还不明显;虽然也意识到要有更好的学习表现,但缺乏明确的个人学习目标和班级奋斗目标,也缺乏积极拼搏、力争向上的斗志;大家都希望有个好的班级氛围,但却缺乏团结精神;班干部主动管理的能力不强,往往需要最后动用班主任的权威。

面对这样的情况,班主任和同学们商议,通过改选班委会来激发大家思考如何解决这些问题。这并不意味着原来的班委不合格,而是需要全班同学一起来思考如何让班级有新的发展,激发出新的班级活力。因此,原来的班委也可以参与新的竞选。经过协商,同学们决定先选出班长,再由班长"组阁"、组建班委会,并征求同学们的同意。

二、活动目的

1. 通过竞选班长的活动,激发同学们分析班级现状、探索发展思路的热情和智慧,锻炼同学们的胆量和自信,勇于表现自己,主动为班级服务。

2. 通过公平、公正、公开的竞选活动,更新班干部队伍,提高班干部策划班级发展、实施班级活动的能力,提高班级生活质量。

三、主题班会之前的系列"小活动"（"主题班会"的前期准备）

1. 通过问卷调查了解同学们对班委和班级发展的看法。调查表明,同学们习惯于对班干部角色的传统理解——协助班主任管理班级、为同学们做好具体的事务;班干部的主要职责就是维持班级的正常存在、常规运行,落实老师布置的任务。尽管如此,同学们对于通过担任班委体验不同角色、不同职责表现出明显的兴趣,并期待新的班委能够以身作则,带领同学们把班级建设得更好。

2. 讨论出竞选程序。决定匿名张贴竞选纲领,然后就竞选纲领选出三位同学参加最后竞选。这是为了避免以前的选举方式的两个弊端:其一,每个人脑子里只有那些"老干部",改选也就会成为一种形式,埋没了许多有才华的"精英";其二,有的同学只选自己的好朋友,根本不看是否符合要求。

① 这是根据作者于 2002 年亲自参与的上海市静安区一个初中班级的主题活动整理而成。

3. 撰写竞选纲领,并匿名公示一周。每一位有兴趣的同学写出自己对班级情况和班委会改选这件事的认识,初选出其中合格的几份作为《竞选纲领》匿名编号张贴出来,让同学们在一周内评阅、讨论。

4. 针对匿名张贴的几份《竞选纲领》投票,选出三位竞选者。然后,三位竞选者可以准备在主题班会上公开竞选,包括组建自己的"内阁"、通过多样化的方式宣传自己的"施政思路"。

5. 各组同学准备对竞选者提出有挑战性的"考验题",包括通过小品等方式呈现班级生活场景。

四、主题班会的主要环节(作为核心"小活动")

(一)三位竞选者陈述《竞选纲领》

三位竞选者依次登台陈述自己的《竞选纲领》。可以根据自己的需要,组织团队,通过多种方式(如展板、小品、相声等)来宣传自己的想法。

(二)各组同学提出自己关心的问题来"考"三位竞选者

1. 各小组拿出事先准备好的提问内容(可以适当调整)。主要集中在如下几个方面:(1)班委会如何倾听同学意见,以身作则,抓好常规管理。(2)针对学习状态不够理想的情况,如何提高同学们的学习热情。(3)针对班级凝聚力不够强的问题,开展哪些活动。如果可能,可以事先请一些同学准备一些反映班级生活状况的小品,用来"考验"竞选者的应对措施。

2. 在让三位竞选者回答时,鼓励他们相互提醒、补充。

(三)同学们投票、唱票,并分小组对新任班长提出希望

1. 投票。

2. 派三位同学唱票、监票。

3. 在唱票的同时,各小组写下对新任班长的希望。

(四)总结

1. 当选者发表"施政演说"。

2. 班主任总结。

3. 全班齐唱班歌。

五、后续活动的设想

1. 新任班长"组阁",提出新的班委人选,并征求同学们的意见。

2. 新任班委针对《班级发展计划》提出调整意见,尤其是如何组织同学们开展自主活动。其中,汲取多份《竞选纲领》中的好主意。

3. 依照新的计划,开展班级活动。

上面这个"大项目"活动方案,并不是将"民主竞选"作为一个"就事论事"的工具,也没有满足于班长和班委配合老师维持纪律的基本要求,而是根据班级生活的新需要,围绕竞选班长这一中心任务,激发全班同学一起参与反思、展望班级发展,激活每一位同学民主参与班级事务的意识。在此过程中,新的班长就会主动锻炼自己的思考能力和执行能力,感受到大家的信任和后续班委会工作的挑战,并学会跟同学们民主协商、共同策划和落实班级管理的新举措,包括制订并实施班级活动计划。于是,通过活动来"成事育人"的追求就得以逐步落实在具体的活动之中,班级的组织建设也就有可能迎

来新的局面。

2. 通过主题活动推进文化建设

班级的文化建设也具有日常性，但在一定的时候，它也可以成为班级的阶段性主题活动。这既包括根据学校生活的总体部署（如艺术节、迎接新学期或"庆元旦"、迎接奥运会之类的大型活动）而开展的美化环境、营造教育氛围等，也包括根据班级的实际将精心装扮教室等活动开发成逐步引领学生运用审美的眼光来观察世界、美化生活的系列教育活动。下面就是一个班级曾经开展过的这类活动的方案。

案例 8-4

"我是教室美容师"主题班会方案①

一、活动目标

1. 鼓励并组织学生积极参与"教室美容"工作，主动承担或与同伴共同承担其中一项工作。在活动中进一步培育学生的班级主人翁意识。

2. 以"教室美容"为载体，创设学科整合的时空，在此过程中，增强合作意识，学习策划方法，提高审美能力。

3. 启动用"班级文化建设"提升"班级建设品质"的探索，沟通岗位建设与文化建设的内在联系，通过岗位工作将班级文化建设逐步制度化。

二、制定活动目标的依据

1. 学生分析

三年级学生大多在 9、10 岁的年龄。较之于低年级孩子，他们的知识经验丰富了、自主意识增强了，逐步减少了对教师、家长的依赖，活动中表现得较有主见，还有了一定的组织能力。

但就是这样一群处于儿童期向少年期过渡的孩子们，还无法找到个体与集体共同发展的连接点。他们的自主意识强，但自我管理能力还不够；虽有合作意识，但还欠缺合作的能力和方法。因此，应该关注这个年级段的班级文化建设的重要性和特殊性。

2. 活动背景

班级文化建设有多层结构：最显性的是教室环境布置；处于中间层面的是班级的制度、各项比赛获奖等方面的情况；最隐性的是班级人际关系和班风。本班在低年级时，由于受学生能力限制，班级的文化建设（主要是外显的教室环境布置）呈现出教师主导、学生参与的状态。这一起步阶段其实也不可或缺，它是学生模仿学习、积累经验的基础阶段。进入中年级后，随着学生视野的开阔、能力的提高、需求的增加，对班级文化建设的参与意识明显增强。既然"教室的环境布置"是班级文化建设最显性的层面，何不利用"我是教室美容师"这一主题活动，为学生成为班级文化建设的主力军提供锻炼的舞台呢？

---

① 这是常州市第二实验小学的邵沪杰老师带领学生开展的系列主题活动之一。参阅李家成等：《"新基础教育"学生发展与教育指导纲要》，广西师范大学出版社，2009 年版，第 181—185 页。

基于此考虑,用班级活动这个"小支点"撬起班级文化建设这个"大地球"的构想出现了。为了能较好地达成活动目标,师生静下心来讨论,该怎样围绕主题有序地开展活动,并在此基础上形成了活动系列。

三、整体性的活动格局

（一）系列"大项目"

序号	1	2	3	4
名称	展望"美容"前景	展开"美容"行动	展现"美容"风采	展示"美容"成果
内容	参观他班教室,汲取亮点经验,畅谈理想教室	确定改进项目,自主选择申报,小组分工合作	每组汇报展示,大组交流互动,实施多元评价	吸纳改进意见,完善班级制度,分享成长快乐

（二）本次活动设计

本次活动是"我是教室美容师"系列活动的第三阶段。由于前期各个小组都是分头准备,虽然"美容成果"已逐步在教室显山露水,但小组与小组之间还是缺乏沟通与了解,小组意见还没有得到全班同学的认可,还未趋于"完美"。因此,本次活动主要有两方面内容:其一,前期活动成果的汇报与交流;其二,形成班级布置新的格局,将班级文化建设推上新的台阶。

本次活动中的"主题班会"的基本过程,见下表。

活动环节	教师活动	学生活动	设计意图
唱响"美容师之歌"	组织演唱。	唱响本次活动主题歌——"教室美容师之歌"。	强化活动主题意识,营造和谐、愉悦的活动氛围。
展现"美容区风采"	1. 谈话,揭示活动主题。 2. 组织各小组汇报、交流、互相评价。 3. 随机点评,肯定学生的成长,提升学生认识和活动内涵。	1. 各小组用不同的形式介绍自己美容区的内容。 2. 现场与其他同学互动:征求意见、求助、评选…… 3. 小组成员通过商议,对其他小组作出评价。	一是对前期活动成果的汇报与交流;二是要形成班级布置新的格局,将班级文化建设推上新的台阶。
亮出"美容区广告"	1. 组织各组成员进行小结式活动。 2. 布置后续活动内容及要求。	1. 小组快速商议、亮出广告。 2. 明确后续活动内容及要求。	激发学生的成就感,并为后续活动作好情感铺垫。

在这个案例中,"我是教室美容师"系列主题活动中的每一项都是一个"大项目",每个"大项目"中实际上开展了一系列"小活动"。于是,可以看到:这样的系列主题活动

的开展过程就成为这个班级在三年级这个阶段的一段豪迈的发展历程。班主任之所以能够有这样的战略构想,是因为她有一个智慧型班主任的战略视野。我们可以在下面的陈述中看到这种战略视野。

> ……自从开展"我是教室美容师"主题系列活动后,我一直在思考:这样一个文化小团体已初步形成,该开展怎样的后续活动才能使他们继续保持良好的合作状态,进而从单一的"教室环境布置"活动进入到"班级文化建设"这一层次上来呢?此时,每天10分钟的夕会活动进入了我的视野……
>
> 如果说"教室环境布置"是活动的外显形式的话,随着系列活动的深入开展,一种内隐的"班级文化"正在悄然成型。它是一种由学生能力的纵向提升与学生视野的横向拓展相交织的立体文化。学生能力的纵向提升是指学生从一开始纯粹的动手操作能力到后来的审美能力、合作能力、展示能力的步步提高;学生视野的横向拓展主要是指因各个美容区主题指向各个不同视角,学生在与各个美容区活动亲密接触的过程中,也自然与外面的大世界有了或多或少的沟通,视野随之逐步拓展。[①]

在班主任的这种战略视野中,学生的发展就会越来越有气魄,同时也越来越具备精深的品质。这证明:智慧型的班主任带领学生主动开拓的发展空间确实可以让人充满更大的希望。

上述案例表明:"组织建设"和"文化建设"中的资源可以汇成"班级活动";反之,在系列"班级活动"中生成的一些资源也可以融入"组织建设"和"文化建设"领域,例如为提高同学们的自主管理水平而建立班级生活的新规范,将活动中产生的新信息放在教室的环境建设之中……总而言之,在班级管理的整体格局之中,一旦理清了开展"系列主题活动"这条工作主线,就可以灵活调整具体的工作内容与活动方式,共同服务于提升学生的精神生命质量。

第二节　围绕系列"大项目"制订发展计划

一个"大项目"的整体设计,需要立足班级生活,尤其是着眼于满足学生的发展需要(其中最重要的是"自豪的需要")。随着学生发展内容的逐步丰富、学生发展品质的稳步提升,系列"大项目"也就可以在班级生活的整体格局中逐步生成。沿着这个方向,再往前面努力,就可以尝试主动策划系列"大项目",并以之为主线整体规划一个学期的班级发展格局。

此时,根据一些智慧型班主任通过实践创新形成的典型案例,至少可有两种选择可作参考:一是在班级生活中"自下而上"地逐步生成系列"大项目"并由此整体提升班级

[①] 参阅邵沪杰:《让"教室环境建设"成为"班级文化建设"的"启明星"——记主题系列活动"我是教室美容师"的开展历程》,载于李家成等:《"新基础教育"学生发展与教育指导纲要》,广西师范大学出版社,2009年版,第181—185页.。

发展境界;二是在充分调研和发动的基础上"自上而下"地主动策划系列"大项目"并同时整合班级生活的三大领域:主题活动、组织建设、文化建设。

在这里,我们就结合相关的案例来具体探讨一下这两种选择的具体情形。当然,以这两种选择为参照,每一位班主任在自己的工作中完全可以灵活取舍、主动创新,让班级中的所有学生都在建设"民主型班级"的历程中得到更好的发展。

一、在班级生活中逐步生成系列"大项目"

这里,可通过一个案例看到其中出现的创新和最终实现的关键突破——在班级生活中"自下而上"地逐步生成系列"大项目"并由此整体提升班级发展境界。这是一位智慧型教师在多年的工作中持续追求专业创新,并不断推出新的创意而带来的成果。这给我们的研究带来了很多重要的启发,特别是在探索建立新形态的班级发展计划方面提供了原创性的启发。

(一)典型案例:历经四次探索,建立班级发展计划的新形式

上海市闵行区陆敏老师在参与"新基础教育"(参阅补充材料1-2)研究的过程中,持续探索,在班级建设领域有所创新。其中,在2003年9月开始的那个学期中,她在与华东师范大学几位学者直接合作的过程中主动尝试,逐步经历了四次探索,最后形成了一份新型的班级发展计划——这份计划也是我们研究"民主型班级"时采用的一个标志性的参照系。

1. 教师主导,采用流行的活动形式

2003年9月,陆老师新接了一个班级。为了设计出一份有特色的班级计划,她在暑假特地研读了许多期刊上的文章,精心构思了几天。最后,她采用当时最流行的、最有效果的体验活动,设计了"一日小校工、一日小班主任、一日小辅导员"等活动,想让学生在活动中体验到他人的辛苦,尊重他人的劳动,促使学生各方面得到成长。

一开学,她就向华东师大的卢寄萍老师和李家成老师谈起如此精心设计的新学期计划。但是,两位老师的话惊醒了她,"这个活动是你自己想搞的,还是学生想搞的?任何活动,只有学生自己想搞的,学生才会喜欢,才会有效果,才会有生命力。"这引起了她的反思。

教师笔记 8-1

我陷入了沉思之中。

是啊!我做了好些年班主任了,搞了无数次班队活动,每次几乎都要花心思、花功夫精心设计,可是,结果却不一定成功。

我发现:针对学生实际精心设计的一些班级活动,如"让我们设计我们的家"确实很有效果,但是,有些设计事先没有调查研究,只是参照别人的实验,自己苦思冥想出来的活动,如"我为环境出金点子",花了我许多的精力,但学生往往并不热情,在活动的过程中被动地听指挥,而且行为习惯在活动之后没有什么变化。

看来,流行的并不是最好的。我制订班级计划时不该包办代替,而应该了解学生的具体情况,针对学生的实际情况设计活动,这样才能让班级成为学生自己的家。

2. 学生参与,更新主题和设计思路

随后,她重新研读资料,改变了"想当然"的思维模式,抛开原先的设计,一头沉到学生中间作调查。

她开始从学生现状入手,向前任班主任了解,开学生座谈会,举行一次主题班会"进入三年级,我想……"。通过调查,她看到:本班学生大多数认为自己的学习成绩、运动能力都不行,长期以来没几个人得到奖状,所以,对自己班级也没信心。他们觉得自己很差。她让他们向老师介绍——说说自己的班级是怎么样的? 自己是怎么样的? 学生们都回答:"我们很差的。""我们不行的。"……她还注意到:上课时有的学生根本不敢举手发言。

> 了解到这些情况,我很痛心:一个班级的学生如果总是存在着这样强烈的自卑的心理,还怎么能拼搏? 怎么会进步? 老师与家长的帮助只是外力,要成功,最重要的是要激发他们的内在动力。只有让他们树立起自信心,整个班级才能健康成长。因此,这个班级存在的实际问题不是"看不到别人劳动的辛苦",而是如何"不害怕学习的辛苦"、如何"战胜困难去争取成功"。
>
> 那天,我和学生一起讨论了许久。由于三(3)班的班徽是"小青蛙",我就提议用"呱呱叫"作为班级目标。孩子们被我的童心之语感动,纷纷发表自己的意见,热情地建议改为"顶呱呱"。这个"顶"字表达了他们不甘心一直居人后的心情。我很开心,立即赞成。最后,我们为班级选择的口号是:"我们顶呱呱!"

教师笔记 8-2

然后,陆老师正式设计了一份新的《班主任工作计划》。当时,她自己感到挺满意。这回,每个活动都紧扣着"顶呱呱"来开展,每个月都有主题。她相信:孩子们肯定会欢迎的。

案例 8-5

三(1)班第一学期班主任工作计划

一、指导思想

根据校工作计划和德育工作计划,结合"新基础教育"理念,遵循小学生的心理发展规律,关注他们生命成长的需求,进一步抓好班级文化建设,努力探索新型理想的班级模式。

二、活动的口号

让我们每个人都顶呱呱!

三、实施计划

九月

1. 暑期工作小结。

2. 做好低年级向中年级过渡衔接工作:(1)向低年级的班主任了解学生的思想、生活、劳动、学习和行为等各方面的情况。(2)与学生个别谈心,召开干部会议、学生座谈会，了解小干部、特殊学生及班级集体情况。（3）主题班会"跨入中年级，我在想……"。

　　3．做好班级文化建设工作：（1）师生共同设计布置"我们的家"——顶呱呱俱乐部。（2）学做"一日班主任"。（3）开展"顶呱呱找岗位"的活动，既加强学生的自我教育能力，又加强了班集体的凝聚力。

　　4．动员家长参加"上海市家庭亲子共同学习节"。"亲子生日卡展示"——瞧！我们一家有多棒；"亲子演讲比赛"——这一刻让我最感动；"亲子英语对话"——亲子情深。

十月

　　1．营造学生主动发展的教育环境。开展"顶呱呱夸妈妈"的活动，了解现代社会的瞬息万变、激烈竞争，及高速发展对人才素质的要求越来越高，让学生在爱家乡、爱上海、爱祖国的同时，激发学习的潜能。

　　2．动员家长参加"上海市家庭亲子共同学习节""家庭才艺比赛"。

十一月

　　1．以校园、社区为基础开展环境教育。包括"美丽的校园"征文、"美丽的一角"摄影、"校园美景"绘画、"节约用电"的调查活动、社区志愿者服务——护绿、保洁活动。

　　2．开展"爱科学"活动——"变废为宝"小制作比赛。

十二月、一月

　　1．开展"顶呱呱找快乐"的活动，让学生懂得怎么做会成为一个快乐的人，培养他们自律、合作、关爱他人的品质。

　　2．期末复习，勤奋教育。

　　3．期末各项评优工作。

　　4．主题班会"我是个顶呱呱的孩子"。

　　3．聚焦主题，整体设计主题活动

　　谁知道，华东师大的两位老师一针见血地指出：上面这份班级计划的主题与设计思路是从学生那里来的，但具体活动的安排却没有真正围绕让学生成长这个主题开展。

教师笔记
8-3

> 　　我仔细审视自己的杰作，终于认识到：由于长期的思维惯性，我还习惯于按照学校总体德育计划和大队部发下的计划来安排自己的班级活动，没有考虑到要与学生的成长挂钩。例如：十月份，学校的计划是开展爱祖国的教育——"夸夸祖国妈妈"，我的班级计划是开展"顶呱呱夸妈妈"的活动。因此，班级的活动就像学校活动的拷贝，没有自己的特色，更谈不上会针对学生个体的成长"因材施教"。

　　看来，在新的探索中应该做到：从"设计思路"到"具体活动"都围绕学生成长主题。为此，新的努力方向是：把大目标分解为小目标，一步步解决发展问题，兼顾学校任务和学生成长的分阶段活动,设计有班级特色的系列活动。

　　陆老师再一次从学生那里入手,先让学生谈谈:他们最想做到哪项顶呱呱?从哪方面入手最容易达到成功?当时9月正好有一个校运动会,许多学生都提出先争取在运动会上顶呱呱的建议。这个建议棒极了!同学们开始连报名都不敢报,有的家长也对孩子没信心,甚至要求老师取消孩子的参赛资格。不过,经过大家互相鼓励,在踊跃报名之后,同学们在运动会上努力拼搏,终于获得了12张奖状。接着,还有些同学提出要学习顶呱呱、发言顶呱呱⋯⋯

　　根据同学们的意见,陆老师考虑到三年级学生的心理,把"大目标"分解成"小目标",一步一步地解决班级所存在的问题。例如,9月——作业认真完成顶呱呱,10月——作业书写端正顶呱呱,11月——作业速度顶呱呱⋯⋯像这样,就可以通过一个序列又一个序列使每个学生达到作业顶呱呱的要求。

　　同时,从班级实际出发,针对目标,陆老师设计了既能完成学校任务又能促进学生个体成长的分阶段活动。下面就是其中的一个例子。

> **教师笔记 8-4**
>
> 　　根据学校的计划,10月份要开展爱祖国的教育活动。
> 　　我先设计让学生说说"上海的变化"的活动。随后,我发现:虽然这比"顶呱呱夸妈妈"有了不小的进步,从原先范围较大的围绕"爱国"的交流聚焦到针对"上海变化"的交流,学生对相关内容比较熟悉,但是,这还只能在一般知识上达到教育的目的。
> 　　在这个基础上,如何让学生通过这个活动将认识落实到行为上呢?我设计了让学生说说"上海在变,我也在变⋯⋯"的活动,从原先单一的让学生收集祖国和家乡变化的资料,扩展到既要收集家乡变化的资料还要找到自己在变的资料,把班级的实际情况与学校的任务相结合,把活动的实效落实到班级之中,落实到学生的行为上⋯⋯
> 　　在主题班会上,许多学生都谈到上海现在是"一年一个样,三年大变样",我们是"一个月一个样,三个月大变样";还有的学生谈到:"上海在日新月异,我怎么能慢慢地变?我会进步的!"
> 　　显然,重新设计的活动取得了较好的教育效果。

　　与此同时,陆老师还针对目标和活动设计了不同的考评活动。例如,9月开设"顶呱呱餐厅",每周进行上课、作业评比,达到目标的学生可上"顶呱呱餐厅"领"可乐""汉堡",比一比谁的"可乐"多,谁的"汉堡"多。10月开设"我为小队添星星"栏目,达到目标的学生可以为小队添一颗星,比一比哪个小队的队员最先完成任务。11月开设"我为班级添星星"栏目,达到目标的学生可以为班级添一颗星,比一比哪个队员最先为班级增光。从个人的比赛扩展到小队的比赛再扩展到班集体。

　　就这样,新的计划出来了。此时,它的性质已经不是传统意义上的《班级工作计划》,而是采用新的教育思想的《班级发展计划》,因为学生是发展主体,也是班级发展计划的执行主体。

案例 8-6

飞起我们的梦想
——三(3)顶呱呱

一、班级情况分析

三(3)班共 34 人,男生 17 人,女生 17 人。借读生 12 人。由于借读生较多,整个班级的集体荣誉感较差。班级的学习、纪律均属年级组后位。据任课老师反映,由于该班部分学生接受能力较差,且注意力不集中,上课纪律较差,因此造成学习很困难。在与家长交谈中又发现,该班学生动作太慢,大多数学生作业要做到晚上 9 点到 10 点,父母对他们很失望。在学生座谈会上,他们表现得很自卑,缺乏自信心,认为自己很差。

二、学生心理分析

三年级的学生应该有较强的好胜心和荣誉感,集体意识应该比低年级增强,但学生的自控能力和分辨是非能力尚弱,需要不断督促和鼓励。因此,本学期应结合"新基础教育"理念,遵循三年级学生的心理发展规律,从关注他们生命成长的需求出发,让三(3)班的学生树立起自信心和好胜心,增强他们的集体荣誉感。

三、本学期目标

让三(3)班的学生树立起自信心,增强他们的集体荣誉感,懂得为集体增光,成为三年级组顶呱呱的班级。

四、活动口号

让我们每个人都顶呱呱。

五、前期工作

1. 向低年级的班主任了解学生的思想、生活、劳动、学习和行为等各方面的情况。

2. 与学生个别谈心,召开干部会议、学生座谈会,了解熟悉小干部、特殊学生及班级集体情况。

3. 主题班会"跨入中年级,我在想……"。

六、实施阶段

分阶段目标	活动设计	考评人员
九月的目标 1. 上课认真听讲顶呱呱 2. 作业按时完成顶呱呱 3. 小岗位认真尽心顶呱呱 4. 运动会上顶呱呱	1. 开展"顶呱呱找岗位"的活动,既加强学生的自我教育能力,又加强班集体的凝聚力。每周考评作为下月中队干部竞选的参考。 2. 开设"顶呱呱餐厅",每周进行上课、作业评比。达到目标的学生可上"顶呱呱餐厅"领"可乐""汉堡"。开展比一比谁的"可乐"多,谁的"汉堡"多的活动。 3. 开展"校运动会上努一把"的活动。 4. 十分钟队会"其实,我还行"。	各科老师 小班主任

续表

分阶段目标	活动设计	考评人员
十月的目标 1. 大胆发言顶呱呱 2. 书写端正顶呱呱 3. 文明游戏顶呱呱	1. "上海在变,我也在变"诗歌朗诵会。 2. 优秀作业展评。 3. 开设"我为小队添星星"栏目,达到目标的学生可以为小队添一颗星,比一比哪个小队队员最先完成任务。 4. 中小队干部竞选演讲。	各科老师 全体队员
十一月的目标 1. 动作迅速顶呱呱 2. 热爱科学顶呱呱	1. "这一刻让我最高兴"——父母对孩子说。 2. "变废为宝"小制作比赛。 3. "美丽的校园"征文、摄影、绘画比赛。 4. 开设"我为班级添星星"栏目,达到目标的学生可以为班级添一颗星,比一比哪个队员最先为班级增光。	父母、自然常识老师、美术老师
十二、一月目标 1. 学习成绩顶呱呱 2. 帮助同学顶呱呱	1. 十分钟队会"我的学习方法顶呱呱"。 2. 开展"顶呱呱找快乐"的活动,让学生懂得怎么做会成为一个快乐的人,培养他们自律、合作、关爱人的品质。 3. 主题班会"快乐的顶呱呱"。	

4. 系统设计,融通三大发展领域

与前面第二次探索后形成的计划相比,这份计划有了进步。不过,陆老师很快发现一个重要的问题:重点关注了班级主题活动,却忽视了班级的组织建设工作,没有把班级的主题活动和日常工作相结合。显然,班级的日常生活质量是对学生个性发展产生广泛影响的经常性因素。丢掉了这一因素,等于丢掉了班级教育价值的重要的一半。只有把日常生活与主题活动相结合,才能产生最大的教育效应。这也说明,在前面设计班级计划时,还没有充分考虑到学生们的全面成长,在很大程度上还是"纸上谈兵"。

于是,陆老师开始了第四次的尝试,重新设计了班级计划。首先,把班级组织建设与班级主题活动有机结合,尤其是与各个学科、各项管理互相渗透。她认为:班级组织建设中的常规管理与教育,其实也是一种"虚主题"活动,可培养学生养成良好的习惯与性格,对人格的形成具有特别重要的作用。正因为是日常,所以会影响到"常日"——平常的日子。其次,把班级的环境建设、考评活动和主题活动有机结合,尤其在班级文化建设上下功夫。要把教室环境变为一种有效的育人氛围,产生一种"软效应"和"长效应",因为这也许会影响到孩子的一生发展。下面就是其中 10 月份和 11 月份的安排。

10月份主要是进行爱国教育和行为规范的训练,因此对应的行为达成目标是大胆举手发言顶呱呱、书写端正顶呱呱、文明游戏顶呱呱,设计的主题活动是优秀作业评比、文明的小游客、班会诗朗诵"上海在变,我也在变"。与之相应,其他领域采用相应的举措。

主题活动	组织建设	文化建设
优秀作业评比	每天练10分钟钢笔字	优秀作业展
(秋游) 做文明的小游客	行为规范教育	队角布置 ——学生的作文《美丽的秋天》
(班会) 诗朗诵"上海在变,我也在变"	收集反映上海变化的资料	黑板报《走进十月》 ——上海变化 小青蛙报《超级变变变》 ——你变我也变

11月的目标是"动作迅速顶呱呱",主题活动是"这一刻让我真高兴——父母对孩子说",让父母评价孩子的近期表现(如写作业的速度),对应的班级文化是小青蛙报《合理安排时间》——介绍名人合理安排时间的方法,学生介绍自己动作迅速的诀窍。这样的安排,可起到很好的指导作用,有效促进学生的成长。

此外,在制订计划时,陆老师还注意在计划的实施中建立反思与评价机制,这不仅有利于有效实施计划、开展活动,还可以促使学生在参与制订计划时提高自主能力。其中,为了开展一些个性化的活动,就在班级环境布置中增设了"我的天空"栏目,每个学生都可以在这里申请举办个人展——个人摄影展、个人绘画展、个人作文展、个人书法展……让学生都有一个展示自我的舞台,起到很好的教育效果。

我们顶呱呱
——三(3)班发展计划

一、班级情况分析

三(3)班共34人,男生17人,女生17人。借读生12人。由于借读生较多,整个班级的集体荣誉感较差。班级的学习、纪律均属年级组后位。

二、学生心理分析

三年级的学生应该有较强的好胜心和荣誉感,集体意识应该比低年级增强,但学生的自控能力和分辨是非能力尚弱,需要不断督促和鼓励。因此我认为本学期应结合"新基础教育"理念,遵循三年级学生的心理发展规律,从关注他们生命成长的需求出发,让三(3)班的学生树立起自信心和好胜心,增强他们的集体荣誉感.

三、本学期目标

让三(3)班的学生树立起自信心,增强他们的集体荣誉感,懂得为集体增光,成为三年级组顶呱呱的班级。

活动口号:让我们每个人都顶呱呱。

四、前期工作

1. 向低年级的班主任了解学生的思想、生活、劳动、学习和行为等各方面的情况。

2. 与学生个别谈心,召开干部会议、学生座谈会,熟悉小干部、特殊学生及班级集体情况。

3. 主题班会"跨入中年级,我在想……"。

五、调查情况分析

据任课老师反映,由于该班部分学生接受能力较差,且注意力不集中,上课纪律较差,因此造成学习很困难。在与家长交谈中又发现,该班学生动作太慢,大多数学生作业要做到晚上 9 点到 10 点,父母对他们很失望。在学生座谈会上,他们表现得很自卑,缺乏自信心,认为自己很差。

六、实施阶段的安排

每月目标	周次	主题活动	组织建设	文化建设
九月 1. 上课认真听讲顶呱呱; 2. 作业按时完成顶呱呱; 3. 小岗位尽心称职呱呱; 4. 运动会努力拼搏顶呱呱。	1	主题班会"跨入中年级我……"	1. 暑期工作小结; 2. 讨论制定班规。	1. 贴班徽,班级口号"我们顶呱呱"; 2. 布置《小窗口》班规、课程表、十分钟岗位劳动表、小家务岗位。
	2	开展"顶呱呱找岗位"的活动,既加强学生自我教育能力,又加强了班集体凝聚力。每周考评作为下月中队干部竞选参考。	落实十分钟岗位劳动、小家务岗位。	1. 布置"顶呱呱餐厅"栏目,每周进行上课、作业评比。达到目标的学生可以到"顶呱呱餐厅"领可乐、汉堡。"比一比谁的可乐多,谁的汉堡多"。 2. 黑板报。
	3	小队活动"我为小队起名字"。	成立小队。	1. 四个小队布置队名、队标; 2. 第1期《小青蛙报》。
	4	开展"校运动会上努一把"的活动。	1. 校运动会; 2. 每月自评、互评。	1. "上课认真听讲顶呱呱、作业按时完成顶呱呱"贴可乐、汉堡; 2. 图书角。
	5	做亲子卡。	国庆放假。	

续表

每月目标	周次	主题活动	组织建设	文化建设
十月 1. 大胆举手发言顶呱呱; 2. 书写端正顶呱呱; 3. 文明游戏顶呱呱。	6	十分钟队会"其实我还行"。	家长会。	布置"我为小队添星星"栏目,达到目标的学生可以为小队添一颗星,比一比哪个小队队员最先完成任务。
	7		寻找反映上海变化的材料。	1. 《亲子生日卡》展评; 2. 黑板报《击进十月》。
	8		参加学校亲子演讲。	1. 第2期《小青蛙报》; 2. 绿化角。
	9	1. "上海在变,我也在变"诗歌朗诵; 2. 优秀作业评比。	1. 秋游活动; 2. 每月自评、互评。	布置优秀作业展览。
十一月份 1. 动作迅速顶呱呱; 2. 爱科学顶呱呱。	10	开展"这一刻让我真高兴"父母对孩子说的活动。	复习,期中考试。	开设"我为班级添星星"栏目,达到目标的学生可以为班级添一颗星,比一比哪个队员最先为班级增光。
	11	中小队干部竞选演讲。	家长会。	第3期《小青蛙报》。
	12		"变废为宝"小制作比赛,"美丽的校园"摄影、绘画、征文比赛。	黑板报《走进科学》。
	13	环境教育——去兰坪小区开展护绿、保洁活动。	每月自评、互评。	1. "变废为宝"小制作展评; 2. "美丽的校园"摄影、绘画、征文展评。
十二月份 1. 学习成绩顶呱呱; 2. 帮助同学顶呱呱。	14	开展"顶呱呱找快乐"的活动让学生懂得怎么做会成为一个快乐的人,培养他们自律、合作、关爱人的品质。	"互帮互助"教育。	黑板报《什么是快乐?》。
	15		勤奋教育。	第4期《小青蛙报》——勤奋。
	16		开展冬季长跑踢跳比赛。	
	17	十分钟队会"我的学习方法顶呱呱"。	写给老师的话。	

续表

每月目标	周次	主题活动	组织建设	文化建设
	18		期末复习。	
	19	主题班会"快乐的顶呱呱"。	1. 期末考试； 2. 期末学生品德综合考评； 3. 期末自评、互评工作。	第5期《小青蛙报》——快乐。

（二）透视案例：敞现学生真实需要，逐步完善《班级发展计划》

上面这个案例，呈现出一位班主任从常见的着眼于完成规定任务的《班主任工作计划》逐步转向服务于学生成长的《班级发展计划》的探索历程；同时，这也是她自己逐步探索专业发展的心路历程。有了这个案例作为参照，每一位班主任就可以少走弯路，尽快掌握制订班级发展计划的基本思路和方法，不仅提高工作效率，更能提高学生发展境界。

这个案例有助于我们进一步理解新型的《班级发展计划》的内容及其形成方式的新特征。其一，就"计划"的性质来说，它见证了一个专业视角的转变。常见的《班主任工作计划》主要适用于"管制型班级"或"自主型班级"，因为需要掌握其基本信息并据此开展"工作"的主体是班主任自己。相比之下，"民主型班级"需要的计划不仅仅是让班主任用来开展"工作"的，更是用来引领学生"发展"的，因为学生才是通过班级生活实现成长的发展主体。这说明：面对班级发展需要，首先应针对这份"计划"的作品性质作出专业抉择。其二，就制订计划的"工作方式"来说，它见证了一种专业智慧的生成。在制订《班级发展计划》时，当然需要同时考虑到学校（以及上级领导部门）的教育要求和学生的发展需要。其中，更需要用心关注的是对班级发展现状的研究和对学生发展需要的整体把握，这是落实教育要求、促进学生实现真实发展的基础。与此相应，常见的《班主任工作计划》往往是由一位老师单独地、一次性地制订的，而民主型班级需要的《班级发展计划》就需要进一步敞现学生的真实情形，尤其是在了解学生潜在的发展需要的过程中逐步生成。这样的过程，就是教师研究学生、主动开拓教育空间的探究过程，同时也是帮助学生自己理解自己的交往过程，包括师生交往、生生交往。

如此看来，通过交往而逐步生成《班级发展计划》的过程逐步解决了如下几个专业问题。

1. 从"执行指示"转向"研究学生需要"，引导学生辨析发展方向

人们常说学生是班级的主人，但在真实的班级生活中，学生的真实地位究竟是怎样的？是上级指示的执行者、学校部署的落实者、领导检查时的受查者，还是上级指示的服务对象、学校教育活动的主体、领导智慧的受益者？——当然，也许他们同时兼有不同的角色，但毫无疑问，学校是为了学生发展而存在的；相应地，班级生活的最终目的也

是为了服务于学生的成长。于是,在根据学校的整体部署来策划班级发展时,当然就应研究充满内生活力的学生的真实发展需要,包括他们潜在的发展需要。只有这样,才能在学生自觉自愿且自主的基础上把"为学生服务"的事业做到位,让上级的关怀、学校的资源真正服务于学生的自主成长,而不是简单地把外来的要求或期待塞给孩子们。

在上面这个案例中,陆老师最初就想到不落俗套,采用"当今最流行的、最有效果的体验活动",这是一个很好的起点。但是,显然,这还不够,还需要进一步透过活动形式来学会倾听孩子们的心声。于是就有了随后的调查研究,有了进一步的发现和敞现,有了针对学生"强烈的自卑心理"的新思考、新探索。否则,纵然班主任干的事情不少、开展的活动很"新潮"、自我感觉也挺爽,都有可能是流于肤浅,没有切实解决学生的发展问题。就此而言,可以说:真心和学生沟通,和学生一起来敞现并研究他们的发展需要,是"民主型班级"所需的《班级发展计划》的逻辑起点;从这个起点出发,如何衡量、取舍并运用学校提供的各种教育资源(包括上级领导的关怀和指示),就有了基础、有了方向,即让教育资源服务于学生的真实成长。

2. 从"建立规范"转向"提炼发展主题",围绕主题开发教育资源

实际上,同样面对学生"强烈的自卑心理"和相应的行为表现,相当多的老师考虑的主要是如何消除学生的自卑心理、恢复正常的行为表现。参照本书提出的三层发展需要(自立、自主、自豪),这样的选择显然针对的是"自立的需要",相应的教育举措往往是心理辅导(包括个体辅导、团队辅导)和"行为规范教育"。相比之下,在本案例中,陆老师并没有忽视学生的基本需要,但更为关注学生"自豪的需要"——"这个班级存在的实际问题不是'看不到别人劳动的辛苦',而是如何'不害怕学习的辛苦'、如何'战胜困难去争取成功'"。在这里,通过"战胜困难去争取成功"来让学生在切实的行动、成功中见证自己的优势,进而树立信心,这类"自豪的需要"让学生的发展空间进入到更高的境界,从而超越了"面对现实""消除自卑""恢复正常心态"或"主动找优点""相互欣赏"等层次的要求。(参阅表8-4)

表8-4 树立信心时的学生发展需要分析表	需要层次	参照标准	具体内容	教育要求
	自豪的需要	追求超越常态的新发展	树立信心(主动战胜困难,争取成功,见证自己的实力)	创造成功体验(在主动克服困难的过程中锻炼真实的发展能力、树立坚定的信心)
	自主的需要	维持常态	恢复自信(不害怕学习的辛苦,尽力发挥已有优势、弥补不足)	保持学习动力(保持秩序和自信上进的学习氛围)
	自立的需要	消除不良状态	消除自卑(看到别人劳动的辛苦,理解每个人都有优势和不足,不因为自己的不足而自卑,但要努力弥补不足)	建立行为规范(纠正不良言行)

正是因为着眼于"自豪的需要",而非拘泥于"自立的需要"和"自主的需要",所以陆老师带领学生要追求的不仅仅是达到一般意义上的"行为规范合格"或"消除自卑"的境

界,也不仅仅是很多班主任所期待的"保持学习动力"或"恢复自信",而是立足于学生已有的实际情况(特别是班徽"小青蛙"的寓意和"不甘心一直居人后"的心态),主动探索更高境界的发展空间,由此提炼出体现更高追求的发展主题(表现为"我们顶呱呱"这句口号)。由此,在开发学校教育中的各种教育资源的时候,就有了自觉选择的标准,这包括学校通行的节日教育等已有资源和本班独立开发的岗位建设、作业要求、运动会表现等新的资源。这给我们带来新的启发:学校教育中的诸多资源(包括已有的和潜在的),归根结底是服务于教育要求的;教育要求越明确,追求的发展境界越高雅,师生在审视、组织、开发、利用这些资源的时候就越有可能作出更为自觉、清醒且明智的选择。

3. 从"完成任务"转向"主动设计活动",用主题活动引领学生发展

与上述两个专业问题相应,在研究学生需要、选择发展主题的同时,班主任带领学生主动策划和实施体现"自豪的需要"的主题活动,才能进一步用好各种教育资源,引领学生实现更高境界的发展。简而言之,《班级发展计划》的功能要从"完成规定任务"转向"主动设计活动",通过活动来提升班级生活的整体品质。

此时,从专业的角度来看,必须超越这样的情形:将活动当作执行上级指示、落实学校部署的事务,在选择活动的主题、内容、形式和评价班级活动成效时主要以外来要求为标准。相比之下,更值得倡导的是:让学生参与策划和实施班级活动,使之成为促进学生自主发展的教育活动,以学生真实的发展需要(特别是"自豪的需要")和更高的发展成效为标准来选择活动主题、内容、形式并评价其成效。

这可从上述案例中的探索历程中得到充分的见证。可以看到,这个探索历程可分为三个阶段:第一阶段,从教师主导的、以形式创新为标志的表层探索到让学生参与选择主题的深层尝试(这是让这份计划实现最关键的突破,也是后续探索取得进展的原生起点);第二阶段,聚焦主题,开发资源,引领学生解决自己的发展问题,从而切实超越了把学生当作执行任务的道具,用成年人的理想替代孩子们的思想的传统情形;第三阶段,围绕主题活动,融通三大领域(主题活动、组织建设、文化建设),让班级生活各方面的资源都服务于学生成长——不仅将组织建设与主题活动有机结合,还将环境建设、考评活动与主题活动有机融合在一起,引导学生形成主动反思和评价反馈的机制。

经历上述探索而成的新形态的《班级发展计划》,已经化为我们倡导建设"民主型班级"所用的参照模板。换言之,上述案例为我们辨明并探索如何达到新的专业空间提供了具有原创性的学术启发。

(　　)班级(　　)学期发展计划

——系列"大项目"的策划方案

一、班级发展基础

(一)班级的发展现状(已有优势和新的需要)

(二)班主任的教育思想

二、班级发展目标

(一)本学期发展目标

(二)班级发展主题(可用关键词或一句话表达)

三、班级发展措施

主题活动		组织建设	文化建设
每月主题 ［"大项目"名称］	具体构想 ［系列"小活动"］		

说明：对发展措施的基准要求。

主题活动	组织建设	文化建设
放飞每颗心 每学期至少开展一个"大项目"的主题活动（由学生策划和实施）	**服务每个人** 1. 培养班委自主策划和实施日常管理的能力 2. 每学期组织学生竞争上"岗"（包括班干部改选），让更多学生为同学服务	**欣赏每步景** 与每个月的主题配套，及时更新黑板报（班报）等栏目的内容，彰显班级活力

二、围绕系列"大项目"整体优化班级生活

如果说上面这个案例是在班级生活中"自下而上"地逐步生成系列"大项目"并由此整体提升班级发展境界，那么下面分析的案例就是在充分调研和发动的基础上"自上而下"地主动策划系列"大项目"，并同时整合班级生活三大领域（主题活动、组织建设、文化建设）。这可以说是将上述探索形成的《班级发展计划》设计过程进一步推广、验证和总结而成的成果。

（一）着眼于学生"自豪的需要"，形成一个学期的教育主题

学科教学有明确的知识体系，可成为教师设计和实施教学活动时的参照系。相比之下，班级管理则少有可靠而清晰的"外在参照系"①。因此，班级教育活动更需要将视线从"外在的参照系"转向"内在的参照系"，即以学生的发展作为参照系。这就意味着，成功的班级管理的关键前提就是对学生的研究。沿着这个思考方向，在致力于以战略眼光运用教育思路时，首先就应该充分发动学生自主辨析一个学期的发展主题。

为此，可以综合运用各种调查研究方法，着眼于带领学生研究班级，并在此基础

① 班级教育活动显然不属于"学科教学"领域，因此，往往被当作德育活动。就德育来说，我国德育的低效性已成为一个公认的事实，而其原因之一就在于德育内容本身缺乏学理依据，常常受到许多外在因素的左右。因此，若仅仅机械地依据自上而下布置的德育任务来设计班级教育，肯定存在着明显的逻辑漏洞、冒着一定的风险——难以真正做到"为了学生的一切"，尤其是切实地为学生的成长服务。参阅陈桂生：《也谈"了解一个真实的德育"》，《上海教育科研》，2002 年第 11 期。

上分析同学们当前的发展现状、辨析他们的发展需要,并在此基础上提炼出一个学期的班级发展主题。此时,尤其需要参照学生的三层发展需要(自立、自主、自豪),努力关注、激发和提升学生的"自豪的需要",鼓励学生主动参与班级教育主题的辨析和选择。此时,有必要强调两个基本的原则:其一,研究学生发展需要的过程,不仅仅是教师对学生的了解过程,更是学生了解自己、自我成长的过程。这与第二章所说的教育思路对"敞现"的强调是一致的。其二,师生一起分析学生发展需要、辨析发展主题的过程,不仅是对学生现有特征的旁观者式的静态了解,更是教师和学生相互合作、对学生未来发展需要的动态把握。为此,应该以超越现状、提炼出新的发展主题为指向来研究学生,而非以满足于维持现状,甚至只是完成上级规定的事务为指向。

在探索研究建设"民主型班级"时,参与合作研究的班主任王老师就依据上述构想,和学生一起对本班一个学期的发展基础和发展目标进行了分析。

案例 8 - 8

养浩然正气,做最好自己
——高二(8)班班级发展计划(上)①

一、班级发展基础

(一)班级发展现状

高二(8)班是一个理科班(全年级共 10 个理科平行班),共有学生 57 人,其中男生 38 人,女生 19 人;走读生 8 人,住宿生 49 人。分班时按照平均分配原则、电脑排序,我班学生居全年级前 10 名 1 人,前 100 名 10 人。总平均分全年级第 4。本班也分得四个"金刚"级人物:其中一个沉溺于玩手机,一个是人们眼中的"睡仙",一个有所谓的"早恋倾向",还有一个"懒王"。

总体来看,学生在思想上有些波动,班级凝聚力不强,学习劲头不足。出现这种情形的部分原因是:进入高二,刚经历文理分班,原来的班级体制已经完全被打破,所以他们或多或少地会怀念起过去班级的老师或者同学,一时间还找不到归属感,对新的班级心存疑虑,同学之间也有所戒备,对班主任也持观望态度。学习上,一时也还难以适应老师的教学,也因为陌生而不便主动去询问同学和老师。

从正面来看,高中生总体上具有越来越明显的自我意识,并且很在意与同伴的交往,尤其是亲密同伴的交往。在这一阶段,如果他们的尊重需要得到满足,他们就有可能对自己充满信心,对社会满腔热情,体验到自己活着的用处和价值,就会有自尊。以这种心理需要为基础,学生们大多愿意把自己承担的工作做得更好、把学习搞得更好,希望受到别人重视,借以自我激励,向往更好的成长机会和成功的可能。如果学生们的积极性被调动起来了,无论怎样落后的班级,都会在较短时间内改变风气。

---

① 这是广东省佛山市南海区九江中学的王剑平老师在 2009 年参加"佛山市名班主任培养对象研修班"时提交的研修作品之一。在此特别感谢推进和参与这项研修活动的佛山市教育局领导和各位优秀班主任!

(二) 班主任的教育理念

对于教育来说,以人为本就需要以学生的终身发展、主动发展为本,以提升学生的生命质量为本。不求形式,但求每一个学生都能够先做好人,再做能人。为此,我希望把这个班级建设成为全年级最高境界的班级、全校最优秀的班级,让每位同学都彬彬有礼,有气质、有教养。

我校高中生虽然成绩不是最好的,但也不是最差的;综合来看,他们还是有很多可以开发的潜力。从我们所处的这个时代来看,在当今经济大潮中,不少人常常怀念过去人与人之间那种简单而淳朴的关系。千百年来,"内圣外王"就是一直是儒道圣人们所追求的最高修身境界和政治理想。根据我多年的探索,可以把高中班级建设主旨确定为"内圣外王",让同学们能够通过自身德行的修炼和文化的学习,使今后的人生路能够走得更顺,能够成就一番事业。具体来说,这就是对内修身养德,力争成为"仁人""君子";对外与人和睦相处,执着追求成功,力争实现自我,建功立业。

二、班级发展目标

(一) 本学期发展目标

通过师生商讨,我们用八个词来表达"内圣外王"的核心内涵:正直、善良、进取、坚韧、乐观、宽容、和谐、成功。

从同学们的实际来看,学生的主要责任是学习,只有不断地增加学识,扎牢起飞的基础,"惜时善学",才能实现人生理想。因此,我们把"内圣外王,惜时善学"作为治班理念和发展目标。"内圣外王"是我们的理想,没有理想的天空就不能飞翔;"惜时善学"是坚实的基础,没有基础就不能起飞。"内圣外王"解决的是"驾驶"动力和方向问题,"惜时善学"解决的是"驾驶"技术与技巧问题。

(二) 班级发展主题(班级口号)——养浩然正气,做最好自己

有了浩然正气,邪气就不会近身,正气就容易树立。有了正气,班风就好了,学风就容易浓厚。世界上没有完美的人,但是我们可以追求完美。我们与别人比较可能还有差距,甚至有很大的差距,或许有的一辈子也比不上,但我跟我自己比,我只要每天进步一点点,把自己的本分做好,尽可能地让自己更优秀,做个最好的自己是不难的。

可以设想:同样面对上面所说的"学生表现",其他班主任会带领学生作出上述分析和选择吗? 相比之下,可以看到:王老师在发动学生之时也在充分运用自己的专业智慧,这就让他们可以在将"超越现状、悦纳自我、成就自己"作为"发展问题"时达成共识,由此敞现出新的"发展需要"——利用学生自我意识日趋明显和成熟带来的潜力,让学生在交往中赢得尊重、形成信心。最后,他和学生一起选择的整个学期的发展目标是"内圣外王,惜时善学",相应的整个学期的发展主题是"养浩然正气,做最好自己",这就更鲜明地表达出学生新的"自豪的需要"。

(二) 发动学生参与策划,整体构想一个学期的系列"大项目"

"民主型班级"强调发动学生共同制订班级发展计划,因为这是教育学意义上的"民主"得以落实于班级生活的一个关键因素。作为班级最重要的主人,学生必须逐步学会

策划自己个人和班级的生活,而不是只服从于外在的权威。作为班级教育的另一主体,教师也不能仅仅满足于自己拥有的权威;即使权威的教师充满无限的爱心,他也不能因为这种权威而剥夺孩子们的自主空间。

在这方面,可以让学生参与到分析班级现状、辨析发展思路、策划发展措施等活动之中。为此,可以让学生通过周记、小组讨论、班会等方式,充分发表意见,贡献智慧。在此基础上,可以整体策划一个学期的系列"大项目"。例如,在以对班级发展基础和发展目标进行上述辨析的基础上,王老师和他的学生作出的安排是:每月聚焦一个活动主题,形成系列"大项目"的整体构想:(1)认识自己;(2)悦纳自己;(3)认识悦纳他人;(4)此心安处是吾家;(5)在成长中成就自己。

有了这样的整体构想之后,就可初步设计每个"大项目"的具体内容和分工安排,协调沟通各个"大项目"之间的联系,并根据实际需要制定有弹性的总体方案——这是整个班级"一个学期的发展计划"的最重要的部分。(见表8-5)

"大项目" 名称	认识自己	悦纳自己	认识悦纳他人	此心安处是吾家	……
每个"大项目"中的系列"小活动"	1. 讨论班级目标,酝酿班徽、班歌、班服; 2. 内圣外王,惜时善学; 3. 不知礼,无以立; 4. 认识自己。	1. 确立班徽、班歌; 2. 他山之石——月考经验总结; 3. 班级荣辱,我的责任; 4. 悦纳自己。	1. 人不善良,行而不远; 2. 认识悦纳他人; 3. 逆风飞扬——调整考后心理; 4. 评选前半个学期的"班级之星"。	1. 心如规矩,志如尺衡,平静如水,正直如绳; 2. 细节体现教养; 3. 此心安处是吾家——学习心态与学法指导。	……

表8-5

高二(8)班上学期班级活动的系列"大项目"

经过这样的策划,系列主题活动就可望发挥两方面的作用:一方面,让前期从"学生表现"开始逐步展开的思考,包括对班级管理教育思路、民主交往方式的理解和运用,进入具体的现实活动领域,从而通过"活动"来切实促进学生发展;另一方面,让丰富的活动资源得以整合,从而产生效率更高、境界更高的教育成果,见证学生通过自主活动解决一个个发展问题、实现一步步发展的生命历程。

当然,在真实的班级生活中,上述整体规划未必都是在开学之初就策划好了的,因为更具体的活动思路往往是在班级生活中逐步生成的;即使是在开学时已经形成了这样的部署,也有可能在后续的班级生活中得到调整,因为班级生活中会生成新的教育资源(包括学生有可能找到新的发展主题、创造出新的成长体验、发现更好的活动创意)。尽管如此,在一个学期开始之时就主动形成一个整体构想,特别是提炼出鲜明的发展主题,对于后面主动选择、开发和利用各种资源来开展主题活动、解决学生的发展问题、适应学生更高层次的发展需要,是有着重要的参照价值的。

(三)以"班级活动"为主线,融通"组织建设"和"文化建设"

以"班级活动"领域的两层"系列主题活动"为主线,融通班级活动、组织建设和文化建设这三个领域,这是前面已充分阐述过的班级管理整体格局。如果能做到这样,就可超越以往的班级工作格局(如依照上级部门工作计划而形成的公文式的班主任工作计划,或者将各项事务有欠章法地罗列在一起的杂务处理计划),不仅可以提炼出每个班主任独到的班级教育思想(尤其是适合新的班级的实际情况的具体考虑),与学生(尤其是班委会)一起分析班级现状、探寻新学期的发展目标和发展主题,而且可像上面案例所呈现的那样主动策划系列主题活动"大项目",进而围绕系列"班级活动"这条主线,融通"组织建设"和"文化建设"。由此,班级发展计划中的第三部分"班级发展措施"就成型了。下面就是王老师和他的学生形成的整体构想。

案例 8-9

高二(8)班班级发展计划(下)

三、班级发展措施

每月主题	主题活动	组织建设	文化建设
九月认识自己	1. 讨论班级目标,酝酿班徽、班歌、班服; 2. 内圣外王,惜时善学; 3. 不知礼,无以立; 4. 认识自己。	1. 组建学习小组(4人一组,以成绩最优秀者为组长,组员基本固定不变); 2. 提出讨论并且确立班级建设目标,制定具体班规; 3. 成立班委会(以毛遂自荐方式产生)并且进行第一次培训。	1. 细化日常规范,养成良好习惯; 2. 开始记录全班成长过程; 3. 教室后面的黑板报每两周换一次; 4. 充分发动同学们参与绘制班徽,填写班歌; 5. 在11月份,与"认识悦纳他人"活动相应,每位同学写出同桌与老师的6个优点; 6. 在参加学校运动会的过程中,通过分工合作,增强班级凝聚力,同时赛出气势、赛出水平; 7. 在12月份,主动选择项目,参加学校艺术节;
十月悦纳自己	1. 确立班徽、班歌; 2. 他山之石——月考经验总结; 3. 班级荣辱,我的责任; 4. 悦纳自己。	1. 总结上个月的得失,召开班干部扩大会议(班委、团委、课代表、舍长),形成新的发展设想; 2. 分别召开男女生会议; 3. 月考经验总结。	
十一月认识悦纳他人	1. 人不善良,行而不远; 2. 认识悦纳他人; 3. 逆风飞扬——调整考后心理; 4. 评选前半个学期的"班级之星"。	1. 总结期中考试得与失,召开班干部扩大会议,研讨具体措施; 2. 组织并且召开学习特别小组会议; 3. 全情投入学校运动会。	
十二月此心安处是吾家	1. 心如规矩,志如尺衡,平静如水,正直如绳; 2. 细节体现教养;	1. 进一步完善班级制度; 2. 班干部培训会议: ① 全面总结近一学期的工作,	

每月主题	主题活动	组织建设	文化建设
	3. 此心安处是吾家——学习心态与学法指导。	② 做好最后一段时间的工作， ③ 继续加强自我思想修养。	8. 主动寻找教育资源为我所用，如本校其他教师的讲座、故事，请已经毕业的优秀学生回校激励学生，更"请"电视中、网络上的专家讲修养、讲成才、讲励志。
一月在成长中成就自己	1. 反思总结自我（自评与评他）； 2. 考前动员（诚信答题、答题技巧）。	1. 评选各类先进和班级之星； 2. 完善期末各种表格和自我评价与评他工作： ① 填写"成长的岁月"表格， ② 学习"班级之星评选方案"。	

续表（右上角）

可以看到：经过上述整理，各种具体的事务都被整合到班级发展的整体格局中，而不再由班主任零打碎敲地处理，更不会使班主任疲惫不堪地应付。

当然，就上面这个案例和相关的经验来说，其中肯定还有值得改进的空间。但是，这里更应看到并努力探索的大方向是：以研究学生发展需要（特别是"自豪的需要"）为基础，提炼出一个学期鲜明的发展目标和教育主题，进而针对这样的目标策划系列主题活动；与此同时，围绕着系列主题活动这条工作主线，融通"班级活动""组织建设"和"文化建设"这三个工作领域。

本章小结

建设"民主型班级"的历程，需要落实为每个学期的行动路径——"主动开展系列主题活动"。本书倡导的系列主题活动，可分为两个层次：一是一个"大项目"中的系列"小活动"，二是一个学期的系列"大项目"。一旦明确选择了这条行动路径，就可融通班级生活的三大领域（组织建设、班级活动、文化建设），引导学生制订并实施一个学期的发展计划，创建一段充满活力的生命旅程。

关键术语

主题班会　系列"小活动"　系列"大项目"　班级发展计划

思考与练习

1. 选择一个班级，针对其在一个阶段的发展状况，策划一个系列"大项目"。

解决"_____"问题的系列"大项目"

序号	大项目 1	大项目 2	大项目 3
主题			
系列"小活动"			
意图			

注：在分析"意图"时，可以重点分析"发展基础"和"发展目标"；与之相应，系列"小活动"就是"发展过程"。

2. 在第 1 题的基础上，为该班设计一份《班级发展计划》。

（　　　）班级（　　）学期发展计划
——系列"大项目"的策划方案

一、班级发展基础

（一）班级的发展现状（已有优势和新的需要）

（二）班主任的教育思想

二、班级发展目标

（一）本学期发展目标

（二）班级发展主题（可用关键词或一句话表达）

三、班级发展措施

主题活动		组织建设	文化建设
每月主题 ["大项目"名称]	具体构想 [系列"小活动"]		

问题探究

有的教师反映：从班级管理的角度来看，学校统一部署并逐项检查落实的活动本来就不少；如果要在班级组织学生自主策划并实施主题活动，特别是系列主题活动，难度很大。面对这样的情形，你认为班主任该怎么办？参照本章介绍的两个班级的典型案例，请思考：在主动策划班级主题活动时，需要逐步解决哪些具体的难题？

第九章

行动进阶：自觉探索三段发展历程

章前导语

　　选择一个班级，从三大领域（组织建设、主题活动、文化建设）构想一下它的基本情形。请你设想：如果要让它发展到更为理想的状态，首先应该做什么？这会给班级带来哪些新的变化？描述一下，你期待学生实现理想状态的行动步骤。建议你和伙伴们在小组内交流一下，看看有什么新发现。

学习目标——通过本章的学习，你能够：

- 理解班级生活的三大领域中有哪些教育资源可以开发利用；
- 掌握每个阶段融通三大领域、推进班级发展的整体思路；
- 感悟并努力掌握整体推进一个班级逐步探索、踏上一个个新台阶的专业智慧。

本章内容导引

....

　　创建"民主型班级"，显然不是一蹴而就的。因此，有必要透过一些典型经验，辨析出在创建"民主型班级"时可以参照的逐步推进的三个阶段。当然，这也可以理解为逐步提升的三层台阶。这里采用"行动进阶"这一概念，就兼顾了这两种意义。

　　本章区分出来的三个发展阶段及其特征，可以作为一个逐步创建"民主型班级"的纵向参照系或评价思路（更具体的评价表可参阅附录）。如果我们能够理清一个"民主型班级"的主要发展阶段，那么，一个班级的师生就可以据此衡量班级发展水平，更为自觉地理解自身成长状态，作出新的调整和创造，从而更为有效地推进班级向更高境界发展。

　　这里将学生在主题活动中通过民主的交往方式"解决问题、实现成长"的能力（即表9-1中的"交往共生"的能力[①]）作为衡量班级发展水平、区分"民主型班级"发展阶段的关键标准。同时，从"班级管理的主要措施"所针对的三个领域（共建班级组织、开展班级活动、同创班级文化）来考察班级发展的整体状态。这样，可让班级发展的总体脉络与具体情形更为清晰，同时也便于教师和学生具体设计班级发展思路、评估班级发展水平（见表9-1）。

──────────────

[①] 这里的"交往共生"也就是通过民主交往的方式开展群体合作，共同解决真实的发展问题，同时实现班级管理的双层目标——"班级"的整体发展和每个同学"人格"的自主成长。可参阅本书第一章、第二章的论述，以进一步理解"交往共生"的内涵和行为表现。

过程 特征	民主型班级的发展阶段			表 9 - 1
	自发尝试期	自觉行动期	主动创造期	民主型班级 三个发展阶 段的基本特征
总体 特征	直面真实问题， 乐于尝试交往共生	深化成长体验， 自觉运用交往共生	主动创造智慧， 善于利用交往共生	
具体特征　共建班级组织	**关注成事成人** 每个人都可通过岗位建设、小组合作等方式参与班级生活	**追求合作成事** 个人、小组和全班相互协调，在成事时尤其关注交往合作的生命成长体验	**提升交往境界** 在民主交往中更强调舒展学生的自由心灵，激发生命豪情和智慧，提高精神生活品质	
开展班级活动	**锻炼自主能力** 自主策划实施班级活动，尝试运用多种形式促进民主交往、解决真实问题	**彰显自主活力** 通过民主交往彰显自主活力，在"成事"（开展活动）的同时"成人"（培育人格）	**激活生命智慧** 在活动中主动激发生命智慧，在交往中创造性解决发展问题	
同创班级文化	**敞开同学心扉** 班级文化初现特色，营造相互欣赏的心理氛围，敞开新的精神发展空间	**创生和谐生态** 通过富有特色的活动方式和文化氛围，让学生共创班级凝聚力和文化归属感	**敞现灵动创意** 让和谐的文化彰显生命活力，善于在交往中敞现创意	

　　在通过表9-1来概述建设"民主型班级"的三个阶段时，我们主要有三重考虑。

　　（1）辨析发展阶段的思维策略：活力见证高度。在表9-1中，创建民主型班级的过程大致可区分三个发展阶段，即自发尝试期、自觉行动期、主动创造期。我们不仅要看到三个阶段的发展特征，更应关注每一阶段的发展思路，由此辨清一种前后相继的发展机制，即运用本书所倡导的教育思想创新班级管理的改革过程。据此，每一阶段的持续时间可能因为改革力度不同而有长短之别，甚至有的班级停留于前面的阶段而没有进一步发展[①]。相应地，也不能简单地认为低年级就只能处于第一阶段，只有高年级才能达到高阶段。事实上，小学一年级就有班级达到了第二阶段，但也有的高中班级经过两年努力却依然停留在第一阶段，这是因为教师和学生的努力程度不同，特别是教师的"能级"不同，导致他们的思想创意和实践创新处于不同境界。在这里，班级的内生"活力"这一内在尺度（而非外在的自然时间或"年级"等外显标志）是见证班级发展境界"高度"的关键指标，也是见证班级进入哪个发展阶段的关键指标。据此，应该乐观地看到每个班级都有可能走通的发展路径、可以达到的更高境界，同时也应客观地看到师生舒展生命活力、追求更好发展时所需要的努力。

　　（2）划分发展阶段的专业标准：学生活动能力。我们注意到：在辨析班级发展水平或阶段时，最常见的思路是从工作部署角度、依据自然时间来划分阶段（如学期开始阶段、学期中、学期结束阶段等）。此外，一些研究者从社会学、心理学、管理学等视角依

---

① 从多所实验学校的实际情形来看，有的班主任能很好地利用各种内外条件，很快让班级发展到更高阶段；但是，也有的班主任因为种种因素的限制，让班级仅仅停留在第一种状态或第二种状态，并且自我感觉良好，看不到进一步努力的方向。

据一定的发展指标来衡量班级发展阶段,每一发展阶段往往对应于一种发展水平。其中,人们用来衡量发展阶段的指标有:班级组织的"结构化程度"①,班级在多大程度上形成了亲社会价值、集体主义精神等特征②,班级成员的群体意识和强弱程度、成员之间的相互关系及交往的密切程度。③ 不过,相比之下,我们更主张从教育学(而不仅仅是管理学、社会学、文化学、心理学)的立场,特别关注学生在致力于通过民主交往共同解决发展问题时的自主活动能力,将其作为从教育学的专业视角(而非其他学科专业视角)划分班级发展阶段的专业标准。据此,就可聚焦能解决学生发展问题的主题活动,将主题活动作为见证班级发展水平的关键标志,从中考察学生在一个时期内通过主动开展活动促进班级实现整体发展。

(3)见证发展阶段的关键证据:班级主题活动。将班级主题活动选为关键标志的理由是:主题活动是可让学生主动进行的交往,学生可由此主动开拓新的发展空间,而不是等待自然成长;对于新时代的中国学生来说,班级主题活动最有可能促进他们亲自投入交往共生的班级生活,由此培养积极进取、主动交往的行动方式,让他们通过真实的行动获得真实的发展、内在的尊严,而不是等待别人采用貌似"民主"的姿态自上而下地赐予关怀、自外而内地赏赐尊严。当然,班级主题活动可因时因人而异,即随着班级发展的不同阶段、班级成员的不同发展状态而灵活选择。例如,在组建班级或需要整体更新班级管理格局时聚焦"班级组织建设",在班级规范运行后聚焦"班级文化建设",在班级更为稳健时聚焦用自豪的需要引领学生主动开展"班级主题活动"。

根据上述三重考虑,下面就将同一个初中班级在逐步探索的不同时期先后举行的三个主题活动"大项目"作为典型案例(见表9-2和图9-1,已在第二章、第三章和第八

表 9-2

见证民主型班级三个发展阶段的典型案例

特征＼过程	民主型班级的发展阶段		
	自发尝试期	自觉行动期	主动创造期
总体特征	直面真实问题,乐于尝试交往共生	深化成长体验,自觉运用交往共生	主动创造智慧,善于利用交往共生
典型案例	网络,让我们健康成长(见第八章)	在成功中享受快乐(见第三章)	我沟通,我自豪(见第二章)
案例特征	在全体同学民主参与班级管理的基础上,在"怎样看待网络游戏"主题班会之后,继续通过民主交往共同想法系统解决问题(而非孤独探索、解决孤立问题)	从学校组织的统一活动中深入挖掘生命体验、拓展生命视野,自觉运用交往共生的方式探索解决更高境界的发展问题,生成更优良的班级文化	主动面对新问题,创造性地开发利用14岁生日仪式和"父母是你特别的朋友"主题班会等活动中的体验,开展新的调研,用新的智慧承担新的责任

---

① 这是日本学者广田君美的观点。转引自吴康宁:《教育社会学》,人民教育出版社,1998年版,第299—300页。
② 龚浩然、黄秀兰:《班集体建设与学生个性发展》,广东教育出版社,1999年版,第117—120、127—129页。
③ 林冬桂等:《班级教育管理学》,广东高等教育出版社,1999年版,第101—108页。

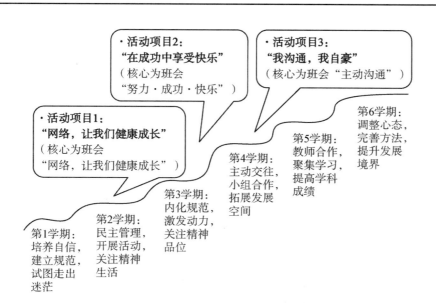

图 9-1

见证班级发展
的三个主题活
动"大项目"

· 活动项目2：
"在成功中享受快乐"
（核心为班会
"努力·成功·快乐"）

· 活动项目3：
"我沟通，我自豪"
（核心为班会"主动沟通"）

· 活动项目1：
"网络，让我们健康成长"
（核心为班会
"网络，让我们健康成长"）

第6学期：
调整心态，
完善方法，
提升发展
境界

第5学期：
教师合作，
聚集学习，
提高学科
成绩

第4学期：
主动交往，
小组合作，
拓展发展
空间

第3学期：
内化规范，
激发动力，
关注精神
品位

第2学期：
民主管理，
开展活动，
关注精神
生活

第1学期：
培养自信，
建立规范，
试图走出
迷茫

章分别作了详细介绍），以便具体深入地辨析活动特征，进而透视班级的整体发展特征。（下文每一节介绍具体的发展阶段时，将简介该班在三大领域中的具体情形。[1]）通过这三项主题活动，可以清晰地看到：学生的活动方式与交往方式在逐步改变，从而让学生通过班级主动拓展出新的发展空间，创生体现本班乃至本校特色的学生文化，彰显新时代中国教育改革中的一些新特征。

在对三个发展阶段的基本情形作上述整体考虑之后，现在就可探讨每个发展阶段的具体特征。

第一节　自发尝试期——自主解决发展问题

建设民主型班级的初始条件是：教师理解建设新型班级的依据，尤其是当代中国社会转型提出的发展要求与教育改革趋势，认同建设民主型班级的发展目标，并且开始着手创建新型班级。根据多年实践研究的情况来看，在满足这种起始条件之后，班级建设工作往往是从一些具体的事务工作开始进行的。此时，往往关注班级工作基本形式的改革，尚待在进一步的改革中从形式到内容、从表层到深层逐步推进。建设民主型班级的这一阶段，可以称为"自发尝试期"——此时，同学们在教师引导之下，自发尝试运用"交往共生"的发展之道真诚面对自己可以解决的发展问题并采取行动，由此改变班级的整体面貌。这可以通过本章重点关注的一个初中班级在第一阶段的发展概貌得到印证（见表9-3）。

---

[1] 该班持续 6 个学期的发展案例，可参阅陆桂英：《建设民主集体，共创阳光人生》，华东师范大学出版社，2007 年版，第 105—141 页。

表9-3	发展阶段	自发尝试期
民主型班级第一阶段(自发尝试期)的特征分析	总体特征	直面真实问题,乐于尝试交往共生
	典型案例	网络,让我们健康成长
	案例特征	在全体同学民主参与班级管理的基础上,在"怎样看待网络游戏"主题班会之后,继续通过民主交往共同想法系统解决问题(而非孤独探索、解决孤立问题)

"自发尝试期"三个领域的具体特征		
共建班级组织	开展班级活动	同创班级文化
1. 班干主动策划和组织; 2. 各组分头准备,人人参与。	1. 生成新的活动方式(如相声、小品),尝试更多形式(游戏、诗朗诵); 2. 不仅关注设计主题班会,而且协调"大项目"内的其他系列"小活动",逐步推进,解决真实的发展问题(而非完成外来任务)。	1. 通过值日班长、评星活动、"十分钟队会"、小组合作等方式沟通组织建设、文化建设和主题活动; 2. 教室环境布置、班级网页制作有班级特色; 3. 人际关系更和谐,合作成事更顺畅。

从更多班级的探索来看,这一阶段的"自发尝试"分别体现在"共建班级组织""开展班级活动"和"同创班级文化"这三个领域。

一、组织建设关注成事成人

在"共建班级组织"这一领域,这一阶段的班级会根据自身需要选用"自主型班级"等班级形态的一些有效做法,诸如"值日班长制"、班干部竞选和定期轮换。不过,就创建"民主型班级"的要求来说,这一阶段开始有了超越"自主型班级"的举措和特征,其中最为典型的就是充分开发班级生活中各种岗位的育人价值。具体来说,这落实为如下两个方面的行动。

(一)系统梳理班级事务,开发班级工作岗位

在民主型班级中,各种工作岗位(包括班干部岗位)被理解为让学生获得丰富的角色体验和教育经验的机会,开发每个岗位的育人价值。

(1)丰富班级工作岗位内涵。可以通过多方面的调查,首先了解学生们对班级工作岗位的认识。从一般情形来看,许多学生主要是从配合班主任、服从老师的安排、维持班级秩序等角度来理解班干部岗位及其他小岗位的价值的。经过和学生展开个别交谈、集中讨论和开展一些班级活动,可以让学生逐步丰富对班级工作岗位内涵的认识,使其从管理性质转向服务性质,从服从教师的安排转为服从学生生活需要,从单纯为别人作贡献转向既为班级作贡献也让自己获得锻炼和成长。这样,一方面可以让一些"老干部"或打算成为"老干部"的学生摆正心态,树立为同学们服务而不是单纯为老师服务的观念;另一方面,也可以让更多学生敢于主动争取为同学们服务的机会,在为班级工作的过程中锻炼和展示自己。

（2）拓展班级工作岗位的外延。为了让更多学生获得在岗位上成长的机会，需要突破传统的仅从处理事务的角度设立班干部岗位的思路，将设立各种岗位的权力逐步下放，发动学生们主动梳理班级事务，从中开发出更多可用于育人的岗位。一位班主任在执教小学一年级时，详尽查阅了幼儿园老师给每个孩子所作的评语与学习生活的评价，对担任主要职务的学生进行考察，选出班级主要干部，为了实现人人参与班级管理，还增设考勤员，报道员，图书管理员，"两操"、文明、卫生督导员，各科代表……做到一人一职或二人一职，做到全班人人有职务，既管人，又被人管，既自我约束，又约束别人。有些学生从没担任过班干部，担任后学会了往日学不到的一些工作方法，增长了才干，增强了荣誉感，克服了消极散漫和不在乎或不求上进的负面心理，同时也增强了责任心、自信心和管理能力、竞争能力。[①] 小学一年级的学生能做到这样，其他小学生、中学生就更有可能达到更佳状态——只要班主任和学生们真正转变观念，有了新的"发现美的眼睛"，就一定能"发现更多的美"。

（二）拟订要求及时评价，落实岗位育人价值

（1）在民主地设立岗位时，提出职责要求。梳理班级事务，其实就是有计划地策划班级生活。在根据班级生活需要设立岗位的同时，学生们也应对这些岗位的职责内容、岗位之间的关系形成比较明确的理解。如果有必要，还应把这些理解整理成文。这样，在正式竞争上岗之前，学生们实际上已经对班级生活的主要内容、每个岗位的角色要求有了较为充分的认识。于是，对于每个岗位上的同学来说，在决定选择某个岗位之前，他们实际上已经将班级生活需要与个人兴趣特长或发展需要结合起来考虑过了。在竞争成功后，他们也会较为明确地根据相应的角色要求来表现自己。对于其他同学（包括在其他岗位上的同学）来说，他们也会对某个岗位在班级生活中的重要性形成较具体的理解，从而为他们学会相互认同、相互支持提供理性基础。此外，对于同学们在不同岗位上的表现，大家也有了评价标准。

（2）根据发展进展，动态评议学生的工作表现。显然，在"民主型班级"中，每一个岗位的开发，都不仅仅着眼于当下任务的一次性完成，而是着眼于班级生活的持续更新；不仅仅看到学生在岗位上的当下表现，更考虑到学生今后的发展对这些岗位的新要求。这样，就有必要让学生们在一定的时间内（可灵活安排）对这些岗位的必要性、对学生们在岗位上的表现进行评议。在这些评议活动中，每个人都可以对班级生活、对其他同学的表现发表看法，并接受其他同学的检验、评议，从而丰富同学们之间的理解和个体对班级整体的理解，为进一步提升班级发展水平奠定基础。

（3）根据新的发展需要，灵活调整工作岗位。在班级中具体设置什么样的岗位更为合适，需要根据班级生活的实际需要来选择和调整。例如，经过一段时间后，有的方面已经有了很好的改进，不需再设相应岗位，就可以撤消一些岗位（如"礼仪值日生"）。不过，正如我们一再强调的：我们希望超越具体的技法，突出班级教育思想。我们在这方面的更深层考虑是：引导承担各种岗位工作的学生，逐步形成一种"平常心"，既不要居功自傲或者仗势压人，也不要过于谦卑，而是以一种平和、积极的心态参与班级事务，

---

① 取自福建省福清市实验小学周滨：《动态管理，多维收获》，2004 年。

在为他人服务的同时也成就自己。简要地说,就是希望学生能在具体的"做事"过程中体会"做人"的道理,在形成做事能力的同时也学会做人,让个体、他人与班级相互玉成。

多年实践研究表明,只要真正开始民主推选各岗位负责人,许多积极参与竞选的学生都会逐步学会倾听同学们的意见,根据班级生活需要主动筹划安排班级事务,包括每学期几次大型校级活动(如广播操评比、黑板报比赛等)和班级的主要活动(如读书节、学习经验交流),以便形成班级凝聚力、丰富班级生活。经过多次类似的活动,几乎每一名学生都会获得更多的角色体验,学会从不同角度考虑班级生活。无论他们是否能够上岗,他们都可以互相理解,相互配合,共同完成好各项班级事务。这就已经具有了民主型班级的初步特征了。

当然,也应看到,在建设民主型班级的"自发尝试期",可能还需要从如下四个方面进一步突破,进而跨越到下一个阶段:(1)在岗位要求和相应的评议标准上,仍较为关注具体事务的完成,尤其是上级或老师布置的任务,如办好黑板报、做好清洁卫生。重视老师或学校对这些工作的事务性评价,相对忽视这些具体事务对班级生活、对学生发展的教育价值,也就难以创造性地拓展管理工作的视野、提升管理的内涵和价值。(2)在确立各种岗位的价值时,仍较多地从"官位"大小这个角度来衡量。对于"无论职位高低,都是为同学们服务"的思想,还有一个接受和内化的过程。(3)在选择适合各种岗位的人选时,也较多地从学业成绩好坏这个角度来衡量同学的能力大小和职位高低,不易从班级生活和具体个体的发展需要这些新角度来全面考虑。(4)由于受班主任工作视野、工作思路和许多实际因素的影响,在这一阶段,一些班级在"共建班级组织"领域可能处于局部推进变革的状态。例如,仅关注一次班干部改选,不关注其他岗位的开发和持续评议;仅关注抽象的班级公约的制定,不关注学生对这些规范的真正理解和逐步提炼。

补充材料 9-1

怎样面对学生的早恋现象?

随着学生的成长,特别是逐步进入青春期,他们的自我意识在觉醒,交往内容更丰富。其中,早恋是一个可能出现的发展现象。若处理不当,就有可能出现心理困惑或障碍,影响当事人和其他人的情绪与学习生活。因此,教师难以回避这类现象,需要用专业智慧来妥当处理。一些教师的经验表明,此时可以重点关注如下三个工作要点。

(1)善用紧急应对与缓慢处理。这类现象具有一定的隐私性,不易为人察觉,因此,一旦为人所知就可能产生负面影响(如在公共场所过于亲热的动作表情或临时出现比较大的情绪波动会引起围观),需要及时处理,甚至紧急应对。不过,换个角度来说,作为专业人士,教师应该在整体策划班级管理时就考虑到学生在这一阶段可能出现的发展问题并有一定的思想准备,至少要把握好及时处理这类问题的基本原则(如确保安全、善于倾听、及时疏导)。相比之下,如果不是紧急情况,可以采用"冷处理"的方式,待逐步观察、沟通与思考之后再作出稳妥的部署,逐步策划并实施具体的应对方案。

（2）协调个别教育与群体活动。早恋涉及到具体的学生个体及其交往细节，需要谨慎应对，包括保护好当事人的隐私，理解他们合理的心理需求，同时疏导他们采用合适的行为方式，将注意力转向更为开阔的发展空间。这里当然离不开个别教育。不过，无论是着眼于更多学生的发展需要和可能面对的类似问题，还是为了确保个别教育产生长远实效，都有必要在适当的时候（特别是提前开展的交往活动和主题教育中）将群体交往和班级活动作为重要的教育途径，由此协调个体成长、群体交往和社会生活，进而为个人发展和个体间的交往敞开更为高雅的意境，包括"搭建异性交往平台"（如适当的座位或岗位安排）和"提供专业咨询服务"（通过谈心等方式）。这样，可让早恋现象得到更为理性的处理，包括终止早恋趋势，也包括让当前的好感促进学习和发展。

（3）融通临时现象与长远发展。一方面，站在当事人的个人成长过程和个体间的交往过程的角度，将临时发现的现象纳入到长期发展的视野之中，以便更充分地理解当事人的心路历程、发展轨迹，进而合理开发教育资源（如更多的同伴交往或校外生活内容），有效引导；另一方面，在班级发展的长远格局考虑此类现象，将有可能出现的临时现象纳入到班级教育的长远规划之中，或者提前开展相关的教育（如青春期教育、生涯教育），或者因势利导、从中开发出促进班级整体发展的活动项目，从而取得更好的长远实效。

资料来源：朱永春：《早恋课程——一个班主任的手记》，《班主任之友》2018 年第 4 期。

二、主题活动锻炼自主能力

在"开展班级活动"领域，"自发尝试期"的民主型班级开始将主题活动的策划、组织和实施等工作交给学生来完成，以便从中锻炼和培养他们的自主活动能力。

（一）在活动内容上，强调反映学生真实生活

（1）立足学生成长需要，生成活动主题。民主型班级的班级活动一定要从学生生活实际出发。在选择活动主题和内容时，固然应该与学校整体安排协调一致，应该考虑到落实上级安排的德育活动，但在这样考虑时并不是盲目地服从、机械地部署、被动地执行，而是清醒地理解、积极地设计、主动地组织，充分发挥班主任和学生的创造性。要做到这样，首先就要选准出发点：学生的真实发展需要。此时，就更需要"目光向下"，关注学生的真实生活内容、关注学生的成长需要，而不仅仅"目光向上"，关注完成上级布置的任务、关注班级在学校获得的荣誉称号。

例如，在诸多"迎××（如奥运、世博……），讲文明，树新风"的主题活动中，如果真的站在学生的立场来思考，就不一定要延续这样的情形：机械地重复沿用多年前的腔调和内容，站在刻板的理想高度、带着自我批评和相互批评的心态，在自己身上、在周围人群中找问题，然后用陈年的套话来批评、指责、表决心；类似地，不必满足于为响应号召而执行"不随地乱扔纸屑"等道德底线式的行为规范。否则，所有这些教育活动也许只能让学生接受表面的行为规范教育，却没有激活其内心的尊严——而后者正是提升学生精神生命质量的根本着力点。

在力图超越上述情形时,可以发动学生主动关注同学当中的好人好事(而非做检讨或者相互检举),关注周围平凡的人(包括自己)、平凡的事当中让人感动和崇敬之处(而不一定只从豪言壮语或高大全的形象中得到感动),组织学生个体、小组和班级全体辩论每一种相关行为的背景、目的、具体过程、实际效果……如果这样做,也许"文明、礼仪"的关键内涵与表现就有可能在当代得到保持,更得到更新,从而让学生在真实而平凡的生活中生出富有内在尊严、因而越来越高尚的情怀。——实践证明,这样的班级活动内容所产生的效果一定会比灌输式的德育、检讨式的班会要更有实效、更为高明。

(2) 谨慎对待"点题验收"式的活动和虚拟游戏。在创建民主型班级时,不主张采用"点题验收"的形式来开展班级活动、评议班级发展,首要的原因就是:这可能让学生面对一个他们的真实生活中还不存在的主题或当时对他们并没有重要意义的主题来勉强开展活动。如果机械地由外来者(尽管其中不乏"专家""领导")"点题验收",则学生可能在此过程中学会了组织活动,却遗忘了活动的真正意义,甚至为了迎合外来者而刻意做作。类似地,也不主张将虚拟的心理辅导游戏、心理剧等形式作为班级建设的主要活动方式(尽管它们对于心理辅导来说是很有价值的),这同样是因为需要关注学生的真实生活(包括他们在网络中的真实生活),而非虚拟的生活。

(二) 在活动组织上,关注学生所获成长体验

在"民主型班级"中,让学生成为班级生活的主人,包括让学生成为班级活动的主要组织者,应成为一条基本的要求。与其他班级形态(如"自主型班级")相比,在让学生自主组织班级活动时,我们同样关注活动本身的组织水平、主持人的组织协调能力,但更关注主持人和其他人在组织班级活动的过程中获得的成长体验,更看重组织过程的育人价值。

在选好主题后,可以把活动的策划和实施交由学生来进行。教师除了在必要的时候提供技术性的帮助之外,更重要的任务是注意挖掘活动组织过程的教育价值——在"自发探索期",重点就是为学生提供自主尝试开展班级活动的机会。

(1) 在准备过程中,可以让学生围绕主题展开调查、撰写调查报告、搜集相关资料(包括网上资料,如春游地点的介绍),从而拓展视野,为即将开展的活动准备更充分的内容,也为在活动过程中获得更深刻的体验作一些铺垫。

(2) 在设计活动时,可以让学生了解已有活动,包括别人组织相关活动的策划方案,使学生逐步感悟如何更好地组织一项集体活动。

(3) 在实施活动时,注意丰富学生的体验,让学生尽可能充分地展现他们的真实生活内容和感受。例如,在运动会之后的活动中,可以让学生把自己所看到的感人事迹(如有人在准备运动会时刻苦训练,有人在落后的情况下坚持跑到最后)充分描述(如果可能,可以事先与语文学科结合,让学生写成作文或周记等),同时让当事人、其他目击者作更多细节补充,包括当时的感受、事后的体会。

(4) 在主题活动结束后,可以让学生提炼感受、展示活动过程,如办一个摄影、绘画、文学作品展览,让学生有机会进一步提升活动价值。

在最初的"自发尝试期",尽管学生在尝试自我策划和实施班级活动时表现出足够的热情,也不时表现出很多才华,但总体上看,他们对活动的形式关注更多,而对活动的

实效关注得还不够,需要进一步突破。这主要表现为如下方面:

(1)在选择主题时,往往就事论事,缺乏对班级生活的整体规划,与班级的整体发展缺乏内在联系。例如,在设计活动时,习惯于两种情形的"跟风"。其一,"跟年级组老师之风",看见别的班级在搞什么活动,特别是成功的活动,就迫不及待地把活动移植到自己班。其二,"跟节日教育之风"。"三八"妇女节到了,就搞一个"我爱妈妈"活动;清明节开展革命传统教育;"红五月"组织学生走访劳动模范……活动一个接着一个,但活动之间缺乏内在联系,不容易把活动做深,难以形成足够强的影响力。[①]

(2)在活动形式上,停留于浅显的表演或语言展示,缺乏进一步的深化。有的主题班会活动模仿电视娱乐节目的形式,在"才艺大比拼"中演唱几首流行歌曲、跳几支劲舞、表演一段搞笑的小品、说一段相声、展示一些书法绘画和演奏技能。有的将注意力放在如何用更有趣的形式反映学生的生活。例如,对于电脑,学生用到了这样的表述:"一心一意爱上它,二话不说用了它,三言两语学了它,四(誓)死如终要了它,五光十色吸引它,六神无主迷上它,七嘴八舌学会它,八拜之交认了它,九(久)而九(久)之精通它,十全十美掌握它。"[②]这对于展现学生生活、展示学生才华固然有好处,但尚需深入体验、拓展内容、提升意义,以免学生在短时间内满足了表现欲和表演欲之后觉得"没意思"。——不过,从另一个角度来看,如果没有这样的阶段,学生可能仍觉得它"很有意思"。这就是说,有些初级状态的成长体验是无法省略的,它们也是成长过程中的一部分。

三、文化建设敞开同学心扉

在"共创班级文化"领域,"自发尝试期"的民主型班级会采用制定班训,设计班徽、班旗,布置教室环境等具体方法,也强调让教室每面墙壁、每个角落都有教育内容、富有教育意义——这与一些"自主型班级"的做法相似。不过,它在激活班级气氛、体现班级特色、开发教育价值等方面力图超越"自主型班级"和"管制型班级"。其中,通过各种方式彰显学生作为班级生活主人的地位,让同学们在更为活泼、自主的氛围中感受到安全、信任和尊重,进而相互敞开心扉,真诚相待,共同探讨班级生活的新空间,是最为关键的新突破。民主型班级首先要实现的这一突破,成为我们在第二章中探讨班级管理的教育思路时特别强调的"敞现"这一环节的前提条件。

(一)发挥主体作用,让学生逐步学会自主策划班级生活

(1)让岗位负责人主动策划班级事务。为了使学生的主体作用得到发挥,可以结合班级工作岗位竞选和班级活动的开展,将班级文化环境布置、班级活动的策划等事项交由学生完成。其中,在选择黑板报主题或班级活动主题时,最好能做到:既协调与上级规定的德育任务(如"爱国"教育、"禁毒"教育、安全教育等)和学校工作(如运动会)的关系,更注重反映学生成长需要。在教室环境布置或班级文化活动的具体设计和实施上,基本上可以让学生自己组成小团队来完成,教师主要起着指导技术、深化内涵等作用,但不能代替学生思考,因为我们强调学生在完成这些事情的过程中获得更多教育经

① 袁文娟:《不同类型班主任策划组织班队活动分析》,《班主任》,2008 年第 3 期。
② 引自第八章介绍的案例会"网络,让我们健康成长"的策划方案。

验,获得"做人"的体验,而不仅仅是"做事"的经验。

(2)让所有学生有机会参与班级工作。除了专门负责教室环境布置、班级活动策划的少数学生外,其他学生也应积极出谋划策、贡献资源,提供各种支持。这样,他们就能体会到班级文化氛围逐步形成、班级人际关系日益和谐的过程,充分体会到自己作为班级主人应有的参与感、成就感、尊严感。对于处在当今社会环境和家庭环境的孩子们,尤其对其中的独生子女来说,在班级文化生活中的这种过程正可以起到丰富他们人生体验、扩大生活视野、交流生活经验的作用。当然,在此过程中,也有可能会出现一些不同的看法或行为,教师需要根据创建民主型班级的要求,引导学生学会倾听、辨析和选择。

(二)立足真实生活,敞开主动探索的新空间

如果说"自主型班级"的文化生活空间(如黑板报)主要是反映同学们已有的生活内容,那么,"民主型班级"则重点在于开发可能的新生活。换言之,让学生将充满希望的眼光投向自己的真实生活(而不仅仅是上级的关怀和指示,也不仅仅是老师的部署和教诲),从中看到自己喜欢的内容,探索自己最希望享受的充满友爱、智慧的新内容。同时,学生的真实生活本身在随时动态生成着丰富的内容,会由此涌现出很多发展可能性,而不只是一种固化的现成生活的机械展开。就此而言,"自发探索期"的民主型班级若能激活学生这种尊重自己、释放灵气、追求新希望的思想活力,就完成了一项重大的教育使命。

在这方面,可以让学生主动思考班级现实状况、反思班级活动情况,从而将个人感受与班级活动、个人成长与班级发展结合起来。例如,结合班干部改选,让竞选者提出对班级现状的分析、改革工作的思路,写成"竞选纲领",张贴在墙报上,然后让同学们有针对性地讨论,再选举班干部。这一过程就可以促使学生回顾班级成立以来的发展情形,辨析其中出现的积极因素和消极因素,思考包括班干部在内的每一位同学的责任。此后,结合班干部改选、小岗位竞争上岗等活动,就可以趁热打铁,共同商议班级中的行为规范、规章制度,包括审议、认同或改进学校已有的规章制度。

"自发尝试期"的民主型班级较为关注显性文化氛围、着重体现班级特色,但对许多隐性的、内化的教育因素尚未充分挖掘,有待在新的发展中予以超越。这可从如下两个方面辨析:(1)在布置文化环境和筹办文化活动时,目标虽然略高于传统的"完成预定任务"的定位,强调发挥部分学生的特长、吸收其他学生的智慧、激活班级氛围,但在如何深化成长体验、激活学生思想等方面,考虑得还不够具体。(2)在反映学生们的成长过程时,主要满足于将板报、教室墙壁布置得饱满、美观,但对学生们在相关领域中的内在体验尚缺乏挖掘、提炼和整理。例如,反映春游活动的墙报,往往只是贴上一组照片,加上几句说明,至于照片中的故事、当事人的感受、对于班级的意义,尚留着空白,没有及时敞现、提升。

总之,"自发尝试期"的民主型班级开始在班级生活的整体格局上超越"自主型班级",更超越了"管制型班级"。其中,最为关键的是同学们尝试着通过民主的合作交往来面对自己真实的生活内容(而非停留于接受成年人安排的内容),探讨可以自主解决的发展问题。为此,可以让每一位同学都有机会通过各种岗位参与处理班级事务、为同学们服务,可以组织同学们尝试自主策划和实施班级主题活动,还可以在班级文化中探索彰显学生活力(包括兴趣爱好、同学友情和处理班务的聪明主意)的各种新空间。

第二节　自觉行动期——在活动中培育人格

经过"自发探索期",民主型班级的建设就可以进入"自觉行动期"。在这一阶段,师生不再满足于完成具体的事务工作、开展一项项形式创新的活动,而是将目标进一步放在为每一名学生提供更深入的成长体验,以唤起其作为发展主体的尊严和活力,同时更为深入地参与民主型班级的创建过程——也就是在更高水平上同时实现"双层目标"(在建设班级的同时培育学生人格),特别是通过各项具体的班务和活动来培育学生的人格系统。此时,教师拥有更为自觉的专业意识,主动开发适应新的发展需要的专业智慧;更多学生有了更为清晰的自主意识,关注自己在班级生活中可以享有的自主权利和可以彰显生命豪情与智慧的新空间。这可以通过本章重点关注的一个初中班级在第二阶段的发展概貌得到印证(见表9-4)。

发展阶段	自觉行动期
总体特征	深化成长体验,自觉运用交往共生
典型案例	在成功中享受快乐
案例特征	从学校组织的统一活动中深入挖掘生命体验、拓展生命视野,自觉运用交往共生的方式探索解决更高境界的发展问题,生成更优良的班级文化

表9-4

民主型班级
第二阶段(自
觉行动期)的
特征分析

"自觉行动期"三个领域的具体特征		
共建班级组织	开展班级活动	同创班级文化
1. 人人用心参与班务,如评议干部、设立岗位、小组活动; 2. 合作提升班级生活质量和个人发展品质,如提炼成长体验、分工整理资料。	1. 从例行的教育活动中开发符合学生真实需要的主题和教育内容; 2. 从真实生活中提炼成长体验,自觉策划实施主题活动,使之成为激活交往、提升意义的关键事件。	1. 有序开展常规活动和主题活动,创生新的自豪感、自信心; 2. 合作共事更有成效,如用心修改周记、完善活动细节,创生出更高境界的体验; 3. 黑板报、班级网页和主题活动协同发挥作用。

从更多班级的实践经验来看,自觉行动期的发展可从"共建班级组织""开展班级活动"和"同创班级文化"这三个领域逐步展开。

一、组织建设追求合作成事

相对于"自发探索期","自觉行动期"的民主型班级在班级管理中已经逐步超越了对常规事务的处理,更为关注开发班级生活每一方面的教育价值,使学生获得成长体验,而不仅仅是被管理的感觉。当然,这里所说的"班级生活中每一方面",并非事无巨细、每件事都要穷追不舍,而是在系统梳理班级事务的基础上,整体策划班级岗位设置和日常事务处理。在此基础上,关注班级生活中不断出现的新情况,及时判断其教育价值,并在适当时机就其中的一件事或一系列事情开展集中的教育活动,引领学生通过交往合作,更为出色地完成班级事务,营造更为舒心的成长环境;在合作成事的过程中,"班级组织建设"领域的交往空间及其教育价值也得到了更为充分的开发。为此,可采用如下举措。

(一)不仅关注常规秩序,更关注班级生活规范的内化过程

在前一阶段的班级管理中,主要强调让学生们思考、选择、认同或修改各种规章制度,从而明白在班级中的日常行为规范。到了新的阶段,班级管理更强调让这些规章制度的内涵随着班级生活的逐步展开而被学生们内化,成为他们自觉采用的行为标准。要做到这样,可以不再就事论事地谈规范,而是结合班级实际,包括班级发展的历史,将具体事项作为一条线索、一个契机来挖掘其教育价值。此时,班级生活规范内化所产生的效果,已经不是某名学生个人有收获,而是一群学生、全班学生共同得到成长机会。我们可以从案例9-1看到这方面的进展。

案例 9-1

岗位竞选后的体会

有个班级在第一次改选班委时,同学们商议采用匿名张贴竞选纲领,然后就竞选纲领选出三位同学参加最后竞选班委会主席的办法。之所以如此,是因为大家认为,如果沿用以前的方式,有两个弊端:其一,每个人脑子里只有那些"老干部",改选也就会成为一种形式,埋没了许多有才华的"精英";其二,有的同学只选自己的好朋友,根本不看是否符合要求。尽管这些建议中反映出的民主意识还是令人鼓舞的,但也表明原有的班级生活尚有许多缺陷,如缺乏内化的班级生活规范,也缺乏应有的相互信任。

后来,随着各种工作岗位的竞选,随着一个个同学更为主动、自信地参与班级生活,原先依靠班主任个人权威或人格影响力和少数固定的班干部维持班级秩序的状态,也逐渐过渡到班级成员主动关心和民主参与集体事务、共同营造精神家园的情形。

有学生说:"以前,我只是一心管好自己,班中的事从不理会,认为只要自己的成绩上去就行。后来,我逐渐地改变了自私的行为,不断为班级着想,为同学着想,总想尽自己全力为班级争光。"

"当了干部后,我有一种光荣感并且肩负着一系列的责任感。……在同学们的支持下,我出了第一期黑板报,还很成功。当黑板上写着'主编:C同学'时,我十分自豪、欣慰地看着自己和同学的劳动成果。""班级就像我们第二个家。"[1]

---

[1] 李伟胜:《共创精神家园,提升生命质量——对某初中实验班班级建设的个案研究》,载于杨小微、李家成主编:《"新基础教育"发展性研究专题论文·案例集(上)——学校管理·班级建设》,中国轻工业出版社,2004年版,第258、262页。

（二）不仅关注岗位建设，更关注班级生活质量的提升

系统梳理班级事务、整体设计班级工作岗位，这已经开始使班级生活从传统的混沌状态走向理性的民主状态。在此基础上，可以进一步尝试让事务管理服务于学生成长，有效提升班级生活质量。例如，不仅注意"因事设岗"，而且关注"因人设岗"，给一些学生专门创造成长体验。

从一些班级的实践情形来看，最初改选班干部时，学生们对竞选者提出的要求可能主要集中于如何使班级形成良好的纪律、使各项事务得到顺利处理。到了新的阶段，大家可能就会要求竞选者从班级整体状态的角度来考虑自己所承担的工作任务。例如：

> 班长应总体把握班级生活中的各个方面（各门学科的学习状态、班级纪律、文体活动水平、劳动质量），并思考如何协调好它们之间的关系，使班级各方面都更优秀，如学习活动可以和文娱活动结合，开展一些知识竞赛、学习经验交流等活动。
>
> 学习委员也需要对所有学科的学习情况有比较深入的分析，包括学习积极性、哪些同学需要重点帮助、哪些人可作出更多贡献。
>
> 文体委员对同学们的文体特长有较全面的了解，并对在这方面还需进一步发展的同学也有具体的工作思路（如组织小组之间的篮球竞赛，促使同学们互教互学）……

总之，每一岗位、每一事项，可安排专门的人员负责，但这些事项的处理思路又与班级整体发展质量有密切关系。于是，在这一阶段，班级组织建设就在逐步建立更具有整体性的班级生活规范，使学生个体与班级整体的发展质量有可能得到进一步提升。

不过，处于"自觉行动期"的民主型班级在"共建班级组织"领域方面还可进一步努力，站在更高境界，努力引领学生发展。这就需要班主任以更高的智慧，引领学生创造更为通畅的表达真实思想的机会，并在此基础上敏感地发现新的发展空间。

二、主题活动彰显自主活力

在"自觉行动期"，民主型班级的班级活动可有如下新的开拓。

（一）不仅关注真实体验，更要着力创生成长体验

在前一阶段，为了从以往的活动形式（尤其是被动响应上级号召或落实成年人意图的"被活动"）中解放出来，我们较为强调在班级中反映学生的真实生活和成长体验，因为这是让学生在面对真实而复杂的社会生活时学会反思、鉴别、选择的起点。到了新的阶段，当学生已经学会真诚面对现实生活，包括真诚面对自己的内心世界，我们希望能通过班级活动，让他们以清晰的自我意识为基础主动创生新的成长体验，而不仅仅是直接描述现成的，尽管也是真实的生活内容和思想。在此过程中，引导他们辨析各种发展因素、主动寻找发展资源、努力开拓新的发展方向。

案例 9-2

怎样敞现学生的体会?

以前面介绍过的"在成功中享受快乐"这一主题活动"大项目"为例,最初的设想是直接呈现一次集体活动的场景,用一些套话来表达、交流一些表层感受。这是常见的,但也是平庸的班会情形。在课题组的进一步研讨中,我们看到:学生不是仅仅为了完成一件任务(实践活动)而去开展活动的,因为他们在活动中有"精神生命成长"的体验;相应地,班会主题应该突出"成长体验"。这也与初二年级学生自我意识正在形成、急需丰富的体验来完善它等成长需要密切结合。

于是,为了超越"以呈现为主"的平庸情形,着力敞现学生的深刻体会,在筹备班会的过程中有了如下调整。首先,让学生通过作文、周记或其他形式,把自己在实践活动中最深刻的体会写出来。然后,在小组(4—8人的小组均可)中讨论。如果是8人组,每个小组推荐两人,一个是把自己的成长体验表达得最好的人,另一个是总结组内其他同学体验的(可以共同形成1—3点体会)。这些代表的发言稿,可以由老师审阅(但尽量不要修改)、提出更好的建议。最后,可以把他们的发言内容做成PPT,或者干脆打印出来让全班一起讨论:哪些体会最深刻?哪些是最有利于我们成长的?为什么?

后来,在期中考试之前,每名学生都写了自己成长的困惑、失败的反思及成功的体验,并且采访了自己身边的亲人,了解了他们成功背后的挫折及艰辛。通过这些活动,学生个人、群体和亲人的发展经历中的深刻体验,被逐步敞现出来,成为这个主题班会最宝贵、最感人的内容。[①]

(二)在学会自主策划和实施活动的同时,用心提炼意境更高的主题

无论是直接描述学生真实生活,还是充分挖掘成长体验,若不能及时从中提炼出意境更高的教育主题,那么,这些活动仍有可能停留于平面式甚至是平庸的展示和交流,而难以得到立体式的开发。要使班级活动达到更高的教育境界,而不仅仅是在组织和表达能力上达到更高水平,还需要立足于真实生活和成长体验,用心体会并及时提升学生的成长需要。在这方面,班主任更高境界的教育思想和教育智慧就显得尤为重要了——毕竟,作为未成年人,学生在认识水平和自我教育能力上都还不够高。(需要注意的是:开发意境更高的主题,并不一定就要更改活动名称。)

案例 9-3

"聚焦运动会"的设计思路

有一次以"聚焦运动会"为题的班会,最初的设计意图是:"9月底,学校召开了一次别开生面的运动会,这次运动会留给了同学们太多太多的回忆,因为

---

① 参阅陆桂英:《建设民主集体,共创阳光人生》,华东师范大学出版社,2007年版,第48页。

我们为这次运动会付出了很多很多,但最后我们并没有取得理想的成绩。同学们的心理受到了严重的打击,他们在听到这个消息后或垂头丧气或伤心落泪。希望通过'聚焦运动会'这次主题班会,学会勇敢地面对现实,寻找我们的差距,同时发现我们在运动场上的闪光点,唤起斗志,重新树立起信心,勇敢地接受下一次的挑战。"

　　与此相应,经过同学们自主策划和班主任提出修改意见后的策划方案是:(1)回忆运动会的报名情景(一个故事),让学生齐唱《真心英雄》这首歌,强调"不经历风雨,怎么见彩虹";(2)一个舞蹈《健康歌》,号召大家一起来运动;(3)才艺展示,有呼啦圈、单手转篮球、跳绳、俯卧撑等项目的表演;(4)看照片(电脑显示),回顾运动会上的比赛场景,讨论交流体会,强调"成功在于最后的坚持";(5)英语课本剧《龟兔赛跑》,表达进一步努力的决心;(6)班主任讲话,激发学生的雄心壮志。

　　经过讨论,我们觉得这一主题不错,但是还可以提高立意境界,例如:(1)初中二年级的学生正待形成清晰而积极的自我意识,这次班会可以让他们学会在生活中进行自我教育。(2)每个人都尽最大努力,为班级争取更大荣誉,同时也感受到班级作为一个大家庭带来的温暖、支持和尊严。从这个角度看,尽管没有得到最好的比赛结果,但同学们的努力达到了最好的状态。(3)将节目表演与学生成长体验的升华结合,在表演前有渲染,在表演中有感受,在表演后有提升。①

　　显然,"自觉行动期"的班级活动达到了更高境界,不过在主动开拓学生精神生活领域、使学生主动追求更高精神品位等方面,还可进一步改进。

三、文化建设创生和谐生态

　　在"自发探索期",班级文化建设关注显性文化氛围,强调体现班级特色。到了"自觉行动期"这一阶段,民主型班级的文化建设将关注重点转向班级内涵发展,着力在班级成员之间形成和谐而不失各人个性的人际关系,营造更为和谐、更有活力的班级文化生态。此时,至少可采用如下两项举措。

　　(一)超越对文化事项的处理,更关注班级中的人际关系

　　教室文化环境布置、班级文化活动的组织等,依然是班级文化生活的主要领域,相关的各种事项仍然需要妥善处理。不过,在新的阶段里,已经有了更高要求。此时,在具体处理事项、展现个性特长、共同服务于班级建设的过程中,更为强调个体与个体、小组、班级之间的多层互动,从而使学生们不仅相互了解,更能相互合作,形成和谐的人际关系。

案例 9-4

美化教室的行动

　　某班打算在新学期中重新布置和美化教室,同学们热烈响应,大家纷纷开

---

① 摘自上海市某校初二年级 2003 年 10 月 16 日班会后班主任撰写的案例和笔者的现场实录。

动脑筋,提出了不少好点子。有的说应在墙壁上挂上几幅激励大家的格言,马上就有人说不要抄名人的格言,要让班上的才子才女自己创作。于是,每个同学都来创作格言,经过评议和推选,确定了"学则专心致志,问则勇敢大方""思能修身,静能养性"等言简意赅、意味深长的句子作为班级格言。此外,还有人提出定期展示同学们的书法绘画作品,宣传委员还布置了一个"走进'心'世界"的板报专栏,刊登同学们表达自己感情的文章……于是,一股浓厚的文化氛围就自然而然地营造出来了,走进教室就仿佛走进了一个宽敞明亮、透着儒雅气息的学堂。

　　……通过这次动手布置出一个与众不同的教室,同学们的才智得到了发挥,能力得到了锻炼。更重要的是,为了一个共同的目标而一起努力的过程也增强了同学们对班级的热爱,大家为自己是班级的一员而感到非常自豪。[1]

(二) 不再满足于文化活动的外显效果,更为关注文化品位

这实际上是在追求更高境界的班级文化。一方面,从内涵上看,它力图抓住学生文化的核心因素——生存方式,让学生主动发展的状态渗透于班级生活的每一领域。于是,我们会发现,原来看似独立甚至对立的班级事务工作、纪律维持工作与学习活动,都可以被用来发展学生的主动发展意识和能力。例如,各门学科中的学习情况被上升到"学习文化"的高度来审视,自然地融入班级文化建设的整体之中,而非让各科学习活动与班级文化活动分离。跨学科的研究性学习可以成为班级文化活动内容,包括用研究性学习的方式来研究同龄人的文化生活内容与思想动态,并用这些研究成果来指导班级建设。另一方面,从外延上看,它力图整合各项文化活动,使之形成一个整体。

案例 9-5

教室环境的整体设计

　　某班结合自身的实际情况,将"相信自己,滴水穿石"作为班级精神并将它贴在教室墙壁上,希望在学习、习惯养成等方面都持之以恒。以此为主题,教室环境中的各栏目设计构成了一个整体。由小班主任负责的"比、赶、超"分学习、纪律、卫生、其他四个栏目记录同学们的考评分,可以提高学生个体和小组的积极性;教室后面的黑板上写着班歌:"心灵是快乐的根须,兴趣是快乐的苗芽,品德是快乐的枝干,笑语是快乐的花朵,业绩是快乐的果实……";"师生心语对话窗"为学生与老师之间又建起一座沟通桥梁,其中分学生栏和教师栏;"奥林匹克大擂台"专门把较典型的实际生活中的难题登出来让同学们钻研;"文学园地"把班级一些同学获奖的作品贴上去,激励同学们为校为班增光……[2]

---

[1] 郭倩:《回顾跟初三(1)班一起走过的日子》,"新基础教育"推广性、发展性研究第七次会议(海南·2003年1月)交流材料。

[2] 山东省淄博市临淄区第八中学田广昌撰写的案例,见范向华等:《创设五彩斑斓的教室文化》,载于杨小微、李家成主编:《"新基础教育"发展性研究专题论文·案例集(上)——学校管理·班级建设》,中国轻工业出版社,2004年版,第216页。

当然,从建设民主型班级的需要来看,"自觉行动期"的班级文化建设还可以进一步努力——尝试激活学生思想,主动引领学生精神生活,使其跃升到更好的状态。

总之,在"自觉行动期"的民主型班级中,教师会更为自觉地主动开发和利用专业智慧,学生会更为自觉地主动利用积极的行动来解决发展问题,由此敞开更有活力的班级发展空间,让"交往共生"的发展方式得到更为自觉的运用,促进同学们更为自觉地掌握发展的主动权。

第三节　主动创造期——善用智慧激发活力

民主型班级将学生个体作为出发点,将班级教育场景作为落脚点,这就是同时关注个体和班级的主动发展(同时实现"双层目标"),以使学生在当今这个新的时代——空间越来越开放、内容越来越丰富、性质越来越复杂、选择越来越个性化的时代,能够主宰自己的命运,既不随波逐流、迷失自我,也不陷入狭隘、封闭自我。要达到这样的教育境界,班级教育还需要在前述两个阶段的基础上继续努力。其中,让学生个体和班级整体用更好智慧激发内在活力,从而实现主动发展的状态,由此进入民主型班级的"主动创造期",应该是一个可行的选择。

经过前两个阶段的努力,进入"主动创造期"的民主型班级力图站在时代发展和教育改革的前沿,让学生个体和群体都保持开放心态、发展活力,追求主动发展,使个体与班级整体的精神生活境界不断提升。对于这样的班级来说,组织建设、主题活动和文化建设等领域之间呈现非常深入的相互渗透的局面,以至于难以把它们简单地分开来讨论。尽管如此,为了与前面两个发展阶段进行纵向比较,这里还是就这三方面来讨论其发展情形和具体的行动路径。这可以通过本章重点关注的一个初中班级在第三阶段的发展概貌得到印证(见表9-5)。

发展阶段	主动创造期
总体特征	主动创造智慧,善于利用交往共生
典型案例	我沟通,我自豪
案例特征	主动面对新问题,创造性地开发利用14岁生日仪式和"父母是你特别的朋友"主题班会等活动中的体验,开展新的调研,用新的智慧承担新的责任

表9-5

民主型班级第三阶段(主动创造期)的特征分析

"主动创造期"三个领域的具体特征

共建班级组织	开展班级活动	同创班级文化
1. 班干引领全班,且着力激发每个人的活力; 2. 岗位工作更讲究品质,提升班级活力; 3. 在各门课程中开展持续的小组合作学习,通过日常化的群体交往激活个体。	1. 提升日常活动品质,进而创造性地开发教育资源、激发同学用更高智慧来实现民主和谐的交往共生; 2. 主动关注更高境界的发展问题,在增长交往能力的同时承担新的责任,创造新的意义。	1. 在活动中的合作不仅更为顺畅,且更有活力、更能敞现创意; 2. 教室环境、班级网页成为发挥创造性活力的天地,让日常生活都能激活思想。

　　具体来说,这一阶段的"主动创造"继续落实为"共建班级组织""开展班级活动"和"同创班级文化"这三个领域的新探索。

一、组织建设提升交往境界

　　"自发尝试期"的民主型班级可能更多地关注形成完善的班级生活规范,"自觉行动期"的民主型班级可能更多地强调创造性地执行规范,而"主动创造期"的民主型班级则更多地追求超越规范,使个体与集体都形成不断追求上进的精神状态和有效机制。其中,最为突出的可能就是充分反映同学需要,主动引领同学发展。我们可以从两方面来进一步理解。

(一) 鼓励发现和创造新思想,形成不断超越的发展机制

　　这里所说的"引领",除了班主任承担这种引领角色外,我们更强调让学生自己引领自己,让班级形成激励学生不断超越自己的机制。准确来说,在民主型班级中,引领的机制应是让同学们有深层次的交往、让新思想能够及时敞现出来,而不是靠绝对权威来引领。相应地,班主任的引领作用除了体现为传统意义上的传授知识、培养能力、灌输信念之外,更重要的是帮助学生个体和班级整体建立这种自我超越的心态与方法。这样,也许就真正达到了教育的本真目的——让学生学会做一个高尚的人。

案例 9 - 6

扩大图书角的作用

　　我们在一个班上发现一些学生相互传看一些言情小说和漫画书(包括非法出版的、带有少儿不宜内容的书),最初是感到惊讶,其后是觉得焦虑。显然,仅有这些感觉,或者采用常见的堵截、阻拦、说教等方式来教育学生,是难以取得理想的教育效果的。

　　我们选择的是:让学生坦陈真实看法,鉴别书刊内容,探讨它们吸引人的原因,思考对策。大家发现,学生在校生活缺乏激情,课余文化生活缺乏引导,这些书的内容比较时尚(与一些歌星生活或动画片有密切关系),都是造成这一现象的原因。

　　针对这些情况,经过讨论,同学们决定在班级中扩大图书角的作用,让每一位同学推荐好书,在图书角交换阅读,开展读书节、书评比赛、与老师平等交流等活动,鼓励学生追求高尚的欣赏品位。这对于形成积极向上的集体氛围,共同提高精神品位起到了重要作用。[①]

　　类似地,可以在班级的人际交往活动中、在学校或班级的网页中,建立有效的师生、生生、亲子、校内校外沟通机制,既可以反映对班级生活的意见,更可以提出富有创意的

[①] 参阅李伟胜:《共创精神家园,提升生命质量——对某初中实验班班级建设的个案研究》,见杨小微、李家成主编:《"新基础教育"发展性研究专题论文·案例集(上)——学校管理·班级建设》,中国轻工业出版社,2004 年版,第 253—263 页。

建议,甚至可以为此定期举行评选和表扬"金点子"的活动。这样,学生就有可能尝试以不断超越、不断创新的心态来看待自己的日常生活,让它产生一种日常中的美、平凡中的伟大,用以丰富、润泽和升华自己的心灵。

（二）拓展学校生活的新空间,在更高层次上为学生服务

一些现代管理思想提出,管理者要超越"正确地做事"、学会"做正确的事"。这就意味着管理工作不仅仅是正确地完成指定的任务,而是更多地承担着道德上的责任,对工作本身作出合理的价值判断、认同共同目标,并自觉为之努力。受此启发,班级管理也应不断更新工作思路,其中一条可行之策就是"超越班级看班级",拓展班级生活领域,让学生获得更大的发展空间。同时,为学生提供的服务也超越对现成事务的处理,追求精神层面的发展。在一所小学,就出现了这样的积极探索。

案例 9-7

"岗位小先生"[①]

学生自进入一年级开始逐步具有岗位意识之后,在每年的岗位轮换中获得了多种多样的体验,他们的能力也获得了各方面的发展。同时,班级生活也出现了新的变化,呈现出一种"动态生成"的新局面。例如,一些岗位在经过学生一段时间的适应后逐步成为学生的日常行为习惯,如:门窗小卫士、节能小卫士、桌椅小卫士等岗位的职责正逐步被越来越多的学生作为一种班级生活习惯而替代掉。此时,就需要动态调整班级岗位了。

还有一些岗位由于有特定的时间性,如晨检员、自习的领读员、午餐管理员等,承担这部分岗位的学生在大部分的时间内没有岗位任务,对于那些综合能力较强而学习负担相对较轻的学生来说他的精力就有了"富余"。对于后面这部分学生,除了选择或创设更有创造性的岗位,还可以将一些操作简易的岗位进行合并——不过,这样又会导致另一部分学生面临"失业"的威胁。总之,由于学生在班级中所起的作用是受各种因素影响的,比如学习成绩、人际关系、性格特点等,而且,这些因素(包括他们在岗位上尽责的情况)又是动态变化的,因此,不可能使每一个学生都能在班级中承担具有创造性的岗位或成为一个成功的辅导协作者。

利用好这部分学生的成长所生成的资源,并且满足这些学生再成长的需要,是我们进行岗位设计的新的出发点。例如,完善高低年级结对的友谊班的小辅导员制度,设立岗位小先生,如晨读小先生、俱乐部小先生、劳动小先生……让更多的岗位技能在学生间传授。这不仅使高年级学生找到了新的成长空间,也使低年级学生获得了一种新的学习方式。由于面对的是比自己小很多的弟弟妹妹,学生在辅导传授的过程中少了很多的顾虑,而责任心却更强了。对于低年级学生而言,大哥哥大姐姐的技能传授方式更多地体现在近距离的共同学习玩乐之中,这样就使岗位技能的学习少了一点任务式的负担,更多了一点交往互动式的乐趣。这样,"岗位小先生"的活动就为学生创造了一

---

① 摘自康旻:《为学生的再成长拓展空间》,载于杨小微、李家成主编:《"新基础教育"发展性研究专题论文·案例集(上)——学校管理·班级建设》,中国轻工业出版社,2004年版,第211页。引用时有修改。

个校园层面上的生生互动机会。在这一层面的生生互动中,学生得到了重新审视岗位职能、感受岗位价值的机会,激发了学生自我完善的需要,使得这部分学生的成长能跟上班级成长的整体步伐,也获得了更多成功感和愉悦感。

类似地,当班级中的已有角色不能再满足部分学生发展需要的时候,在班中想方设法因人设岗的同时,学校还从更为开阔的校园生活中开发出更多具有挑战性的岗位角色,让学生竞聘大队委、学生会中的干事或部长,在更高的层次、更开阔的空间为学生服务。学校将学生的参与情况动态反馈给各班级,在提供更大舞台的同时,还激发出各班学生更大的参与热情和创造活力。

类似的尝试还可以拓展到班级与学校更多活动的相互呼应,班级与社区、班级教育与家庭教育之间的更多合作。例如,让班级承办年级、学校活动,让各班策划家长会的好方案并相互交流,让学生们社会实践的思路相互激发……实际上,只要用心开拓,还可以有更多的创造,让班级管理在服务于学生成长的过程中丰富内涵,提升品位。

二、主题活动激活生命智慧

对于"主动创造期"的民主型班级来说,班级活动的关键特征就在于让同学们的日常生活内容既有稳定的内涵,又有开放的视野,还有不断提升的追求,并在此状态中习惯于主动的生存方式。为此,班主任和研究者需要有超前的眼光、开阔的心胸,着力研究如何逐步提高学生精神生活品位的问题。这至少可从两方面努力。

(一)在横向维度上,丰富班级活动内容,拓展活动领域

这与前面说到的"拓展学校生活的新空间"是紧密相关的,只不过前者是从管理的角度探讨,而这里是从学生活动角度来讨论。例如,本章重点关注的这个初中班级,历经"共同参与班级管理""怎样看待网络游戏""网络,让我们健康成长"等一系列主题活动和后续两个学期的推进,在进入初中三年级后,又继续探索创造性地解决新的发展问题。面对巨大的学习压力,有许多家长封杀了孩子碰电脑的机会。但是,学生们都处在升学压力下,他们需要理解和沟通的愿望比以往任何时刻都要强烈。这个班的学生克服了种种困难,创办了该班的电子版班报《蓝星报》,为同学和老师又架起一个新的沟通交流的平台。在这个平台上,专家、校领导、各任课教师及学生们的纷纷参与,使得班报越办越红火。班报让同学获得成功的体验,更让同学从中获得激励。这种激励是来自身边的话语和事例,具有很强的亲和力,易于被同学接受。正是在这样的交往、沟通过程中,越来越多的学生心胸更加开阔。他们不再仅仅想到"小我",而是将"小我"与班集体、学校、社会、国家、民族这一系列的"大我"联系在一起了。

在这样的教育活动中,学生个体不是面对一个外在世界的冷漠的看客或"认识者""研究者",而是更为广阔的人类生活世界的一个积极参与者。显然,类似的活动还可以推广到家庭生活、社会志愿者服务等方面。

(二)在纵向维度上,根据学生发展需要,系统策划班级活动

班级主题活动,旨在反映学生成长需要、逐步提高他们的精神追求,切近学生的

成长经历,可以起到激活并提升学生日常生活意义的作用。因此,我们很关注每个班级在每个学期开展的系列主题活动。这让学生迈出一个又一个坚实的脚步,踏上一个又一个发展的阶梯,逐步提升班级发展水平。——于是,以系列主题活动为主线,逐步提升学生精神生活质量,可以成为我们有效地建设"民主型班级"的关键途径。

在此,衡量"一次主题活动"("大项目")的单位,并不是"一节班会课"或"在某一天完成的一项活动",而是以这样的"一节"或"一天"为集中展现或讨论的机会,在此前和此后组织的一系列"小活动"。这一系列"小活动",一般会持续一段时间,少则两周,长则三个月。尽管如此,就因为围绕一个明确的主题,它们就会组织成"一次主题活动"("大项目")。与之相应的是,"系列主题活动",则是在一个班级中先后开展的多次主题活动(系列"大项目")。

根据多年实践研究取得的成果来看,"系列活动"(包括系列主题活动)大致可有如下三种情形。

(1)在一次主题活动"大项目"之内,开展系列"小活动"。这包括持续多日乃至三个月的"策划—组织—实施—反思—改进"。本书介绍的一系列典型案例(特别是本章重点关注的这个初中班级的三个"大项目")可以作为参考。

(2)在同一个学期中,开展系列主题活动(系列"大项目")。例如,针对家长提出的给孩子调换座位的现象,一位班主任用自己的专业眼光发现了其中蕴藏的教育意义,并根据学生的年龄、认识的差异准备设计三个主题班会,由此构成一个系列来达到教育的目的:一是"可爱的同桌",学会欣赏同桌;二是"我们是一对好同桌",评选好同桌;三是"我+你=……",向更多的同桌学习,自己选择同桌,学会与更多的人交往,学会更多的优点,促进自己的进步[①]。这样,围绕一个主题来策划、实施系列"大项目",可以让学生在一个问题上获得更为深刻、持久的成长体验。

此时,应该特别警惕平庸化的系列活动,运用专业智慧进行更深入的思考,设计有更深内涵、层次递进的系列活动。

案例 9-8

系列活动的两种设计思路

有些班主任在策划和组织活动时,依然更多地关注如何落实上级要求、执行规定任务。他们组织的活动,主题集中,有形成系列的意识,但缺乏层次性。例如,11月科技节,学校依托比赛,引导学生动手动脑,开展科普教育。这类老师最常见的做法是把比赛项目先在班级过一遍,选出合适人选或作品参加全校比赛。以下是一位老师的活动安排。

---

① 陆敏:《"可爱的同桌"》,载于杨小微、李家成主编:《"新基础教育"发展性研究专题论文·案例集(上)——学校管理·班级建设》,中国轻工业出版社,2004年版,第270—271页。

活动主题：科学在我身边

活动安排：

1. 科技小制作活动。(1)科技小制作讲座；(2)制作科技作品；(3)作品展示，评选并推荐优秀作品参加学校评比。

2. 科普绘画比赛。(1)科普绘画获奖作品赏析；(2)科普绘画创作；(3)作品展示，评选并推荐优秀作品参加学校评比。

3. 科技小论文。(1)"怎样撰写科技小论文"讲座；(2)撰写科技小论文；(3)习作交流，评选并推荐优秀作品参加学校评比。

这样的设计，虽说活动较多，也似乎成了系列，但仔细分析这三项活动，实质只是"面"的铺陈，内容的替换，缺乏活动目标"质"的递进，难以体现教师"扶—半扶—放"的指导过程，也看不出系列活动对学生情感、态度、价值观等方面的不同要求。面对同样的活动主题，另一位老师有如下设计。

活动安排：

1. 科普总动员。(1)找一找秋天的校园有何变化，邀请科学老师一起解释变化的原因，揭示"科学就在我身边"；(2)解读科技活动方案。

2. 创作齐动手。(1)选择最有趣的项目进行创作；(2)"我的大作发布会"；(3)根据师生建议，修改完善自己的作品；(4)受其他同学作品的启发，再选择一个项目进行作品创作，并由父母点评，修改完善。

3. 成果共分享。(1)给出一个理由："我的作品代表班级参赛"；(2)投出一张选票："××的作品真棒"；(3)分享一个收获：今年的科技节，我_____。

虽说还是这几项活动，但经过精心策划，不再是简单地"为参赛而活动"的设计，整个活动安排合理、富有情感。以季节的自然更替为缘由引入活动，形象直观，有说服力，能激发学生学习科学、探究科学的兴趣。小制作给学生自主权，选择一项最有兴趣的项目参加，经历"制作—作品发布—师生评议—修改完善"这样一个过程，之后再选一项按流程自主活动。活动要求逐步提高。还把"师生评议"拓展为"家长评议"。通过一件作品联系学生、教师与家长，彼此之间的真情(亲情)交流又多了一个话题。如果教师在学生"成果共分享"后再作一次总结梳理，在思维、能力、品质培养方面再作一点提升就更好了。①

(3) 在不同学期之间，策划系列主题活动(系列"大项目")，形成逐步提升的台阶。在一所中学，根据中学生的发展需要，老师们提出：整个初中阶段，从初一、初二到初三，形成"适应—发展—成长"的教育主线，辨析出"自立—自主—自强"的三个渐进层次，从而满足初中学生心理发展连续性、阶段性的需要，促进初中生心理有序发展。② 以这样的思考为背景，以上述的每学期的系列活动为基础，就可以在不同学期、不同学年之间，策划更有远见的系列活动。于是，学生就有可能在老师的引导下，进入

---

① 袁文娟：《不同类型班主任策划组织班队活动分析》，《班主任》，2008 年第 3 期。
② 邓婷婷、陈玲：《初中主题班会系列设计的探索》，载于杨小微、李家成主编：《"新基础教育"发展性研究专题论文·案例集(上)——学校管理·班级建设》，中国轻工业出版社，2004 年版，第 236—238 页。引用时有修改。

更为开阔的探索空间,学会创造质量更高的一段学校生活。

此时,我们可以参照"新基础教育"研究取得的成果。在这里,对学生在整个义务教育阶段的发展情形展开整体研究。以此为基础,就可以系统地策划一所学校的班级活动、年级活动和学校活动。其中,关于"学生发展特征与成长需要"就有如下研究结论(见表9-6)。

年段	学生发展特征与成长需要
小学低段 (一、二年级)	1. 社会角色发生重大转变,开始承担"学生"的责任,核心活动由"游戏"转变为"学习"。这一阶段需要突出"童趣",促使学生情感上喜欢新的学习、交往和生活。 2. 接触到群体规范,需要遵守学校、班级生活的规则,行为上需要尽快适应新的班级生活,熟悉班级生活中的岗位与干部角色,通过人人参与,形成班集体。 3. 有了新的重要关系人:教师,接触到更多的同龄伙伴。
小学中段 (三、四年级)	1. 学习的难度、强度增大。围绕学习问题,需要开展深入的工作,使学生进一步掌握学习方法,自主、有效地开展学习,尤其是转变对学习的认识,从挑战性的学习任务中感受学习的快乐。 2. 各种班级活动的挑战性增强,需要给学生广泛参与各种活动的机会,使学生在多方面获得成功,关注学生身边的行为规范,形式上要注意童趣,引导学生关心自然,增加环保活动的知识含量。 3. 小团体的影响开始出现,学生个体之间、师生之间开始容易出现疏离,需要关注形成相互包容、相互欣赏的人际关系,形成富有活力的小队。 4. 处于个体精神力量的生长期,可能因为学习、交往等方面的转换困难,产生自卑、怯懦的精神状态;部分学生对学校生活已缺乏新鲜感,进步的速度放慢,出现发展高原期;部分学生因在学校各项活动中得到多方面的表现、肯定,持续处于"领导地位"而产生优越感。三类学生面对不同的进一步发展问题。
小学高段 (五、六年级)	1. 情感的细腻性、丰富性、敏感性的需要开始出现。 2. 学生兴趣、特长差异表现更明显,不同方面的成功需要强烈,没兴趣参与缺乏挑战性的活动与班级工作。 3. 活动空间与视野需要扩展,可以帮助学生参与学校层面的工作,以历史的视野丰富学生。但面临升学,家长会更看重学习成绩,学生在学习方面的心理问题凸显。 4. 人际交往能力需要提高,尤其是合理地表达自我的能力、沟通与合作能力的提高。
初中低段 (初一年级、 初二年级上)	1. 有了一个新的生活空间,需要尽快适应新的学习、生活。 2. 学生有着强烈的重新设计自我、实现自我的愿望,有更强烈的独立性,智力与情感的发展处于加速期,青春期问题具有普遍性,需要有丰富的活动领域让他们参与。 3. 有在新群体中得到关心、尊重和表现自己的需要,希望新的班级能产生亲和力和归属感。
初中高段 (初二年级 下、初三 年级)	1. 学生的自我意识已经进一步清晰,自我判断、调控能力增强,情感的细腻、丰富、人文修养的发展需要迫切,个人的角色理想有可能成为一种发展的力量,影响、推动学生的现实发展。 2. 社会角色感进一步增强,社会关系进一步丰富,尤其是与家长的关系、男女同学的交往关系面临挑战,对社会的关心与参与程度提高,理性的规则、法律、秩序意识增强。 3. 班级的群体个性已经基本形成,对学生产生影响。无论是群体还是个体都需要找到新的发展空间,每个人都需要形成对高中阶段的不同选择,第一次面临有可能作自主选择的、关系自身发展的大问题。 4. 在一个建设成功的班集体中,毕业临近,学生会对班级产生温暖、留恋、不愿分手等复杂情感。如若相反,则会产生厌烦和对新的未来群体向往的心情。

表 9-6

学生发展特征
与成长需要[①]

---

① 李家成、卢寄萍:《"新基础教育"班级建设改革研究报告》,载于叶澜主编:《"新基础教育"发展性研究报告集》,中国轻工业出版社,2004年版,第196页。

以这种思想为指导,就会有班级活动、年级活动和学校活动的整体策划。例如,在一所小学,就有如下策划。

> 一年级:我爱我"家"主题系列活动。其中,各班自行设计服务"小岗位"。
> 二年级:"我与伙伴来合作,我为领巾添光彩"主题系列活动。其中,以岗位小组为单位,策划岗位小组入队计划。
> 三年级:"快乐小主人"主题系列活动。其中,以小队为单位参与班级管理,策划小队活动。
> 四年级:"爱在我心中"系列活动。其中就有社区活动的策划实践活动。
> 五年级:"我是小精灵管家"系列活动。这包括一些校级活动的策划。[①]

三、文化建设敞现灵动创意

班级文化体现着学生共有的思想和行为特征。从更深层来说,人的有意识的行为都受到其思想的指引。因此,班级文化建设应该重点关注学生的思想内容和思想方式。在"主动创造期"的民主型班级中,班级文化主要着力于激活学生思想,让学生共同参与创建具有新时代特点的精神家园。

(一) 为学生大胆思考创造自由环境,让学生思想充满活力

班级建设到了这种更为理想的状态时,学生的思想活力就是检验其发展状态的重要指标。此时,不仅关注其思想的广度、深度和真实性、清晰性,更关注其思想的批判性和创造性。只有如此,才能为他们形成成熟的自我奠定坚实的基础。因此,仍需让学生真诚面对生活中的复杂情形,尤其是真诚理解自己和别人,也需让他们主动策划班级文化活动、追求文化品位,但还需在此基础上突出强调思想的批判性和创造性。

案例 9-9

"中国怎样走向世界?"

在学习一篇文章时,同学们了解到:在改革开放已40余年的今天,我们对于美国等国家的许多情形都很了解,但一般的美国人对中国要么毫不了解,要么仍保留着近百年前封闭落后的印象,该文所呼吁的"让中国走向世界、让世界了解中国"的主张也深得大家认同。

但是,随着讨论的深入,同学们不满足于情绪化的抽象呼吁,而是将一些严肃的话题提出来了:我们为什么会对美国这些国家有那么多的了解?外国人凭什么需要了解中国?我们有什么东西值得让别人了解的?凭老祖宗留下的"四大发明"或其他文化传统,还是凭我们这些年的"新四大发明"来宣传"厉

① 上海市闵行区汽轮小学:《走过"四季",走进学生的心灵——"班级建设"专题研究小结》,课题组内部资料,2007年。该文为"新基础教育"成型性研究中期评估该校专题总结报告之一。

害了,我的国"? 我们对其他相对落后的国家又有多少了解? 这些问题让大家不由得回顾历史上的辉煌与耻辱,不由得放眼全球思考我们对人类所作的贡献和我们所拥有的尊严。

后来,沿着这些思考,一系列的研究性学习项目被开发出来,并在条件成熟时开展了集体活动,以交流研究成果,激发更多思考。实际上,在学生开始批判性地思考来自于书上、来自于成人的现成结论之时,他们就开始了真正的思想创造。这类活动带来的效果是:学生在更多维度、更深的层次上与集体、社会、民族建立内在联系,包括理解自己精神生命的内涵与空间,理解自己所应负起的历史责任。[①]

(二)为学生实现自我提供更高平台,让学生人格更为高尚

让学生思想具有批判性和创造性,可让他们的精神焕发更多活力。同时,让他们在更高的平台上实现自我,将有利于他们形成更为高尚的人格。在"主动创造期"的民主型班级中,学生生活的所有领域应该达到相互融通的境界。其中,学生在各门学科中的知识学习和他们在班级管理中的角色承担、在班级活动中的主动参与,都成为班级文化中不可缺少的部分。实际上,创建新型班级的过程应该是促进学生在知识学习和其他领域不断获得成功的过程。只不过,他们在所有领域中获得成功(包括考试成功)的关键已经不再是靠时间和技巧,而是靠更高层面的文化素养——更准确地说,是靠他们已经习惯了的主动生存方式。

在这个阶段,他们会为取得优秀成绩而感到高兴,但更让他们自豪的是他们由此获得的自信。他们会为自己或班级取得某项荣誉而感到荣耀,但更让他们骄傲的是一种成功感、自我实现感。其中,从班级教育的角度看,一个不可忽视的因素就是:所有这些自信、这些成功,都离不开他们对班级这个精神生命体的滋养,也离不开他们从班级中获得的各种支持。此时,他们会对班级形成强烈的归属感,但这种归属感不同于单向的个体对集体的忠诚与奉献,因为这种归属感是对自己亲手在人世间创造的一个精美作品的爱护,是对自己生命力量的一种高境界的确认,也是为自己属于这样一个团队而发自内心的豪迈之情。

上述观点的依据就是一些实验班的实际情形。有的班级精神面貌让人振奋,尤其在关键时刻(面临考验之时、同学有困难之时)表现出的真情更让许多人感慨不已;有的班级在毕业之后仍保持密切联系、相互支持;有的同学在调换班级或升学之后不仅像许多人那样留恋原来的这个班级,更将他(她)在这个班级中获得的成长体验作为自己的动力源泉,甚至作为自己衡量新的复杂情境、坚定自己成熟意志的标准。此时,可以相信:也许他们将来还会遇到许多风雨,但他们内心开始有了永不衰竭的阳光;也许他们还会遇到许多困难,但他们一定会创造更精彩的生命。

---

① 资源出自作者参与实验班班级建设研究的现场记录。

案例 9-10

九(3)班毕业时的风貌

毕业时,同学们认为,"九(3)班最大的特色就是创新,这对我们走向世界十分有用"。确实,在各门学科的学习中,同学们逐步放开胆量,主动参与到课堂讨论中,并且"讨论时非常激烈,思路也比较开阔"。另一方面,他们自觉的行动也落实在课后作业和相互帮助之中。于是,成绩、自信心同步上升,活跃而有序的学习氛围、成为班级一员的责任与骄傲也随之生成。

当然,成功的道路上也并非全是坦途。"我们这个集体,从不团结到团结,从吵闹到安静,从幼稚到成熟,从沉默到积极,起起伏伏也很多。""开始的集体,是各顾各的,大家都互不相干,谁对谁都是冷淡的,不会有很多的话语,所以在这个集体里生活的我不知温暖。可一年后的我们,开始团结,开始去关心他人,开始学习助人为乐的原则,开始互相谈论生活中、学习上的问题和酸甜苦辣。这时的我们已懂得了团结是什么。"

在前进的路上,靠着班级越来越强的凝聚力,靠着班级生活中的民主机制,一个个困难被主动克服,一件件事情被主动完成,一项项成果也被主动争取,一名名少年也在茁壮成长。"我们班级每天蒸蒸日上,同学们个个聪明绝顶、各有特色、灵气十足,你说,我能不喜欢自己的班级吗?"对班级的这种归属感、自豪感,使他们在毕业后还建立专门网页、相约举行聚会,也使他们在新的学校里能够沉着、充满信心地迎接许多正面因素和负面因素提出的新挑战。

不仅如此,他们还逐步敞开胸怀,关注社会发展。他们在团支部、班委会组织下,每周五下午到所属街道的一些单位开展公益活动;他们根据居委会安排,慰问孤寡老人,帮助做家务,为老人表演节目;他们还参与所属街道的社区学校活动,如出黑板报、管理图书室。在政治课的学习中,他们也走出教室,利用国庆节七天长假,展开社会调查,从商品的变化、用卡消费量增加、娱乐、住宅、发型等方面了解上海发生的变化、展望上海的未来,并思考我们为上海乃至全民族的发展所应承担的责任。这些调查和感想,被写进同学们为墙报所写的稿件中。最后,还以此为基础组织了一次主题班会。这些活动,不仅使他们的班级形象更受人称赞,还使他们的心胸更为开阔、心情更为开朗。[①]

"主动创造"的内涵在于不断激发主体的创造活力,实现自我超越。不可否认,人有求稳定的心态,甚至表现为明显的惰性,尽管人拥有主动发展的潜能。但是,在当今以迅速变化为特征的世界上,这样的个体与组织往往被认为是不够健康的,因为他们只强调自我保存,其代价却是丢弃了不断适应,难以持续地与外在环境要求和内在发展需要的变化保持协调,结果是要么故步自封、失去活力,要么随波逐流、失去方向。一旦遇到社会发生更大变化,这样的个体或组织即使想仅仅维持生存都非常困难。因此,无论是个体还是组织,都有必要不断激发自己或组织成员的适应性、敏感性和创造性,学会主

---

① 李伟胜:《共创精神家园,提升生命质量——对某初中实验班班级建设的个案研究》,载于杨小微、李家成主编:《"新基础教育"发展性研究专题论文·案例集(上)——学校管理·班级建设》,中国轻工业出版社,2004年版,第262页。

动地了解、辨析和选择各种信息,积极地发现和解决发展中的问题。这样,他们才会可持续地发展,即超越维持生存的最低要求,追求更高境界,不断拓展生存空间、提升生存质量。

经过上述梳理,民主型班级各阶段的发展思路就得到了更清楚的表述,这有利于明确班级教育改革的起点和终极目标,探寻具体的发展路径与方法。可以看到:与一般的仅从班级事务管理的角度、采用外在的自然时间尺度相比,这里更关注班级自身性质变化等内在尺度(这也可被看做是属于个体和群体生命的内在时间尺度)。在此思路中,值得倡导的新考虑是:将具体的学生个体作为考虑班级教育的出发点,将具体的班级教育场景作为班级教育的落脚点,因而考察班级发展状态的关键指标就是班级为提升每一位学生个体的精神生命质量创造了什么样的条件。不过,这不是从个体与集体对立的角度考虑班级发展,并将重心偏向个体,而是将个体与集体看做相互支撑、相互玉成的两个精神生命体。也就是说,考察班级时的关键指标就是班级如何促使学生个体在参与建设民主型班级的过程中主动提升自己的生命质量。

最后,当我们不再采用外在的自然时间尺度作为划分班级发展阶段的主要依据时,我们也面临这样一个问题:当一个班级很快进入第三阶段后,还能怎样发展?是否这就意味着没有更大发展空间了?实际上,正如生活本身无论多么圆满也难以停止前进一样,教育无论达到多么理想的状态,教育发展仍会继续下去。这是因为,人是变化中的人,每一个班级成员、每一个班级自身及其所在的环境,都会不断变化。于是,只要深入到教育实践中,就会看到:一方面,个体或班级的发展道路并非线性的、并非只有唯一路径,而是有可能受各种内外因素影响出现波折、岔路甚至倒退。随着新情况的出现,个体和班级都会面临新的发展问题。另一方面,发展的空间并非完全预定的,更非完全封闭的。当个体或班级整体发展到更高水平时,他们实际上还拥有更多的发展可能性、更广阔的发展空间,关键在于他们是否有意识地去开发这些发展空间。如果学生还没有学会主动开拓新的发展空间,那恰好说明民主型班级的建设尚未真正成功。

本章小结

以诸多智慧型教师所教班级的发展案例为基础,可以看到一个班级自觉探索发展的三个阶段:自发尝试期、自觉行动期、主动创造期。以此为参照,可以理解并运用班级管理的系统方法,特别是带领学生通过主题活动主动解决一个个发展问题,有序促进班级发展水平的提升,稳步提高学生精神生活质量。

关键术语

发展阶段　自发尝试期　自觉行动期　主动创造期

思考与练习

以本章所说的民主型班级的三个发展阶段为参照,针对你所写的"感觉最好的班级"的情形,思考如下问题。

1. 你这个班级经历了哪些发展阶段？每一阶段有哪些管理措施？请举例说明。
2. 如果要让这个班级也经历这三个阶段的发展,那么每个阶段可以有哪些尝试?请举例说明。此时,可以尝试填写下表。

发展阶段	可以尝试的活动(举例)
自发尝试期	
自觉行动期	
主动创造期	

问题探究

有人说：小学生还小,没有足够的活动能力来参加班级民主管理;也有人说,到了中学,学生已经习惯了被动接受管理,也难以采用本书倡导的措施来建设民主型班级。面对这些说法,你怎么看? 请你和自己的伙伴们一起探讨：在小学、初中、高中和中等职业学校建设民主型班级(特别是发动学生通过生生交往来促进个体发展和班级发展),分别需要面对哪些困难? 如何解决这些困难?

结语

　　回到我们在"绪论"开篇时所描述的专业思考背景,我们可以更加自信地看到:班级管理,可以成为不亚于学科教学的一项专业性教育活动;中国的班级管理,可以成为具有中国文化特色的教育专业活动,成为国际教育同行的一个专业参照系。

　　这不仅是出于一种理想的追求,更是基于一种理性的判断。从历史来看,学校教育中的班级曾经先后发挥着多种教育作用。虽然历经反复,但透过历史的长镜头,我们依然能够看到:确实曾有教育家将班级生活作为专门的教育生活,将班级管理作为专业的教育活动。从现实来看,当代中国正在经历的社会转型,当代中国人正在进行的中华民族的伟大复兴,都要求我们用更高的智慧来审视教育事业。其中,关注青少年的精神生命质量,而不仅仅是他们的考试成绩和维持生计的技能,应当成为当代教育工作者不可推卸的责任。

　　曾遭遇一些人勤奋地重复低效率的工作,却不思改变教育中的病态(如为了保障安全而不准孩子们自由活动),不思提高教育能力和管理能力,"因为还有考试……"。此时,需要清醒的自觉:醒来吧,不要等到"被迫着发出最后的吼声"时才有志气,因为那"最后的吼声"背后有太多的悲伤、屈辱、无奈与抗争。今天,我们需要用清醒智慧的思考与行动、充满英雄气概的壮志与创造,引吭高歌一曲豪迈的壮歌,源远流长、绵延不绝、激荡人心、酣畅淋漓、荡气回肠!让我们用主动创造的新辉煌、主动追求的新发展、主动开拓的新境界来赢得我们更高尚的尊严,从而无愧于这个时代提供的发展机遇。

　　曾遇到不少教师、家长倾诉自身承担的诸多艰辛之事,以证教育学生、教育孩子之不易,甚至当面诉说:考试制度不改,我们只能继续"怀着良好的用心,摧残学生"。于是,一次又一次,我以鲁迅先生在《我们现在怎样做父亲》中所说之言与他们共勉:"自己背了因袭的重担,肩住了黑暗的闸门,放他们到宽阔光明的地方去。"虽然当今生活中不大可能再有鲁迅先生所见的"黑暗的闸门",但孩子的生活中仍需要更多的阳光。因此,即使以自己的身躯承受风雨的侵袭,我们仍要尽力为他们撑出一片晴朗的天空。

　　诚然,一人之力很微薄,但"位卑未敢忘忧国""匹夫不可夺志"。所以,每一位同行都需要尽力前行,努力探索,希望为新一代人撑起更广阔的天空,与他们一起开创更美好的明天。让我们的脸上更多灿烂的笑容,让我们的心头更多自信,让我们的民族拥有更多尊严,让我们共有的世界拥有更多阳光。中国社会的发展特别是改革开放四十余年的历程,见证了一个民族的主动创新之旅,其中就包括了稳健推进教育改革,创造可以更为自信地面对世界的教育成就。诸多同行在此过程中的创新经验和专业智慧,就是本书得以形成的最重要的资源基础。

　　据此,本书期待达成如下心愿:

　　第一,让更多孩子活出应有的生命豪情。中华民族的发展已达到新的历史高度,她的每一个成员特别是一代又一代新人,有可能也有必要活出新的风采,用更多的自信和智慧主动创造可持续的新文明,进而为人类文明作出新贡献。为此,从教育的角度来说,每个孩子所在的生态系统应该更有生机。这是我将学术志向定为探索"教育系统变革"、建设更优生态的根本原因。据此,班级、家庭、学校、区域教育系统都是我所研究的教育生态系统。其中,班级(包括"选课走班制"中的"教学班")是最有可能直接促成每个孩子舒心成长、学会创造并享受生命豪情的生态系统,所以,研究班级,是我的首选。

第二，让更多教师享受应有的专业幸福。在多年研究中，一线教师忙碌的身影是我们无法忽视的。从专业的角度来看，他们能否忙而有序、忙得有效，进而在有序有效的教育中享受一种优雅的风度、专业的幸福？我很幸运，在合作研究中遇到了很多充满思想活力的智慧型教师。在合作中逐步打通的思想脉络、创新而成的实践案例，不仅见证了上下求索、持续创新的艰难，还见证了不忘初心、使命必达的豪情，更见证了掌握命运、创造尊严的幸福。这让我相信：修炼专业智慧，提升专业能级，创造专业成就，享受专业幸福，是一条可行之路。

第三，让更多同行对中国教育及其研究保持应有的专业兴趣。中国教育的成就已进入国际学术视野，这说明植根中华民族文化的教育系统具有独特的专业价值。"我们对中国的教育很感兴趣，但对中国的教育研究没有兴趣"这句话，让身为华东师大这所一流大学教师的我震惊不已。在保持开放的心态与其他民族一起共建人类命运共同体的时候，我们的教育不仅仅是用来输入和应用外来的知识、理论与实践的，更不仅仅是用来提供原始数据来检验别人的理论和方法的。时至今日，有必要用一种舍我其谁的气势和更为自信的心态来面对新的挑战、展开更多立足本土的研究，交出不负这个时代的新答卷。就我而言，班级管理研究是展开这种求索的一个参照点，但这显然不是唯一的参照点。同时，这显然也不是一个人的事业。我期待本教材能够起到抛砖引玉之效，让更多同行一起来研究中国教育、创新中国学术。

在新的发展历程中，我们当然还需要继续努力前行、主动探索。其中的一个尝试，就是力图在班级管理领域作一点研究，让可爱可敬的班主任老师们少一点重复性的琐碎，少一点卑微的"匠气"，多一点睿智的思路，多一点高效的创造，多一点教育家的豪迈情怀，多一些专业人士的内在尊严，多一段美丽的诗意栖居。同时，也因为各位老师在班级管理领域中的智慧工作，让更多的孩子享受到有尊严的教育生活，学会共同创造美丽的人生诗篇。

我相信，会有越来越多的同行一起迈步走上这条充满希望的探索之路。

附录

建设"民主型班级"的系列研究工具

附录1　班主任实施班级管理的研究工具

一、 制订新的班级发展计划前的调查

1. 暑期班级家访工作项目

一、 暑假家访的前期策划

1. 充分研究家庭情况和学生发展潜力。

2. 形成新的班级教育系统思路。

3. 选好与每位家长和孩子当面交流的主题。

二、 暑假家访的具体实施

1. 营造氛围,形成良好的商谈格局。

(1) 感染家长,确立家访的基本取向:谋求学生的更好发展。

(2) 形成多方商谈格局。最好能够放弃"独角戏"、超越"二人转"、发起"三人舞"或者是更多人在一起的沟通。如果方便,可以让一些同学参与家访。

2. 了解孩子成长历程,辨析家庭教育方式,甚至在欣赏孩子的成长故事和家长教育智慧的同时,将对话水到渠成地引到班级教育的新思路之中。

3. 聚焦实质性发展问题,探索新的希望空间。从选好的主题和临场出现的话题中,逐步引出并聚焦到具体学生的实质性发展问题。这至少包括两个方面:有待完善的不足之处和有待实现的高尚追求(如发挥特长为班级的精彩作独到的贡献),并且以后者为主。

4. 商议孩子新的发展思路,融入班级整体发展。

三、 暑假家访的后续反馈

调整、完善新学期的班级教育思路,包括如何调整每个学生、每个小组和每项事务在班级教育系统格局中的定位,激发学生更有效地参与创建"民主型班级"。例如,更好地组建班级家长委员会,编辑班报,完善网上沟通平台……

2. 班级生活调查问卷

注:可根据各班实际情况,适当调整相关题目。例如,针对小学、初中、高中的实际情况,部分题目可有不同表述方式;针对同一年级中的不同班级的发展经历,可适当增添一些内容,如叙述已有的班级活动过程、自己的成长体验等。

亲爱的同学:

我们班已经有了许多让人高兴的发展。为了在后面得到更好的发展.让每一位同学都更好地成长,我们需要了解每一位同学对下面一些问题的真实想法或做法。你们的真实想法和做法绝对不会给你们带来任何不方便。所以,请你们放心地、如实地回答下面的问题。(你可以不写自己的姓名和学号,以便你放心地说出真实的想法。)

请注意:前面20个题目都要求你只选一个答案。请将你选的答案序号填在题后的括号内。谢谢你的合作!

姓名_____　　学号_____　　性别_____　　班级_____

1. 你们的班干部的工作能不能让同学们满意?(　　)
   A. 能让多数同学满意　　　　　　B. 只能让少数同学满意
   C. 不知道　　　　　　　　　　　D. 不能让同学满意

2. 班干部是否在班级中起到模范带头作用?(　　)
   A. 都能起到带头作用　　　　　　B. 部分干部能这样
   C. 部分干部有时起带头作用　　　D. 不起带头作用

3. 在你现在的班级中,班干部开展工作主要是(　　)。
   A. 以和师生协商、讨论为主　　　B. 以命令、强迫为主
   C. 以老师的要求和安排为主　　　D. 其他(请填写)_____

4. 你们班是否实行了班干部岗位轮换(　　)。
   A. 全部轮换　　　B. 部分岗位轮换　　C. 没有轮换　　　D. 不知道

5. 你认为现在的班级里,同学之间的合作意识和能力怎样?(　　)
   A. 很强　　　　　B. 较强　　　　　　C. 一般　　　　　D. 较弱

6. 你们班有自己的班规或班约吗?(　　)
   A. 有同学们自己制定的班规　　　B. 有老师安排的班规
   C. 没有班规　　　　　　　　　　D. 不知道有没有

7. 在你们班里是否人人有自己的岗位?(　　)
   A. 人人有　　　B. 大部分同学有　　C. 少数人有　　　D. 不知道

8. 如果有同学很少为班级做什么事,你觉得他可能是因为什么?(　　)
   A. 他想为班级做事,但没有机会　　B. 他想做,但缺乏做事的能力
   C. 他想做,也有能力做,但没有信心做好 D. 他不想为班级做事

9. 班级黑板报或墙报是否经常更换?(选择最接近的答案)(　　)
   A. 每天更换　　　B. 每周更换一次　　C. 一个月更换一次
   D. 两个月更换一次　　　　　　　　　　E. 一个学期更换一次

10. 你们班是否经常组织主题班会、十分钟班会、竞赛等活动?(　　)
    A. 经常组织　　　B. 偶尔组织　　　C. 很少组织　　　D. 没组织过

11. 你参加课外活动或拓展课学习的态度怎样?(　　)
    A. 积极　　　　　B. 有时积极　　　C. 不积极　　　　D. 没参加过

12. 当你和集体、同学的利益发生冲突时,你会怎么样?(　　)
    A. 调整自我　　　B. 请老师、同学帮助解决
    C. 觉得很委屈　　D. 觉得无所谓

13. 班上有没有拉帮结伙、影响团结的情况?(　　)
    A. 比较明显　　　B. 偶尔有一些　　C. 没有　　　　　D. 不清楚

14. 与其他班相比,你们班获得荣誉或奖励的情况怎样?(　　)
    A. 非常多　　　　B. 一般　　　　　C. 偶尔有　　　　D. 几乎没有

15. 你喜不喜欢你们现在的班级?(　　)
    A. 非常喜欢　　　B. 一般喜欢　　　C. 说不清　　　　D. 不喜欢

16. 你现在的班级中,常常跟老师对着干的同学(　　)。

    A. 很多　　　　B. 较多　　　　C. 一般　　　　D. 较少　E. 很少

17. 你现在的班级中,对老师的要求表现出逆来顺受的同学(　　)。

    A. 很多　　　　B. 较多　　　　C. 一般　　　　D. 较少　E. 很少

18. 你喜不喜欢你所在的小组(　　)。

    A. 非常喜欢　　B. 一般　　　　C. 没感觉　　　D. 不喜欢

19. 你们班这学期的几次班级活动在组织和内容设计上合理吗?(　　)

    A. 合理　　　　B. 不合理　　　C. 有时合理有时不合理　D. 不知道

20. 你认为你的班主任与同学交往主要表现为(　　)。

    A. 亲密　　　　B. 勉强　　　　C. 争吵　　　　D. 平淡

21. 你觉得,大家参加班级活动的主要目的是(最多可选三项)(　　)。

    A. 创造愉快的班级气氛　　　　B. 发挥自己的特长

    C. 多交一些朋友　　　　　　　D. 发现同学的缺点

    E. 得到同学的帮助　　　　　　F. 发现同学的优点

    G. 和同学一起分工完成各项任务　H. 争取得到老师的好评

22. 本学期你们班的共同目标是(如没有,就写"没有")。

23. 与上学期相比,你觉得你班现在有没有变化?

    如果有变化,变化在哪里?(请举例。)

24. 你觉得你们班还有哪些地方需要改进?请结合事例谈谈看法或给出建议。

3. 《班级起始状态分析报告》的基本内容

_____班班级现状分析报告

(班主任,时间)

一、学生对班级生活的感受和理解

1. 对班级管理现状的看法(可分组织建设、班级活动、文化建设三领域)

2. 对班级生活内容与质量的感受

3. 不同学生个体或群体的发展状况(可酌情分类或分层分析典型情况)

二、班级生活的整体状况

(一)共建班级组织(结合班级组织结构中的岗位分工和尽责情况分析)

(二)开展班级活动(结合具体的活动项目分析)

1. 学生对班级活动的参与程度

2. 班级和小组活动的组织与实施情况

(三)同创班级文化(结合班级环境设计等具体事项分析)

三、对班级发展的新构想

1. 学生对班级生活的新建议(可分组织建设、班级活动、文化建设三领域)

2. 班委对班级发展的新设想

注:

1. 以上述框架为参照,但不一定完全照搬上述框架。可根据各班级实际适当调整内容。

2. 如果需要,可采用上述调查问卷,并适度组织学生干部、不同类型或层次的学生进行访谈。

二、 班级发展思路和班级主题活动的策划

1.《班级发展计划》的基本内容

( )班级( )学期发展计划

—— 系列"大项目"的策划方案

一、班级发展基础

（一）班级的发展现状（已有优势和新的需要）

（二）班主任的教育思想

二、班级发展目标

（一）本学期发展目标

（二）班级发展主题（可用关键词或一句话表达）

三、班级发展措施

主题活动		组织建设	文化建设
每月主题 ["大项目"名称]	具体构想 [系列"小活动"]		

2.《班级主题活动"大项目"方案》模板

第一部分　活动方案

（主题自定）

——( )班一次"大项目"主题活动方案

一、活动主题及依据

（一）活动主题

（二）活动主题针对的学生发展问题

（三）本主题体现的学生发展需要分析

需要层次	本班学生发展需要的具体表现
自豪的需要	
自主的需要	
自立的需要	

（参照上述分析表，说明这个"大项目"是否体现了"自豪的需要"）

二、活动目标（可观测的行为）

三、活动设计

（一）活动结构（对系列"小活动"的整体设计）

阶段	前期"小活动"	核心"小活动" （主题班会）	后期"小活动"
内容			
意图			

说明：对于有的"大项目"来说，"主题班会"可能不止一次。因此，可以参照上面的表格，自行描述活动结构。

（二）主题班会的具体方案（作为系列"小活动"中最重要的一个）

第二部分　学生收获

结合上述活动方案，选取班级中的 1 个角色，辨析如下内容。

（备选角色：班委、策划人、主持人、小组长、某个小组中的一位同学⋯⋯）

你选的角色是：（　　　　　）

阶段	前期"小活动"	核心"小活动" （主题班会）	后期"小活动"
他的 主要活动			
他在活动中 得到的主要 发展（收获）			

三、 班级发展总结报告的撰写

1.《班级发展总结报告》的基本内容

> **（自定标题）**
> ——_____班班级发展总结报告
>
> 一、初始状态分析
>
> 可参照《班级起始状态分析报告》，但不是将其转录于此，而是将其最重要的特征凝练地呈现出来，包括提供典型事例。
>
> 二、班级管理的基本举措
>
> 对照本书提出的教育策略、3条措施和操作技法，提炼出本班最有效的班级管理方法3—6条，并提供相应的典型事例。
>
> 三、班级管理的主要成效
>
> 可与"起始状态分析"对照，写出本班最重要的变化。

注：在这个总结报告之外，班主任还可自主撰写其他相关案例（如学生个体、小组的发展个案，一个教育事例、班级活动案例……）。

2. 班级发展评价表

建设"民主型班级"的班级发展评价表

领域	项目	指标	得分
共建班级组织（25）	岗位建设参与度和有效性（5）	1. 学生参与广度。在一个学年中，全体（小学一年级1/3—1/2）学生承担了岗位工作（包括管理类岗位和服务类岗位）。 2. 学生参与深度。在设置岗位、做好岗位工作、评议岗位尽责情况、轮换岗位的过程中，学生主动参与，教师合理指导。 3. 岗位建设成效。岗位建设有效促进了班级组织的形成和学生发展。	
	班干部轮换与培养（10）	1. 岗位设置合理。班干部岗位设置合理，职责分明，有效服务于班级发展。 2. 学生认同程度。全班学生熟悉并认同干部选举和轮换制度。 3. 引领学生发展。选举、评议和轮换班干部的活动成为引领全班学生发展的一个主要过程。 4. 培养学生干部。有效培养了各位班干部的组织能力、协调能力和关心集体、认真负责的精神。	
	小组合作形式与成效（5）	1. 合理组建小组。根据组内异质、组间同质的原则，组建学生小组。 2. 自主开展活动。以小组为单位，学生自主策划和实施集体活动，包括班级主题活动、小组自主活动。 3. 小组合作有效。组内合作成效显著，组间有适度的竞争，并为班级整体发展而相互合作。	

领域	项目	指标	得分
	班级规章制度（5）	1. 学生主动创造。经过同学们讨论和调整，形成班级规章制度。 2. 适应发展需要。规章制度能够适应班级发展需要，有一定的系统性。	
开展班级活动（50）	主题活动的系列化（5）	1. 构建活动系列。围绕本学期（学年）发展主题，关注一个学期不同主题活动之间的关系，能在一个学期、学年内形成"系列主题活动"。 2. 体现发展主线。在系列化的活动中，能体现出着眼于学生长远发展的、持续若干个学期的教育主线。	
	活动主题的选择（10）	1. 贴近学生需要。学生个体、小组和班干部或策划小组积极参与选择主题的过程，确保活动主题能反映学生在这一阶段的发展需要，开发他们的潜能、拓展他们的发展空间。在此基础上，全班学生对活动主题与目标有清楚的理解和自觉的认同。 2. 整合日常活动。主题的选择能够合理处理"大项目"与"小活动"的关系，可以有机整合日常班级活动。	
	活动过程的设计（15）	1. 精选活动内容。活动内容能体现主题要求，内容丰富真实。 2. 活动形式多样。能让全体学生参与。 3. 活动结构合理。活动过程呈现递进结构，体现学生认识或能力的逐步提高。	
	学生参与状态（10）	1. 互动真实生动。活动过程能够体现全体学生的积极参与，形成积极的互动；活动过程真实，体现生成性，互动效果好。 2. 多层活动结合。活动过程动静结合，群体活动与个体活动转换自然，具有关联性。	
	主题活动效果（10）	1. 促成真实发展。学生可以通过活动得到真实的发展，包括解决问题、形成新的认识、升华情感等。 2. 反思重建有效。学生策划人、主持人和班主任能够主动反思活动成效，并在此基础上形成更好的重建思路和进一步推进的活动设想。	
同创班级文化（25）	班级环境布置（5）	1. 班级特色鲜明。教室内有经过讨论形成的班级目标、口号、标志等反映班级文化特色的象征性标志。 2. 宣传园地活泼。班级板报 1—3 周更新一期，栏目不少于 3 个。内容反映班级生活，生动活泼，受全体学生欢迎。 3. 体现学生自主。学生能轮流负责班级板报编辑与布置，个体与小组能积极参与，充分体现学生的自主性与创造性。	
	班级人际关系（10）	1. 班级生活有序。班级中的各项活动有序开展，各岗位负责人善尽职责，其他同学主动配合支持。 2. 群体合作有效。个体、小组、班级之间的互动有条理，同学之间合作成事的效率高、感觉愉快。	

领域	项目	指标	得分
		3. 班级认同感强。学生具有明显的班级认同感,喜欢集体活动。	
	各科学习状态 (10)	1. 师生沟通顺畅。班主任、班干部和课代表能与各科教师协调沟通,主动争取各科教师对学生活动的支持。 2. 学生合作学习。以小组等形式开展合作学习活动,优化学习风气,提高在各门学科中的学习效率。	

注：1. 括号内的分值,可以根据各校推进班级管理研究的不同阶段的发展需要而灵活调整。

2. "小活动"可以是每周一次的班会,往往在课程表上有规定的时间,也可以是一次"大项目"中的其他小型活动。"大项目"是指可以用更长时间策划和准备(甚至持续2个月)的班级主题活动。相比之下,"大项目"的主题更鲜明、内容更丰富。这样的"大项目"或主题活动的策划、准备、实施与反思、改进等环节,都可以落实到每次"小活动"中,甚至延伸到课程表规定时间之外的班级活动,包括校外活动之中;相比之下,"大项目"之中的各个"小活动"逐步推进,最后达到高潮。

3. 本表采用了《"新基础教育"主题班队会评价表》和《"新基础教育"班级建设评估指标》中的部分内容。见叶澜主编:《"新基础教育"成型性研究报告集》,广西师范大学出版社2009年版,第76—79页。

4. 此表可用于多种评价方式。

如果采用此表进行自评,可自己打分,并提供相关资料来印证。这包括:班级发展计划,学生作品(各种策划方案、周记、日记、作文、黑板报照片等),学生发展的典型案例,活动计划,班级活动的典型案例(事例),班级发展总结报告……

如果采用此表进行互评、他评,除了采用上述资料作参照外,还可通过如下途径作出评价,如分析师生作品,现场观察班级活动,与教师和学生个体、小组或相关群体访谈,对全班同学或特定对象(如班干部)进行问卷调查。

在此基础上,我们特别推荐班主任、年级组长或学校领导对班级进行持续的调研。为此,还可建立系统的"班级发展档案"。

附录2   组织学生策划班级发展的研究工具

1. 个人发展计划

班级_____   策划人_____

项目		内容
回顾过去	主要优势	
	最需加强的方面	
展望明天	我的努力方向(目标)	
	我的主要措施	

2. 小组发展计划

班级_____　组别_____　组名_____　策划人_____

项目	内容
一、我们组的优势（包括对每个组员的分析）	
二、我们组的努力方向（目标）	
三、主要措施	

3. 班级发展计划
（由班干部和组长填写）

班级_____策划小组（班委）_____

一、我班的现状		1. 我班的主要优势（可以举例说明） 2. 我班还可以做得更好的方面（可以举例说明）
二、班级发展目标		
三、班级发展构想	组织建设	1. 我班可以设立哪些管理类岗位（如班长、学习委员）？为什么？ 2. 我班最需要设立哪些服务类岗位（如黑板报主编、门窗管理员）？为什么？
	班级活动	我们班这学期可以开展哪些班级活动？
	班级文化	1. 可设计哪些文化栏目？ 2. 为提高大家参与班级生活的积极性，还有哪些建议？

4. 班委会工作计划

班长_____　　副班长_____

一、班级发展口号（包括对口号意义的解释）
二、我班现状分析
1. 主要表现（包括优势与不足）
2. 出现这些情况的原因
三、班委工作目标（突出与上一学期相比的新进展）
四、班委工作措施
1. 共建班级组织的办法
2. 开展班级活动的设想
3. 营造良好班风的办法

附录3 引领学生自主开展班级活动的研究工具

1. 策划与实施班级主题活动的行动方案

一、 动员学生主动思考发展现状

为了让学生立足实际、展望自己的发展,反思自己成长中遇到的困惑,思考可以拓展的空间,可以让每个人讲出或写出与"我们希望解决的成长问题"相关的想法。

可将这布置成一次周记,或利用一节课让学生写一篇作文或感想,或让学生分小组议一议、汇总学生的想法。

二、 提炼几个相对集中的发展问题

组织班干部一起来分析大家所写的想法,汇总出几个相对集中的发展问题。在这里,"发展问题"有两种可能:(1)需要消除的麻烦,是不好的"问题";(2)需要拓展的希望空间,是好的"问题",是可以"锦上添花"更上一层楼的发展问题。

在班干部拿出初步分析结果后,班主任了解更详细的情况。在此基础上,辨析一下:班主任所想到的问题,究竟是不是学生现阶段最有价值的、最需要关注的发展问题。

三、 在多个发展问题中选择发展主题

可以把汇总后的几个发展问题交给每个学生小组讨论,让每个组根据这几个问题共同思考:在这几个发展问题的基础上,可以为班级发展选一个什么样的主题?为什么?可以记录、整理意见。

然后,利用一次班委会或班会,让每个组陈述一下理由,各组进一步辨析,甚至相互辩论。在此过程中,选择一些最有发展价值的主题。

四、 围绕选题设计主题活动方案

(一)确立一个学期的发展主题

在上述辨析过程中,可以选择全班一个学期(或学年)的发展主题。在确立学期(学年)发展主题后,由班委组织同学们讨论并与班主任协商,形成班级发展计划。

(二)策划系列主题活动("大项目")

围绕一个学期的发展主题,结合学校发展的整体要求,将多种发展问题连成一个系列,构成一个学期的教育主线。将每个发展问题开发成一个"大项目"的主题。

如有可能,这条教育主线还可以延伸到其他学期,甚至构成一个学段的发展主线。(当然,这样的发展主线需要灵活地生成和调整,而不是机械地划定与坚守。)

(三)每次主题活动("大项目")的策划

1. 每个选题,用招标或轮流的方式,确定1—2个策划小组。

2. 根据前面提供的一个研究工具(《班级主题活动"大项目"方案》模板),让每个策划小组根据主题,设计初步方案。

3. 组织班委会、小组长和班主任一起,共同讨论策划小组提供的初步方案。如果多个小组分头策划出多种活动方案,可以从中选择一个最有感觉的方案。

4. 交给同学们讨论,分小组提出完善建议。

5. 最后,由具体的策划小组或班委负责汇总同学们的建议,确定活动方案。

五、 根据主题活动方案着手准备

这包括策划主持人讲稿,发动同学撰写相关资料(如自己的成长故事、家长的发展经历、调研报告……),编排相关节目(尽量采用自主原创的节目内容)。

六、 举行主题班会

在充分准备的基础上,举行一次主题班会,让它成为这一主题活动("大项目")中的一个高潮,让平时的准备活动与后续的延伸活动的价值得到最大的升华。

七、 在主题班会之后及时提炼活动感受

可以通过个人写周记、小组讨论和延伸一次"小活动"进行全班交流等方式,组织学生反思自己在主题活动中的成长体验、设想后续主题活动。

如有可能,还可在学期结束或一个学段毕业时组织一次主题班会,让学生提炼这个学期或发展阶段的成长感受,展望新阶段的前景,并作好相应的思想准备。

2. 主题班会之后的调查问卷

各位班干部和小组长:

我们班刚开了一次主题班会。为了让以后的班会开得更好,请你回答下面的问题。你可以跟本组的同学商量,征求他们的意见。当然,最重要的是你自己的真实看法。

请放心,你的回答不会给你带来任何麻烦,只会让我们的班级越来越好!

班级:_____　　姓名:_____　　职务:_____

一、你们这次选择的班会主题,有什么含义?

二、这个主题是如何形成的呢?(可以写出具体的过程吗?特别是老师和班干部、同学等是如何进行交流的? 如果你也参与了,请写出你自己的经历和感受。)

三、这次班会的方案,是谁负责策划的? 他们是怎样策划的?

四、这次班会中的一些活动,同学们事先作了哪些准备?

(请举例说明。可以只写一项活动的准备过程。写得越详细越好。)

五、你所在的这个小组,为这次班会作了哪些贡献? 你认为你们组的贡献达到预期效果了吗?

六、根据今天班会的实际情况来看,请你谈谈:

(一)这次的班会最大的亮点有哪些?

(二)班会策划和实施的整个过程给你的班级(教室环境、班干部的人数和职责、班级规范、人际关系、个人成长等)带来什么影响? 请就你印象最深刻的方面作一些说明。

(三)如果下次再开主题班会的话,你们还可以从哪些方面改进?

自 2010 年出版之时，我就开始修订本书了。从学术的角度，用最新的研究成果及时更新教材，可让更多师范生和教师尽早理解并运用最新的理论主张和实践智慧，进而让他们所教的学生更快实现充满自豪的发展。因此，在我看来，教材修订的专业价值根本不亚于撰写学术专著。我就是把教材当作专著来写的，力争让本书能成为"每位教师可用，每个班级适用"的教材。同时，我参与国家教育部组织的国家级精品课程建设，并成功建成"班级管理"这门课程（配套教材就是本书），已在"中国大学慕课"上线。放眼国际学术界，不少一流学者不仅会做学问，形成一家之说，还会写教材，形成经典之作，并且一版再版。这也让我相信：把教材当专著来写，用学术创新推动教材更新，是有价值的，也是可行的。

历经三十余年的学习研究，特别是历经十年修订教材，形成这个阶段性的成果。此时，对助我成长的诸多帮助者，心存无限感激！

真诚感谢华东师范大学，我求学任教的单位，也是我非常珍惜的一流学术发展平台。在这里，导师的教诲，同事的指教，学校创造的富有挑战性的研究机会和带来文化冲击的海外访学机会，还有引领我建设精品课程、撰写优质教材的发展机会，都让我不断追求自己的学术新高度。

衷心感谢与我同行的各位中小学老师和你们的学生。有了你们的创造，才有我们富有成效的合作；有了你们的平常心，才有更为高尚的探索。这些同行者中，有我的朋友，也有我的亲人。因为你们，我的研究更有意义。看到你们越来越有智慧地管理班级并激活孩子们的心、让他们自豪地开创美好未来，看到你们因此而少一些疲惫和憔悴、多一些幸福和自信，我更加坚信教育人生可以享受到"诗意的栖居"。

非常感谢华东师范大学各院系和各地选修"班级管理"课程的学习者（包括通过慕课学习的其他大学的同学和中小学教师）。你们认真完成的作业、热情投入的讨论，激活了我的头脑，让我得到各种启发。其中，特别感谢参加华东师范大学教育硕士项目（教育管理方向）的马来西亚华文独立中学的各位领导和教师——你们和你们所在的马来西亚华人社会让我看到了中华民族坚韧不拔地生存与发展的历程，由此心生的感动让我更加坚定地前行。本书修订时的一个重要考虑就是：希望能真的帮到你们，让你们的工作产生更好的成效。

感谢华东师范大学出版社的各位老师。你们的严谨态度让我由衷敬佩，你们的创造性加工让本书更为完善。李恒平老师审读修订版初稿后提出的系统的建议，特别是结合近期教育改革而生成的一些新问题来选用或开发新的案例、展开新的论述，促使我又开展新的研究，从而让本书的内容更为充实。

本书的许多资源直接来自许多同行的改革实践和学术研究。在此,向本书中各种资源的提供者表达诚挚的谢意!真诚期待更多读者在认真研究的基础上形成更好的案例和论文,通过不同方式与我们合作研究。

对于采用本教材的老师和同学,我们表示真诚感谢!感谢你们的欣赏和思考,更期待你们的指教和交流。

鉴于本人才疏学浅,诚恳期待各位读者和同行提出宝贵意见,以便我们开展更多研究,并继续改进完善本书。

李伟胜

2020 年 7 月 1 日

于华东师范大学教育学部教育管理学系